感谢赣南师范大学教育学学科博士学位授权点申报建设经费及赣南师范大学校重点学科外国语言文学建设经费支持

应用型
本科英语类专业教学
转型研究

李胜利◎著

A Study on
the Teaching Transformation of
Applied Undergraduate English Majors

中国社会科学出版社

图书在版编目（CIP）数据

应用型本科英语类专业教学转型研究/李胜利著.—北京：中国社会科学出版社，
2021.9

ISBN 978 - 7 - 5203 - 9213 - 6

Ⅰ.①应… Ⅱ.①李… Ⅲ.①英语—教学研究—高等学校 Ⅳ.①H319.3

中国版本图书馆 CIP 数据核字（2021）第 193088 号

出 版 人	赵剑英
责任编辑	张　林
特约编辑	王　萌
责任校对	闫　萃
责任印制	戴　宽

出　　版	中国社会科学出版社
社　　址	北京鼓楼西大街甲 158 号
邮　　编	100720
网　　址	http://www.csspw.cn
发 行 部	010 - 84083685
门 市 部	010 - 84029450
经　　销	新华书店及其他书店

印　　刷	北京明恒达印务有限公司
装　　订	廊坊市广阳区广增装订厂
版　　次	2021 年 9 月第 1 版
印　　次	2021 年 9 月第 1 次印刷

开　　本	710×1000 1/16
印　　张	25
插　　页	2
字　　数	397 千字
定　　价	138.00 元

目　　录

图 目 录

表 目 录

第一章

绪　　论

　　虽然结果不是预先决定的，因而无法预测，但并不意味着我们只能绝望地等待飓风将我们裹挟而去。任何历史危机带来时都存在着人们能够做出的现实选择。那些能够清醒地做出选择并全力实现选择的人，与那些将命运完全置于看不见的历史之手摆弄的人相比，最后的结局将使他们失望的可能性小一些。①

——Terence K. Hopkins & Immanuel Wallestein

The Age of Transition

第一节　研究缘起

　　当今经济全球化、政治多极化和文化多元化的大趋势，跨越民族国家地理疆域的全方位互动的大潮流，构成了人类社会发展的时与势；综观全球化时代所凸显的以语言为核心的全球大博弈，语言矛盾愈演愈烈，语言竞备热火朝天，阐明了国家安全语言战略的危与机；审思中国英语教学的历史使命与责任担当，摒弃将语言作为传统意义上信手拈来而又挥之即去的"工具"思维，将其塑造为和国家荣辱与共的民族

---

　　① Terence K. Hopkins and Immanuel Wallestein, *The Age of Transition*: *Trajectory of the World System 1945 – 2025*, London: Zed Books, 1996, p. 153. ［美］特伦斯·K. 霍普金斯、伊曼纽尔·沃勒斯坦:《转型时代：世界体系的发展轨迹 1945—2025》，吴英译，高等教育出版社 2002 年版，第 187 页。

"认同"①，决定了向世界讲好"中国故事"的艰与险。

时与势的把握，使中国在面临本国乃至世界经济社会双转型与双升级的改革挑战时，科学谋定创新发展的大棋局；危与机的博弈，使中国在从"本土型"向"国际型"国家转型的征程中，以主动融入全球竞争新格局的姿态来引领中国语言教育战略大变革；艰与险的体悟，将我们求解的悬疑牵引至"应用型本科英语类专业教学转型"的核心命题和根本动力之上。

本研究试图深入解读应用型英语教学的内核，祛除教学转型行为纷繁复杂的表象。但是，其终极目标是求解一些超越应用型转型表象本身的真实问题：英语类专业教学存不存在向应用型转型的问题？应用型本科英语类专业教学需要转型吗？转型方向在哪里呢？基于这一思路，本研究重点从以下四个方面细化深入：从应用型本科英语类专业已有研究文献、专家访谈论证和研究者个人教学实践经历的三角互证，确定本研究问题为真命题；从应用型本科英语类专业教学的现状调查中，锁定教学转型的难点与焦点；从对应用型本科英语类专业教学转型的多案例深描中，追踪教学转型的轨迹与动力；从对教学转型个案间的纵横异同对比中，总结应用型本科英语类专业教学转型的普适性理论与规律。在上述涉及教学层面、转型文化层面和隐喻层面的意蕴之下，暗流涌动的是对英语教学理念和教学范式转型的教育学本质透视。而这种透视通常会随着时代的前进发生本质性的嬗变。本研究的理论意义与实践意义便体现于此。

一、研究缘起

（一）一个驱动世界经济社会转型发展的"新引擎"：高等教育转型支撑

1. 世界经济社会转型发展的"魔咒"与"契机"

当今，世界经济与社会迈入新的发展阶段，高等教育正面临一系列

---

① Jose, Jone E., *Language and Identity: National, Ethnic, and Religious*, New York: Palgrave MacMillan, 2004, pp. 98 – 100; Edward, John, *Language and Identity: An Introduction*, Cambridge: Cambridge University Press, 2009, pp. 9 – 11.

复杂而深刻的变化。经济持续低迷和发展不确定性的阴霾,长久笼罩着世界各经济体。回首过去,受"三低一高"(低增长、低通胀、低利率和高债务)问题长久困扰,全球经济深陷低速增长的泥淖,复苏脆弱乏力,增长艰难曲折。据国际货币基金组织的数据显示,2016 年世界经济增长率为 3.1%,比 2015 年的 3.2% 略有下降。其中,发达经济体经济增速明显回落,从 2015 年的 2.1% 下滑至 2016 年的 1.6%。[①] 持续下行的世界经济增长率、阴晴不定的国际金融市场、高位攀升的全球债务水平、差距恶化的收入和财富分配格局,进一步加剧了各国经济社会发展的压力。世界经济面临危机,深陷发展"魔咒",艰难复苏的症结在于,由全球投资不足和全要素生产率增长持续放缓而导致的劳动生产率低水平增长,[②] 具体表现在促进世界经济增长的新旧动能转换衔接缺位,传统经济增长推动力疲弱低效,而引领未来发展的新兴动力尚在孕育阶段,未能通过人力资本革命为新旧动能转换提供良好支撑。

众所周知,人力资本的效度与经济增长的需求是否适配是制约全球经济发展的关键因素。人力资本与经济增长需求是否适配的衡量标准包括:人力资本劳动生产率的高低、就业能力与流动能力的强弱以及劳动报酬的涨落。[③] 经济持续增长与有效人力资本供给之间存在相互影响、相互制约的关系。有效的人力资本通过提高劳动生产率、提高物质资本的产出效率、促进产业结构优化、推动技术进步、推动知识积累、推动制度创新和减缓经济波动来促进经济持续增长,而经济增长的强劲势头对人力资本相关要素的产出效率也提出了与时俱进的新要求,如将人力资本的"契合度"与"效率值"视为经济发展的新指标等。在此过程中,高等教育的转型成为为社会经济转型发展培养适销对路人才的关键支撑。埃米尔·涂尔干(Emile Durkheim)在其著名论著《教育思想的演进》中着力强调,"教育的转型始终是社会转型的结果与症候,要从社会转型的

---

① 国际货币基金组织官网,http://www.imf.org/external/index.htm. 2017 - 11 - 22/2018 - 01 - 10。

② 张宇燕:《世界经济依然在低速增长的通道中艰难前行》,http://news.xinhuanet.com/politics/2017 - -01/16/c_ 129448120_ 2. htm. 2017 - 01 - 16/2017 - 03 - 13。

③ 杨爽:《中国经济增长中的人力资本适配研究》,博士学位论文,西北农林科技大学,2009 年,第 25 页。

角度入手来说明教育的转型"①。总之，高等教育转型为世界经济社会转型发展提供了新契机。

2. 中国高等教育内涵式发展的"变化"与"新常态"

现阶段，我国经济发展的主要任务是以质量提升替代单纯高速增长。这涉及调整经济结构、改良生产方式和探求发展新动力。国家"四个全面"总体布局、五大发展理念为经济社会发展注入了新动力；高等教育步入普及化、信息化和国际化发展新阶段，面临分类发展、转型升级的新态势。中国高等教育如何为经济转型升级提供强有力的人才和智力支撑，已成为其不可推卸的历史责任。

中国经济能否实现转型发展，根本在于有无转型升级的劳动力结构作为支撑。所以，中国高等教育需要主动适应我国经济发展新常态，主动对接国家"四大板块"和"三个支撑带"的战略组合需求，主动融入产业转型升级和创新驱动发展，以提升高等教育服务能力为导向，② 借助转型发展这一方法与工具，优化其结构布局，优化人才类型结构，调整高校发展重心，提高教育教学质量，成为国家和区域经济社会发展的"动力站"。党的十九大报告将"推动高等教育内涵式发展"提升为"实现高等教育内涵式发展"，这种从柔性到刚性的论断改变，从外延到内涵的拓展，既是高等教育发展方式升级换挡的内在要求，也是对"纠结于规模扩张、校名更改、土地扩大、层次升格"式转型误读的时代批判。

(二) 一个撬动中国高等教育供给侧结构性改革的"新支点"：高校应用型转型

1. 中国高等教育供给侧结构性改革的"支点"与"亮点"

普通本科高校向应用型转型，是中国高等教育分类发展和系统质量提升的时代新命题，为我国高等教育供给侧结构性改革的顺利推进提供了新支点。改革开放以来，中国高等教育发展虽然成就瞩目，但转型升

---

① ［法］埃米尔·涂尔干：《教育思想的演进》，李康译，上海人民出版社 2003 年版，第231 页。

② 张大良：《把握"学校主体、地方主责"工作定位 积极引导部分地方本科高校转型发展》，《中国高等教育》2015 年第 10 期，第 23—29 页。

级的压力仍迫在眉睫。高等教育资源仍不均衡、整体质量仍不够高,还不能高质量满足国家创新驱动发展战略和经济社会发展需要。①

当前,旨在提升经济发展质量与效益、调整供给结构、矫正要素配置扭曲、建立与需求侧相适应的供给侧结构改革成为中国新常态经济学中的"主题词"。这是跨越"中等收入陷阱",推进中国经济在效率、质量、公平和可持续发展上实现新跃升的必然之举。中国经济"凤凰涅槃"的"路线图"就在于实现经济转型,接受经济发展新常态的淬火与洗礼。

然而,在推进中国经济步入新常态以及推动中国与世界经济新常态对接的进程中却是挑战连连。首先,面对处于经济增速换挡期、结构调整阵痛期和前期政策消化期这"三期叠加"的窘境,中国经济的常态与模式需要由需求决定型转向供给决定型,即推动经济增长的主动力要由原来"三驾马车"(投资、消费和出口)所决定的需求侧,转换为由供给或生产能力(资本、技术和劳动力等生产要素)所主导的供给侧,这构成中国"新常态下供给侧改革"的逻辑起点。其次,生产方式需要由劳动密集型或资本密集型转向知识密集型,鼓励自主研发和创新,提高全要素(制度因素和组织创新能力等)生产率。由于资本、技术和劳动力是经济社会供给侧的主要构成,人力资本和知识资本在很大程度上决定着经济供给体系的质量与效率以及经济持续增长的动力,体现为一系列的体制改革,包括教育体制、科研体制和企业制度的改革等,共同构成创新驱动的核心力量以及供给侧改革的新亮点。

2. 高校应用型转型的"现象"与"本质"

经济困境与教育困境彼此勾连。要推进经济领域的供给侧结构性改革,首要前提是调整教育结构,尤其是高等教育结构。这是由人力资本对经济转型、产业升级的基础性支撑作用决定的。这就凸显了高等教育供给侧结构性改革的迫切性。高等教育以其多重角色处于经济"供给"和"需求"天秤的两端,构成供给侧结构性改革的重要内容。它既作为"三驾马车"的内容之一处于经济的"需求侧",又作为劳动力、人力资

---

① 搜狐网:《党报三问高等教育:现在大学培养的人才合格吗》,http://www.news.so-hu.com/20161020/n470734609.shtml. 2016 – 10 – 20/2016 – 11 – 06。

本、制度和创新供给的基础处于"供给侧"。所以,经济供给侧结构性改革必然要求高等教育提供因应、推动与协同之策,高等教育则需要在经济供给侧结构性改革中肩负起应有的责任、贡献与担当。

中国高校的转型发展,本质上是中国高等教育供给侧结构性改革。[①]其结构欠合理的表征主要是,定位为精英学术型人才培养的院校遍地开花,致力于技术技能型人才培养的院校却凤毛麟角。高校的同质发展导致教育结构与社会经济结构、产业结构难以匹配,使"就业难"问题凸显。转型是适应国家经济转型升级的客观要求,也是这些学校谋求生存发展的现实诉求。当前,无论是"一带一路""经济内涵式发展"等宏观战略规划的推进,还是"去产能""去杠杆""降成本""补短板"的微观改革政策的落实,都对应用型人力资本寄予厚望。但目前我国高等教育供给侧结构性矛盾突出,应用型人才培养能力不足。因此,优化教育结构,凸显院校特色,推动普通高校向应用型转型,是推进高等教育供给侧结构性改革的根本保证。

(三)一场中国"第一专业"的尴尬:英语类专业危机四伏

1. 英语类专业的"热"与"冷"

当今社会,世界语言生态开始发生革命性的变化,英语成为名副其实的全球性语言。[②] 英语之崛起是一个惊心动魄的奇迹。英语的魅力在于它与外面的世界、金钱和成功连在一起。[③] 与400年前英语仅为极少数人所使用的一种模糊语言[④]的情形所不同的是,英语当今已成为世界上流行最广、最主要的国际通用语之一。全球约有1/4的人口会讲英语或至少懂英语。[⑤] 10余个国家或地区将英语作为母语,超过70个国家和地区将英语作为官方语。此外,作为"传媒"工业的语言,英语在全球1/2的报刊、

---

① 袁贵仁:《高校转型关键是调整专业设置 核心是人才培养模式》,http://www.moe.gov.cn/jyb_hygq/hygq_bzsy/201603/t20160311_233092.html.2016-03-11/2016-08-01。

② Crystal D., *The Language Revolution*, Cambridge: Polity Press, 2004.

③ [美]罗伯特·麦克拉姆、罗伯特·麦克尼尔、威廉·克兰:《英语的故事》,欧阳昱译,百花文艺出版社2005年版,第506页。

④ Andrew W. Conrad, *The International Role of English: The State of the Discussion*, In Fishman (Ed.), Post-imperial English, Status Change in Former British and American Colonies 1940 – 1990. Berlin: De Gruyter, 1996, p. 24.

⑤ Crystal, D., "Emerging Englishes", *English Teaching Professional*, 2000 (14), pp. 3 – 6.

3/4 的邮件、3/5 的新闻广播中被广泛采用。① 英语还是把 80% 的信息存储在全世界电脑上的媒介。英语作为一种全球现象——作为第一语言、第二语言或外语②的崛起，其本身就说明了英语学习的重要性与必要性。借用哥本哈根商学院英语系知名教授罗伯特·菲利普森（Robert Phillipson）的名言："掌握英语为繁荣商业社会、强化国际影响、促进全球融合以及提升个人就业能力大开希望大门，然而，与此同时，对英语不擅长者则意味着此路不通。"③ 英语成为在当今社会立足从而求取成功的基本工具。④

与英语热力节节攀升相匹配的是，中国英语教育事业的蓬勃发展。自 1978 年改革开放以来，中国英语教育事业迎来了规模扩张与质量提升的新春天。"超常规""跨越式"发展更是促使英语专业迅速发展成为英语类专业（包括英语语言文学、商务英语和翻译专业）。截至 2015 年年底，我国 1494 所本科院校（1219 所普通本科院校，275 所独立学院）⑤中设有 1110 个英语语言文学点、294 个商务英语点、230 个翻译点⑥（见图 1—1—1）。根据 2010—2015 年教育部《人才培养学科分类目录》显示，我国目前有超过 80% 的高校设置了英语类专业，招生与报考都异常红火，将英语类专业推上了中国高校第一大专业的宝座。

英语类专业之所以成为第一大专业，主要是基于以下原因。其一，实用性强，越来越多的家长愿意为子女甚至是自己的英语教育买单，直接动力就是英语类专业工具性特征明显，它与职业发展、跨文化交流沟通、生活服务、留学深造等需求息息相关；其二，应用范围广，全球化时代，英

① 李赋宁：《英语史》，商务印书馆 2005 年版，第 15 页。
② "第一语言"通指一个民族自己通用的语言，即本族语或母语。"第二外语"指在学习者自己国家里并没有任何社会集团的人用它作自己的本族语，却广泛用于商业、工业、法律、行政管理、政治和教育等社会活动领域。"外语"则指在学习者国家里并不通用于任何日常社会交往的语言。
③ Phillipson R., *Political Science*, In Fishman, J. A. (Ed.), Handbook of Language and Ethnic Identity, New York: Oxford University Press, 1999, pp. 94 – 108.
④ Jong Oh Eun, *How Idealized American English Norms Are Created and Reinforced in English Lessons on Television: A Discourse*, Pennsylvania: Pennsylvania State University, 2003, p. 1.
⑤ 中华人民共和国教育部：《2015 年全国教育事业发展统计公报》，http://www.moe.gov.cn/srcsite/A03/s180/moe_633/201607/t20160706_270976.html. 2016 – 07 – 06 /2016 – 08 – 06。
⑥ 普通高等学校本科专业设置与服务平台：《2010—2015 年度经教育部备案或审批同意设置的高等学校本科专业名单》，http://www.bkzy.org/. 2016 – 07 – 06 /2016 – 08 – 12。

语应用无处不在，它使社会政治、经济、文化、旅游等交流合作跨越国内国外的地域分界，生活、学习、交友等人类共同活动超越线上线下的空间阻隔；其三，专业办学成本低，部分院校在专业建设上贪大求快，认为英语类专业建设在基本办学标准，如办学条件、师资水平、保障体系上不需要高要求，拉齐人马（有教师、有学生）即可开工，客观上造成教学保障条件、人才培养质量及培养体系低位徘徊；其四，发展前景好，随着中国在全球政治、经济、文化等国际事务中的参与度逐渐加大，作用空间日益拓展，复合应用型英语类人才，如商务英语人才，陪同口译、同声传译人才等获得了前所未有的广阔择业空间和黄金发展机遇。

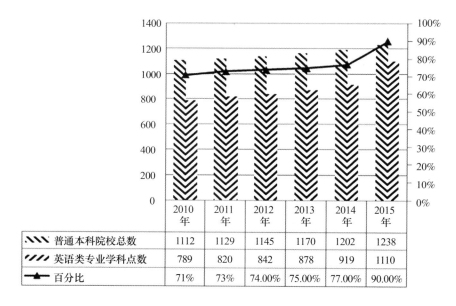

	2010年	2011年	2012年	2013年	2014年	2015年
普通本科院校总数	1112	1129	1145	1170	1202	1238
英语类专业学科点数	789	820	842	878	919	1110
百分比	71%	73%	74.00%	75.00%	77.00%	90.00%

图1—1—1　2010—2015年中国普通本科院校数与英语类专业学科点分布数对比图

资料来源：中华人民共和国教育部2007—2015年全国教育事业发展统计公报。

然而令人尴尬的是，英语类专业就业市场连年遭遇"寒潮"，但高端英语类人才市场供给力严重不足，供需错配相当严重。据《中国大学生就业报告》显示，2010—2016年，在麦可思研究院发布的7次中国大学本科就业红牌黄牌警告专业（高失业风险型专业）中，英语专业年年赫然在列。2010—2013 年，英语本科专业被连续亮"红牌"，2014—2016 年又被连续亮"黄牌"。[①] 英语类专业蓬勃扩张的动力必然来自源源不断的市场需求，但令人不解的是，英语人才需求的持续高涨何以招致红黄牌警告专业的厄运呢？据《中国语言服务业发展报告 2012》显示，截至 2011 年年底，全国在营语言服务及相关企业为 37197 家，专职从业人员达到 119 万人。[②] 据《中国翻译服务业调研报告 2014》显示，截至 2013 年底，企业数增加到了 55975 家。语言服务需求旺盛，从事语言服务企业数量激增，竞争日渐激烈。这对语言专业人才的从业水平及专业素养，尤其是对语言业务中的项目化实施、流程化生产、信息技术支持、标准化执行[③]等运作能力的专业性都提出了更高要求。而这与以高端应用为导向的市场需求以及以学术人才培养为目标的教育体系背道而驰，一方面导致学生学非所用，另一方面也严重制约了语言服务产业的可持续发展。以翻译专业为例，据中国翻译协会 2014 年统计数据显示，在全国 5287 家专业翻译公司中，仅有 10% 的专职译员充分胜任其翻译工作，不超过 5% 的接受过高水平翻译训练。胜任国际会议口译的专业译员更是凤毛麟角。[④] 对于在国际社会日益发挥重要作用的中国来说，如此一支规模有限的专业队伍如何能有效应对逐渐攀升的国际交流需求？究其根本在于尚未有效建立以应用型和实践性为特色的高端应用型英语人才培养体系，这成为制约中国文化"走出去"的关键。

2. 英语类专业发展的"危"与"机"

英语类专业学科点逐年增多与英语类专业就业市场遭遇寒潮这样的冰火两重天状况，揭示出英语类专业发展危机四伏。专业发展危机的症候体现在以下两个方面。首先，从宏观层面来看，我国高端英语类人才和国际化人才从数量、质量到结构与层次都无法匹配国家经济社会转型

---

① 麦可思研究院：《2010—2016 年中国大学生就业报告》，社会科学文献出版社 2010—2016 年版。

② 中国翻译协会：《中国语言服务业发展报告 2012》，中国翻译研究院 2012 年版，第 8 页。

③ 中国翻译协会：《中国语言服务业系列报告——中国翻译服务业调研报告 2014》，中国翻译研究院 2014 年版，第 13 页。

④ 曾健坤：《地方院校英语专业的危机症候反思及其转型发展》，《大学教育科学》2015 年第 7 期，第 49—54 页。

与国际化战略发展需要；从中观层面来看，英语类专业人才培养与语言服务行业的社会适应度不高，高端应用型英语人才极其匮乏；从微观层面来看，用人单位虽基本能招聘到英语类专业毕业生，但学生的专业相关度与岗位适应度普遍不高。这样较为低端、较低质量的就业造成人才的浪费，专业发展受阻。其次，英语类专业的同质化发展导致英语类专业人才培养"小才拥挤，大才难觅"的困局。产生困局的病理在于，其一，人才培养类型的同质化，无视能凸显区域特色与社会需求的应用型人才培养，执着于学术精英型人才培养；其二，人才规格的单一化；其三，教学理论与培养实践脱节，校企合作难以互洽共赢，学生综合素质与岗位需求错配。因此，摆脱英语类专业发展困局的根本是要对接英语市场需求，合理调整专业培养定位，清晰确定多元培养路径，从而带动区域经济协调发展。

（四）一条"哑巴英语"的"死胡同"：英语类专业教学问题重重

1. "哑巴英语"的"罪"与"罚"

"哑巴英语"，中国亿万英语学习者心之所痛。究其原因，除"费时低效"外，一浪高过一浪的英语考证、考级行动也难辞其咎。从儿童到成人，从白天到夜晚，疯狂学的竟是中国式的"哑巴英语"。无论是中国英语学习者以时间换效率的天真，还是用证书证明能力的功利，都写意了中国英语学习者心头挥之不去的伤痛。而催生这一痛苦的根源则在于英语教学应用性与实用性的缺乏。长期以来，我国英语教学走的是一条学语法、背单词、听不懂、说不出的"哑巴英语"的"死胡同"，严重阻碍了英语教学质量的提高和学生英语学习兴趣的生成，也从根本上违背了英语教学的规律以及英语学习的初衷。缺乏较强的英语交际能力和娴熟的沟通技巧的大学生，在国际交流日益深入的当下，无力、无意更不敢参与全球竞争，这将严重影响国家核心竞争力的提升。

2. 英语类专业教学的"难点"与"焦点"

英语是一种被用作广泛交际的语言。[①] 语言学习是一个复杂过程，许

---

① Andrew W. Conrad, *The International Role of English: The State of the Discussion*, In Fishman (Ed.), Post-imperial English, Status Change in Former British and American Colonies 1940 – 1990, Berlin: De Gruyter, 1996, p. 24.

多因素，如从语言输入的途径到学习动机、个性因素等非语言影响等因素对于成功的语言习得都发挥重大的作用。① 英语类专业教学的难点聚焦于：首先，英语教学理念。英语与文化相连是根本，英语与专业结合很必要。其次，教学内容与学生实际应用的联结。再次，英语教学活动安排与学生学习需求的满足。学生学了不能用与需要用又没学的现象普遍存在。最后，教学环境与学习氛围的营造与学习情景的创设。长久以来，英语学习高投入低产出问题严重。据全球规模最大的私人英语教育机构英孚教育公司所发布的《英语熟练度报告 2015》（EF EPI）显示，尽管中国英语培训投入逐年攀升，但中国大陆英语熟练度仍以 49.41 的得分在所有参加英孚英语熟练度测试的 70 个国家中位列第 47 位，处于低熟练度得分范围，② 较之 2014 年的全球第 37 位呈现出明显下滑趋势，与多年蝉联第一的瑞典（70.94 分）更是相去甚远。这一结果激发了全社会对以应试为主导的传统英语教学的质疑，也重申了以应用为导向的英语教学转型的重要性。

"普通本科高校向应用型转型"与中国经济转轨、社会转型的遥相呼应为本研究设置了恢宏的时代背景，"英语类专业教学研究"为本研究锁定了中心问题域，"教学转型理论与实践研究"则为本研究勾勒出了基本的研究路线图，这也是对教学——"教育永生主题"与时俱进的发展诉求的写照。

二 研究意义

（一）理论意义

1. 探索应用型本科英语类专业教学转型理路，为国家应用型转型提供学理支撑

本研究以教学转型为切入点，探讨应用型本科英语类专业教学体系构建问题，并重点剖析应用型本科英语类专业教学转型原因及其转型路向，为应用型本科英语类专业的教学转型提供多路径、多方向的实践策

---

① Gass, S. M. and Selinker, L., *Second Language Acquisition: An Introductory Course* (2nd Ed.), Mahwah, NJ: Lawrence Erlbaum Associates, 2001.

② 英孚教育集团:《英语熟练度报告 2015》，英孚教育集团 2015 年版。

略，特别是对不同类型本科院校的英语培养目标、教学定位、课程设置、师资要求、实践教学等方面进行对比分析，明确差异，彰显特色，引导各类院校的英语教学分类定位，按需抉择。

2. 丰富应用型转型问题研究的理论视角

本研究借鉴新制度主义相关理论，细致阐述应用型本科英语类专业教学转型的根本动因，为应用型本科英语类专业教学转型提供理论支撑。并结合英语类专业特殊的教学转型实践，对新制度主义相关理论进行相应的借鉴与改造。

3. 建构"宏观—中观—微观三位一体"的教学转型理论体系

本研究建立了融"四大要素"和"三大机制"为一体的动态立体螺旋式教学转型理论模型，为应用型本科英语类专业教学转型提供了可资借鉴的理论框架。本研究对教学转型"四大要素""三大机制"在宏观—中观—微观层面的横向与纵向关系进行了较为深入的对比分析，细化拓展现有应用型转型发展理论，丰富完善其理论内涵。

（二）实践意义

1. 总结转型实践策略，指导按需抉择转型路径

本研究对应用型本科英语类专业教学转型提供了多路径、多方向的实践策略。对不同类型本科院校的英语培养目标、教学定位、课程设置、师资要求、实践教学等方面进行了对比分析，明确差异，彰显特色，引导不同属性院校英语教学分类定位，按需抉择转型路径。

2. 匹配专业特色定位，倡导教学"二次转型"

针对应用型本科英语类专业教学转型这一主题，本研究提出，不同属性的应用型本科院校应结合其具体专业的发展定位与优势，逐渐形成特色化的应用型教学体系，根据教学基础与教学转型所处的阶段，在具体的方向和策略上，选择一次转型或二次转型。

3. 响应国家外语战略，推进教育供给侧改革

本研究探索应用型本科英语类专业教学转型主题，响应国家培养应用型外语人才的语言战略号召，促进中国高等教育供给侧结构性改革，为国家应用型转型提供全新的决策思维。

第二节　已有研究述评

本研究试图从教学这一切口来窥探整个中国高等教育结构调整的大视野，力求达到见微知著之效。本研究以应用型本科英语类专业教学转型为核心，基于对普通本科院校向应用型转型这一应然趋势的认识，探寻应用型本科英语类专业教学在转型大趋势下应做出匹配性回应时，遭遇何种实然教学情势。通过院校转型的"应然趋势"与英语类专业教学的"实然态势"对比，衡量"应然"与"实然"之间的强烈反差，剖析差距成因，探寻英语类专业应用型教学转型路径，发掘教学转型本质。因此，本研究的文献综述正是依循"应然趋势"—"实然态势"—"必然诉求"的研究进路进行梳理的。

为了尽可能详尽而深入地全景扫描应用型本科英语类专业教学研究的历史研究图景，本研究主要采用了 O2O（Online To Offline）两种文献检索途径：其一是线上检索。运用 ERIC①、PQDD②、CERUK③、Kluwer④、Springer⑤、Medalink ⑥外文文献数据库和"Google 学术"互联网搜索引擎对相关主题的外文期刊论文、博硕士学位论文、电子图书进行系列文献检索；通过 CNKI（中国知网）对中文期刊、博硕士学位论文、报纸新闻

---

① ERIC（Educational Resources Information Center），教育资源信息中心，是由美国教育部（U. S. Department of Education）、美国教育科学研究所（Institute of Education Sciences，IES）联合创立的全球最大的英文教育信息数据库。

② PQDD（ProQuest Digital Dissertations）是由美国 ProQuest 公司开发的全球最大的博硕士学位论文数据库，收录了欧美 2000 余所知名高校各个学科领域的 160 多万篇学位论文，其中教育学领域的学位论文量达 50 万篇。

③ CERUK（Current Educational Research in the UK）是由英国国家教育研究基金、教育和技能部、政策与实践信息协调证据中心共同建立的一个比较完整的、有关英国当前教育研究的数据库。

④ Kluwer 是院校研究协会（AIR）主办的《高等教育研究》（*Research in Higher Education*）电子期刊的合作机构。

⑤ Springer 数据库是由德国斯普林格（Springer-Verlag）科技出版社建立的包括 490 多种期刊（其中 390 多种为英文期刊）的电子全文数据库。

⑥ Medalink 百链数据库目前收录 2.7 亿条中外文学术资源（含图书、期刊、报纸、学位论文、会议论文等多种形式）元数据，其中包括 300 多万种中文图书书目数据、中文期刊元数据 5820 万篇，外文期刊元数据 8972 万篇。

及与其合作的 100 多家出版社著作进行系列文献检索。其二是线下追踪。笔者通过实地调研国内三所特色化应用型本科院校，并参加外语教学与研究出版社举办的全国高等学校英语专业教学创新与教师发展研修班和中国英汉语比较研究会举办的中国专门用途英语（English for Special Purposes，ESP）教学研讨会以及参访长三角地区应用型本科高校联盟来获取第一手文献资料。所获资料可归列为三类：第一类是国内应用型本科英语类专业教学及教学转型的相关研究文献与资料；第二类是本研究锁定的个案院校的相关研究文献和资料；第三类是通过 ERIC、EBSCO、ProQuest、Kluwer、Springer、Linker 文献数据库和"Google 学术"搜索引擎检索到的有关国外应用技术大学英语教学转型的相关研究文献。借助虚拟和实体两种研究平台所提供的丰富翔实的信息资料，尽可能全面追踪探寻此领域的学术前沿。

应用型本科英语类专业教学在转型过程中也遭遇到一系列问题，如如何锁定转型突破口、发掘转型动力、相关研究给予怎样的启发与思考等，都要求本研究必须建立在实践诉求、理论创新与现有研究突破的基础之上。基于上述问题，本研究对该主题进行了较为系统的相关研究梳理，凸显矛盾，明辨是非，总结经验，吸取教训，为本研究的实践厚度提升与理论深度拓展做好铺垫。

一　关于应用型本科转型的研究进路

"应用型本科转型"在国内学术界的关注度相对较高。本研究以"应用型本科 + 转型""地方本科院校 + 转型""应用技术大学 + 转型"三组词为核心检索词，在中国学术期刊全文数据库和中国博硕学位论文数据库进行"主题检索"，时间范围截至 2017 年 6 月 30 日。通过对检索文献的梳理与分析，关于应用型本科转型这一焦点问题的已有研究主要从以下六个维度分别展开。

（一）应用型本科转型的主体之争

"引导部分普通本科高校向应用技术型高校转型"已经成为中国高等教育结构调整和转型发展的新动能。转型发展是我国目前非"985""211"地方本科院校（包括本科办学历史较长的地方本科院校、部委或行业转制地方管理的本科院校和新建本科院校①）共同面临的时代命题。将应用技术型高校确定为我国高等教育的重要类型并引导部分普通本科高校向应用技术型转型，这是基于我国现有的教育体系和高等教育大众化的独特路径作出的政策选择。② 但许多学者、专家和社会公众对本科院校的转型主体仍心存迷惑、争论甚至质疑，致使部分普通本科院校在转型过程中转型观念意识淡薄，思想因循守旧，形式主义严重。那么，在应用型本科转型过程中，究竟谁是主体？

学者徐维爽等（2015）认为，政府在转型中存在政策制定与实践操作相脱离的问题。如本科层次应用技术型和职业教育的转向定位在具体实践中缺乏相应的法律制度保障。所以，只需强化地方本科高校中的应用性和技术性培养元素，彰显服务区域经济发展的特色即可，转到另一个所谓统一的轨道去就是画蛇添足③。

1999 年，我国开始推进高等教育大众化进程，一些高职高专升格为新建本科院校，以回应区域经济发展需求，培养服务地方的应用型人才。然而新建本科院校整体上并没有成功实现其既定的应用型人才培养目标，却转变为应用型本科的主要对象。从表象上看，新建本科院校偏离应用型人才的培养目标是由于其归属于学科导向的普通本科院校，但从我国大学的发展历程和专业设置的历史视角来看，我国大学本身就致力于应用型人才的培养。所以，新建本科院校对应用型人才培养缺乏内在动力，这是造成其人才培养方向偏离的根本原因，因此，向应用技术大学转型，必须解决这一问题。④

针对转型主体这一问题，专家学者仁者见仁，智者见智。教育部职业教育与成人教育司原司长葛道凯（2015）⑤ 主张：转型对象，新建校与

---

① 《地方本科院校转型发展实践与政策研究报告》，http://www.moe.gov.cn/jyb_xwfb/s271/201401/t20140107161967.html. 2014－01－07/2016－11－06。

② 陈锋：《关于部分普通本科高校转型发展的若干问题思考》，《中国高等教育》2014 年第 10 期，第 16—20 页。

③ 徐维爽、张庭发：《多维视角下的地方本科高校转型发展探析》，《常州工学院学报》2015 年第 10 期，第 108—113 页。

④ 李安萍、陈若愚、胡秀英：《表象与本质——新建本科院校转型发展的另一种思考》，《教育探索》2016 年第 11 期，第 62—66 页。

⑤ 转引自董云川、邓凡《转与不转——地方本科院校的新抉择》，《高教发展与评估》2015 年第 12 期，第 40—49 页。

传统校并举；绝大部分专业或一部分专业转型皆可。鼓励独立设置的高等学校（如独立学院等）及 2000 年后新设高校定位或转型为应用技术类高校。按照张应强教授等（2014）[①] 对教育部有关地方本科高校转型发展的部署和规划的理解，我国 600 多所即 1999 年后新建的地方本科高校将逐步转型为应用技术大学（学院），着力开展现代职业教育[②]。四川理工学院党委书记汪明义（2014）[③] 认为，高校应用型转型的急先锋必然是地方老牌本科院校。它们借助学科专业更新，追踪产业发展前沿动态，强化对区域经济发展的服务与引领。教育部评估专家刘振天（2014）[④] 认为，我国未来会形成相对完整的两个高等教育体系：一个是以"985"和"211"学校为主体加上少量的地方重点大学，发展学术型、研究型大学；另一个是 3/4 以上的本科院校要转到应用技术类大学，包括独立学院、新建本科院校。

教育部高教司原司长张大良表示，明确"转型主体"至关重要。他认为办学历史较短的地方本科院校首先应成为主要转型对象。具体到转型实践中，学校本身应是转型主体。在充分尊重院校转型主体地位的前提下，调动教师员工转型发展的主动性与创造性，激发学校组织转型的内在动力，拿出"在人才培养方案上变、在专业设置上调、在课程体系上改、在师资配备上动、在教学管理机制上转"的具体实施方案。[⑤]

（二）应用型本科转型的内涵之辨

关于应用型本科转型的内涵，众说纷纭，解读不一。张大良（2016）[⑥] 认为，新型本科院校的基本内涵、核心要义和实践要求是：需求导向，突出应用，校地联合，科教结合，产教融合，校企合作，协同育人，转化成果，主动服务，支撑发展，办出特色，做出贡献。换校名、转形式、上层

---

① 张应强、蒋华林：《关于地方本科高校转型发展若干问题的思考》，《现代大学教育》2014 年第 6 期，第 1—8 页。

② 张应强、蒋华林：《关于地方本科高校转型发展若干问题的思考》，《现代大学教育》2014 年第 6 期，第 1—8 页。

③ 汪明义：《对地方本科院校转型发展的思考》，《中国高等教育》2014 年第 8 期，第 8—10 页。

④ 转引自阚明坤、张韦韦《应用技术大学：地方高校"升级版"》，《教育与职业》2014 年第 3 期，第 22—25 页。

⑤ 张大良：《把握"学校主体、地方主责"工作定位　积极引导部分地方本科高校转型发展》，《中国高等教育》2015 年第 10 期，第 23—29 页。

⑥ 张大良：《对焦需求　聚焦服务　变焦应用把新建本科院校办成新型本科院校》，《中国大学教育》2016 年第 11 期，第 4—9 页。

次都不是真正的转型，"降格"更是对转型的误解。转型应当在应用型的办学方向、类别和特色等方面下功夫。在众多有关转型内涵的争议中，内涵转型说、类型转型说、功能转型说和频次转型说比较具有代表性。

1. 内涵转型说

学者王玉丰（2011）[①] 对转型发展的内涵有自己独到的见解。他结合新建本科院校由专科教育向本科教育层次跃迁的经历，诠释其从外表和形式的"转形"向内容和实质"转型"的理论内涵。学者陈新民（2009）[②]、安静等（2015）[③] 认为，新建本科院校的转型发展是一个从结构到形态、从形式到内涵的持续整体性变革。内涵转型囊括办学类型、学科专业、人才培养模式、师资队伍建设、产学研合作教育等配套调整与变革。

2. 类型转型说

学者李咏梅（2015）[④] 提出，应用技术型高校并非所有地方本科院校的唯一转型目标。参照美国大学系统中文理学院的独特价值而提出的理想的文理型大学，既是完善中国高等教育系统的新类型补充，也是矫正和平衡当下实用思维浸润下的中国现代大学的物质功利化倾向的一剂良方。

3. 功能转型说

学者刘献君（2007）[⑤]、陈新民（2009）[⑥]、陈新民和王一涛（2011）[⑦]、陈新民（2015）[⑧] 认为，地方（新建）本科院校在发展过程中，应拓展完善现有研究型大学、教学研究型大学和教学型大学的分类框架体系，实现从单一教学向教学、服务并重的教学服务型大学转换。

---

① 王玉丰：《中国新建本科院校转型发展研究——基于自组织理论的分析范式》，教育科学出版社 2011 年版，第 14—17 页。

② 陈新民：《新建本科院校转型研究》，《教育发展研究》2009 年第 1 期，第 46—49 页。

③ 安静、崔民日：《新建本科院校转型发展的内涵与战略路径》，《教育评论》2015 年第 5 期，第 15—17 页。

④ 李咏梅：《中国还需要什么类型的大学？——对地方本科院校转型发展的再思考》，《国家行政学院学报》2015 年第 6 期，第 43—47 页。

⑤ 刘献君：《建设教学服务型大学——兼论高等学校分类》，《教育研究》2007 年第 7 期，第 31 页。

⑥ 陈新民：《新建本科院校转型研究》，《教育发展研究》2009 年第 1 期，第 46—49 页。

⑦ 陈新民、王一涛：《新建本科院校的重要发展趋向》，《教育发展研究》2011 年第 17 期，第 29—33 页。

⑧ 陈新民：《地方本科高校转型：分歧与共识》，《教育发展研究》2015 年第 7 期，第 18—22 页。

4. 频次转型说

学者柳友荣用"两次变革"和"两个阶段"对新建本科院校的内涵转型进行概括。"两次变革"分指外延式发展和内涵式发展，而"两个阶段"分指从学术教育为主向应用本科教育转轨的初级阶段和应用型本科内涵提升的高级成熟阶段。[①] 学者肖行（2016）[②] 认为，一大批新建本科院校在经历了"专升本"或单科变多科的一次转型后，还需要在教育理念、办学类型、办学功能和办学模式上实现全方位转型，从应用型本科内涵上的"二次转型"来完成从纯粹的学历教育向"学历教育＋现代职业教育"的华丽转身。

（三）应用型本科转型的定位之惑

高校的办学定位包含三个方面的内容：一是立"地位"，即确立高校在区域经济社会和高等教育体系中的位置与身份，解决"是什么"的问题；二是定"方位"，即指明高校未来的发展方向，回答"要去哪儿"的问题；三是显"品位"，即彰显高校的个性与品格，解决与其他高校相比"有什么"的问题。[③] 在由"明""暗"两条线所构成的应用型本科转型定位坐标体系中，存在以"明线"的国家制度安排与政府政策推动的自上而下的国家基础定位和"暗线"的各院校审时度势下的自下而上的精准定位，明暗交错，共绘坐标。从转型院校定位"三部曲"来说，理解角度不同，重点侧重也各异。

1. 立"地位"，筹布局

潘懋元教授（2007）认为，应用型本科以面向地方办学为主，某些专业可面向地区和全国[④]，形成区域甚至全国不可替代的应用型学科专业竞争优势。教育部原部长袁贵仁（2015）认为，转型的核心任务

---

① 李红卫：《我国新建本科高校转型发展研究综述》，《教育与职业》2016 年第 8 期，第 11—15 页。

② 肖行：《"中国制造 2025"背景下应用型本科院校"二次转型"探析》，《河北师范大学学报》2016 年第 1 期，第 48—52 页。

③ 陈杰、徐吉洪：《地方高水平大学：概念沿演与内涵指谓》，《中国高等教育》2016 年第 8 期，第 25—27 页。

④ 潘懋元：《我看应用型本科定位问题》，《教育发展研究》2007 年第 7 期，第 34—36 页。

是要明确办学定位、凝练院校特色、转换办学思路。[1] 高教司原司长张大良认为，地方本科院校在区域经济社会发展中的地位作用和功能价值决定了其必须立足"地方性""应用型""重特色"的办学定位，实施应用型人才培养。而学者董云川等（2015）[2] 认为，地方本科院校转型面临双重突破的挑战。一方面要突破区域局限，力促人才培养目标和规格同行业需求和岗位要求双对接；另一方面，突破国家边界，依靠国际合作办学，提升国际化应用型人才的培养质量。

2. 定"方位"，辨转向

鉴于产业转型升级对大批高水平、复合型技术应用型人才需求倍增，学者鲁武霞等（2012）[3]、马庆栋（2015）[4]、汪大喹（2015）[5] 等主张，以国家为我国地方高校转型规划的明确坐标——应用技术型为方向，聚焦本科职业教育体系的重点打造，推进高校转型发展。学者夏建国（2006）[6]、刘宇陆等（2015）[7] 认为，转型应用技术大学、发展应用技术教育、实施产教融合、发展高层次职业教育是新建本科院校转型发展的基本路径。上述观点并未得到其他学者的普遍认同，例如，学者董云川等（2015）[8] 认为"找碗饭吃"、解决"就业难"问题绝非高校转型的主动力。宏观规划再天衣无缝也替代不了迥异高校个体的量体裁衣。地方本科院校转型都定位为"应用技术大学"过于狭隘，过于重"技术"促就业，而轻视教育育人的属性。将"应用科学大学"定位为地方高校转

---

① 张大良：《把握"学校主体、地方主责"工作定位 积极引导部分地方本科高校转型发展》，《中国高等教育》2015 年第 10 期，第 23—29 页。

② 董云川、邓凡：《转与不转——地方本科院校的新抉择》，《高教发展与评估》2015 年第 9 期，第 40—49 页。

③ 鲁武霞、张炳生：《地方应用型本科人才培养应向高职本科转型》，《江苏高教》2012 年第 3 期，第 139—141 页。

④ 马庆栋：《应用技术型人才的内涵与地方高校转型发展》，《职教论坛》2015 年第 4 期，第 35—38 页。

⑤ 汪大喹：《关于地方高校转型发展的思考——基于中外应用技术型大学比较研究的视角》，《教育探索》2015 年第 7 期，第 66—70 页。

⑥ 夏建国：《技术应用型本科办学定位思考》，《高等工程教育》2006 年第 6 期，第 80—83 页。

⑦ 刘宇陆、袁翔、张金福：《地方本科院校主动融入现代职业教育体系的实践与创新——以上海应用技术学院为例》，《中国高教研究》2015 年第 5 期，第 59—63 页。

⑧ 董云川、邓凡：《转与不转——地方本科院校的新抉择》，《高教发展与评估》2015 年第 9 期，第 40—49 页。

型目标，将"就业"与"全人培养"、高校转型与国家产业链变革创新相结合，既契合高等教育发展规律，又能较好地满足社会发展需求。

3. 显"品位"，彰特色

针对应用型本科院校应坚持特色化转型发展战略的主张，学者专家一致达成共识。例如，学者夏建国、易丽（2016）[①] 认为，现代化工程应用型特色大学是培养现代工程应用型人才的有效载体，也是高校分类发展、特色发展的必然产物，更是实现制造强国战略的责任与使命。学者温景文（2014）[②] 认为，高校应用型转型是要在遵循教育教学规律的前提下，以服务区域发展为办学定位，以彰显特色、错位发展为办学理念，形成不同应用型高校多元并举的发展格局。

综上所述，虽然国家出台宏观政策鼓励地方高校向应用型转型，但转型实践落实仍是不折不扣的个体行为。从应用型本科定位的本质上来讲，上述观点都是在国家应用型转型的宏观方针指引下，不同地区、不同层次、不同类型高校的具体阐述。

（四）应用型本科转型的动力之源

应用型本科院校转型，是内外部动力系统共同作用的结果。转型的内部动力系统主要由利益相关者的多元诉求、高校转型发展需求、学生就业压力[③]等构成。转型的外部动力系统主要由经济发展需求、产业结构调整、建设现代职业教育体系的需求[④]等构成。现有关于应用型本科转型动力研究主要集中在以下四个方面。

1. 新常态下经济社会转型的应然之理

高教司原司长张大良（2015）[⑤] 和学者夏建国等（2015）[⑥] 认为，当

---

① 夏建国、易丽：《打造现代化工程应用型特色大学》，《中国高等教育》2016 年第 13 期，第 43—46 页。

② 温景文：《新建本科高校应用型教育的研究与实践》，东北财经大学出版社 2014 年版，第 6 页。

③ 卞常红：《地方本科院校转型动力机制研究》，山东财经大学 2016 年版，第 27 页。

④ 卞常红：《地方本科院校转型动力机制研究》，山东财经大学 2016 年版，第 27 页。

⑤ 张大良：《把握"学校主体、地方主责"工作定位　积极引导部分地方本科高校转型发展》，《中国高等教育》2015 年第 10 期，第 23—29 页。

⑥ 夏建国、周太军：《中国制造 2025 和应用型大学发展》，《中国高等教育》2015 年第 9 期，第 24—27 页。

前中国经济发展"新常态",对人才质量、类型、规模以及服务经济社会转型的能力都提出新要求。那些办学定位不清、发展方向不明、学科专业布局欠合理、双师型师资欠缺、服务地方能力孱弱的部分地方普通本科院校,要想在新经济格局下谋求生存发展空间,除了向应用型转型,别无其他出路。教育部发展规划司原副司长陈锋(2014)①、学者赵哲等(2015)② 认为,应用技术型人才是支撑国家经济转型发展、促进行业产业结构优化升级和应对信息技术革命的根本。地方本科高校是服务区域经济社会发展的重要支撑和实现高等教育由大变强的突破环节,迫切需要通过高校转型发展打造中国经济升级版。

2. 高等教育结构优化调整的必然之路

按照学者苏志刚等(2016)③ 的理解,高校应用型转型是高等教育结构嬗变演进的内在逻辑要求。学者曲殿彬、赵玉石(2014)④认为,地方本科高校转型是解决我国高等教育同质化问题、调节人才培养与市场需求的结构性矛盾、优化和提升我国高等教育整体结构与水平的现实选择。

3. 建立现代职业教育体系的实然之需

学者刘焕阳、韩延伦(2012)⑤ 认为,正是借助转型发展,大量地方普通本科高校具备了承担复合应用型本科层次职业教育人才培养的能力。这是构建现代职业教育体系的前提。学者赵新亮、张彦通(2015)⑥ 认为,普通高校应用型转型有助于调整高等职业教育结构,完善职业人才衔接培养体系,是构建现代职业教育体系的实然之需。

―――――――――

① 陈锋:《关于部分普通本科高校转型发展的若干问题思考》,《中国高等教育》2014 年第12 期,第16—20 页。

② 赵哲、董新伟、李漫红:《地方本科高校转型发展的三种倾向及其规避》,《教育发展研究》2015 年第7 期,第23—27 页。

③ 苏志刚、周军、尹辉:《应用型高校转型与发展:本质、动力与路径》,《高等工程教育研究》2016 年第6 期,第175—179 页。

④ 曲殿彬、赵玉石:《地方本科高校转型发展的问题与应对》,《中国高等教育》2014 年第6 期,第25—28 页。

⑤ 刘焕阳、韩延伦:《地方本科高校应用型人才培养定位及其体系建设》,《教育研究》2012 年第12 期,第67—70 页。

⑥ 赵新亮、张彦通:《地方本科高校向应用技术大学转型的动力机制与战略》,《高校教育管理》2015 年第2 期,第39—42 页。

4. 维系家庭和谐关系的当然之求

学者王立平、彭霓（2016）[1] 从社会的基本细胞——家庭的角度切入，他们认为，当地方本科高校转型对家庭成员在面临教育类型选择时，家长与学生应当重点评估高校的适当性，只有选择适合的高校，才能使家庭利益最大化，维系家庭的和睦和融洽，消除当前社会"脑体倒挂"引发的家庭教育危机。

（五）应用型本科转型的困境之思

应用型本科转型是一个涉及多元利益主体的系统性、长期性的教育活动。因缺乏成熟的经验可以借鉴，从宏观的办学理念、办学定位转型到微观的专业建设、培养体系、师资及教学模式转型[2]等方面都遭遇到困难，最为典型的如地方大学自我认同潜藏危机，行政统一规制与大学多元发展出现矛盾，不同类型院校转型面临分歧，应用型教师队伍建设遭遇瓶颈。[3] 正如教育部前副部长鲁昕所言，"转变观念难、学校理念转变难、教材建设难、专业建设难、师资队伍建设难、学校布局难"[4]，六"难"交织。无论是从学校层面还是从社会层面来说，转型都存在重重现实阻碍。[5] 具体来说，主要涉及以下四个方面。

1. 观念价值困境

传统守旧观念与错位的价值观阻碍转型发展。一是由对应用技术大学使命认识不清而导致的大学价值目标"迷失"；二是由对应用技术大学型态无知而导致的大学价值导向"趋利"；三是由应用技术大学价值保障体系缺位而导致的价值保障"松散"。[6] 传统观念制约不同院校的行动选择。转型"抵触派"认为，若转型后学校纳入职业教育体系，对比其他学

---

① 王立平、彭霓：《地方本科高校转型发展的动力源泉及实现路径》，《黑龙江高教研究》2016 年第 3 期，第 70—73 页。

② 曲殿彬、赵玉石：《地方本科高校转型发展的问题与应对》，《中国高等教育》2015 年第 10 期，第 25—28 页。

③ 陈斌：《建设应用技术大学的逻辑与困境》，《中国高教研究》2014 年第 8 期，第 84—87 页。

④ 阙明坤、张韦韦：《应用技术大学：地方高校"升级版"?》，《教育与职业》2014 年第 3 期，第 22—25 页。

⑤ 王者鹤：《新建地方本科院校转型发展的困境与对策研究——基于高等教育治理现代化的视角》，《中国高教研究》2015 年第 4 期，第 53—59 页。

⑥ 牟延林：《思考应用技术大学的中国价值》，《中国高教研究》2015 年第 6 期，第 73—75 页。

术型、研究型大学则是自降身价；转型"观望派"认为，目前转型条件尚不成熟，障碍多，投入大，转型前景模糊。① 此外，地方本科院校教师的传统观念对转型发展影响巨大。学者陈建国②认为，地方本科高校师资团队建设中引进的许多高学历人才，专业学术水平较高，但实践操作能力较弱，重科研、轻教学的思想严重，担心从事技能型人才培养会降低自身档次与身份。这些陈旧落后的观念对教师转型的价值认知会造成不良影响。

2. 制度困境

教育制度建设亟须加强。学者姚荣③认为，三角协调模型中国家、市场与学术构成中国本科高校转型的外部权力关系网络。受制于中国区域经济与产业结构的差异性和复杂性，以及传统文化中"文凭主义""精英主义"等观念的影响，国家、市场与学术三个权力中心对"应用技术型"高等教育存在"系统性偏见"。在中国本科高校应用型转型过程中，制度与应用两种逻辑的矛盾与竞合，构成中国应用型本科转型制度化建设的主线。学者颜炳乾④认为，地方本科院校转型发展对地方政府高等教育职能、对现行法律法规制度体系和相关领域提出新挑战，比如教育财政、办学条件等。转型的动力模式仍然是供给导向而非需求导向。⑤ 高校转型发展的系统性与长期性决定了转型困难的艰巨与复杂。

3. 行为困境

首先，学科专业转型建设问题。学者陈拥贤（2015）⑥、王者鹤（2015）⑦

---

① 杨永飞、赵晓珂：《推进应用技术大学建设　服务地方经济社会发展——关于地方高校转型发展的若干思考》，《中国成人教育》2015 年第 3 期，第 19—21 页。

② 陈建国：《威斯康星思想与我国地方高校转型发展》，《高等教育研究》2014 年第 12 期，第 46—52 页。

③ 姚荣：《中国本科高校转型如何走向制度化——基于组织分析的新制度主义视角》，《教育发展研究》2015 年第 3 期，第 1—10 页。

④ 颜炳乾：《高校转型发展：职教与高教的共同战略切入点》，《职业技术教育》2014 年第 31 期，第 26—30 页。

⑤ 孙善学：《高校转型的语境整合与路径选择》，《中国职业技术教育》2016 年第 18 期，第 5—11 页。

⑥ 陈拥贤：《地方本科高校转型发展的制约因素与对策分析》，《职教论坛》2015 年第 1 期，第 21—30 页。

⑦ 王者鹤：《新建地方本科院校转型发展的困境与对策研究——基于高等教育治理现代化的视角》，《中国高教研究》2015 年第 4 期，第 53—59 页。

认为，地方本科院校专业设置雷同，新专业设置随意而老专业改革保守，专业建设与地方产业发展脱节，校企、校地合作专业尚处于起步阶段以及专业定位欠缺科学规划等问题，造成对应用型人才培养的支撑度不够。其次，课程转型问题。按照地方本科高校向应用型高校转型的定位，课程设计目标也要定位为培养高级应用型人才①，课程在与专科院校和学术型院校明显区别的基础上，考量市场需求，根据市场中行业企业的岗位和职业需求来设计与之相匹配的应用型课程体系。但由于当前许多高校对市场人才需求分析不透彻，无法也无力按照市场需求重新规划课程设计，课程标准不明、内容过时、课程特色缺失，使得课程转型举步维艰。② 最后，教学转型问题。教学转型的原动力在教师。如何引导教师从学术型教师向应用型教师转型，打造"双师双能型"教师团队，推进教学体系由知识教学向实训教学转型③，深化校企合作，产教融合，成为制约地方本科院校转型的关键点。此外在转型过程中，还存在"能力"认知的偏差、系统跟要素的拆解、内容与形式的分离等困境。④

4. 价值困境

在转型过程中，存在功利化倾向明显、形式主义严重等转型价值迷失的问题。学者赵哲等⑤认为，国家对应用型本科转型发展的关注与投入，异化为许多地方政府教育政绩的指标和宣传材料。政策文本中力倡院校转型发展，实践落实上注重走形式走过场，轻视价值内涵的转变。例如，很多院校借助转型的"东风"，实现了从专科向本科或从普通本科学院向应用技术大学的历史跨越，但应用型大学形式要件的完善并没有

---

① 《地方本科转向应用技术型：难点与突破》，《光明日报》2014 年 11 月 12 日第 7 版。

② 楚旋：《基于行动理论的地方本科高校转型行为分析》，《当代教育科学》2016 年第 21 期，第 6—10 页。

③ 王者鹤：《新建地方本科院校转型发展的困境与对策研究——基于高等教育治理现代化的视角》，《中国高教研究》2015 年第 4 期，第 25—28 页。

④ 潘昱州、彭荔、雍敦全：《新建本科院校"转型"的误读与矫正》，《教育与职业》2015 年第 20 期，第 5—8 页。

⑤ 赵哲、董新伟、李漫红：《地方本科高校转型发展的三种倾向及其规避》，《教育发展研究》2015 年第 7 期，第 5—8 页。

带来办学实质内涵的改变。学者陈永斌①更是指出，一些地方本科院校赤裸裸的转型价值目标：办学层次定位再高一点，硕博士点再多一点。类似急功近利的转型价值定位，对地方院校应用型转型发展贻害无穷。

（六）应用型本科转型的路径之探

应用型本科转型，是我国政府、高校以及企业、师生等利益相关者之间原有利益分配格局的重新洗牌，预示着新的利益相关者博弈矩阵的形成。高校转型的前提是，全面分析各利益相关者的博弈动机，明确转型发展的主导力量等关键问题，并采取理念指导、制度保障、分类管理、评估引导等综合措施②，构建院校、政府、企业及中介"四位一体"的相互促进、协同发展工作体系。③

1. 政府主导

学者张应强（2014）④从将高等教育改革主动纳入法制化轨道、为高校培育开放公平的市场竞争环境、扩大和落实高校办学自主权三个层面，论证了政府在促进地方高校转型发展中的责任与作为。学者陈永斌（2014）⑤、张兄武等（2014）⑥认为，教育行政部门要形成支持地方本科院校转型发展的政策框架体系，通过加大人才支持、政策扶持和财力投入，实现高等教育管理体制机制、转型发展政策制度的改革与创新。为使转型更具操作性，政府责任更清晰明确，学者刘振天（2014）⑦提出了"六步走"战略：第一，转型发展不降位；第二，经费投入增力度；第

---

① 陈永斌：《地方本科院校转型发展之困境与策略》，《中国高教研究》2014 年第 11 期，第 5—8 页。

② 张应强、蒋华林：《关于地方本科高校转型发展若干问题的思考》，《现代大学教育》2014 年第 6 期，第 1—8 页。

③ 孙泽文、刘文帆：《地方本科院校向应用技术大学转型研究》，《教育发展研究》2009 年第 1 期，第 46—49 页。

④ 张应强：《从政府与大学的关系看地方本科高校转型发展》，《江苏高教》2014 年第 10 期，第 6—10 页。

⑤ 陈永斌：《地方本科院校转型发展之困境与策略》，《中国高教研究》2014 年第 11 期，第 38—42 页。

⑥ 张兄武、许庆豫：《关于地方本科院校转型发展的思考》，《中国高教研究》2014 年第 10 期，第 93—97 页。

⑦ 刘振天：《地方本科院校转型发展与高等教育认识论及方法论诉求》，《中国高等教育》2014 年第 6 期，第 11—17 页。

三，确立标杆树典型；第四，分类评估制度立规范；第五，多元参与促互洽；第六，关停并转催新生。

2. 学校主体

普通本科院校是实施应用型转型、推进我国高等教育供给侧结构性改革的现实主体。高教司原司长张大良（2015）认为，"挂牌"、"更名"、"升格"、争资源、要资金绝不能成为地方本科院校转型的根本目标，转型必须有的放矢，在关涉转型的关键领域如专业重置、教材更新、实践教学拓展、培育双师须重点突破。具体举措包括：系统培训，切实转变办学理念；需求导向，及时调整专业设置；改革驱动，实施"本科教学工程"；创新引领，实施系列"卓越计划"①。学者陈锋（2014）②、钟秉林等（2016）③ 认为，转型需要明晰人才培养目标和规格，重视内涵发展和师资队伍建设，提高应用型人才培养质量；处理好学科与专业、职业教育与普通教育以及政府、高校与市场的关系；打造应用型教学环境；以市场需求分析引领培养模式改革；引进多元招录方式，设置灵活弹性的培养方案。学者陈新民（2009）④、蔡袁强（2010）⑤ 认为，高校办学理念与发展定位、培养目标与组织架构、双师队伍建设与产教融合是转型发展的难点与重点。必须以政府的良性指导、行业企业的深度参与、高职与应用本科的有效衔接作为实施保障，才能切实满足我国经济发展对高技能应用型人才的需求。⑥ 在转型具体道路上，学者王洪才⑦指出，新建本科院校应走"创业型大学"发展之路。在转型关键点的确定

---

① 张大良：《把握"学校主体、地方主责"工作定位 积极引导部分地方本科高校转型发展》，《中国高等教育》2015 年第 10 期，第 23—29 页。

② 陈锋：《关于部分普通本科高校转型发展的若干问题思考》，《中国高等教育》2014 年第 10 期，第 16—20 页。

③ 钟秉林、王新凤：《我国地方普通本科院校转型发展实践路径探析》，《高等教育研究》2016 年第 10 期，第 19—24 页。

④ 陈新民：《新建本科院校转型研究》，《教育发展研究》2009 年第 1 期，第 46—49 页。

⑤ 蔡袁强、戴海东、翁之秋：《地方本科院校办学面临的困惑与对策——以温州大学为研究对象》，《高等工程教育》2010 年第 1 期，第 96—101 页。

⑥ 《教育与职业》课题组：《地方本科院校转型的建设框架与实施保障》，《教育与职业》2016 年第 1 期，第 8—11 页。

⑦ 王洪才：《新建本科院校：转型发展还是跨越发展——兼评顾永安等著〈新建本科院校转型发展论〉》，《黑龙江高教研究》2013 年第 3 期，第 55—57 页。

上，学者谷正气（2015）① 指出，地方本科高校转型，在人才培养上要从知识本位转向综合素质本位，教师队伍的转型是核定学校转型是否成功的关键指标。此外，学者解德渤（2014）② 认为，地方普通本科院校能不能顺利转型为应用技术大学，根本在于其办学理念及科研价值观是否发生实质性的转变。

3. 行业企业参与

学者陈永斌（2014）③ 认为，在地方普通本科院校转型发展中，行业、企业须在共建共享、合作互治理念引领下，明晰校企双方在校企合作、产教融合中的责、权、利关系，建立健全多元主体的协同合作机制与学科专业的动态调整机制，完善师资队伍提升的共享机制，推进培养模式改革的共管机制以及探索实践文化交流的共融机制，以完善高效的转型举措，实现多元主体的合作共赢。

总之，转型文化创建要从"教学研究型"价值认同向"应用技术型"价值认同转变；转型路径选择要从"局部改良"思维向"根本变革"思维转变；转型定位设计要从"综合性、学术型"设计向"地方性、服务型"设计转变。

二　应用型本科专业转型的研究进路

专业是高校组织的细胞，人才培养的单元。专业转型是实现办学方向转型的前提条件，也是推进人才培养类型转型的重要手段。应用型本科转型的宏观规划，必须通过应用型学科专业转型才能实现应用型人才培养的微观落实。也就是说，学科专业转型是联通院校转型与人才培养目标转型的枢纽。要想实现高校办学方向的应用型转型，首先是要推进专业方向从学术型向应用型转型；要想构建应用型人才培养目标，必须依凭应用型专业建设来实现。从本质上来说，从学术型专业向应用型专

---

① 谷正气：《深度转型：地方本科高校发展的现实选择》，《教育与职业》2015 年第 2 期，第 15—17 页。

② 解德渤：《科研观转变：应用技术大学发展的关键》，《高校教育管理》2014 年第 11 期，第 25—27 页。

③ 陈永斌：《地方本科院校转型发展之困境与策略》，《中国高教研究》2014 年第 11 期，第 38—42 页。

业转型，是应用型办学理念主导下的课程重构①，但绝不仅限于课程重构这一核心方面，还涉及教学方法、实践条件、师资要求、培养途径等②方方面面的系统性变革。关于已有的应用型本科专业转型的研究重点可从下述六个方面展开。

（一）对应用型本科专业转型的宏观研究

高教司原司长张大良（2015）③ 在论述地方本科高校转型的关键点和着力点时，主张首先要以科学发展观思想引领为核心，以专业转型为主线，以特色应用型专业建设为抓手，推进普通本科高校向应用型转型。学者徐立清等（2014）④ 通过改造传统学科型专业设置模式打造自身发展特色、突破学科思维定式构建三层次课程体系、打破教学隔离构建一体化教学模式和改变传统管理方式为专业综合改革保驾护航，来打造以专业为载体的"四位一体"的转型新模式。学者刘明初等（2015）⑤、李克军等（2015）⑥针对新升格本科院校学科专业建设中存在的学科生态失衡、建设步伐滞后、专业设置重复等共性问题，强调深入改造现有专业，实施复合转型，通过凸显学科专业的优势和特色，做强基础学科和长线专业，做活应用学科和短线专业，发挥品牌专业的模范标杆作用。学者唐卫民等（2008）⑦ 主张通过专业转型，特别是实现专业价值取向的职业化、专业成长模式的市场化和专业设置权限的地方化等措施，解决地方本科院校转型发展中的质量与效益的矛盾。

---

① 王志蔚：《论地方本科高校专业转型的实质》，《当代教育科学》2016 年第 17 期，第 3—5 页。

② 朱科蓉：《从学术型向应用型转变的专业改革策略》，《现代教育管理》2010 年第 9 期，第 122—125 页。

③ 张大良：《把握"学校主体、地方主责"工作定位 积极引导部分地方本科高校转型发展》，《中国高等教育》2015 年第 10 期，第 23—29 页。

④ 徐立清、钱国英、马建荣：《地方本科院校转型发展中的专业综合改革探索与实践》，《中国高教研究》2014 年第 12 期，第 53—57 页。

⑤ 刘明初、彭香萍：《新升格本科院校学科专业建设的问题及对策》，《职教论坛》2015 年第 26 期，第 88—92 页。

⑥ 李克军、陈君：《新建本科院校转型发展论略》，《国家教育行政学院学报》2015 年第 1 期，第 32—35 页。

⑦ 唐卫民、彭万英：《大众化背景下我国地方高等院校的专业转型》，《辽宁教育研究》2008 年第 4 期，第 26—28 页。

（二）对省域应用型本科专业转型的中观研究

学者石火学等（2016）[①]、张堂云等（2016）[②] 针对福建、广西两省高校本科专业设置重复、与区域经济发展契合度不高、由专业设置盲目或缺乏前瞻性而导致的专业集聚效应不明显以及学科与专业建设失衡等问题，提出：宏观上，实施院校转型；中观上，加强专业管理、专业设置评估与审查和建立动态的专业结构调整长效机制；微观上，以师资转型和学科专业统筹建设来支撑本科专业结构调整和转型优化。

（三）对应用型本科专业转型的微观个案研究

学者崔勇（2015）[③] 结合保定学院专业建设转型实践，提出以打造特色化的汽车服务专业集群、现代物流专业集群、区域生态专业集群、文化艺术专业集群、教师教育专业集群等专业集群为龙头，推进产教融合、校企合作，对接保定主导产业链，为京津冀区域协同发展培养适销对路的应用型人才。学者叶丹等（2014）[④] 结合铜仁学院专业建设转型实践，提出坚持"地方性"，明确专业定位；利用区域资源，打造特色专业群；结合学科优势，推进产学研融合，走出一条特色化、个性化的专业建设转型之路。学者周伟等（2016）[⑤] 从结构视角分析安徽产业结构的变动趋势，论证安徽高等教育学科专业结构与产业结构变动的适应性问题，提出进一步优化安徽高等教育学科专业结构的对策建议。

（四）对应用型本科专业转型与地方经济转型协调发展的研究

学者闫广芬等（2016）[⑥] 基于高校专业结构与区域经济发展的协同关系，以地区性专业数量结构和产业行业的就业结构为切入点，采用耦合

[①] 石火学、林素川、钟春玲：《福建省本科专业结构优化和调整机制研究》，《教育评论》2016年第4期，第7—12页。

[②] 张堂云、朱良华：《广西新建本科院校专业结构现状考察及优化》，《教育评论》2016年第7期，第19—22页。

[③] 崔勇：《打造特色专业集群助力新建地方本科院校转型发展》，《中国高等教育》2015年第6期，第59—60页。

[④] 叶丹、罗静、侯长林：《利用区域资源推进专业建设转型》，《中国高等教育》2014年第18期，第30—31页。

[⑤] 周伟、王秀芳：《安徽高等教育学科专业结构与产业结构变迁的适应性研究》，《科技管理研究》2016年第16期，第75—79页。

[⑥] 闫广芬、张磊：《高校专业结构地区治理需跨越"低水平发展陷阱"——基于专业设置与经济结构的耦合分析》，《教育发展研究》2016年第21期，第8—14页。

分析方法，揭示高校专业结构地区治理必须跨越"低水平发展陷阱"，才能实现高等教育与经济发展的高水平耦合。学者姜志军等（2015）① 在分析地方经济发展、产业结构调整、应用型人才培养、学科专业群要素之间既独立又互动的关系基础上，提出为避免地方本科高校盲目转型，必须围绕办学理念、办学定位、培养目标、培养规格、社会需求进行学科专业的转型，以学科专业群建设引领院校转型。学者吕秋君等（2015）② 从应用型本科学科专业与地方企业契合度的视角出发，分析二者在契合研究、契合方式和契合机制中存在的问题，提出高校应研究国家及地方经济发展趋势、引导地方企业主动契合的积极性和优化契合机制等策略。学者姜志军（2015）系统分析了地方本科院校学科专业设置"小而全"、结构不合理、学科专业结构互补性差、与地方行业产业结构匹配度不高、专业建设滞后于社会需求等问题，提出通过增加高校专业设置自主权来推进学科专业转型。

（五）对应用型本科专业转型现存问题的研究

学者姜志军等（2015）系统总结了当前应用型本科学科专业转型中存在的问题。针对应用型专业转型内涵不清，实质不明的问题，学者王志蔚（2016）③ 主张，专业作为课程组织的主要抓手，协调专业内外部各种关系与矛盾，使高校人才培养目标与规格立体真实。产业转型为专业转型设置了不可逆转的时代背景，专业转型是产业转型的必然产物。地方本科高校转型发展必须要进行专业转型，优化专业设置，打造一批特色化、品牌化的专业集群，从而推动形成院校应用发展的新格局。

（六）对应用型本科专业转型的对策研究

学者吴仁华（2016）④ 从专业集群建设与区域产业技术、学科建设的协同关系的角度出发，指出增强技术集成服务能力是推进应用技术大学

---

① 姜志军、李睿思：《论地方经济产业结构与高校专业群建设现状》，《继续教育研究》2015 年第 2 期，第 4—7 页。

② 吕秋君、郭树东、路晓鸽：《应用型本科学科专业与地方企业契合探析》，《黑龙江高教研究》2015 年第 2 期，第 63—65 页。

③ 王志蔚：《论地方本科高校专业转型的实质》，《当代教育科学》2016 年第 17 期，第 3—5 页。

④ 吴仁华：《论应用技术大学专业建设的基本特征》，《高等工程教育研究》2016 年第 4 期，第 184—188 页。

专业建设转型的根本途径，也是保障区域内产业技术发展与应用学科平台有机结合的重要举措。学者曾宪权（2015）①、沈忠华（2015）② 和冯振强（2014）③ 在分别分析计算机专业、电子商务专业、思想政治教育专业在培养定位上同质化、专业特色不明显及与地方经济脱节的现实基础上，主张地方本科院校专业应主动融入行业和地方经济，明确专业定位的结构路径、面向行业与地方，构建应用型人才培养体系的技术路径，制定完善各种规章制度，形成专业转型文化的制度路径来实现应用型本科转型发展的目标。学者杨东铭（2013）④ 在总结近年来部分应用型高校实施专业大类、专业群招生，积极整合、优化专业结构的经验时，提出在教学中应通过一专多辅或主干与拓展并举的专业设置方式，助力复合应用型人才培养。学者蔡敬民等（2016）⑤ 主张围绕地方需要调整专业，实现专业布局转型。学者侯爱荣（2016）⑥ 主张应用型本科的专业设置应遵循互生互长逻辑，使专业结构与区域经济社会发展需要相契合；遵循内涵发展逻辑，突出办学特色；遵循学科协同逻辑，形成专业可持续发展格局；遵循成本—收益逻辑，促进规模与效益的均衡发展。应用型本科的专业设置应构建专业建设与劳动力市场的衔接机制；探索多元办学模式，构建校企联动的专业共建机制；建立多元参与的高校专业设置评估机制。学者潜睿睿等（2014）⑦ 提出，高校转型发展应回应国家和区域经济社会的发展诉求，科学定位学科专业发展方向，合理优化专业布局，

---

① 曾宪权：《地方本科院校计算机专业转型发展路径探索》，《教育理论与实践》2015 年第9 期，第42—44 页。

② 沈忠华：《地方高校应用型人才培养的探索与实践——以电子商务专业为例》，《中国大学教学》2015 年，第48—49 页。

③ 冯振强：《地方普通本科高校思想政治教育专业实践教学体制的设计思路》，《学校党建与思想教育》2014 年第12 期，第37—38 页。

④ 杨东铭：《壁垒突破与协同创新：应用型高等教育转型升级之路》，《职业技术教育》2013 年第6 期，第44—47 页。

⑤ 蔡敬民、余国江：《从"新建本科"向"新型大学"转变》，《中国高等教育》2016 年第12 期，第29—31 页。

⑥ 侯爱荣：《应用型本科专业设置的内在逻辑与机制建构》，《当代教育科学》2016 年第6 期，第86—89 页。

⑦ 潜睿睿、徐定华：《结合行业发展实际　积极构建交叉学科群》，《中国高等教育》2014 年第12 期，第58—60 页。

打破学科专业壁垒，积极促成跨学科交流与合作，在复合应用型人才规模扩张与质量提升上双管齐下，重点突破。学者陈昌芸等（2016）[①] 在对国家转型政策文本分析的基础上，提出地方高校要打好专业转型的"地方牌"。立足地方，科学规划学院发展定位；依托地方，努力找寻资源供给与发展支撑；服务地方，着力谋求转型出路与价值实现平台。

三　英语类专业转型的研究进路

（一）英语类专业转型的方向研究

学者束定芳（2016）[②] 主张，中国英语类专业发展面临着来自国际国内的双重困难与挑战，英语类专业应朝着六个方面进行改革与发展：第一，立足校本定位与优势，打造特色化的英语类专业；第二，分类分层确定培养任务，形成融荣共生的多样化人才培养格局（如高端技能型英语人才的培养任务应由专门外语院校以及部分综合性大学和师范大学承担）；第三，针对外语类院校的英语类专业发展，其定位须与校本特色专业挂钩；第四，重点综合性大学和第一梯队的外语类专业院校应将其人才培养目标确立为"培养高素质、国际化、学术研究型英语人才"；第五，英语类专业承担着"送出去"与"引进来"的双重历史任务，肩负培养中华文化海外传播者的时代重任；第六，在英语类专业中率先开辟国际化"试验田"。

学者蓝仁哲（2009）[③] 在简要回顾我国外语教育发展历程的基础上，论述了外语专业学科属性缺失的现实及其危害；针对英语专业教学大纲（2000）提出的培养复合型英语人才的目标，质疑这一理念的可行性和支撑该模式的课程体系，并以近 10 年的实践加以反证。他明确指出，外语专业应当回归人文学科属性，体现人文本色；外语专业改革的核心是要提升培养质量而非进行培养模式的转型。

---

① 陈昌芸、侯长林：《地方高校发展转型的涵义及出路——基于政策文本的分析》，《职教论坛》2016 年第 1 期，第 72—78 页。

② 束定芳：《英语专业改革与发展的再思考》，《东北师范大学学报》2016 年第 3 期，第 115—117 页。

③ 蓝仁哲：《高校外语专业的学科属性与培养目标——关于外语专业改革与建设的思考》，《中国外语》2009 年第 11 期，第 4—8 页。

（二）英语类专业转型的路径研究

学者原一川等（2015）[①] 认为，英语全球化背景给高校英语专业办学带来了机遇和挑战，迎接挑战和化解困境的办法就是改革。西部地方高校基于区域经济劣势和地理优势因素的综合考虑，努力寻求与南亚高校合作办学，这一新思路是探索世界英语视阈下高校英语类专业改革的新途径，亦是对国家"一带一路"倡议号召的积极响应，具有应用研究价值和理论建构意义。

学者曲卫国（2016）[②] 认为，英语专业的危机是外语专业在新的学科需求和发展情况下出现的学科性危机。摆脱危机的根本在于英语类专业自身知识体系的建立以及学科建设。基于我国社会经济转型发展对地方师范院校英语类专业转型提出的新诉求，学者代礼胜（2016）[③] 分析了处于转型期的地方师范院校英语专业所面临的办学质量参差不齐、专业同质化严重、师范英语专业与基础教育脱节等问题。在此基础之上，他提出通过准确定位人才培养规格，稳步推动教学方式变革，积极开发师范英语课程资源，大力推动师资力量建设，以推进地方师范院校英语类专业转型。学者曹德春（2011）[④] 认为，按照英语类专业内涵建设发展的程度，我国开设商务英语专业或方向的高校大致可以分为两个层次：处于第一个层次的高校，应以跨文化商务交流为商务英语专业内涵建设的重心，并借鉴传播学和管理学的学术视野，将跨文化组织沟通和跨文化外部沟通当作内涵建设的重中之重；处于第二个层次的高校，仍旧可以将英语语言知识与技能当作专业内涵建设的重心，并借鉴管理学的视野强化商务类课程的国际化特色。

学者任良耀（2016）[⑤] 针对目前国内高校英语类专业布点过多、英语

---

① 原一川、原源、徐红梅：《世界英语视阈下高校英语专业改革新途径——以西部地方高校为例》，《学术探索》2015 年第 9 期，第 153—156 页。

② 曲卫国：《国家标准能让英语学科走出困境吗？——谈谈英语专业改革与英语学科建设的关系》，《外国语》2016 年第 5 期，第 11—13 页。

③ 代礼胜：《转型时期地方师范院校英语专业改革的途径》，《教育与职业》2016 年第 5 期，第 79—81 页。

④ 曹德春：《学科交融与商务英语专业内涵建设》，《郑州大学学报》2011 年第 3 期，第 79—81 页。

⑤ 任良耀：《关于应用型本科英语专业改革发展路径的思考》，《中国大学教学》2016 年第 6 期，第 42—45 页。

人才供过于求的现状，提出走复合应用型外语人才培养的道路，是新世纪我国应用型本科英语类专业改革发展的有效路径。学者廖巧云等（2014）①针对英语类专业发展现状，创新提出实施"32333"英语类专业人才培养新模式的倡议。重点对英语人才培养目标、培养规格、课程体系、师资团队建设和质量保障体系的应用型转型经验进行了分享。学者高治东（2009）②分析了转型时期大学英语教学研究模式的转变与建构。学者陈文杰等（2009）③ 分析后现代的"去中心"、脱域性、多元化、虚拟化等基本理念对现有大学英语教学课程模式中的主体定位，师生角色转换，课程纵向结构、横向结构，课程组织手段等多个方面转型的影响，提出以学生为主体，强调多元化、个性化的现代课程模式将成为大学英语教育的主流。

四　教学转型的研究进路

（一）教学转型的内涵

　　教学转型是应用型本科建设中的一项重要内容。学者钟启泉（2001）④认为，教学是"沟通"与"合作"的活动，转型的教学规范应具备丰富性、回归性、关联性、严谨性。钟启泉（2006）⑤ 以知识隐喻为切入点，系统梳理了知识论研究的历史，由此总结出活动性、实践性属性是一切真知的本质属性。知识隐喻虽然凸显了"认知活动"之间的相互关联，但是依然无法摆脱近代批判哲学固有认识论的束缚。传统"客观主义"知识论与现代"主观主义"知识论都存在与生俱来的局限性。借鉴多元知识学说所提供的多样化参照指标，对教育改革的重大启示是，素质教育不能走极端，一方面，既不能向学生强制灌输知识，走向填鸭式教育的极端；另一方面，也不能轻视体验主义教育，走向轻视概念性知识、无视知识结构化的另一极端。他认为，教学改革是教学方法与教学方法论的双重改造。尤其是对

①　廖巧云、王鲁男、陈汝平：《英语专业"一体两翼"建设路径探索——以四川外国语大学为例》，《中国外语》2014 年第 10 期，第4—9 页。

②　高治东：《转型时期大学英语教学研究模式的转变与建构》，《宁夏大学学报》2009 年第 5 期，第185—188 页。

③　陈文杰、周克元：《以后现代理念解读大学英语课程模式的转型》，《华南农业大学学报》2009 年第 5 期，第143—146 页。

④　钟启泉：《对话与文本：教学规范的转型》，《教育研究》2001 年第 3 期，第31—39 页。

⑤　钟启泉：《知识隐喻与教学转型》，《教育研究》2006 年第 5 期，第19—24 页。

教学方法论的改造，教师需要超越单纯的教学方法局限，从借鉴走向自觉。主动将研究视野拓展到研究教学方法背后，找寻其理论基础，剖析教学方法与教学对象二者的关系。教学方法论的关键内容涵盖：思考教学对象的思考重心、前提假设、视角、分析框架（含分析单位）、思考层次、思维方式等。学者龚孟伟（2011）① 从课堂教学文化切入，认为正是教学文化所具有的根源性、隐蔽性、持久性、惰性的典型特点，引发教学改革中教师更容易转换教学理念，却在教学行为上难以做出根本性改变。学者刘怀德（2011）② 认为，教学转型的根本在于新型教学文化的构建。要将无形的教学文化落实到有形的教学理念及实践的转型中。发挥文化引领作用，鼓励教师用新的文化理念武装自己，有针对性地引导教学行动转型。学者李秀萍（2004）③ 以"离心泵特性曲线的测定"实验项目为依托，总结出实验教学模式转型的一般路径，即从单纯测定型向设计型、探索型转变，推动了在创新意识驱动下的实验教学模式的转型。

（二）教学转型的抓手

1. 课程教学转型

学者田慧等（2016）④ 通过对我国五所体育院校英语专业课程设置的调查分析与对四所行业特色学校英语专业课程设置的比较发现，虽然它们在学分要求、课时安排和课程开设等方面各有差异，但开设具有校本特色的 ESP 课程成为它们共同的选择。进一步完善体育类 ESP 课程设置、提高相关 ESP 教学有效性和解决 ESP 教学中的师资等问题成为该类院校英语教学转型的难点与重点。

2. 教学模式转型

学者颜红菲（2014）⑤ 认为，教学模式是一定的教学理念或教学思想

---

① 龚孟伟：《论教学文化研究现状及其存在的问题》，《教育学术月刊》2011 年第 8 期，第 103—106 页。

② 刘怀德：《公共事业下高中信息化教学的课堂文化研究》，硕士学位论文，广西师范大学，2011 年。

③ 李秀萍：《课堂教学文化：教学转型的内在机理》，《天津师范大学学报》2004 年第 4 期，第 14—17 页。

④ 田慧、陈杰、王卓君：《我国体育院校英语专业课程设置及其 ESP 课程特征研究》，《北京体育大学学报》2016 年第 10 期，第 76—82 页。

⑤ 颜红菲：《论应用型本科商务英语专业职业化教学模式之建构》，《教育与职业》2014 年第 10 期，第 135—137 页。

的反映，是一定理论指导下的教学过程常态化范式。应用型本科相关专业职业化教学模式的建构，必须有明确的学科（专业）定位和人才培养目标，以及先进的教学理念指导，通过课程设置、课堂教学、教材建设、机辅教学及实践实训等改革举措而实现。高教司原司长张大良（2015）①认为，定位为应用型人才培养的专业必须被增添进《普通高等学校本科专业目录》的"特设专业"目录中，教学模式须与之相匹配，实现应用转型，从而进一步满足素质教育的要求，更加有助于学生创新创业能力的培养以及实践能力的提升。

3. 教学方法转型

学者王敬媛（2015）②认为，从英语专业教学现状来看，语法翻译法虽然名义上逐渐退出历史舞台，但其以教师为主体的教学思维定式在代际相传中已经潜移默化到日常教学中。近几年来，新的教学思想和探索模式不断涌现，教学法改革应该及时汲取学科前沿知识、率先与国际接轨，积极尝试和探索认知隐喻、翻转课堂、问题式教学法等目前处于前沿研究和国际热门的教学方式，充分利用慕课、公开课、TED 等网上资源，并主动提升现代教育技术，以配套使用新型的教学方法。

4. 教师转型

学者付大安（2016）③认为，地方本科院校向应用型转型必然要求一部分普通用途英语（English for General Purposes，EGP）教师向 ESP 教师转型。他结合对三所地方本科院校教师对英语改革方向、ESP 教师角色、ESP 教学难度等问题观点的调查分析，对 EGP 教师 ESP 转型的课程设置模式和教师自主发展模式提出了独到的个人见解。教师赵娜（2015）④结合教学实践提出，教师转型是应用型大学英语教学转型的先导。当下高校英语教师在教学改革、科学研究和身份认同这三个方面存在困惑，应

---

① 张大良：《把握"学校主体、地方主责"工作定位 积极引导部分地方本科高校转型发展》，《中国高等教育》2015 年第 10 期，第 23—29 页。

② 王敬媛：《对现阶段英语专业教学法改革的几点思考》，《中国成人教育》2015 年第 9 期，第 135—137 页。

③ 付大安：《地方本科院校 EGP 教师向 ESP 教师转型的研究》，《外语与外语教学》2016 年第 3 期，第 21—27 页。

④ 赵娜：《应用型大学英语教师转型发展》，《教育与职业》2015 年第 8 期，第 63—65 页。

通过企业实训、ESP 课程培训、国外访学等途径实现自身转型发展。学者张志杰（2015）[①] 以通化师范学院英语教师职业发展个案为例，总结出制约地方本科院校英语教师转型的内外在因素。最根本的内在制约因素就是转型动力不足、知识结构固化、组织归属感及认同感缺乏等；外在制约因素包括地域限制导致的教师转型发展意识滞后、系统职业发展规划的缺乏、所在教学组织激励机制不完善等。

5. 教学文化转型

学者郑洁（2003）[②] 指出，新世纪呼唤教学文化新转型，即从传统的模仿型范式转型为变革范式。变革的机理主要是，传统模仿型教学文化倡导以知识传授为目标，以知识对学生的统领、教师对学生的控制、学生与学生的隔离为主要特征。新的发展性学力观和终身学习社会的出现，呼唤以教促发展这种新的教学文化范式来匹配。据此，课堂教学必须对教学过程、教学关系及学习活动这三个教育领域的基本概念及其本质进行全新审视。

五　英语类专业转型的研究进路

应用型本科英语教学的主要目的是将英语作为一门工具，使学生在未来职业发展中能学以致用。ESP 便是提高学生英语应用能力的新型工具，也是一种基于学习者需求的语言教学和语言学习方法。学者曹献玲等（2011）[③] 主张以 ESP 理论为指引，通过改善大学英语课程设计、选编 ESP 教材和培养 ESP 专业师资等途径，能够较好地培养一专多能的复合型、应用型英语人才。学者李文辉（2014）[④] 将 ESP 教学原则和教学方法应用于本科院校金融英语课程教学活动中，探究 ESP 理论指导下的金融英语教学改革，归纳教学成果，为应用型本科金融英语课程教学质量提

[①] 张志杰：《地方本科高校转型期英语教师职业发展的制约因素探析——以通化师范学院为例》，《中国成人教育》2015 年第 8 期，第 110—112 页。

[②] 郑洁：《21 世纪课堂教学文化的转型：从模仿范式走向变革范式》，《教育探索》2003 年第 6 期，第 54—55 页。

[③] 曹献玲、赵丹丹：《ESP 理论与应用型本科大学英语教学》，《科技创新导报》2011 年第 17 期，第 27—30 页。

[④] 李文辉：《应用型本科院校金融英语教学 ESP 实证研究》，《山东社会科学》2014 年第 1 期，第 49—53 页。

升和培养金融英语复合型人才提供实证依据和参考。

总体来说,目前学界对教学转型、英语类专业建设、应用型本科转型发展等问题做了宝贵的探索,但是成果尚不系统。而对应用型本科英语类专业教学转型的探讨则更是应者寥寥。因此,深入研究这一选题具有较强的现实意义。

六　研究现状的评价

综观国内关于应用型本科英语类专业教学转型的相关学术研究,学术界虽无直接的研究成果,但也基于不同的研究视角、聚焦相关的研究领域、运用跨学科研究方法,为应用型本科教学转型的内容、制度、策略等方面提供了有益借鉴,展现出良好的研究态势。

（一）研究整体态势

1. 研究的跨学科视野日渐开阔

当前,对于应用型本科教学转型的研究呈现出跨学科发展态势,既有教育学、社会学、文化学学科视野,也有政治学、管理学、经济学学科视野,跨学科交叉研究态势明显。如从教育信息学学科视野探讨现代教学技术转型问题;从心理学视野剖析教师转型心态问题;从管理学切入,发掘教师转型的激励机制调整问题;还有的从经济学视角切入,建构适合应用型本科教师的薪酬福利体系。

2. 研究的问题域日渐延展

目前,应用型本科教学转型的研究问题域展现出多维延展的态势。具体体现在:应用型本科定位与价值描述;应用型转型的现状、瓶颈与归因研究;应用型本科专业转型的路径研究;教学转型症结与对策研究;英语专业转型发展研究;教学模式、方法、内容及文化的转型研究。

3. 研究方法日渐多元

现有研究中,有采用文献法、归纳推理法等逻辑思辨方法,对应用型本科转型逻辑进行的探讨;有采用量化研究方法对应用型本科人才培养综合素质量化指标体系构建进行的研究;有采用访谈、田野调查、人种质等质性研究方法,对应用型人才培养现状及问题进行的分析;有采用教育叙事方法对教师转型发展的情感态度进行描述的研究。

（二）研究尚待完善之处

综上所述，目前国内对应用型本科教学转型的研究成果初见规模，为后续研究者进一步深入拓展奠定了扎实的研究基础，搭建了较为宽广的研究平台。然而，综观现有的应用型本科教学转型，尤其是英语类专业教学的转型问题，已有研究存在一定的局限，仍需后续研究的持续深入，细化拓展，其局限主要表现在以下三个方面。

1. 研究时空：静有余，动不足，缺乏类比性

目前，应用型转型实践正处于摸索阶段。已有应用型本科教学转型研究大多基于静态观，或者对当前教学转型中的问题总结提炼，或者对转型后应用型本科教学的价值、模式、课程设计、实践教学进行理论上的静景勾勒。很少研究能将应用型教学转型的过去、现在与未来进行逻辑串联，就转型中的某一方面进行一个深入动态的历时研究。更未见在不同的空间下，对不同属性应用型本科的教师转型变化进行对比研究。缺乏对各种属性应用型本科教学转型图景的深描对比，教学转型研究就会因类比性的缺失而失去丰富内涵。

2. 研究问题域：横有余，纵不足，缺乏系统性

已有应用型本科教学转型研究，虽然涉及教学的定位、模式、理念、范式以及教师角色、价值观等各个方面，呈现横向的多维度特征，但是在单个的研究中，横向的多维度研究缺乏，即从教学转型的制度供给、制度认同、行动选择、组织再造不同纬度展现教师的转型心态与抉择过程。更未见就上述方面进行跨院校的多案例比较。因此，从已有研究来看，虽然体现了横向的多维特征，但单项研究缺乏多维细化，多案例研究纵横切入不够深入，表现出纵向立体性的不足。每一所应用型本科院校、每一个专业、每一位教师个体都是复杂多样、立体能动的样本，并非简单枯燥、平面机械的存在。缺乏对教学转型多案例、多样本的立体深描和横向对比，使教学转型缺失共性与个性的互动联系。

3. 研究方法：思辨有余，混合不足，缺乏生活感

已有应用型本科教学转型研究主要是思辨性研究，从推论到推论，或者是基于政策文本分析或某一院校实践经验的总结。所采用的研究方法比较单一，研究价值较为有限。基于转型具有情境性，院校属性不同，教师感受转型的压力不同，转型路径的选择也应当是多种多样的。这些

以特色实践的方式变换，构成了一幅幅灵动多彩的教学转型图景。在定量研究对该主题相关问题进行总体把握的基础上，采用质性研究进行重点突破，量化与质性相结合的混合研究自然成为本研究最生动适切的论述方式。对于身处蓬勃转型场景中的普通教师而言，聆听他们内心的声音，探寻他们转型行为背后的理据，教育叙事便是最有效的方法之一。教师的转型发展是院校乃至教育转型发展的缩影，并非微不足道的孤立事件，而是个人与教育世界之间融荣共生的动态生长过程。每一个教师都是一个鲜活的生命个体，每一所院校都是一个特色鲜明的研究样本。缺乏对其实证经验的叙事、内心声音的聆听、个体思想转化和转型历程的深描，应用型本科英语类教学转型研究就缺失了教学生活的厚重积淀。

综合上述分析，上述研究问题为本研究提供了研究基础和拓展空间。本研究致力于以下尝试：以教师转型为切入点，通过采用展现应用型本科英语类教学现状的量化研究和刻画案例院校教师教学转型心路历程的质性研究相结合的混合研究方法，从教学转型的制度供给、转型制度认同、教师行动选择和教学组织再造四个维度，考察公办应用型本科、混合所有制应用型本科和民办应用型本科的三个典型案例中英语类专业教师教学转型的历程，尝试勾勒出一幅动静结合、多维立体的应用型本科英语类专业教学转型图景。

第三节　问题聚焦与思路框架

一　预研究后的问题聚焦

从学科知识教学转型到应用能力教学是当前教学改革之大势所趋。在此背景之下，本研究所提出的总问题是：在当前应用型本科组织场域中，英语类专业教学转型为何迟迟难以推进？基于这一核心问题，本研究抽丝剥茧，层层分离，细化出以下系列问题：在应用型本科院校，英语类专业教学目标定位在哪里？如何把传统学科型英语教学转变成应用型英语教学？从本质上看，首先要确定英语类专业人才的应用是解决哪方面的问题，然后再根据这个标准来培养相应的能力，继而再倒推教学、课程、师资、组织、制度等方面应该怎样转型。当前的英语类专业教学仅限于把知识体系教完，能应付专业四级和八级考试就可以了，而对应用能力培养是不太重视的，对于从应用型如何转变成实用型这个关键问题更是欠缺思考。为有效推进应用型本科英语类专业教学转型，本研究从以下四个子问题进一步进行细化（如图1—3—1所示）。

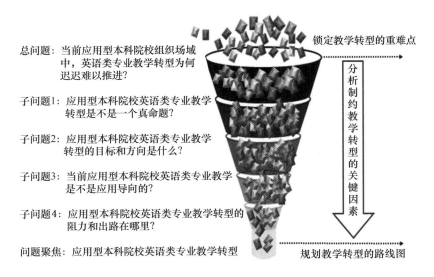

图1—3—1　研究问题细化分解漏斗图

（一）应用型本科英语类专业教学转型是不是真命题？

该问题可进一步细分为以下子问题。

（1）应用型本科英语类专业教学与研究型大学英语类本科专业教学有什么区别？应用型本科英语类专业教学存不存在转型的问题？转型的前提是什么？该前提是否成立？

（2）如果前提成立，说明当前应用型本科英语类专业教学同研究型大学英语类本科专业教学目标同质，都注重英语语言学背景人才的培养，而不是语言应用人才的培养，这与当前的教学实践是否相符？

（二）应用型本科英语类专业教学转型的目标和方向是什么？

该问题可进一步细分为以下子问题。

（1）英语类专业的学科属性是人文性还是应用性？抑或是兼而有之？

（2）什么是语言应用？怎样才算是语言应用？语言应用的目标和方向定位在哪里？

（3）怎样确定和体现应用型本科英语类专业的应用性？应用型本科英语类专业教学在凸显应用性上应采用哪些典型的举措？

（三）当前应用型本科英语类专业教学是不是应用导向的？

该问题可进一步细分为以下子问题。

（1）语言学科规训是应用型的，为何培养出来的能力不是实用型的？这是否说明教学没有面向实际，所以应用能力就没有培养出来呢？如何将传统学科型变成应用型？

（2）应用型本科英语类专业教学转型目标是不是将语言知识教学转型为能力教学？如何实现从应用型的学科到实用能力的培养，而不是应试技能的培养？在教学的场景、内容和方式上怎样更好地与实际结合，真正培养学生的应用能力？

（3）目前英语类专业教学过程是不是这样做的，如果教学仅仅局限于课堂的话，如何跨越应试教育，实现从应用向实用的飞跃？

（四）应用型本科英语类专业教学转型的阻力和出路在哪里？

该问题可进一步细分为以下子问题。

（1）应用型本科英语类专业教学转型的阻力是什么？生成转型阻力的内在机制是什么？

（2）应用型本科英语类专业教学转型的出路是什么？出路是不是唯一的？不同院校是不是遵循着同一路径实现转型的？

（3）目前英语类专业教学过程是不是这样做的？如果教学仅仅局限于课堂的话，如何实现从应试向应用的跨越？

二 思路框架

（一）研究思路

为探求应用型本科英语类专业教学转型的方向与路径，需要从明暗交错、经纬交织的全方位、立体化视角对该主题进行全景扫描。因此本研究设计了四条互动衔接的追踪路线——一条"明线"、一条"暗线"、一条"经线"和一条"纬线"，具体如下。

第一条是"明线"，是贯穿全文始终的"教学转型轨迹线"。旨在将不同属性院校的转型轨迹联系起来，组成一个教学转型的整体脉络，即以"不同属性应用型本科英语类专业教学变化"为轴划分为：公办应用型本科英语类专业教学转型—民办应用型本科英语类专业教学转型—混合所有制应用型本科英语类专业教学转型。

第二条是"暗线",是"教师转型发展线"。旨在从教师个体心理维度考察不同教师对教学转型的制度认同和行动选择的动态反应,即以"不同教学转型制度的认同度变化"为轴划分为:教学转型制度认同度高的转型行动选择—教学转型制度认同度低的转型行动选择。

第三条是"经线",是我国应用型本科英语类专业"教学转型的逻辑线"。旨在通过不同属性应用型本科教学转型制度供给与行动选择的对比来挖掘教学转型的内在逻辑,即以"教学转型时期和阶段变化"为轴划分为:教学转型制度供给—教学转型制度认同—教学转型行动选择—教学转型组织再造。

第四条是"纬线",是我国应用型本科英语类专业"教与学的事实线"。旨在从教师、学生、用人单位和校友等教学多元利益主体的维度,锁定英语类专业教与学的问题以及教学转型突破的关键领域,即以"教学转型多元利益相关者主体的态度变化"为轴划分为:地方应用型本科英语类专业教师教学现状与问题—地方应用型本科英语类专业学生学习现状与问题—全国英语类专业本科毕业生社会需求与培养质量的现状与问题。

这一"明"一"暗"、一"经"一"纬"的设计,为应用型本科英语类专业教学转型研究提供了一个全新的研究思路。在此基础上,本研究可以在更具体的层次上借鉴并重构一种本土化的教学转型理论,以此指导我国应用型英语教学转型实践,并沿着"对象—方法"的逻辑路径对本研究中一"明"一"暗"、一"经"一"纬"的设计思路进行系统阐释。

(二)研究目标与框架设计

1. 研究目标

预研究后的问题再聚焦使本研究目标逐渐明晰:通过探索反馈应用型本科转型背景下,不同属性应用型本科英语类专业教学转型的制度供给、教师对教学转型的制度认同及行动选择的现状,对英语类专业进行应用型的教学组织再造。为增强实际操作性,本研究目标可进一步细化为以下四组子目标。

1)调查剖析应用型本科转型背景下不同属性院校英语类专业教学转型的制度供给状况;

2）调查剖析不同属性应用型本科英语类专业教师对本校教学转型制度的认同状况；

3）调查剖析不同属性应用型本科英语类专业教师的教学转型行动状况；

4）总结归纳不同属性应用型本科英语类专业教学组织再造的路径与策略。

2. 研究框架

在锁定细化研究目标的基础上，本研究从整体上确立了一个四层研究框架（如图1—3—2所示）。第一部分探索支撑应用型教学转型的理论，并采用定量研究方法，扫描应用型本科英语类专业教与学现状以及社会需求情况；第二部分采用质性研究方法，重点深描不同属性的三所应用型本科院校英语类专业教学转型的制度供给、制度认同、行动选择和组织再造的动态表征；第三部分通过对比不同属性应用型本科院校英语类专业教学转型的差异与共同处，对其教学转型理论进行适切性的本土化重构；第四部分讨论总结应用型本科英语类专业教学转型的方向与策略。

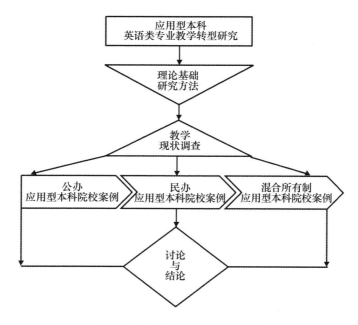

图1—3—2　研究框架设计图

（三）本研究重点与难点

1. 研究重点

1）教学转型多元利益相关者的需求分析。从需求分析的角度探讨国家、市场、高校、用人单位、学生等多元利益相关者对于英语类专业教学转型的现实诉求。

2）探索因校制宜的教学转型策略。从应用型本科英语教师转型这个小切口来打开英语类专业教学转型的大界面，设定两种转型目标方向，开辟多种转型路径，形成因校制宜、按需抉择、各行其道的多样化教学转型格局。

3）新制度主义相关理论的借鉴与适切性改造。结合新制度主义理论在英语类专业教学转型实践中指导力不足的问题，借鉴与改造该理论，并由此凝练生发出中国应用型本科英语类专业动态螺旋式教学转型发展理论。

2. 研究难点

1）广泛调研，重点追踪，系统把握。通过量化研究广泛了解政法类、农林类、医药类、财经类等多类型应用型本科英语类专业教学现状与问题，以及英语类专业本科毕业生的社会需求与培养质量的现状与问题；通过田野调查与深度访谈对不同属性的三所应用型本科英语类专业教学转型院校进行重点追踪，点面结合，以求能在教学转型路径的探索上分类指导，因校制宜。

2）教学转型模型的构建。结合应用型本科英语类专业教学实际，对新制度主义理论进行借鉴与适切性改造，结合田野调查案例实际，构建中国应用型本科英语类专业动态螺旋式教学转型发展理论。

（四）本研究的创新点

1. 研究视野：明暗交错，经纬交织

应用型本科英语类专业教学转型研究是在贯穿全文的"教学转型明线"与"教师转型发展暗线"交错作用下展开的，"英语类专业教与学的事实经线"与"英语类专业教学转型的逻辑纬线"交织，为教学转型多案例剖析提供了个性化、体验式的补充，拓展了应用型本科英语类专业教学转型的研究视野。

2. 研究话语体系：宏微共现，中层凸显

本研究采用宏微共现、中层凸显的研究话语体系。通过对新制度主义相关理论的借鉴与适切性改造，在研究中既关注不同属性应用型本科教学转型的宏观制度供给，又关注微观转型个体—教师的教学转型行动选择，并通过教师对转型制度的认同来弥补教学转型的宏观与微观之间的罅隙。然而，教学转型制度的落地以及执行力度的强化，最根本的还是要依据默顿的"中层理论"①，聚焦学校中层教学组织—院系学（部），进行中观的教学组织再造。只有宏观—中观—微观的三位一体，才能从根本上保障有教学制度，更有教学转型的执行力度，以此切实解决研究话语体系断层问题。

3. 理论建构：借鉴改造，本土创新

中国英语教学理论从"舶来品"走向本土创新，需要根据中国英语类专业教学的实际，辩证反思、理性抉择、借鉴改造、超越创新。本研究即是遵循着这一理性轨迹，在对新制度主义相关理论的借鉴与适切性改造的基础上，建构具有中国本土特色的应用型本科英语类专业动态螺旋式教学转型发展理论。

第四节　核心概念界定

本研究所关涉的核心概念主要涵括应用型本科、英语类专业和教学转型。鉴于概念本身的多样性和不确定性，本研究通过规定定义②的方法，厘清上述概念在本研究情境中的内涵与外延，避免引发歧义。

一　"应用型本科"的概念

作为学术概念的"应用型本科"这一术语虽独具鲜明的中国特色，但就其内涵而言，是一种超越国家边界由国际共享的教育类型。1998 年江南学院学者龚震伟③在其《应用型本科应重视创新型培养》一文中首次旗帜鲜明地提出了"应用型本科"这一概念，自此中国应用型本科研究

---

① R. K. Robert King Merton, *On Theoretical Sociology*, New York：The Free Press, 1967.

② ［美］欧文·柯匹、卡尔·科恩：《逻辑学导论》（第 11 版），张建军、潘天群等译，中国人民大学出版社 2007 年版，第 121—123 页。

③ 龚震伟：《应用型本科应重视创新型培养》，《江南论坛》1998 年第 3 期，第 41 页。

正式拉开帷幕。应用型本科是实施应用型本科教育以培养应用型本科人才的高等教育机构。它是一大批本科院校尤其是新建本科院校在科学谋划学校发展定位的基础上提出的一种办学"新"类型。关于"应用型本科"的概念界定，学者们基于各自不同研究视角，仁者见仁，智者见智，认识深浅不一，观点时有相左。但是应用型本科这种办学定位类型在办学实践中已为大多数地方本科院校特别是新建地方本科院校所普遍认可与采纳。截至 2016 年 5 月 30 日，全国高等院校共计 2879 所，其中：普通高等院校 2595 所（含独立学院 266 所），成人高等院校 284 所。"211 工程"院校 112 所（含 39 所"985 工程"高校），地方本科院校高达 1494 所。① 以 1999 年为新旧本科院校划定的分界线，老普通本科院校数和新建普通本科院校数目分别为 646 所和 131 所。普通本科院校中的半壁江山都需要转型发展，面对一项如此声势浩大的转型工程，是"安于现状"还是"适时转向"，抑或"随机应变"，成为地方普通本科院校转型发展的必答题。

（一）应用型本科的相关表述

现有研究中"应用型本科"的相关表述众多，解读不一。但许多学者，无论是将"应用型本科"视为区别于传统普通本科院校与高等职业院校的一种新型院校类型，还是将"应用型本科"等同于"应用技术大学"或是"本科职业院校"，都只是基于教育机构的角度展开研究，对应用型本科所具体归属的教育类型有所忽视。

现阶段阻碍高校转型实践深入开展的主要原因是思路不明晰、政策不稳定，并缺乏明确的转型政策引导和理论支撑。如从 2014 年 2 月至 2016 年 3 月这 25 个月内，在全国两会、国务院、教育部有关文献中对这一核心概念就使用过"应用技术大学""应用技术类型高等学校""应用型高校"等不同表述，说明核心问题还没有研究清楚，声音不够一致。

---

① 《数据看变化·教育整体情》，http：//www. moe. gov. cn/jyb_ xwfb/xw_ fbh/moe_ 2069/xwfbh_ 2017n/xwffb_ 20170928/sfcl/201709/t20170928_ 315533. html. 2017 - 09 - 28/2017 - 10 - 04。

我国高等教育学科奠基人潘懋元（2010）[①] 先生在其《什么是应用型本科?》一文中对应用型本科的四个主体特征做过清晰概括：人才培养类型为应用型，培养主体是本科生，培养主要途径是依靠教学转型，服务面向主打是地方。北京联合大学江小明和张妙弟（2007）[②] 认为，应用型大学在教学、科研和社会服务方面的应然功能都是应用导向的，因此其内涵特征理应被界定为：应用为本的办学定位；面向行业产业的专业学科设置；突出实践能力培养的教学体系和实践环境；体现产学合作的教育教学模式；有丰富实践经验的教师队伍；有直接推动经济社会发展的应用性科研成果；毕业生主要面向生产、建设、管理、服务的基层工作岗位就业。持有类似观点的还有学者冉隆锋（2015）[③]，他认为：介于教学型或教学研究型高校与高职院校之间的应用型大学在"类"上有教学型或教学研究型高校"教学"的传承，在"型"上有高职院校"应用"的借鉴，为新建本科院校冠上"应用型大学"之名，有利于此类型高校坚定发展方向，强化功能定位，实现特色发展。学者胡天佑（2013）[④] 反对应用型本科是新本科类型或新大学类型的提法。他认为它是高等教育发展到新的历史阶段的新产物，是对传统培养模式与时俱进的修正。这一点在《指导意见》中得到了印证：应用技术型高校融职业高等教育与继续教育的优点于一身。它既不走传统普通本科高校的老路，也严格区别于高职高专，坚定不移走产教融合、校企合作的中国特色新路。应该说，中国应用技术类型高校是与传统普通本科高校等值、并行又有一定交叉，处于我国现代职业教育体系顶层并肩负引领作用，与继续教育深度融合、紧密衔接的新型大学。[⑤]

应用技术大学联盟的专家普遍认同，应用技术大学是应中国产业结

[①]　潘懋元：《什么是应用型本科?》，《高教探索》2010 年第 1 期，第 10—11 页。

[②]　江小明、张妙弟：《应用型大学有关概念和内涵问题的研究》，《北京教育》（高教版）2007 年第 3 期，第 50—52 页。

[③]　冉隆锋：《论应用型大学的内涵及特征》，《职业技术教育》2015 年第 23 期，第 25—28 页。

[④]　胡天佑：《建设"应用型大学"的逻辑与问题》，《中国高教研究》2013 年第 5 期，第 26—31 页。

[⑤]　刘彦军：《应用技术类型高校的类属关系分析》，《职教论坛》2015 年第 20 期，第 49—55 页。

构转型升级、技术更新换代的时代产物，是集多种教育优长于一身的一种大学新类型。① 在欧洲及其他国家和地区，应用技术大学的建设路径主要是将职业性院校合并、升格。而在我国，部分地方本科院校和新建本科院校则是应用技术大学的建设主体，它们是从原地方所举办的高职高专或中职中专升格、合并而来。这类院校要想在激烈的教育市场中谋得发展的一席之地，转型发展是最佳路径，构建独具中国特色的应用技术大学体系是其转型发展的理想目标。

针对"应用型大学"与"应用技术大学"的概念在学者间存在较大分歧，学者刘彦军（2014）② 认为，应用技术大学是以促进知识及技术成果转化为主导、以高层次技术技能型人才培养为目标的高等学校。此种概念界定虽从一般意义上概括出了应用技术大学的基本内涵，却将应用技术大学与应用型大学简单等同，忽视了对应用技术大学作为"技术"类高校典型特征的总结。学者牟延林（2015）③ 认为，应用技术大学是以"三专"即专业、专长、专技教育为主导，强调"实践性"、"操作性"和"应用性"的教育类型，通俗地讲就是注重"动手"的教育，而无教育层次之分、高低贵贱之分，只是分类定位的不同。学者胡天佑（2014）④、侯长林等（2015）⑤ 认为，应用技术大学内涵至少有二："一是要以科学知识和技术成果的应用为导向进行办学，但侧重点在技术知识和技术成果的应用，'教育内容以技术学科或应用性学科为主'；二是人才培养目标主要是培养高级技术型人才。"基于此概念，应用技术大学就与其他类型的应用型大学在"技术"性特征这个关键点上被清晰区别开了。"技术学科或应用性学科"是其主要教育内容，高级"技术型"人

---

① 《地方本科院校转型发展实践与政策研究报告》，应用技术大学（学院）联盟、地方高校转型发展研究中心2013年版，第11页。

② 刘彦军：《中国特色应用技术大学：内涵、外延、路径与展望》，《职业技术教育》2014年第23期，第20—25页。

③ 牟延林：《思考应用技术大学的中国价值》，《中国高教研究》2015年第6期，第73—75页。

④ 胡天佑：《技术本科教育理念的逻辑与拓新》，《职教论坛》2014年第19期，第40—43页。

⑤ 侯长林、罗静、叶丹：《应用型大学视域下新建本科院校办学定位选择》，《教育研究》2015年第4期，第61—69页。

才是其关键培养目标。技术的积累、研发、传播和转化是应用技术大学的特色使命。学者董立平（2014）① 认为，应用技术大学中的"技术"是"技术"的泛指，涵括"科学、知识、工程、技术、艺术"等多种应用型科学与技艺。也有学者从教育管理角度对地方本科院校做出定义，即指伴随着高等教育管理体制改革的纵向深化和高等教育大众化进程的推进通过合并升本、转制升本、民办升本和独立建本等多种方式大规模向地市级城市布点建立起来的本科层次高校。②

（二）本研究中"应用型本科"的界定

基于上述概念解析及特征总结，本研究将"应用型本科"界定如下。

"应用型本科"是指，在我国高等教育进入大众化发展阶段并逐步向普及化过渡的背景下，以社会应用型人才需求为导向，以本科应用型专业教育为主，以区域发展为服务面向，以学科为依托，培养高层次应用型人才的新型院校。

其一，"应用型本科"是与传统学术研究型本科院校相区别的一种新的院校类型。从院校类型上来说，应用型本科属于应用型院校范畴，是回应社会需求、承担职业性本科人才培养的高等教育机构。从院校层次上来说，主要承担应用型本科阶段的人才培养，为本科毕业生做好职业准备，虽然不排除少数学生进入研究生阶段学习，但他们并不是培养的主体。

其二，"应用型本科"是承担我国高等教育大众化任务的主体，也是推进我国高等教育迈入普及化发展阶段的重要力量。高校教学、科研、社会服务三大职能将其"应用"的基因展现得淋漓尽致（如图1—4—1所示）。普通本科院校向应用型转型发展，必须推进从院校宏观发展理念、体制机制、目标定位到微观专业建设、教学范式转型、双师团队建设等的综合配套转型。③

---

① 董立平：《地方高校转型发展与建设应用技术大学》，《教育研究》2014 年第 8 期，第 67—74 页。

② 陈永斌：《地方本科院校转型发展之困境与策略》，《中国高教研究》2014 年第 11 期，第 38—42 页。

③ 刘振天：《地方本科院校转型发展与高等教育认识论及方法论诉求》，《高校社科动态》2014 年第 6 期，第 11—17 页。

图1—4—1 应用型本科院校的定位与特色

资料来源：邵波：《我国高等教育大众化进程中的应用型本科教育研究》，博士学位论文，南京师范大学，2009 年。

柳友荣：《中国"新大学"：概念、延承与发展》，《教育研究》2012 年第 1 期，第 75—80 页。

二 "英语类专业"的概念

（一）英语专业

"英语语言文学专业"简称"英语专业"，是教育部普通高等学校本科专业目录中"外国语言文学类"一级学科下设的一个二级学科专业。在 2012 年翻译专业和商务英语专业经教育部对《普通高等学校本科专业目录》第四次修订从"目录外专业"进入"基本专业目录"以前，英语语言文学专业与俄语语言文学、法语语言文学、德语语言文学、日语语言文学、外国语言学及应用语言学等其他 11 个二级学科专业共同隶属于外国语言文学一级学科。在国家《学位授予和人才培养一级学科简介》中，外国语言文学学科属性被界定为"人文学科"，"涵盖外国语言学和外国文学研究"。① 跨学科交流与融合，例如向商务、翻译、医学、法律等领域的扩展，是该学科近年发展的新趋势。具体到英语专业，它主要是以英语语言、文学、历史、政治、经济、外交、社会文化等方面基本理论和基本知识为主要教学内容，以英语听、说、读、写、译的技巧强化训练为主要途径，为我国外事、经贸、文化、新闻出版、教育、科研、旅游等部门培养能够从事翻译、研究、教学、管理工作的英语高级专门

---

① 国务院学位委员会第六届学科评议组：《学位授予和人才培养一级学科简介》，高等教育出版社 2013 年版。

人才。

（二）英语类专业

随着英语专业二级学科中部分专业方向（如翻译方向、商务英语方向）专业化水平的不断提升以及专业体系的日趋完善，在教育部 2012 年《普通高等学校本科专业目录》调整中，翻译专业和商务英语专业作为两个与英语相关的新增本科专业进入教育部本科专业目录中。自此英语专业从 21 世纪前的单一英语语言文学专业分化拓展成为涵盖英语专业、翻译专业和商务英语专业的多元化的英语类专业。从实质上说，该分化拓展的过程就是英语类专业转型发展的探索。①

"（英语）翻译专业"是以汉语（母语）为 A 语言与英语为 B 语言之间相互翻译的专业，它与"商务英语本科专业"和"英语本科专业"同为教育部普通高等学校本科专业目录中"外国语言文学类"下并列的二级专业，享有同等的学科地位。2006 年 3 月 10 日，教育部下发《关于公布 2005 年度教育部备案或批准设置的高等学校本专科专业结果的通知》（教高〔2006〕1 号），批准广东外语外贸大学、复旦大学和河北师范大学三所高校试办翻译本科专业，标志着翻译本科专业的设立。② 2007 年，教育部下发《关于公布 2006 年度教育部备案或批准设置的高等学校本专科专业结果的通知》（教高〔2007〕1 号），批准对外经济贸易大学作为全国唯一高校试办商务英语本科专业，标志着商务英语本科专业的设立。2012 年 9 月，教育部对《普通高等学校本科专业目录》进行第四次修订，"翻译"和"商务英语"从"目录外专业"进入"基本专业目录"（专业代码分别为：050261 和 050262）。截至 2015 年，全国开设英语专业、翻译专业和商务英语本科专业的高校已分别达到 1010 所、230 所和 294 所。③

英语类专业的共同点是注重夯实英语听、说、读、写、译基本功，相异之处就在于人才培养目标和培养规格上的不同侧重。根据《高等学

---

① 王正胜：《从英语专业到英语类专业——2013 年全国高校英语专业教学改革与发展学术研讨会综述高校社科动态》，《高校社科动态》2014 年第 1 期，第 14—19 页。

② 仲伟合、赵军峰：《翻译本科专业教学质量国家标准要点解读》，《外语教学与研究》2015 年第 2 期，第 289—296 页。

③ 普通高等学校本科专业设置与服务平台：《2010—2015 年度经教育部备案或审批同意设置的高等学校本科专业名单》，http://www.bkzy.org/. 2016-07-06/2016-08-12。

校英语专业教学大纲》（2000 年）对英语专业培养目标的规定，该专业培养"具有扎实的英语语言基础和广博的文化知识并能熟练地运用英语在外事、教育、经贸、文化、科技、军事等部门从事翻译、教学、管理、研究等工作的复合型人才"①，英语专业教学偏重文学文化教育。突出外国语言文学人文学科的本质属性，即以英语语言、文学和文化为基本要素，回归人文特质明显的英语专业特色。② 商务英语专业的目标定位是培养"英语基本功扎实，具有国际视野和人文素养，掌握语言学、经济学、管理学、法学（国际商法）等相关基础理论与知识，熟悉国际商务的通行规则和惯例，具备英语应用能力、商务实践能力、跨文化交流能力、思辨与创新能力、自主学习能力，能从事国际商务工作的复合型、应用型人才"③。融跨文化交际能力、商务英语沟通能力和商务实践能力三个交叉学科为一体的应用能力④是商务英语专业学生未来工作胜任力的核心指标。而翻译本科专业的目标定位是培养"德才兼备，具有国际视野，综合具备双语、翻译、跨文化、思辨及创新创业能力，能够从事国际交流、语言服务、文化教育等领域工作的应用型翻译人才"⑤。正是 21 世纪经济政治全球化的扩张以及国际多元文化交流与合作诉求的激增，给予英语专业发展以全新的时代使命和拓展英语类专业的强劲动力，才使其学科结构、培养类型和培养目标做出了与时俱进的调整与变革。

三　"教学转型"的概念

（一）转型

转型研究是当前世界各国研究的热点。欧美学者与中国学者在"转

---

① 高等学校外语专业教学指导委员会英语组：《高等学校英语专业教学大纲》，外语教学与研究出版社 2000 年版。

② 彭青龙：《论〈英语类专业本科教学质量国家标准〉的特点及其学校标准的关系》，《外语教学与研究》2016 年第 1 期，第 109—117 页。

③ 王立非、叶兴国、严明、彭青龙、许德金：《商务英语专业本科教学质量国家标准要点解读》，《外语教与研究》2015 年第 2 期，第 297—302 页。

④ 刘法公：《论商务英语专业培养目标核心任务的实现》，《中国外语》2015 年第 1 期，第 19—25 页。

⑤ 仲伟合、赵军峰：《翻译本科专业教学质量国家标准要点解读》，《外语教学与研究》2015 年第 2 期，第 289—296 页。

型"研究中的基本差异是前者认为转型是一个空间范畴,而后者却认为转型是一个时间范畴。转型主要研究的问题域是一个事物的形成体制或形态在性质、结构和模式上转变的过程。社会学、政治学、经济学、教育学等学科都从各自的学科角度出发对其进行研究介入,许多衍生概念如社会转型、政治转型等的次第涌现,标志着转型研究具有了跨学科的研究属性。例如,一个非常流行的转型定义是大规模的制度变迁①,这是一种新制度主义经济学的研究视角。

对教学转型的探析,应始于对"转型"这一概念逻辑起点的把握。根据词源学解析,"transformation"(转型)一词起源于拉丁语"innovare",其含义有三:更新,创造,改变。转型的提法源自生物学"transformation"的转用。在该学科中,物质的内部组织要素与其周围其他物质存在特殊而有效的交换关系,赋予该物质相对稳定的存在方式与状态,该物质的稳定结构和存在方式便成为"型",所以生物物种间的结构变异就被称为"转型"。从一般意义上来说,所谓"转",是指由事物结构变化而引发的存在形态的变化,突出强调的是转变的方向性和整体性。②而所谓"型",是指事物所具有的共同基础、相似形态、固定结构以及无差别的取向。③简而言之,"转型"就是整体意义上事物的结构形态、性质属性、体制类型、运转模式以及人们的价值观念发生方向性、整体性、根本性转变的过程。转型是主动求新求变的过程,是一个创新的过程。转型追求的是转型主体从外形结构到内在属性的系统性、综合性变迁。系统内外部因素都有可能成为诱致转型的动因。④转型内容和方向多元,这是由于转型主体所处状态及与客观环境匹配之间存在多重可能为透彻理解"转型",可将这一概念剥离成三层:其一,转型是旧基础之上的新方向拓展;其二,转型是旧结构之上的新变革改造;其三,不确定性的

---

① [比]热若尔·罗兰:《转型与经济学》,张帆、潘左红译,北京大学出版社 2006 年版,第 6 页。

② 鲁洁、冯建军、王建华等:《教育转型:理论、机制与建构》,教育科学出版社 2013 年版,第 5 页。

③ 张弛:《转型时期高师院校学科建设策略研究》,《清华大学教育研究》2006 年第 2 期,第 90—95 页。

④ 郭旭新:《经济转型中的秩序》,社会科学文献出版社 2007 年版,第 3—5 页。

转型过程使转型结果具有多种可能。① 需要特别指出的是，诸如"改革"（Reformation）此类的词语难以取代"转型"（Transformation），主要是因为：首先，从变更的程度与力度来说，转型意味着转型主体主导性质的根本非局部变更，改革的重点在"改"，导致的事物变化范围及程度都不及转型产生的影响大；其次，从转型与改革的关系来说，二者是包含与被包含关系。转型的动力源可能是外生动力或内生动力，抑或二者兼而有之，改革只是转型的一种方式和手段。改革可能是转型的终极目标，也有可能仅是序曲或前奏。②

转型发展体现了学校内涵建设价值取向、生存发展需要价值取向、学科专业建设价值取向以及机制制度建设价值取向的变迁。③ 学者牟延林认为，高校型态大致可以分为新型、转型、定型三个重要阶段。新型是起点，转型是需求，定型是深化。其中，转型是关键环节，是推进本科高校办学理念、办学定位、办学体制和办学模式的整体转变，从追求传统的、既定的"学术型"向现代的、创新的"应用型"的整体位移，而非"趋利化"的"挂牌"与"升格"。转型并不意味着对过去的全盘否定，而是在继承基础上的革新。④

（二）教学转型

词汇学、语义学以及传播学理论都说明新词汇的产生对应某一种思维的结果并指向思维过程，承载思维对象的属性与表象。"教学转型"这一术语就是随着"教育转型"等相关转型概念的提出而逐渐进入学术语系的。学者对于教学转型的研究大多受到社会转型、教育转型研究的思想、理论及其方法的启发。所谓"教育转型"，是在教育内外部规律作用下，围绕教育目的转型而衍生的与教育相关的诸多要素在不同教育形态间或同一教育形态内发生的全部或部分质变的过

---

① 王玉丰：《常规突破与转型跃迁——新建本科院校转型发展的自组织分析》，华中科技大学 2008 年版，第 9 页。

② 郭旭新：《经济转型中的秩序》，社会科学文献出版社 2007 年版，第 3—5 页。

③ 何光耀、黄家庆：《论地方新建本科院校的转型发展》，《广西社会科学》2014 年第 10 期，第 207—211 页。

④ 古言：《以学术转型推动教学转型——中国古代文学"转型"问题座谈会纪要》，《河北师范大学学报》1994 年第 2 期，第 124—126 页。

程和结果。① 教育转型与教学转型一样，都是一个优胜劣汰、弃旧从新的发展过程。② 教育转型的概念给予理解教学转型以一定启发。

教学转型，既可能是教学从一种形态向另一种形态的整体性的、结构性的形变，也可能是教学自身属性的质变。它或者以教学社会属性变更为表征，出现在各种教育形态的更替中；又或者只是以教学自身属性的转换为目标，发生在同一教育形态之中，如从应试教学向素质教学转型等。出现在同一教育形态中的教学转型更为常见。教学转型的重要标志，是在教育性质稳定的基础上，与教学相关诸要素如教学理念、模式目标、课程方式、考核方式等发生整体性、系统性转型。应用型教学转型就是教学从追求传统、既定的"学术型态"向现代的、创新的"应用型态"的整体转换，是基于经济社会转型倒逼教育转型的客观需要。

上述分析表明，从形式内涵和实质内涵两个层面对教学转型概念加以界定才最为科学。形式内涵侧重回答"教学转型转什么"，实质内涵侧重揭示"教学转型为什么转以及转向哪里"。教学转型是以教学目标为主体的教学整体性转换和结构性变动。教学转型的主体是教学目标转型，这是因为教学目标是决定教学整体性转换的主导因素，以及协调各项教学要素功能的发挥，指导各项教学工作的开展。

教学转型也是教与学的实践主体推动教学变革的历史创造性活动。具体来说：其一，教学转型的客体是教学结构，而主体是进行教学改革实践的师生；其二，教学转型的本质是教学生产力的挖掘与提升，其前提是要充分调动师生转型主体的积极性与主动性；其三，教学转型的根本价值在于通过促使人的全面自由发展来实现人类社会的整体进步。

基于对上述概念的解析及本研究思路框架设计，"教学转型"在本研究中从宏观、中观和微观三个层面予以界定：在宏观层面上，教学转型

---

① 鲁洁、冯建军、王建华等：《教育转型：理论、机制与建构》，教育科学出版社 2013 年版，第 6 页。

② 王爱菊：《教学冲突：促成教学转型的契机》，《河北师范大学学报》2010 年第 12 期，第 9—12 页。

指的是教学制度的转型；在中观层面上，指的是教学组织的转型；在微观层面上，指的是在教学内外动力因素深度融合的基础上，以教学目标为核心的教学诸要素在不同教学形态间或同一教学形态内发生的全部或部分质变的过程和结果。具体来说，是如教学流程、教学模式、课程体系、实践教学体系、教学方法、双师团队建设以及教学管理等与教学目标紧密关联的英语类专业教学诸要素的综合转型。推进教学在宏观、中观、微观层面的综合转型是实施应用型教学改革、促进人与社会和谐发展、生成应用型教学新形态的创新过程。

第二章

理论基础与分析框架

我们的前辈曾经一次又一次地突破先人流传下来的常理和教条的束缚，我们也必须像他们一样，不能总是重复那些过时的旧词，我们要引进贴近现实的新观念，尽管这样做可能很困难。真理最大的敌人往往不是从容巧妙的不实谎言，而是执着和诱人的虚幻迷信。我们太容易陷入前人留下的天经地义的词章而不能自拔。①

——John Fitzgerald Kennedy
Commencement Address at Yale University in 1962

应用型本科英语类专业教学转型研究，无论是针对此类院校的个体或作为组织群的院校系统，首先，都意味着在教学制度层面的应用型转向与变革，集中体现为应用型本科组织在英语类专业教学制度层面产生的趋应用型变迁：通过应用型教学的制度化建构，英语类专业教学将由一种"制度构件"状态衍生为一种正式的、完善的制度设施，② 使教学组织或教学系统在制度结构和制度逻辑上发生向应用本位回归的制度化变迁。其次，意味着一种组织层面的变迁与转型，具体表现为教学

---

① Kennedy, John F., "Commencement Address at Yale University, June 11, 1962", in Public Papers of the Presidents, Washington, DC: U. S. Government Printing Office, 1962, pp. 470 – 475.

② "制度设施"是国内学者翻译国外组织新制度理论所采纳的固定译法与表述。"制度构件"是学者陈金圣为强调在"制度设施"正式形成之前制度基本要素或要素混合体所处状态而采用的专门指称。

组织或教学系统内部在权力配置、组织机构和组织文化层面的趋应用型变迁。

由此可见，应用型本科英语类专业教学转型，既是一种关键性的教学制度重建，又是一种实质性的教学组织重塑，兼具制度转型和组织转型的双重意义。关于应用型本科英语类专业教学转型相应的理论研究，事实上也兼具组织转型和制度分析的双重属性。对于这样一个兼及制度分析与组织再造的命题，选取新制度主义理论与组织理论作为本研究的理论基础具有适切性。此外，当前从学术制度变迁和组织转型发展的进路来探讨应用型本科英语类专业教学转型问题，仍缺少基于一定理论脉络的系统研究，而且对该问题的研究视角无法从外生转向内生。本研究力图在上述方面做出突破性尝试。本章在介绍相关理论发展、演进的基础上，针对本研究主题，对相应理论做出借鉴与适切性修正，从而建构一个相对包容整合的分析框架，作为后续研究的分析基础和理论铺陈。

第一节 新制度主义路向分析与应用局限

一 新制度主义学术流派演进史简巡

制度和行动以及二者之间关系的研究构成任何制度主义研究的基础命题。[①]"制度"作为新旧制度主义共同的核心概念以及制度分析方法的理论基石与逻辑起点，与行为及组织共同构成社会科学研究变迁史中的关键变量。作为 19 世纪晚期著名的经济学研究"方法论"之战[②]的副产品——制度主张肇始于德国和奥地利。早期（1880 年—20 世纪中期）制度研究理论主要从经济学、政治学和社会学等学科切入，它们在理论渊源、关注焦点、研究方法上虽各有不同，但共同

---

① Hall, P. A. and R. C. R. Taylor, *Political Science and the Three New Institutionalisms*, Political Studies, 1996（5）, pp. 936 – 957.

② 发生在 19 世纪最后 25 年中的以古斯塔夫·斯穆勒（Gustav Schmoller）为代表的德国"经济学历史学派"，与以卡尔·门格尔（Carl Menger）为代表的奥地利经济学派之间关于研究方法论的漫长论战。［美］W. 理查德·斯科特：《制度与组织——思想观念与物质利益》，姚伟、王芳译，中国人民大学出版社 2010 年版，第 6 页。

的缺陷是过于关注制度的持续性特征及其对个体行为的约束功能，①
给予组织的关注太少，鲜少将组织作为制度形式来处理，对于制度塑
造组织的方式更是鲜有涉及。

　　制度主张与组织结构与行为的合流研究新范式的出现，推进了新制
度研究的理论过渡。美国学者马克·图尔（Marc R. Tool）于 1953 年首先
提出"新制度主义"这一概念。20 世纪 70—80 年代，西方社会科学领域
行为主义和新古典经济学分析范式的日渐式微，促使制度分析对现实问
题的解释力被"重新发现"。随着由罗纳德·科斯（Ronald H. Coase）②
的产权理论、威廉姆森（Oliver E. Williamson）③ 的交易成本理论以及道
格拉斯·诺斯（Douglass C. North）④ 的制度变迁理论共同奠定的新制度
主义，研究谱系日臻完善。在克服了旧制度主义缺乏理论性与科学性的
缺陷，并实现在现实性上对新古典理论的突破超越中，新制度经济学逐
渐成为引领社科领域研究范式转型的新典范。

　　然而，基于几个所谓"理性假设"便企图建立起演绎的制度理论而
不得不在现实性、历史性和社会性方面的退让，以及试图在经济学范围
内解决所有制度问题的狂妄，⑤ 挑战了以追求更具理论性与解释力为目标
的新制度主义政治学派研究的底线。以论证制度在经济、社会和政治后果
方面发挥重要作用为主要研究焦点的新制度主义政治学派，以 1984 年詹姆
斯·马奇（James G. March）和约翰·奥尔森（Johan P. Olson）的《新制度
主义：政治生活中的组织因素》一文的刊发为标志，日益走向兴盛。

　　借鉴心理学、人类学以及社会学等学科经验而建立起的社会学新制
度主义，在认可新制度主义政治学派关于制度在构建利益与行动者关系

---

① James Mahoney and Kathleen Thelen, *Theory of Gradual Institutional Change*, James Mahoney, Kathleen Thelen, *Explaining Institutional Change*：*Ambiguity*，*Agency*，*and Power*，New-York：Cambridge University Press，2010，p. 4.

② Ronald H. Coase，"The Nature of the Firm"，*Economica*，N. S.，1937（4），pp. 385 – 405.

③ Williamson，Oliver E.，*Markets and Hierrarchies*：*Analysis and Antitrust Implications*，New York：The Free Press，1975.

④ Douglass C. North，"Institutional Change and Economic History"，*Journal of Institutional and Theoretical Economics*，1989（1），pp. 238 – 245.

⑤ 卓越、张珉：《新制度经济学与政治学新制度主义的三个流派》，中国人民大学出版社 2010 年版，第 39 页。

的过程中发挥巨大作用的同时，将研究着力点放在运行于组织环境中的文化信念体系的影响而非组织内部的各种过程。制度研究自此跨越了多学科的研究界限，实现了研究领域和研究方法的整合。总之，作为解释社会现象的一种研究新范式——新制度主义在对行为主义等既有主流社会科学理论批判的过程中，始终坚守其在解释政治、经济、社会现象时秉持"制度脉络"（Institutional Context）的理论操守（见表2—1—1）。

表2—1—1　　　　　　　　　新、旧制度主义区别表

	旧制度主义	新制度主义
时期划分	19世纪末至20世纪50年代	20世纪50年代以后
制度内涵	主要关注正式制度，如对政党、议会和法庭制度等的研究	制度是从规则到观念、资本与规制
观点立场	结构决定行为	制度构建个人选择方式以及对行为的有效塑造
元理论	法律主义、结构主义、整体主义、历史主义、规范分析	规范制度主义、理性选择制度主义、历史制度主义、经验制度主义、社会学制度主义、利益代表制度主义和国际制度主义
制度特点	正式制度、宏观制度、静态、独立的制度、结构主义、漠视偏好	非正式制度、微观制度、动态、嵌入的制度、制度主义、重视偏好

　　资料来源：郭毅、可星、朱熹等：《管理学的批判力》，中国人民大学出版社2006年版，第1—38页。

二　新制度主义分析范式分类及局限

　　从传统政治学到新制度主义政治学，从近代制度经济学到新制度经济学，从经济学、政治学领域到社会学领域，自20世纪90年代以来，新制度主义分析范式在体现旺盛学术解释力的同时，也彰显着其强大的超越单一学科的学术整合力。新制度主义正日益成为横扫经济学、政治学、社会学乃至整个社会科学的主流分析路径，同时也佐证了"社会科学的主导研究路径始终跨越各自学科的界限，将其他学科的研究成果寄居在

自身路径之下"① 这一命题。阎凤桥教授（2006）② 就从分析层次和理性模型应用两个方面对新制度主义理论在经济学、政治学以及社会学三个主要学科的运用进行了差异化比较。

作为研究理论统称的新制度主义，由于研究者研究背景、学科领域以及分析视角的显著差异导致其分析范式存在七分法、五分法、四分法、三分法和二分法的长久争议。学者盖伊·彼得斯（B. Guy Peters）③ 呈现了"规范制度主义、理性选择制度主义、实证制度主义、历史制度主义、社会学制度主义、国际制度主义和利益代表制度主义"七分法的重要理据。罗德斯（R. A. W. Rhodes）④ 对其作出"规范制度主义、理性选择制度主义、历史制度主义、建构制度主义和网络制度主义"五大流派的重要划分。西蒙·雷奇（Simon Reich）⑤ 在《制度主义的四副面孔》中从新制度主义的研究对象出发，将其划分为历史制度主义、新经济学制度主义、规范制度主义和将制度本身当作行为者的制度主义四个流派。社会学制度主义者彼得·豪尔（Peter A. Hall）与罗斯玛丽·泰勒（Rosemary C. R. Taylor）提出了理性选择制度主义、历史制度主义和社会学制度主义的三分法⑥分类。威廉姆·克拉克（William Roberts Clark）⑦ 在其《行动与结构：制度的两个视角与两种偏好》一文中以社会科学中能动和结构的关联性以及不同研究者的"本体性原初关注"为基点，创造性地提出了新制度主义的二分法。一方面，基于结构本体论视角，提出结构制度主义（Structure-based Institutionalism），统合了众多流派注重对正式制度进行宏观分析的共识，

---

① Paul Pierson and Theda Skocpol, "Historical Institution in Contemporary Politics", *The Journal of Modern History*, 2000, 119 (3), pp. 695 – 696.

② 阎凤桥：《大学组织与治理》，同心出版社 2006 年版，第 59—77 页。

③ B. Guy Peters, *Institutional Theory in Political Science*, London and New York Willington House, 1999, pp. 141 – 151.

④ R. A. W. Rhodes, etc., *The Oxford Handbook of Political Institutions*, Oxford：Oxford University Press, 2008, p. xvi.

⑤ Simon Reich, "The Four Faces of Institutionalism：Public Policy and a Pluralistic Perspective in Governance", *An International Journal of Policy and Administration*, 2000 (4), pp. 501 – 522.

⑥ Peter A. Hall and Rosemary C. R. Taylor, "Political Science and Three New Institutionalisms", *Political Studies*, 1996 (44), p. 956.

⑦ William Roberts Clark, "Agents and Structures：Two Views of Preferences, Two Views of Institutions", *International Quarterly*, 1998 (2)：pp. 245 – 270.

"认为制度为人们的行为创造了大量调节性规则，将制度视为人们意旨性行为的限制因素"①，另一方面，基于行动者本体论视角，提出以行动者为中心（Agency-centered）的能动制度主义，着重强调对非正式制度的微观分析，将制度结构归结为个体行动者的创造性成果。

诸多流派林立，观点分歧不断，除了归因于所持本体论认识的多角度以及制度研究层次的多维度外，核心的原因在于，虽然他们均将正式制度和非正式制度纳入制度研究视野，但对制度内涵本身所具有的多面孔认识不一。例如瑟伦（Thelen）和斯坦默（Steinmo）在《构建政治：历史制度主义的比较分析》一书中将制度界定为"嵌入政体或政治经济组织结构中的正式或非正式的程序、规则、规范和惯例"②；理性选择制度主义将制度视为"对理性构成限制的规则集合体"③；新制度主义社会学派认为"制度是组织和个体的行为意义系统"④。斯科特（W. Richard Scott）为此提出了一个总括性定义：清晰描述与界定制度这一概念，是信奉开放系统视角的分析家必须面对的问题。制度概念随着分析层次以及讨论焦点的不同而不同。针对制度含义的多样性，斯科特（W. Richard Scott）⑤认为，制度含义具有包容性，为制度下一个确定的定义确实是个重大挑战。但可以确定，制度是由为社会行为提供稳定性的和有意义的、认知的、规范的和管理的结构与行为组成的。⑥恰恰是制度含义的这种包容性，客观上为构建一个开放性的制度分析框架奠定了可能。

（一）宏观制度分析路径与局限

1. 宏观制度分析路径

宏观制度分析路径是相对于微观制度分析路径而提出的一个概念范

① B. Guy Peters, *Institutional Theory in Political Science*: *The New Institutionalism*, Hampshire: Ashford Colour Press Ltd. , 2005, p. 155.

② Steinmo, S. , etc. , *Structuring Politics*: *Historical Institutionalism in Comparative Analysis*, Cambridge: Cambridge University Press, 1995, p. 48.

③ 何俊志等：《新制度主义政治学译文精选》，天津人民出版社 2007 年版，第 46 页。

④ 何俊志等：《新制度主义政治学译文精选》，天津人民出版社 2007 年版，第 250 页。

⑤ ［美］W. 理查德·斯科特：《制度与组织——思想观念与物质利益》，姚伟、王芳译，中国人民大学出版社 2010 年版，第 3 页。

⑥ Scott, W. Richard, Soren Christensen, *The Institutional Construction of Organizations*: *International and Longitudinal Studies*, Thousand Oaks, CA: Sage, 1995.

畴。虽然宏、微观制度分析均以制度分析为逻辑起点，以人与制度之间的关系为主线，对制度演进及制度对社会行为的影响进行探析，但二者在具体分析重点和分析路径上存在巨大差异。

宏观制度分析路径沿袭"制度"及"制度分析"概念的首创者——埃米尔·涂尔干所开创的结构功能主义传统，坚持制度形成秩序和可预测性的构成元素①的核心假设，秉承"整体优先于局部，社会优先于个人"原则，将"制度形塑行为"作为该理论的合理内核。制度一方面通过赋予行为者能力的方式来塑造行为者，即所谓"制度形塑行为"②；另一方面，通过将行为者的行动限定在适当行为逻辑内从而加强对行为者的约束，即所谓制度，构成"人为设计出来并塑造人类互动的约束物"③。在宏观制度分析框架下，制度具有两方面典型特征：其一，制度具有相对独立性，至少可被视为一种"关键性、干预性变量"④；其二，制度具有对行动者的强约束性以及制度自身内置的稳定型、能动性和自我实施性（Self-enforcing）⑤。所以说，制度脱胎于社会互动，同时也为约束和导引不同环境中的社会行为设置了参照模型和规范指标。⑥

2. 宏观制度分析路径的局限性

宏观制度分析路径对制度重要性的诠释价值重大，但它同时也具有以下缺陷：首先，制度与行动关系界定的片面性。主要体现在两方面，其一，宏观制度分析者坚持认为：制度与行动是中心与边缘的关系。作为"制度中心论"的捍卫者，他们坚持认为，制度规范具有超越性和主

---

① ［美］詹姆斯·马奇、约翰·奥尔森：《新制度主义详述》，允和译，《国外理论动态》2010 年第 7 期，第 41—49 页。

② Lecours, Andre, *New Institutionalism: Theory and Analysis*, Toronto: University of Toronto Press, 2005.

③ Douglass C. North, *Institutions, Institutional Change, and Economic Performance*, New York: Cambridge University Press, 1990.

④ Andre Lecour, *New Institutionalism: Theory and Analysis*, Torronto: University of Toronto Press, 2005.

⑤ Cortell, Andrew, Susanpeteraon, "Altered States: Explaining Demestic Institutional Change", *British Journal of Political Science*, 1999, 29 (1): pp. 177 – 203.

⑥ Berger, Peter L., "Brigitte Berger & Hansfried Kellner", *The Social Construction of Reality*, New York: Doubleday, 1967.

宰性，可以支配和主导行动。① 其二，制度与个体行为是制约与被制约关系。该观点试图固化个人行为是既定的环境、习惯和规范等制度约束的结果的观念，忽视微观个体行动在制度形成与发展中所发挥的能动性与基础性作用，使个体行动与社会发展之间的辩证关系难以厘清。其次，缺乏对微观制度机制和个体组织机制的分析，造成在制度创新解释力上的不足。宏观制度分析过于重视制度环境对于制度分析与制度变迁的价值与意义，对于环境中的文化信念和制度惯性如何通过组织中的个体发挥作用，如何调动行动者的主观能动性等微观问题有所忽视。行动者作为延续组织与制度生命力的根本所在，肩负制度创新及其组织结构再生产的历史使命，如果无视行动者的能动性，任何关于制度理论与实践的研究都难以具备预测性和说服力。②

（二）微观制度分析路径与应用局限

1. 微观制度分析路径

采用微观制度分析路径的研究者，在对制度与行动者关系的认识上，倾向于认为行动者先于制度而存在，制度是行动者理性抉择的产物。从埃米尔·涂尔干的"个人行动者宣言"③ 到沃特金斯（Watkins）对"社会存在外化是个人存在的外在形式"④ 的经典论断，再到经济学制度分析专家马尔科姆·卢瑟福（Malcolm Rutherford）对微观制度分析路径的三个系统总结（只有个人才有目标和利益；社会系统及其变迁产生于个人的行为；所有大规模社会现象最终都应该根据只考虑个人的理论加以解释⑤），其微观制度分析的核心指向都是从个体行动者特征出发，将宏观制度及大规模社会行为还原为微观个体行动，这是典型的人的归因倾向。从方法论层面来说，该分析路径有三个特征：其一，无论是作出抉择还是实施行动，其权力主体仅限于个人而非组织；其二，行动者是能够实

① 郑文换：《制度、行动与行动流——新制度主义与结构化理论》，《中央民族大学学报》2015 年第 2 期，第 40—48 页。

② Zucker, Lynne G. , "The Role of Institutionalization in Cultural Persistence", *American Sociological Review*, 1977（5）, p. 42.

③ ［美］菲利普斯：《社会学中的整体论思想》，宁夏人民出版社 1988 年版，第 1—37 页。

④ ［美］菲利普斯：《社会学中的整体论思想》，宁夏人民出版社 1988 年版，第 1—37 页。

⑤ ［英］马尔科姆·卢瑟福：《经济学中的制度》，中国社会科学出版社 1999 年版，第 11—38 页。

现博弈均衡的"理性人";其三,行动者的理性选择是制度产生、维持、扩散与变迁的根本理据。①

2. 应用局限

第一,研究对象的理想化。微观制度分析者倾向于将制度产生及其变迁的动因直接归结为"理性人",将置身于纷繁复杂社会关系中的行动者抽象化为生活在社会关系孤岛上的原住民,将人先于制度而存在作为微观制度分析的逻辑起点。

第二,研究领域的微观化。对行动者个体的微观分析,虽暗合西方个人主义的文化传统,但并不一定能够由此生成群体行为的分析依据,无法在琐碎的微观个体研究中总结出历史发展规律,并进行前瞻性的预测,所以对宏观制度产生、维持、扩散与变迁缺乏强有力的解释力。

第三,微观机制分析不足。微观制度分析仅简单表示行动者先于制度产生,并未详细解释个体行动者为什么先于制度产生,以及推动制度产生、维持、扩散与变迁的机制是什么。

总之,以制度为中心的宏观制度分析与以行动者为中心的微观制度分析两种路径虽各有所长,然而不可否认,它们各自存在的问题也比较明显。

其一,它们的分析视角都是单向度的。在制度供给与个体行动之间缺乏交流和衔接,二者之间复杂激烈的博弈选择过程通常被忽略了。也就是说,在行动者的行为选择与制度供给之间并不是线性关系,思想、观念和文化认知这类要素在行动决策和制度变迁中所发挥的重要作用被忽视掉了。例如某项新制度颁布以后,一种情况是它得到大部分组织和个人的认同拥护,就会按照制度去行动;可还存在另一种相反的情况,这项制度并不为大部分组织和个体认可,迫于体制和文化压力,人们还是会按照制度去行动。两种情况可能都会促使行动的产生,但是行动的结果、产生结果的过程可能大相径庭,行动的效果更有可能天差地别。所以,需要把这个过程添加在研究中进行考察,也就是考察个体行动者的制度认同。在本研究中,应用型本科英语类专业教师对教学转型制度

---

① 刘凤义:《新制度主义经济学、老制度经济学与马克思经济学之比较》,《社会科学家》2010年第1期,第57—61页。

的认同，正是连接转型制度供给与教师教学转型行动之间的关键性因素。

其二，两种分析层次间存在断层。宏观制度分析注重制度，微观制度分析注重个人，然而制度与组织之间以及组织与个人之间的关系没有得到应有的重视与阐释。组织层面针对制度供给做出怎样的组织保障、组织针对个体行为选择提供何种组织发展平台，在现有研究中都没有得到清晰的阐释。

其三，两种分析框架本身都是静态的，难以较好地处理现实生活中制度变化的动态性问题。针对教学转型制度以及教师转型表现，对现存的问题不能听之任之，需要从教学组织层面给予适当的转型组织保障，清除转型障碍，重塑组织秩序，为应用型教学转型打造良好的组织环境与广阔的转型发展平台。组织的转型发展在更高层面上促进教学制度的转型发展，新教学制度的生成激发行动者对新一轮转型制度的认同以及转型行动的参与，促进组织更好地完善发展。由此生成一个制度供给—制度认同—行动选择—组织再造的"四维立体"动态螺旋上升的教学转型发展模式。

三　新制度主义分析框架与应用型英语教学转型的契合性分析

（一）当前英语类专业教学转型的态势分析

转型发展是我国当前经济社会的战略主题，也是教育变革的不竭动力。从外推被动型教学转型向内生主动型教学转型转变，从生存型教学转型向创新发展型教学转型转变，教学的目标、方向及结果都在与时俱进中发生着巨变。应用型英语教学转型已经成为提高英语人力资本效率的重要手段，以及推动中国走向国际舞台的重要抓手。教育部高等学校大学外语教学指导委员会主任王守仁教授认为，"虚热"的英语教育需要降温转型，实现三个发展方向上的转变，即从粗放型规模发展向精细型规模发展转变，从 EGP 型向"EGP ＋"型转变，从"语言教学主导型"向"语言教学＋学术研究型"转变。[①] 在近两届"全国应用型本科英语类专业教学改革与发展论坛"上，学者专家就英语类专业"国标"中的

---

① 王守仁：《中国英语教育亟需三个转型》，http：//www.360doc.com/content/16/1212/20/18941866_614138219shtml. 2016－12－12/2017－05－03。

课程体系、教学体系当前存在的问题、未来教学体系改革与建设展开深入探讨，共同表达出推动应用型教学转型的呼声。亚洲 ESP 学会会长、北京外国语大学副校长孙有中教授在年会报告《英语专业与 ESP》中旗帜鲜明地提出英语类专业教学向 ESP 教学转型的主张。可以说，当前应用型英语教学转型正考验着全国各应用型本科如何更好地将教学转型的潜力转化为推动高校转型的现实内驱力，如何依托创新教学推动高校内涵式发展，以及如何通过英语类专业教学转型成为其他应用型学科教学转型的创新引领者。所有这一切必将预示着教学转型在应用型高校范围的延伸，必将会创新应用型转型的范式。

（二）新制度主义分析框架与应用型英语教学转型的契合性分析

无论是宏观制度分析还是微观制度分析，都是以制度或行动为分析对象，旨在揭示制度与行动之间的本质关系，但是其分析路径又泛化在一般制度与行动关系的探究中，对制度演进、扩散、变迁的规律缺乏清晰总结，难以揭示出转型发展的本质与特征。进入教育大众化发展阶段以来，应用型本科教学转型实践也验证了新制度主义有关制度变迁与组织再造关系的互动过程及结果论断的前瞻性与引领性。所以说，新制度主义的分析框架对当前应用型本科英语类专业教学转型依然发挥着极其重要的指导作用。

1. 教学转型内容：与新制度主义框架要件高度契合

对制度性质的认识以及制度形塑行为方式的探索构成新制度主义研究的核心议题。新制度主义理论提出了社会科学的经典问题，即组织、结构、文化、规范、习俗是怎样构成社会行为，如何在行动者之间分配权力，以及怎样塑造个人的决策过程和结果的。[①] 具体到应用型本科英语类专业教学转型问题的研究中，教学转型制度的性质如何，转型的制度规范、制度认同如何决定教师的转型决策和转型效果，转型过程中出现哪些问题，采取哪些行动策略才更有助于教学转型目标的实现。这些关键问题与新制度主义理论的构成要件高度契合，可以借助该理论中制度与行为间的因果链关系，探索教学转型制度与转型行动间的互动策略，

---

① 陈家刚：《全球化时代的新制度主义》，《马克思主义与现实》2003 年第 12 期，第 16—19 页。

从而推进教学系统性转型。

2. 教学转型实践：与制度与行动演进轨迹契合

应用型本科英语类专业教学转型是一个关涉教学多元利益主体，需要对教学各个环节进行系统性、综合性配套改革的问题。由于当前应用型转型处于"摸着石头过河"的发展阶段，尚无成熟经验可以借鉴，基于某些相似性，对应用型本科英语类专业教学转型问题的探讨可以大致沿着制度与行动演进的轨迹展开。第一，应用型本科英语类专业教学转型需要转型制度"保驾护航"。制度作为一种目的性建构存在，可通过内置的价值观规范、引导行动。无规矩难以成方圆，没有制度保障教学转型行动目标根本不可能实现。在教学转型中对转型制度展开研究，丰富转型的内容，开阔转型研究的视野，将琐细的转型行动放置于制度研究的宏观视野中，更有利于以小见大，深入细致地研究教学转型。第二，教学转型最终要靠行动落实"开花结果"。应用型本科英语类专业教学转型需要经过一项项具体的转型行动落实转型发展的目标。在行动过程中，诊断问题，积累经验，总结教训。第三，制度与行动联动使教学转型"锦上添花"。制度与行动的联动为应用型本科英语类专业教学转型设置了具体的背景和合作条件，突出了转型制度与转型行为之间的互动关系，为教学转型研究拓展了新维度。

第二节　新制度主义分析框架的借鉴与修正

制度化安排是社会组织存活和运行的保障，也是组织行为稳定和规范的根基。以"组织创新之桥"来弥合制度供给与个体行动选择之间的鸿沟，客观上需要一个整合的分析框架来实现。该分析框架的整合性来源于对以上两种传统分析路径的借鉴与超越。通过上述分析可知，研究对象与具体情况的差异决定了两种分析路径各擅所长与各有所短。根据研究实际需要，融合二者之优长，使其相得益彰，更能拓展理论的应用范围，提升对实践的指导意义。

基于上述两种分析路径的代表人物众多，主流理论体系庞杂，结合研究的现实性与可行性，本研究有针对性地遴选出在两种分析路径中应用度最高且与本研究契合性最强的理论进行重点分析解读。因本研究聚焦于通过应用型本科英语类专业教师转型对教学转型的反应与行动，分析诊断制约教学转型的微观基础，格雷夫（Avner Grief）的微观分析框架为此提供了可供借鉴的适切性范例。然而，个体行动者对制度转型的反应不可能孤立于宏观的制度环境，个体正式制度的由来是一个绕不开的话题，而约翰·迈耶（John Meyer）关于制度环境的宏观分析框架恰在此方面具有极强的解释力。此外，由于转型具有跨时空性，在应用型教学转型方面尚无完善的模板可以模仿，各个院校都在"摸着石头过河"的过程中，教学转型制度或多或少存在一些"水土不服"的问题，教师教学转型的行动选择或多或少存在误解与偏差之处。研究教学转型不是只解释问题的出现原因，而是要针对这些问题提出具体的解决策略。所以，中观组织再造理论尤其是教学组织再造理论，就需要针对教学转型中的问题反馈来提供有效的转型策略。基于上述思考，本研究希望发挥各分析路径之长，避其之短，生成一个整合的分析框架，系统全面地阐释一个完整的教学转型过程。这一整合分析框架的提出也是对杜威先生教育思想的一次尝试实践：把所谓的整齐划一的一般新方法强加于所有人，孕育出了几乎清一色的鲜有例外的平庸。用与众不同的原创性作为标准来衡量的话，就会孕育出他们的独特性。[①]

一　对迈耶的宏观制度分析框架的借鉴与修正

约翰·W. 迈耶和布利安·罗恩（John W. Meyer & Brian Rowan）从宏观层面正式提出制度作为一个文化规则体的存在，标志着组织社会学领域新制度主义学派的兴起。他们在经历了对享有教育自治权的美国各州在教育体制与结构遭遇同质化的困惑，以及对各州为获得联邦财政支持和资源配置而不约而同服膺于各种规章制度利诱的审思后，针对迥异的组织缘何在适应同一制度环境时，采取相同行为，进而导致制度同形这一焦点议题，提出了一套以合法性机制来阐释组织趋同现象的操作性解释逻辑：制度环境对于合法性的追求，虽常常严重背离效率标准，但合法性本身始终维系与提升组织的生存力。也就是说，当从组织环境去解释组织行为时，效率绝非唯一标准，制度的趋同性与组织的合法性紧

---

① Dewey, J., *Democracy and Education*, New York：Free Press, 1966, p.173.

密关联。

（一）迈耶宏观制度分析框架之优长

组织环境包括以追求效率为目标的技术环境（Technological Environment）与以追求合法性为目标的制度环境（Institutional Environment）。环境使组织产生了跨越场域边界的迫切需求，组织结构要素才得以扩散；那些使自己的结构要素与环境通行的组织，才能与其他组织在技术和信息上相互依赖。[①] 外部环境导致组织目标置换和结构重组的这一观点早在塞尔兹尼克（Philip Selznick）《田纳西河流域管理局与草根组织——一个正式组织的社会学研究》一书中得到佐证。传统权变理论（Contingency Theory）只强调技术环境对组织的影响[②]，在解释组织趋同问题上无能为力。而迈耶在解释组织趋同上所提出的合法性机制，清晰阐释了组织行动不得不接受制度环境里建构起来的具有合法性的形式与做法的原因。所谓制度化的过程即是这样一个不断采纳制度环境强加于组织之上的形式和做法的过程。[③] 虽然外部环境是组织合法性机制的主要来源，但只有全面兼顾内部技术环境与外部制度环境，才能真正有效地推进制度合法性的进程。

作为组织社会学领域中新制度主义学派的开山之作，《制度化的组织：作为神话和仪式的正式结构》这篇文章突出强调了制度环境对组织规则认知与行为模式的影响，详述了成功型组织的形式要件及其实践扩散与再制的运行过程，引发了一种"自上而下"制度化过程的形成，为后续类似研究构建了可资借鉴的分析框架。

（二）迈耶宏观制度分析框架之局限

首先，迈耶的宏观制度分析框架对制度环境的过分凸显与对技术环境的忽视，造成该理论的解释力不足。虽然许多学者认为，"后工业社会

---

① ［美］约翰·W. 迈耶、布利安·罗恩：《制度化的组织：作为神话和仪式的正式结构》，沃尔特·W. 鲍威尔、保罗·J. 迪马吉奥、姚伟译，《组织分析的新制度主义》，上海人民出版社2008年版，第45—67页。

② 周雪光：《组织社会学十讲》，社会科学文献出版社2003年版，第71页；W. Richard Scott, *Reflection on a Half-century of Organization Sociology*；阎凤桥：《组织理论与高等教育管理阅读资料》第1卷，2007年版，第5页。

③ 周雪光：《组织社会学十讲》，社会科学文献出版社2003年版，第72—73页。

许多组织的正式结构反映的是制度环境的神话，而不是工作活动的需求"①，但制度环境对组织合法性的追求与技术环境对组织效率的追求并非彼此无关的分类样态而长期处于互斥关系之中，实际上二者是共存的。但是迈耶基于教育组织与企业组织的差异性，坚持认为教育组织即使不提高组织效率，仅以建立同形制度的方式便能够提升合法性。这开辟了组织生存的新前景，故此认同对教育组织做出强制度环境和弱技术环境的组织类型划分。但学者吴重涵等（2008）② 认为，教育实践无数次证明，教育系统所具有的复杂性远非强制度环境和弱技术环境这种简单、机械的组织分类所能概括和解释的。技术环境与制度环境二者间的差异会随环境的变化而变化，甚至"在不同的部门中，制度环境与技术环境之间的关系也有很大的差异"③。总之，在大多数时候，制度环境与技术环境的强弱程度与相互关系依据组织场域和组织运行状态的不同而不同，呈现出复杂动态的发展趋势以及既相互排斥又和合共存的双重属性。当前许多相关实证研究表明，"教育组织越来越只愿意制定和传播那些被证明是有效率的规则，而不再是大量制定那些只有合法性的规则"④。

其次，固执于效率与制度的"零和博弈论"甚至是"负和博弈论"，限制了该理论的应用空间。迈耶的宏观制度分析框架放大了制度环境对组织行为的影响，认为制度与效率零相关，甚至是负相关。组织效率有可能因制度受损。这种观点强行割裂二者联系，忽视制度对效率的提升作用，也无视效率机制为制度形成而提供服务的可能性⑤，容易造成公众对制度化的教育组织产生消极的、破坏效率的印象。这与当前学校组织

---

① DiMaggio，Paul J. and Power，Walter W.，"The Iron Cage Revisited：Institutional Somorphism and Collective Rationality in Organizational Fields"，*American Sociological Review*，1983（48），pp. 147–160.

② 吴重涵、汪玉珍：《制度主义理论的新进展及其在教育中的应用》，《教育学术月刊》2008 年第 2 期，第 3—9 页。

③ 闫引堂：《新制度主义的发展：领域拓展还是理论深化？——评迈尔和罗万主编的〈教育中的新制度主义〉》，《北京大学教育评论》2010 年第 2 期，第 168—177 页。

④ Brian Rowan and Cecil G. Miskel，*Institutional Theory and the Study of Educational Organization*；阎凤桥：《组织理论与高等教育管理阅读资料》2007 年第 3 期，第 100—102 页。

⑤ 吴重涵、汪玉珍：《制度主义理论的新进展及其在教育中的应用》，《教育学术月刊》2008 年第 2 期，第 3—9 页。

化程度正日益增强，且更加强调高效率的教育生产力①的发展时势格格不入，严重限制了该理论的应用空间。

最后，迈耶宏观制度的理论探讨欠缺微观的实践基础。迈耶将合法性机制视为阐释组织趋同的分析起点和逻辑主线，侧重于对制度形成和客观组织架构展开宏观的、历史的、深入的探讨，弱于将探讨的逻辑落实到个体行为的微观层面，也就是说，其宏观研究难以生成解决组织具体问题的有效对策，从而指导个体实践行动。此外，对处于进行时的"制度化"缺乏源起追溯与过程推演，过于聚焦组织被动接受制度环境机制的"合法性"论证上。②

总之，对迈耶宏观制度分析框架的借鉴应秉承一分为二的原则。

其一，充分重视制度环境的价值，通过将制度环境因素在组织趋同上的解释力、与技术环境的结合性及其对教育制度变革的指导性紧密结合，促使对组织制度的解释更具动态性和张力。

其二，打破制度环境与技术环境二元对立的思路，采用交叉分类方式对不同组织的具体环境进行重新组合与匹配。这是因为，组织所面临的环境问题具有阶段性和动态性特点。就阶段性而言，也许在确立之初，某些程序性规则显示出很强的技术合理性，但一段时间之后，其有用的技术特征可能过时消失，再过一段时间后，这部分特征仍然存在复现的可能。就动态性而言，制度性程序常常倾向于技术性程序模仿。许多技术性程序经过一定时间的演变，最终可能会慢慢走向制度化。只有抓住这些特点，才能提升教育制度在正处于激烈变革的中国具有相当强的适应性和解释力。

二　阿夫纳·格雷夫微观制度分析框架的借鉴与修正

阿夫纳·格雷夫（Avner Grief）作为微观新经济史学的典型代表，创新采用比较历史制度分析（comparative and historical institutional analysis）

---

① 吴重涵、汪玉珍：《制度主义理论的新进展及其在教育中的应用》，《教育学术月刊》2008 年第 2 期，第 3—9 页。

② DiMaggio, Paul J. and Power Walter E. . "The Iron Cage Revisited: Institutional Isomorphism and Collective Rationality in Organizational Fields", *American Sociological Review*, 1983（2），pp. 60 – 147.

视角对"制度"这一极具争议的术语提供了权威统一的概念，即制度是规则、信念和组织的综合体，并从微观的个体交往（individual interaction）层面对制度的相关问题，如制度的形成与发展、变迁与影响进行了抽丝剥茧的分析，聚焦考察制度化的行为规则是如何在即使缺乏外部强制实施的情况下都能被坚决遵守的原因。格雷夫比较历史制度分析视角的核心是综合运用理论、模型和历史背景搭建一个微观综合分析框架，以此对制度作出界定，厘清制度起源，理解制度何以延续与变迁。较之于前人宏大的制度变迁研究框架，格雷夫相对微观的研究操作对诺斯早期制度分析的某些理论缺陷做出了有针对性的弥补，例如诺斯早期理论过于注重对制度结构、制度规则和制度功能的完美阐释，而忽视了对组织、制度激励及制度过程的深入剖析。这些问题都是格雷夫在其微观制度研究中竭力避免的。

（一）阿夫纳·格雷夫微观制度分析框架之优长

格雷夫深受博弈论均衡分析、演化制度主义等理论对制度发展路径多样化阐释的启发，强烈反对将制度的能动论与结构论人为割裂的传统做法，提出用一个综合的制度概念框架来整合各种不同的制度研究思路，包容不同研究思路中强调的各种要素、力量和观点。[①] 不同于传统的制度一元论的常见看法[②]，他认为"制度是规则、信念规范和组织共同作用并导致社会行为秩序产生的一个系统"[③]。构成制度的三要素包括：其一，显性的"规则"要素，涵盖法律、社会习俗等；其二，隐性的"信念和规范"要素；其三，产生、传播和执行规则的"组织"要素。三要素在行动者需进行行为抉择时综合发挥作用，激励和引导行动者依据所处的具体社会情境，采取有针对性的行为策略，由此产生行为秩序。但在对行为秩序产生的贡献上，三组要素角色不一，功能各异。发挥协调作用的规则要素通过提供共有认知系统和信息集合来引导、规范行为；信念和规范在行动中发挥激励和约束的双重作用；组织（包括议会、企业等

[①] Avner Grief, *Institution and the Path to the Modern Economy*: *Lessons from Medieval Trade*, New York: Cambridge University Press, 2006.

[②] 将制度看作一个单一整体，如规则。

[③] ［美］阿夫纳·格雷夫:《大裂变：中世纪贸易制度比较与西方兴起》，郑江淮等译，中信出版社 2008 年版，第 22 页。

正式组织和社群、商业网络等非正式组织）则产生和传播规则、使信念和规范持久化、影响可行的行为信念集。①

　　例如（如表 2—2—1 所示），与信用卡使用和起诉欠款人有关的规则是如何在信用卡持用者当中产生行为秩序的？与信用卡使用和起诉欠款人有关的规则产生了一种共同认知模式，使信用卡持用者能够了解相关的使用权限范围（如在特约单位正常购物、消费或禁止非法使用信用卡套取现金、恶意透支等），并且对不同概念和情形进行了界定（如信用报告、固定额度、逾期等）。此外规则中还包括对信用卡公司、持卡人和欠款人在不同情形下的预期行为所做的指示性说明。相信他人将遵守信用卡持卡规则的信念激励着大部分持卡者在大部分时间遵守规则。信用卡公司和司法机关是产生和传播这些规则的组织，对与规则相一致的信念的产生发挥着重要的影响作用。规则、信念和内化的规范以及组织这三个制度要素是解释行动者行为的关键依据，它们构成了相互关联的一体化系统，其中的规则与行为信念和行为本身相一致。②

表 2—2—1　　　作为系统的制度要素对行为秩序的影响机制

规则	信念和内化的规范	组织	隐含的行为秩序
交通规则	有关其他驾驶员和执法官员以特定方式采取行为的信念	交通管理部门和执法官员、警察	按规则行驶
与信用卡使用和起诉欠款人有关的规则	对信用卡公司有能力监控持卡人、施加法律惩罚、让欠款人的信用记录受损的信念	信用卡公司和司法机关	卖方和持卡人之间不使用现金的非人格化交易
与成员资格和成员、非成员行为有关的规则	对社群成员惩罚行骗者使之无利可图的能力和激励的信念	纽约的犹太商人社群	不依赖于法律合同的交易

---

　　① ［美］阿夫纳·格雷夫：《大裂变：中世纪贸易制度比较与西方兴起》，郑江淮等译，中信出版社 2008 年版，第 27 页。

　　② ［美］阿夫纳·格雷夫：《大裂变：中世纪贸易制度比较与西方兴起》，郑江淮等译，中信出版社 2008 年版，第 27 页。

续表

规则	信念和内化的规范	组织	隐含的行为秩序
不砍伐森林的行为规则	有关森林之神会采取报复行动的内化信念	无	不砍伐森林
美国的奴隶合法化和控制奴隶的规则	证明奴隶制合法的内化规范，尤其是白人、非洲裔美国人及司法机关特定行为的信念	南部白人社区、州和联邦立法者以及南部的司法机关	奴隶制

资料来源：[美] 阿夫纳·格雷夫：《大裂变：中世纪贸易制度比较与西方兴起》，郑江淮等译，中信出版社 2008 年版，第 101 页。

格雷夫微观制度分析的主要成就在于：

其一，通过对制度博弈性质的挖掘来弥补传统制度分析忽视内生激励的重大缺陷。制度是对社会互动和行为提供持续规制和激励的非技术决定的约束①，也就是行为人在对行为成本与收益综合权衡后，做出的个人利益最大化的行动选择，是基于规则约束而采取的一种策略均衡。"作为个体行动空间限制模型"② 而存在的制度在为行动者提供"激励结构"的同时，也会以"干预者"的角色出现，对行为人行动选择结果施加影响。

其二，格雷夫一针见血地指出宏观制度分析忽视内生激励的重大缺陷，创造性地引入制度博弈性质分析这一做法，深入剖析并宏观放大激励对制度的能动作用。他认为制度本质上是行动者按照博弈规则，为实现自我利益最大化目标而采取的最优行为。行为的本质是特定行为环境与规则的策略均衡。制度存在真伪之分，区别标准是构成制度的规则能否被行动者自我实施。此外，制度分析还需结合行动者所处的历史条件、社会环境和文化信念，做出综合判断。这些要素构成了行动者的社会行动背景，规范了行动者参与博弈的策略选择。在行动者主观能动性的配

① Avner Grief, Historical and Comparative Institutional Analysis, *American Economic Review*, 1998 (2), pp. 80 – 88.

② [美] 阿夫纳·格雷夫：《大裂变：中世纪贸易制度比较与西方兴起》，郑江淮等译，中信出版社 2008 年版，第 27 页。

合下，行动者可能因时制宜，根据行动结果"选择"或"修正"其初始行动策略，进而促成"策略均衡"的最终形成。这些被锁定的组织、规则、规范、文化信念和在新的历史情境下的均衡策略行为，共同构成了新的"制度"。[①] 这种观点与诺斯提倡的"制度功能论"有异曲同工之处。格雷夫的理论重心落脚于行动者的"行为秩序"，其所界定的"制度"概念内涵之所以多元，就是将规则、信念、规范和组织都统摄其中，根本目的还是通过引进共有认知系统和信息集合，对规范性行为的内涵与外延进行充分界定，激励和引导行动者遵守制度规则。

其三，格雷夫首创的共享文化信念、制度多重均衡等新概念工具，增强了制度分析的解释力。格雷夫认为，对制度进行分析，一定要将其放置在交互个体的层面上来理解，当然也离不开对行为动机的分析。只有这样才能将制度的持续性、内生的制度变迁、过去制度对未来的影响，建立一个统一的概念性的分析框架。[②] 格雷夫对制度要素的分解及以此为基础建立的分析框架，对从微观层面分析制度变迁起到了强有力的解释作用。该研究框架对探讨应用型本科英语类专业教职员工对于转型制度认同、转型发展行为动机及转型策略选择来说具有非常强的理论指导价值。当前英语类专业处于应用转型的关键阶段，应用型转型制度的生根与落地、发展与变迁、功能与效力、困境与出路都是亟待解决的问题。

（二）阿夫纳·格雷夫微观制度分析框架之局限

格雷夫的微观制度分析在"作为规则的制度"和"作为信念的制度"之间搭建桥梁可谓功不可没，但其理论瑕疵也比较明显。

首先，从制度产生的首要方式——各方行动者的利益与力量通过重复博弈达至均衡——这一现实角度来看，格雷夫固守自然主义观点，认为制度的创建是无意识形成的自然过程，反对制度是相关利益者能动设计、以能动者为基础的观点，过于夸大了信念和价值规范等非物质的制度因素对行动者行为选择的影响，而忽视了利益权衡在制度行动中所扮

---

① ［美］阿夫纳·格雷夫：《大裂变：中世纪贸易制度比较与西方兴起》，郑江淮等译，中信出版社 2008 年版，第 32—41 页。

② Avner Grief, *Institution and the Path to the Modern Economy: Lessons from Medieval Trade*, New York: Cambridge University Press, 2006.

演的重要角色。制度并非在真空中产生，作为各种结构、规则和标准执行程序的聚集体①，它们从各种斗争与讨价还价中产生，或是以行动者间均衡契约的形式出现，或充当各种社会力量角逐的竞技场。它们代表和反映其制定者的资源和权力，同时反过来影响社会资源的分配与权利的配置。② 格雷夫的微观制度分析是典型的以行动者为中心的分析架构，各行动者之间的利益诉求与价值选择是其核心议题。在制度主义学者 Margaret Levi 看来，制度说到底就是一种权力资源的调节工具，差别只是服务多数人的利益还是少数人的特权。该制度定义的主要缺陷就是没有反映权力分配的限制选择机制。③ 为避免如此缺陷，制度应当被理解为是一种基于行动主客体互动关系而创设的约束或激励规则，以此来保障利益与资源在不同行动者之间稳定分配。制度转型与正式制度的创新往往都是行动者之间利益与资源的再调整与重分配。④ 行动者基于公共需求背景下的正当的个人利益诉求应当得到尊重与满足，这是制度完善与创新的前提。但对行动者信念的分析与利益偏好的分析是从制度认知过渡到制度行动的关键环节，也不可偏废。

其次，格雷夫依赖因果解释对制度的构成及其制度变迁进行理论上的解释与说明，较少关心制度的设计与安排，缺少有效的个体或微观制度机制分析。其理论的微观实践基础依然欠缺，难以清楚阐明身处特定时空背景中的个体行动者是如何习得并内化那些已然成形的规则、信念、规范的，也没有针对它们的认同高低程度进行区分，并以此对制度认同与行动选择的关联机制及演化规律进行深入探讨。这种模糊的理论解释框架无法为制度转型实践提供直接镜鉴。

最后，忽视对"功利"以及"利益"机制的考量，无法很好地解释制度起源及运行动力机制问题，限制了制度的适用范围。如英国学者阿

---

① ［美］詹姆斯·马奇、约翰·奥尔森：《新制度主义详述》，允和译，《政治与政党》2010 年第 7 期，第 41—49 页。

② ［美］约翰·L. 坎贝尔：《制度变迁与全球化》，姚伟译，上海人民出版社 2010 年版，第 1 页。

③ Levi Margaret, *Logic of Institutional Change*, *The Limits of Rationality*, Chicago and London: The University of Chicago Press, 1990, p. 407.

④ 朱富强：《制度研究范式的逻辑基础：对象界分和分析思维》，《公共行政评论》2011 年第 4 期，第 23—49 页。

尔文·古尔德纳（Gouldner）所言：利益群体不干预，制度也无从谈起。[①] 学者鲍威尔也表示，组织绝非被动的。当制度期望充满矛盾与冲突时，制度创立者便会发挥能动性加以调节。[②] 将利益和能动性因素置于对处于转型期社会制度现象的分析理解是极其必要也是大有裨益的。这是因为，新旧制度转型从某种程度上来说就是一个利益博弈的过程，脱离具体利益关系的探究，制度变迁与创新就存在动力机制不畅的问题。这正是格雷夫微观制度分析框架欠缺考量之处。

三　宏微融合及向中观组织场域的拓展

（一）宏观制度分析与微观制度分析框架的融合

正如新制度主义自身所强调的那样，不存在一种尽善尽美的全纳式制度理论能阐释各种各样的制度现象。任何单一的制度分析框架都无法兼容制度的多维面向，无法单独对制度与行为之间的关系给出一个全然的解释。制度分析研究迫切需要通过"视角整合"跃进发展的新阶段，即从将宏观制度因素与微观行为主体——人的因素有机结合，阐释行为者在制度运行与变迁中的主导与能动作用，从多个理论视角展开综合性的研究，从理论的复数形态合成为单数形态。通过跨越宏观层面到微观层面，夯实交流基础，延展对话空间，呈现立体全方位的特点，否则难弃盲人摸象之嫌。而这一整合研究的趋势已初见端倪。如迈耶及后继者的宏观制度分析框架越来越关注组织层面上的中观问题，而格雷夫的微观制度框架也逐渐对组织在制度传播执行对个体行动中的角色与作用机制进行进一步探讨。组织为宏观制度分析与微观制度分析提供了对话与交融的活动界面。

这种采用对话和融合方式的制度分析趋势在当前的许多研究中已经具备充分的基础，并彰显出较强的可借鉴性。如美国著名学者约翰·L. 坎贝尔（Campbell J. L.）在对理性选择的制度主义、组织分析的制度主

---

① ［英］阿尔文·古尔德纳：《新阶级与知识分子的未来》，人民文学出版社2001年版，第59页。

② ［美］沃尔特·W. 鲍威尔、保罗·J. 迪马吉奥：《组织分析的新制度主义》，姚伟译，上海人民出版社2008年版，第276页。

义和历史制度主义三种制度分析范式在制度变迁的模式分化、机制阐释和思想观念剖析等方面的共同缺陷的总结基础上，提出了一种综合性的制度变迁理论框架，即由制度变迁的宏观模式和制度企业家的微观行动机制构成，这对于宏观与微观层次的因素以及能动和结构因素如何影响制度变迁提出了洞见。美籍华裔教授倪志伟的多层次因果分析框架①，以及我国社会学家周雪光的"多重逻辑的制度变迁分析框架"都是宏观制度分析和微观制度分析整合的典范，他们都"努力进行创造性的结合，认可并吸收各种理论路向的力量与长处"②。

在教育研究领域，华南师范大学陈先哲博士在其《学术锦标赛下大学青年教师的制度认同与行动选择》③ 著作中，针对学术锦标赛对大学青年教师学术发展的影响这一主题，将宏观与微观制度分析有机结合，提出了一个面向本土的综合分析框架。该分析框架在承认制度供给重要性的前提下，将微观行动者——青年教师的学术制度认同与行动选择作为制约其学术发展的关键因素，是对新制度主义一个基本事实的又一次确证：组织系统变革的差异之源与行动者息息相关——他们的行为在很多方面各不相同。因此，需要关注微观范围的行动选择对宏观制度绩效的影响，因此，构建一个宏微共现的分析框架成为必然。

（二）中观组织场域分析的拓展

宏微共现的整合分析框架优势明显，但是也并非完美无瑕。首先，它在为类似研究开辟一种研究新思路的同时，依然无法打开从宏观制度分析到微观个体行动抉择的传导"黑箱"。也就是说，对于制度如何具体影响行为缺乏深入探讨，人为割裂了行动内外生发机制间的联系。以陈先哲博士《学术锦标赛下大学青年教师的制度认同与行动选择》研究为例，该研究在高校宏观学术制度的分类描述与教师个体微观学术制度认同和发展行为的选择解释上深入浅出、条分缕析，但对学术制度与行动

---

① ［美］倪志伟：《经济学与社会学中的新制度主义》，斯梅尔瑟、斯维德伯格、罗教讲、张永宏：《经济社会学手册》，华夏出版社 2008 年版，第 27 页。

② ［美］W. 理查德·斯科特：《制度与组织——思想观念与物质利益》，姚伟、王芳译，中国人民大学出版社 2010 年版，第 201 页。

③ 陈先哲：《学术锦标赛下大学青年教师的制度认同与行动选择》，广州人民出版社 2017 年版。

选择间复杂性、反复性的博弈过程缺乏细致挖掘，也未能系统揭示学术锦标赛制度如何具体影响青年教师学术发展抉择的宏微观过程。

其次，宏微共现的整合分析框架未能将中观组织场域的中介作用与能动作用充分展现，无法有效拓展制度分析的框架，无法将各种相关行动者、制度逻辑以及治理结构——其对某个有限的社会层面的参与者的行动具有使能与制约作用——纳入制度主义分析范围。组织场域是处于微观层次的个体行动者及组织、宏观层次的社会行动者系统以及跨社会行动者行动系统之间的中观分析单位。① 制度为组织场域提供了制度环境，组织的生存和发展依赖于其对制度环境的顺从和对外部规则、标准的遵守。② 变化的环境影响组织的发展方向、重点、战略③，并塑造行动者的结构与行动。这种塑造包括了制约与使能两个方面。行动者塑造—再生产与改变—制度所运行的背景。④ 宏微整合的分析框架关注自上而下的制度模型、制度方案、规则等影响与制约个体行动的过程与方式，对促使研究者关注更高、更具涵盖性的制度分析层次以及更长时间周期内的制度变迁的中观组织场域缺少应有的重视。这也为现有研究向中观组织领域拓展开辟了新空间，为"中层理论"用以研究复杂组织变迁提供新借鉴。所谓"中层理论"即基于理论实用化目标而建构的一种介于宏观综合化抽象理论和微观具体经验性命题之间的理论。奥利弗（Oliver）在对新制度主义对制度研究的三大贡献总结中，尤其强调"新制度主义开辟了新的制度分析层面——组织场域⑤。

新制度主义对组织理论研究贡献巨大，现有研究从实证角度对制度化过程即制度建构（Institutional Construction）、制度维持（Institutional

---

① ［美］W. 理查德·斯科特：《制度与组织——思想观念与物质利益》，姚伟、王芳译，中国人民大学出版社 2010 年版，第 199 页。

② Meyer, W. and Rowan, B. , "Institutional Organizations: Formal Structure as Myth and Ceremony", *American Jouranal of Sociology*, 1977（2）, pp. 340 – 363.

③ Robert A. Zawacki et al. , *Tansformating the Mature Information Technology Oraganization*, Colorado Springs, CO: Eaglestar Publishing, 1995, pp. 22 – 23.

④ ［美］W. 理查德·斯科特：《制度与组织——思想观念与物质利益》，姚伟、王芳译，中国人民大学出版社 2010 年版，第 199 页。

⑤ Oliver E. Williamson, *The Economic Institutions of Capitalism by Oliver Williamson*, New York: The Free Press, 1985, p. 83.

Maintenance）、制度扩散（Institutional Diffusion）以及制度变革（Institu-
tional Change）对组织影响的各方面进行了较为深入系统全面的论证，但
是依然存在以下方面的研究不足。其一，注重制度本身及制度化过程对
组织的影响约束，忽视组织对制度的能动作用；其二，对制度的动态变
化过程，即制度转型对组织的影响研究关注度不够，对组织如何对制度
转型进行配合与支持的作用机制更是鲜有涉及；其三，在有限的制度与
组织转型及互动研究中，更是缺乏对个体行动者因角色转型而产生的微
观制度认同冲突的相关研究；其四，现有研究关注制度变迁、组织变革
及变革后的效能，对微观个体行动者转型的认同程度及转型的行为效能
关系缺乏深入系统研究；其五，宏观制度变迁涉及中观组织变迁及组织
再造，以及微观行动者自身的转型发展，转型所涉及的宏观、中观、微
观层面间应该是一种互构关系，整体呈现出一种良性的转型生态格局。

面对转型挑战，制度与组织及其个体行动者都需要准备好一场短程
与长程的转型竞争——一方面，借由制度转型、组织变迁、个人转型发
展、组织文化转型及转型历程之间的秩序与搭配性，来赢得短程竞争；
另一方面，还需未雨绸缪，针对因制度环境与技术环境的不确定性而引
发的组织革命，预做长程的转型准备。

新制度主义的演进为制度与组织之间的互动提供了坚实的理论基础。
必须把制度的合法性机制与组织的实践紧密结合。学校作为社会组织，
要想获得长久的合法性，无法逃避制度环境对自身施加的压力。学校组
织会有针对性地创立某种制度，通过微观个体行动实现宏观制度的预期。
本研究通过引入一个中观变量——组织再造，将宏观制度供给与微观行
动选择有机联系在一起，以进一步构建应用型本科英语类专业教学转型
研究的分析框架，考察教学转型制度对组织行为和个体行为的影响。高
校宏观的应用型转型制度、中观教学转型的组织再造以及教师微观的教
学转型认同及行为，以协调互动的方式，整合成为一个逻辑自洽的应用
型教学转型解释框架。该框架结构合理，包容性强，兼顾转型的张力与
弹性。

1. 中观组织再造理论框架的引进与适切性改造

组织理论将组织定义为"意在寻求特定目标且具有高度正式化社会

结构的集体"①。为了实现组织目标——组织绩效提升和组织成员发展②，包括政府、社会、企业、学校等各类组织均会根据内外部环境的不断变化适时进行局部或整体的组织变革，这是组织生存发展的基石与命脉。组织再造（Organization Reengineering）是组织变革的重要手段与方式。③组织再造在 19 世纪初由企业组织领域发端并逐渐进入社会各个领域。管理学大师迈克尔·哈默（Michael Hammer）在 1990 年与詹姆斯·钱皮（James Champy）在他们合著的《企业再造》一书中对组织再造概念做出清晰界定，"再造，是对业务过程的根本性地重新思考及彻底地重新设计"④。所谓企业组织再造，就是一种以企业的工作流程为中心，重新设计企业的经营、管理及运作。再造的目的是在当代组织精确的运营基准与严苛的度量标准下，促进组织绩效实现质的飞跃。基于这一目标，首先要对组织工作流程进行从头改变，重新设计。⑤ 可以说，组织再造并不是对组织进行肤浅的、一般性的调整，而是以系统完整的整合性过程取代以往一盘散沙的分裂过程，重组再造原本破碎支离的业务流程。凭借如此的整合再造过程，组建一个全新、扁平、极具弹性与张力的新组织。在这样的新组织中，尽量删减管理层与执行层等类似的中间隔离层，尽可能把部分决策权从决策层下放到操作层。这样基层单位在分享决策权的同时，也增强了责任意识。

经历了近 30 年的理论荡涤与实践检验，组织再造取得了与时俱新的新突破。其一，内涵深化。台湾学者张彦清将再造的内涵深化具体为业

---

① ［美］W. 理查德·斯科特、杰拉尔德·F. 戴维斯：《组织理论——理性、自然与开放系统的视角》，高俊山译，中国人民大学出版社 2011 年版，第 33 页。

② ［美］温德尔 L. 弗伦齐、小塞西尔 H. 贝尔、罗伯特 A. 扎瓦茨基编：《组织发展与转型：有效的组织变革》，阎海峰、秦一琼等译，机械工业出版社 2006 年版，第 4 页。

③ 就组织再造与转型等其他概念的区别，迈克尔·哈默和詹姆斯·钱皮在《企业再造》一书中明确表示：一些企业组织有意避讳使用"再造"一词而采用如"流程重建"或"转型"，但他们心里深知他们所有努力都与"再造"定义完全吻合。详见 ［美］迈克尔·哈默、詹姆斯·钱皮、王珊珊等译《企业再造》，上海译文出版社 2007 年版，第 2 页。

④ ［美］迈克尔·哈默、詹姆斯·钱皮：《改革公司——企业革命的宣言书》，胡毓源、徐荻洲、周敦仁译，上海译文出版社 1998 年版。

⑤ 张晓飞：《从组织再造看组织模式的变迁》，《管理前沿》2003 年第 1 期，第 40—42 页。

务流程的重设、组织系统的整合和资讯科技的运用。① 发展后的理论在企业组织再造实践中发挥重要的指导引领作用，帮助企业降低了成本，提升了企业对环境的应变能力，有效提高了组织生产效率。其二，应用拓展。组织再造理论具有强劲的生命力与超强的应用拓展性。其高效指导力吸引其他社会组织纷纷移植借鉴。其中以政府组织再造最具代表性。组织再造理论能够被运用于指导与企业组织性质完全不同的政府组织再造实践，表明了该理论在应用性上的拓展。与政府组织有着同样非营利性质的学校组织运用再造理论指导转型实践，不仅具有可能性，而且具有必然性。理论和实践都充分证明，组织再造是指导当代中国学校组织变革的新工具。

2. 学校组织再造理论的切入

20 世纪 80 年代，为有效提高学校效能，助推学校发展，许多西方发达国家如美国、英国、荷兰、澳大利亚等国先后应用学校组织再造理论指导学校教育改革实践。一大批学校组织再造的研究专家，如 Fullan M. ②、Wasley & Hampel③、Burkhardt & Petri④、Crocco & Thornton⑤、Hollins & Spencer⑥、Murphy ⑦ 、Carr & Johansson ⑧等分别就学校组织再造的

---

① 张彦清：《华视再造关键成功因素之研究》，高雄：中山大学传播管理研究所 2004 年版。

② Fullan M. , "The School as Learning Organization：Distant Dreams", *Theory into Practice*, 1995, 34 (4), pp. 230 –235.

③ Wasley P. , Hampel R. , "The Puzzle of Whole-school Change", *Phi Delta Kappan*, 1997, 78 (9), pp. 690 –697.

④ Burkhardt G. , Petri M. , "The Kite：An Organizational Framework for Educational Development in Schools", *Theory into Practice*, 1995, 34 (4), pp. 272 –278.

⑤ Margaret Smith Crocco, Stephen J. Thornton, "Social Studies in the New York City Public Schools" "A Descriptive Study", *Journal of Curriculum and Supervision*, 2002, 17 (3), pp. 206 –231.

⑥ Etta R. Hollins, Kathleen Spencer, "Restructuring Schools for Cultural Inclusion：Changing the Schooling Process for African American Youngsters", *Journal of Education*, 1990, 172 (2), pp. 89 – 100.

⑦ Murphy J. , *Restructuring Schools：Capturing and Assessing the Phenomena*, New York：Teachers College Press, 1991.

⑧ Carr D. K. , Johansson H. J. , *Best Practice Reengineering*, New York：Mc Graw-Hill, 1995, p. 6.

内涵、要素模式、发展模型、学校组织形态与设计、组织文化、再造中的权力分配和学校再造的理论依托等问题展开了深入系统研究，研究范围之广、理论程度之深、影响之大可谓前所未有，这为学校组织再造理论的系统发展打下了坚实的基础。20 世纪 90 年代，学校组织再造理论作为舶来品被引入中国，但目前还处于译介阶段。

学校组织再造是一种以重设学校教学流程为中心，以改革教学相关因素为核心内容，以改进教学质量与绩效为目标，以能满足社会需求变化的方式所进行的系统变革。[①] 具体来说，教学是学校组织再造的对象与核心。通过教学发挥学生的主体性，强化师生互动是其终极目标。教师是实现教学提质增效、人才创新发展目标的重要行动主体。为学校组织再造找寻到现实的切入路径，学者 Murphy（1991）[②] 提出了以教学改革为核心的学校组织再造行动策略（如图 2—2—1 所示）。Murphy 认为，要进行学校组织再造，增强学校运作的效度，可以从整体重构学校组织入手，包括学校内部权力的重新分配、教学安排的重新调整、增加教师及多元利益相关者对校务的参与度。但再造的核心必须落实到强化教学品质和提升学生学习效能上来，从而实现以教学为中心，以服务学生为根本。学者 Murphy 学校组织再造的观点可以从以下两方面来理解。其一，学校有效运作的再概念化。学校组织再造的目的是对学校组织管理中不合理部分的清除改善，而非小修小补。提高学校运行效率、提升教学服务质量是其根本目标。其二，教学流程的再设计。教与学是学校组织行动的核心工作，作为这一核心工作的主要承担者，教师必须通过对教学流程的再设计、教学结构的再优化、教学范式的再更新、教学元素的再调整等方面的系统变革，才能革新学校传统运作范式，使教育教学真正提质增效。总体来说，Murphy 以"结构"与"流程"双轨并进再造思路，使学校组织再造的重心落实到教与学的变革过程中。但学者 Whitaker 和 Moses 对此表达了异议。在他们看来，学校组织再造是一个针对学校

---

① 方征：《西方学校组织再造理论研究述评》，《浙江教育学院学报》2007 年第 3 期，第 48—55 页。

② Murphy J., *Restructuring Schools*, *Capturing and Assessing the Phenomena*, New York：Teachers College Press, 1991, pp. 12 – 14.

目标与其如何运作的假定与实务的基础性变革。[1] 客观来说，结构再造对学校组织再造意义重大，但相比较而言，学校整体目标的重置与高效运作的实现对学校生存发展更为关键。对我国台湾学者吴清山等（2007）[2]而言，学校组织再造的实质是一种从权力控制走向权力分享、从封闭系统走向开放系统、从教师专业束缚走向专业自主的系统转型。

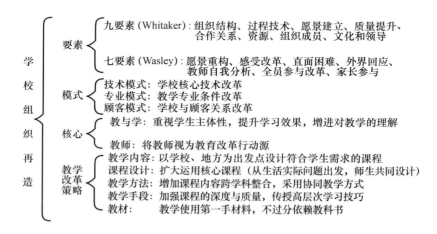

图2—2—1　学校组织再造行动策略

资料来源：根据以下文献整理：①Murphy J. , *Restructuring Schools*：*Capturing and Assessing the Phenomena*, New York：Teachers College Press, 1991, pp. 12 – 14. ②Whitaker Kathryn S. , Monte C. Moses, *The Restructuring Handbook*：*A Guide to School Revitalization*, Boston：Allyn and Bacon, 1994, p. 21. ③Wasley P. , Hampel R. , "The Puzzle of Whole-school Change", *Phi Delta Kappan*, 1997, 78（9）, pp. 690 – 697. ④Elmore R. F. , "Why Restructuring Alone Won't Improve Teaching", *Educational Leadership*, 1992, 49（7）, pp. 44 – 48 .

　　制度提供了转型行动的方向，但行动不是终结，行动改进的实效才是转型的目标。如何有效提高转型的执行效果，如何保障新行动的执行效果，涉及对转型效果的反馈，以及针对反馈做出有针对性的提升和改

---

　　① Whitaker Kathryn S. and Monte C. Moses, *The Restructuring Handbook*：*A Guide to School Revitalization*, Boston：Allyn and Bacon, 1994, p. 21.

　　② 转引自方征《西方学校组织再造理论研究述评》，《浙江教育学院学报》2007 年第 3 期，第48—55 页。

进策略。所以，个体教师转型的执行度如何，组织有没有反馈渠道与机制，并在此基础上能否给予教师转型有针对性的指导，也就是提供有针对性的转型保障，这一系列问题的解决才能保证转型制度与转型行为的同向性与有效性。在本研究中，中层的学院系（部）组织作为宏观转型制度与教师转型微观行动连接的纽带，在教学转型中发挥着承上启下的作用。学院系（部）组织的作用不仅仅是对转型制度的上传下达，更主要的是基于教学转型的反馈，因人制宜，因人施助，辅助教师提高教学转型效果。如果对于教学转型，教学学院系（部）组织只是提供目标和制度，没有具体路径以及针对教师转型中的问题提出解决策略，只是要求结果，忽视了对转型过程的跟踪、辅助、监控与保障，那么就基本谈不上有什么比较有质量的、系统的教学转型。即使有，也是一种低质量的教学转型。

第三节 "四维立体"整合分析框架的构建

综上分析，若脱离组织场域，固执于在宏观制度分析或微观制度分析单一路向的抉择，则可能会诚如学者周雪光所言："着眼于单一机制的理论模型虽然有着简约的美感，但可能得出片面甚至是错误的结论。"① 为此，需要促成宏观—中观—微观三重逻辑的耦合。此外，对国外理论的盲目采用有可能造成理论的水土不服。所以，也要注重西方理论话语体系运用于中国本土化问题分析时所产生的"视界融合"②。

一 三维综合分析框架的解构与"四维立体"整合分析框架的建构

（一）三维分析框架的批判性分析

从新制度主义概念的提出到其研究范式被社会科学研究各领域纷纷借鉴，"制度—行动"作为一个经典分析框架已经深入研究者心中。例如

---

① 周雪光、艾云：《多重逻辑下的制度变迁：一个分析框架》，《中国社会科学》2010 年第 4 期，第 132—150 页。

② Hans Georg Gadamer, Translated by Joel Weinsheimer and Donald G. Marshall, *Truth and Method*, New York：Continuum，1994.

华南师范大学陈先哲博士在其论著《学术锦标赛制下大学青年教师的制度认同与行动选择》中，借鉴制度主义"制度—行动"分析框架的精华，构建出本土化的"制度供给—制度认同—行动选择"三维分析框架，对大学青年教师发展这一主题展开了深入的探讨。总体来说，该论著在科学性上深描求真，敦本务实；在人文性上思远趋善，创新立异；在艺术性上至简臻美，语颇隽永。① 具体来说，在研究取向上论著兼顾"宏大"与"具像"；在研究视角上"普适"与"多样"并重；在研究理路的设计上坚持"通常"与"反常"的交互。② 尤其是在框架建构上，其三维分析框架既同新制度主义的指向高度契合，又在借鉴中有所修正创新，如通过制度认同打通制度供给与行动选择的壁垒。

　　陈先哲博士的论著具有高度的学术创新价值，但也不可避免地存在一些瑕疵。其三维综合分析框架虽独辟蹊径，但从解决具体问题的角度来看，仍然无法完全阐释清楚制度供给—制度认同—行动选择三要素之间是何种关系，构建综合分析框架对青年教师学术发展现实问题的解决具有何种价值意义，研究目的究竟只是为单纯提出一个阐释性的解释框架，还是更应聚焦探索性路径开拓。或者可以说，陈先哲博士"三维"单闭环分析框架仍是一项"未竟的工程"。若要使其框架更具科学性与严密性，本研究认为还须弥补其自身存在的三大缺陷。

　　1. 理论边界模糊

　　在阐释学术锦标赛制度对不同类型大学青年教师的发展影响中，陈先哲博士采用了"制度供给—制度认同—行动选择"这样一个综合的分析框架，但对于该理论分析框架的解释力、合法性以及边界限制都缺乏清晰阐释。尤其是对理论边界条件的模糊性处理，容易导致对该框架适用性的无限放大和局限性的选择性忽视，降低理论分析框架的科学性与严密性。更为重要的是，这会使过于宏观的问题改进策略在具体实践中难觅落地生根之处，限制了理论对实践的指导价值。

---

① 李胜利：《学术研究的三重境界——评〈学术锦标赛制下大学青年教师的制度认同与行动选择〉》，《大学教育科学》2018 年第 4 期。

② 卢晓中：《论高等教育变革背景下的高等教育发展研究》（代序），《学术锦标赛下大学青年教师的制度认同与行动选择》，广东人民出版社 2017 年版，第 5—13 页。

2. 变量体系不完整，核心变量不明确

一个综合理论分析框架的提出，应该是在弥补前人研究缺陷的基础上涵括尽可能全面的变量，并积极促成各变量间互动关系的生成。但陈先哲博士提出的三维分析框架对于何种因素能够影响学术制度供给结构调整、哪种力量对于学术锦标赛制能够起到消解作用等问题缺乏针对性的解释说明。以该研究三案例之一——教学研究性大学青年教师学术发展为例，作者据其构建的三维框架总结出该类大学青年教师学术发展的三个制约因素，即"温和的学术制度供给"、"分化的学术认同"和"投机的学术行动选择"，但对于哪个因素是直接由学术锦标赛制造成的、哪个因素对学术锦标赛制起到固化作用、三因素之间是什么关系等问题均欠缺清晰的说明和具体的剖析。一般来说，核心变量模糊往往映射着理论分析框架的不完善，在学术制度供给和学术行动选择之间也不可能搭建起完整严密的理论链条。

3. 理论体系欠缺动态循环改善

新制度社会学家彼得·霍尔姆（Peter Holm）认为，新制度主义理论中制度与行动之间相互作用的周期性循环会导致制度变迁模型的生成，其中包含两种相互嵌套的过程——实践行动过程与政治行动过程。实践行动过程是在特定理解、规范与规制框架中采取的行动，该行动具有再生产这种制度结构又刺激这种制度结构渐进变迁的双重作用；政治行动过程则是要改变支配行动的规则或框架。① 陈先哲博士整合的三维制度分析框架在解释学术锦标赛制度对大学青年教师的学术影响中，探讨了青年教师的学术实践行动过程再生产了学术锦标赛制度，也描述了国家学术锦标赛的政治行动过程本身。但除此之外，并没有深刻挖掘青年教师的学术实践行动过程是否刺激学术锦标赛制度的渐进变迁这一关键问题，也忽略了政治行动过程最终是要改变学术锦标赛制对学术行动的支配规则这一初衷。产生这一问题的根本原因在于，陈先哲博士所整合的三维制度分析框架是一个单向闭环模型：起点是学术制度供给，中点是学术制度认同，终点是学术行动选择。其最大缺陷就是单向不可逆与静态无

---

① Peter Holm, "The Dynamic of Institutionalization: Transformation Processes in Norwegian Fisheries", *Administrative Science Quarterly*, 1995, (3), pp. 398 - 422.

改善，无法体现出制度对行动的使动与能动作用，以及行动对制度变迁的反馈推进作用。动态循环体系的缺乏意味着理论分析框架的封闭性，缺乏弹性与张力。

（二）"四维立体"整合分析框架的建构及与本主题的契合性分析

1．"四维立体"整合分析框架的建构

基于上述综合分析，本研究针对应用型本科英语类专业教学转型的主题，在对前述分析框架进行有针对性的借鉴修正与立体整合的基础上，对新制度主义的应用空间展开了必要拓展，动态描述教学转型环境变化对教学行为主体的观念认同、行动选择以及教学组织的影响，从而构建一个制度供给—制度认同—行动选择—组织再造的"四维立体"整合分析框架。本研究对新制度主义理论进行适切性改造的演进思路如图2—3—1所示：

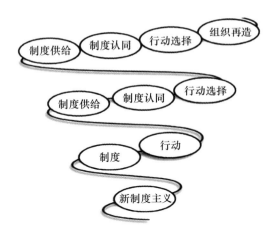

图2—3—1　新制度主义适切性改造思路演进图

相较于前述研究，本研究提出的"四维立体"整合分析框架特征明确实用，优势明显易推广。它既有宏观解释力，又能应用于微观分析；既重视制度对个体的行动影响，又立足于个体对制度的认同；既能在制度成熟国家通用，又能兼顾制度不成熟国家的特性；既关注组织趋同，又能解释个体差异。它以制度趋同作为关键的连接要素，聚焦宏观解释力、中观依托性和微观着力点的系统构建，致力打造转型发展新平台。

该框架既关注"制度供给—制度认同—行动选择—组织再造"行动逻辑的层层递进，又注重制度—组织—个人之间互动关系的生成。应用型本科英语类专业教学转型的"四维立体"整合分析框架具体如图2—3—2所示：

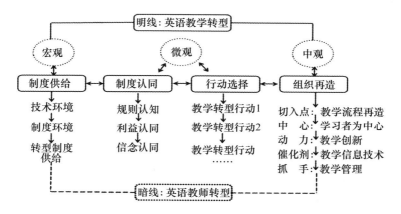

**图2—3—2 应用型本科英语类专业教学转型的"四维立体"
整合分析框架图**

2. "四维立体"整合分析框架与本主题研究的契合性分析

从前述新制度主义的研究对象、理论路向来判断，其宏微观分析框架与应用型本科英语类专业教学转型的研究思路具有高度契合性。新制度主义的研究对象是人与人之间由于利益冲突而产生的可供选择的、有效的、合理的制度。制度从某种意义上来说，以规则的形式出现，界定、约束了行为人的行动策略，以此实现自身效用的最大化。符合行动者利益构成一切行为的原动力。制度与行动者的关系有两种：其一，制度作为个体行动者的"策略背景"而存在，这是由制度能通过对行动的使能作用来发挥对政策影响力这一特点所决定的；其二，基于个体行动者的需要，制度才能被创造出来。在新制度背景下，个体的收益水平得到进一步提升。新制度主义是对人类制度的描述和解释，注重从实际出发，主张通过对事实的详细考察寻求解决问题的答案。① 行动者选择的合理性是其理论的基本假设前提，具体包括三个方面：其一，人兼具利己主义与利他主义的双面性；其二，人是有限理性者；其三，人会在保持机会主义行为与利他行为平衡的基础上，求得自身行为效用的最大化。从新制度主义的研究对象、研究方法、基本假设等方面可以判断出，应用型本科英语类专业教学转型作为一种从制度规范到行为抉择的连续体，理应受到这种研究范式的影响。教学转型研究无论是受限于现实条件和客观环境，还是受制于主体行为人的影响，从本质上来说，基本没有脱离新制度主义关于行为人动机、偏好和行为假说的一般性命题，同时也符合当前关于有限理性人的基本判断。

从新制度主义的制度变迁理论来看，新制度主义分析框架与应用型本科英语类专业教学转型研究高度一致。制度变迁理论代表人物美国经济学家道格拉斯·C. 诺思（Douglass C. North）认为："技术的革新固然为经济增长注入了活力，但人们如果没有制度创新和制度变迁的冲动，并通过一系列制度构建把技术创新的成果巩固下来，那么人类社会长期经济增长和社会发展是不可设想的。"② 制度的决定力与指示力无处不得以彰显。以本研究主题为例，应用型教学转型制度在实践中既存在制度供给力不足、供给不均衡、路径依赖严重、制度弹性过大等情况，也存在制度吸收不够、制度移植困难等基本问题。借鉴新制度主义系列理论可以在对其相关理论吸收借鉴与适切性改造的基础上，合理进行应用型本科英语类专业教学转型制度安排，调整教学转型制度结构，建立适应应用型本科转型发展的教学制度体系，以此规范和引导教师的教学转型行动抉择，再造应用型英语教学体系。新制度主义的理论内容与范畴，与应用型本科英语类专业教学转型有高度的关联，既为研究教学转型提供理论范式，又指导和推进了教学转型实践的深入展开。

---

① 党志峰：《激励与规约——大学诚信制度何以建立》，人民教育出版社 2016 年版，第85 页。

② Douglass C. North, *Structure and Change in Economic History*, UK：W. W. Norton & Company, 1981, p. 174.

　　从新制度主义的跨学科分析路向以及本研究涉及的多维度切入点来看，新制度主义的分析框架对应用型本科英语类专业教学转型理论研究具有重要的借鉴价值。例如，借鉴制度经济学中的交易成本理论，针对教学转型制度来看，教师选择转型与否都存在现实的交易成本和费用。选择转型抑或相反，既取决于教师自身趋利避害的本能，也受限于教学转型技术、制度环境以及对自身与他人转型合理预期的博弈平衡，更受到教学转型制度安排的限制强度与约束程度的震慑。教学转型的主体教师是理性人，在教学转型制度的范畴及激励与约束机制内自然会考虑教学转型行为的成本问题，选择最有利和最理性的方式来实现教学转型目标。又如借鉴理性选择制度主义，可以将"理性的个人"——教师视为教学转型研究重要分析单元和自变量，把不同属性应用型本科英语类专业教学转型的制度设计作为因变量，用以阐释教师个体教学转型行为结果，为教学转型组织再造提供反馈和参考。教师教学转型的行动抉择是对个人"回报率"的计算权衡后做出的个体效用最大化的理性抉择；教学转型制度的功能在于通过教师转型发展促进教学提质增效，为社会培养适销对路的应用型英语人才。所以，应用型本科英语类专业教学转型需要通过对教学制度的重设与教学组织的再造来实现应用型教学属性的根本转变。

　　新制度主义作为一个跨学科的研究范式，其研究学说也包含和影响大学场域中的教师这一行为主体，因此其理论也适用于大学教学制度研究，当然还适用于应用型本科英语类专业教学转型研究。从整体上看，将教学转型放置在新制度主义的框架内进行分析和探究，参考和借鉴其分析方法，具有适宜性和可行性。将应用型本科英语类专业教学转型置于新制度主义框架内进行分析考量，具有一定的理论意义和现实价值。

　　第一，突破二元对立的"制度—行动"分析框架和过于简约的"三维一体"综合框架，本研究构建的"四维立体"整合分析框架，在组织视域下注重多重教学制度主体（学校、学院组织和教师个体等）针对应用型教学转型制度所做出的不同的制度反应和制度作为。在这个教学制度变迁与形成的多重博弈过程中，避免选择封闭、单一的结构本体论或行动本体论来进行鼓励分化的制度变迁解析。

第二，本研究构建的"四维立体"整合分析框架，利用宏观层面的制度环境与技术环境对应用型本科教学转型的正式制度供给进行细致的环境剖析。技术环境与制度环境之间交叉关系的不同就会产生不同的组合情况，各种情况会对组织作出不同的制度供给选择，必须将二者有机结合。

第三，在整合分析框架中，教学转型制度分析的微观基础是本研究的分析重点，集中扫描制度在不同性质应用型本科院校具体教学组织场域中的相应群体态度和行为上的表征，因为制度体现在人们在物质和象征性活动诸方面的稳定行为方式上[①]，故而该整合分析框架不但必须包括"制度环境"的宏观框架，还应当涵盖各微观个体的态度和行为的微观框架。并以微观框架为主，将微观个体置身于"制度环境"的大背景下，考察制度环境下教师转型行动的异同。因此，回归教师教学微观琐细工作对于理解教师生存方式、阐释转型价值意义以及解释转型制度底层的行动逻辑具有重要意义。

第四，微观框架不仅考察不同属性应用型本科院校教师个体在应用型转型制度环境下的教学转型行动抉择，还考察他们对各自学校教学转型制度的认同状况。如此设计主要是因为：其一，制度与认同两者之间存在非线性关系；其二，在成熟的制度文化尚未形成的当下中国，"曲解政策，为我所用""上有政策，下有对策"等行政偏误思想还相对比较严重，加之目前处于社会转型期，社会结构的变化比较快速和激烈，制度环境与人的价值观念都处于"非稳态"[②]，若盲目套用以西方制度体系为核心的"制度—行动"二元线性分析框架来解释当前中国应用型本科教学转型发展实践，缺乏应变力和完整性是其最大问题。一方面，这个二元框架过于简单，不具有揭示中国教学转型中复杂制度反应的解释力，无法体现中国应用型教学转型理论的差异性与特殊性以及转型实践的艰巨性与复杂性；另一方面，这个二元框架不完整，关键环节缺失。个体

---

① R. Friedland and R. Alford, *Bringing Society Back in*: *Symbols*, *Practices*, *and Institutional Contradictions*, W. Powell and P. DiMaggio（Ed.）, *The New Institutionalism in Oraganizational Analysis*, Chicago：University of Chicago Press, 1991, pp. 232 – 263.

② 汪丁丁：《跨学科教育文集》，东北财经大学出版社 2009 年版，第 285 页。

对教学转型制度的认同是链接宏观制度供给与微观个体行动的关键节点，不容忽视。如果缺失对教学转型制度认同状况的分析，就无法对微观教师个体转型心理及是否会生发转型行动作出恰当解释及准确预测；缺失对教学转型制度认同进行考察，仅凭对微观教师个体行动的考察，就难以判断教学转型制度的正当性和价值；缺失对教师教学转型认同及行动结果的反馈，更无法对教学组织再造提供建设性的完善意见，应用型转型就永远都是一朵"不结果的花"。

第五，通过向中观组织领域研究的拓展，打开微观教师个体教学转型行为和宏观应用型转型制度之间的传导"黑箱"；通过强化微观行动者日常教学的"深度在场"意识和"积极干预"立场，将应用型教学转型制度的研究角度从外生转向内生。本研究突破陈先哲博士"三维"单闭环的分析框架，将中观教学组织再造作为行动选择反馈后的问题解决突破口，并在文中做重点聚焦。从组织作为名词的中观教学组织角度考虑，承担英语类专业教学的英文学院组织以及各专业教研室、教研组是组织教学转型活动的实体组织，也是对学校宏观转型制度上传下达的关键中介，它们是教学转型行动者—教师的代言人。超越微观琐细，上升到普遍一般层面，所以这个层面的转型实践、价值体验和经验总结更生动、立体、直观，更具代表性与参考性。从教学转型实践行动的组织角度来讲，教学转型实效还体现在转型举措扎扎实实的落实当中。还需要通过切实可行的转型举措激发教师教学转型的"深度在场"意识，发挥转型制度反馈、干预、提升、改进的积极作用。

总之，针对本研究应用型本科英语类专业教学转型的这一主题，教学转型包括教学制度转型、教师制度认同转变、教学组织转型与实施教学活动的多元利益主体的行动转型等。当前，应用型本科转型是一种教育改革新尝试，历史经验的缺乏性、现实情形的复杂性以及基于理论不成熟而导致的国家、地方教育转型决策的波动性和不连续性"四性叠加"，使这场转型变革的方式必然是"摸着石头过河"（Trial and Errors）。仅凭个别应用型院校转型的成功经验介绍来描述和剖析整个中国应用型本科转型制度背后隐含的独特机制与构成，仅凭单一理论模型的阐释都是难以达到预期的解释力的。本研究所采用的整合分析框架寄希望于克服以往研究的不足，通过广泛的田野调查对教学转型制度变迁和实施过

程进行细致入微的剖析与解释，以澄清分析概念，把握因果机制，提升
此框架的解释力。同时结合本研究具体对象，对本研究的整合分析框架
做进一步阐释与说明。

二 "四维立体"整合分析框架的理论边界

所谓理论边界，指的是理论的阐释范围以及支撑理论成立的假设前
提和基础条件，涵括某具体理论对哪些社会现象具有解释力、支撑理论
成立的前提条件有哪些等方面。没有条件限制的理论是虚假和无用的理
论。只有清晰地界定出理论的边界，才能赋予相关理论在某研究框架内
充足的解释力。就本研究对新制度主义相关理论的整合来说，并非所有
应用型本科的转型制度供给都是合理的；并非所有院校教师对应用型英
语教学转型制度都会产生认同；并不是所有的教师都会基于其认同采取
相应的教学转型行动；对教学转型制度认同度高的教师不一定总是采取
积极的教学转型行动；对教学转型制度认同度低的教师也绝非完全不采
取教学转型行动；采取教学转型行动并不意味着真心拥护教学转型制度；
投身教学组织再造并不一定预示着应用型转型实践一定成功……这些关
于教学转型制度供给、制度认同、行动选择和组织再造的系列问题，只
要任何一个环节发生变化，都将对理论假设的成立产生重大影响。只有
厘清理论边界，明确前提条件，各个构成要素才能良性互动、融荣共生，
这样才能打通教学转型的宏观、中观与微观的壁垒，从而产生积极的联
动效果。

理论边界可进一步分为问题指向与理论约束。

1. 问题指向

新制度主义要解决的首要问题是：厘清制度性质，阐明制度使动与
能动人类行为的机制。制度内涵的广泛性决定了新制度主义甚至可以用
以解释人类社会全部历史①的可能性。教学转型问题是社会科学研究的一
个切片，也涉及新制度主义提出的社会科学经典问题——组织、结构、
文化、规范、习俗是怎样构成社会行为，如何在行动者之间分配权力，

---

① 《新制度主义理论》，https：//baike. so. com/doc/1610658 - 1702681. html. 2016 - 10 - 06/
2017 - 08 - 10。

以及怎样塑造个人的决策过程和结果的。① 针对应用型本科英语类专业教学转型研究这一主题来说，具体涉及三方面的问题：其一，从宏观层面探讨不同属性的应用型本科教学转型的制度供给的效率及合法性问题；其二，从微观层面探讨教师对教学转型的制度认同与参与转型的行动基础问题；其三，从中观层面探讨教学组织再造在教学转型中的作用机制问题。三方面问题的核心指向是强调教学转型在不同属性应用型本科中的制度、组织和行动中的核心价值，但由于三层次问题侧重不同，特点各异，单独的某个层次问题的解决并不能彻底解决整个系统的问题，所以整合分析框架的使用成为必然（见图2—3—3）。

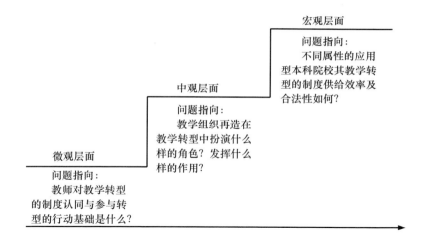

图2—3—3　新制度主义的整合分析框架在教学转型中的问题指向

2. 理论约束

正如任何科学理论一样，整合的新制度主义分析框架也根植于现实研究的土壤中，基于一系列理论假设前提的基础之上，存在着下述具体的理论边界。实践中，不假思索地奉行"拿来主义"，简单地套用缺乏适切性与应变力的理论分析框架，无视其理论边界与约束条件，有可能造成与研究初衷南辕北辙的结果。

―――――――――

① 陈家纲：《全球化时代的新制度主义》，《马克思主义与现实》2003年第6期，第15—21页。

（1）理论约束Ⅰ：整合分析框架受四维螺旋模型的约束

本研究整合分析框架的优势是弥补"制度—行动"二分法以及"制度供给—制度认同—行动选择"三维论的缺陷，强调以整体论与系统论为特色的"四维立体"分析框架的创新价值。传统"制度—行动"二维分析框架的缺陷主要受线性模型约束，认定二要素之间是一种线性关系（如图2—3—4所示）；而陈先哲博士三维分析框架受单闭环模型约束，认定三要素之间是单闭环不可逆关系（如图2—3—5所示）；本研究提出的整合分析框架受四维螺旋模型的约束，教学转型"制度供给—制度认同—行动选择—组织再造"四要素之间是一种无止境的螺旋式上升关系（如图2—3—6所示）。

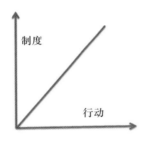

图2—3—4　二维线性模型

图2—3—5　三维单闭环模型

图2—3—6　四维立体螺旋模型

相比前两个模型来说，"四维立体"螺旋上升理论模型适用于阐释组织场域中制度与行动的能动与使动关系。在此理论框架内，制度可以沿着自上而下与自下而上的双轨路径创新扩散。组织行动者基于不同的制度认同，协调制度供给与行动选择之间的关系，并依据二者的矛盾程度与组织实际状况，通过组织再造有效调节二者的矛盾。值得注意的是，组织场域中制度与行动间的复杂矛盾不是经历单个因素循环就能完全解决的，是需要经过历时性的多轮渐进循环方能接近最佳的问题解决状态。制度供给与组织再造作为每一轮循环的起点与暂时性的终点是螺旋上升模型中的关键节点，也是理论体系的核心变量，关系着研究问题能否寻找到最终答案。以本研究主题为例，应用型本科英语类专业教学出现问题，需要通过教学转型提升教学质量与效益。可以说，教学需求端出现问题，很大程度需要通过供给端来引导，必须思考教学转型在顶层供给端提供哪些有效的转型制度供给。此外，面对不同属性应用型本科不同的制度供给，教师制度认同差异明显，转型行动步调不一，针对现状，教学组织需要作出哪些反馈、调整与再造，提高转型绩效，这也是关系转型能否成功的关键一环。

（2）理论约束Ⅱ：转型制度供给受院校属性与发展定位的约束

在本研究所构建的"四维立体"分析框架中，教学转型制度供给很大程度要受院校属性与发展定位的约束。以公办应用型本科为例，其制度与科层政府制度类似，都比较规制、标准与统一。公立院校的发展在推进教育规模化和普及化的同时，也限制了院校的自主性，制约院校对社会需求做出及时有效的回应，存在难以根除的制度性痼疾。① 加之应用型转型作为国家一项支撑教育发展的行政性政策，其政策红利有待进一步释放，转型实践正在进行，尚无完整成熟的经验可以借鉴，各方态度不明朗，或踌躇满志，或迟疑观望，或做表面文章……这在很大程度上影响各校制度供给的质量与效益。造成这一不良结果的原因很大程度上要归咎于许多院校对自己的发展定位不清。本院校是什么类型，需不需转型，要不要转型，转成什么型，应用型转型目标的实现需要什么样的制度供给支撑等一系列问题，都是本"四维立体"研究框架必须要回答的基本问题。

---

① 阎凤桥：《教育私有化改进的演进逻辑》，《中国人民大学教育学刊》2011 年第 2 期，第 16—25 页。

（3）理论约束Ⅲ：教师对转型制度的认同与转型行动之间存在非线性关系

教师对转型制度的认同与转型行动之间存在非线性关系。也就是说，对教学转型制度认同度高，不一定意味着教师转型行动效果好；教师对教学转型制度认同度低，并不意味着一定放弃参与教学转型行动。假如教学转型的制度认同不能建立在教师民主、互动基础之上，只有自上而下的制度供给而缺乏自下而上的制度反馈，以及教师转型的需求分析，最终是无法实现教学转型目标的。此外，还需要关注制度认同与资本之间的紧密关系。如果不能促进教师在转型上的利益趋同，转型实际效益自然无法增加，转型目标也无法实现。因此，教学转型的制度认同与资源、利益、身份、信念等多种因素都存在千丝万缕的联系。就教学转型在利益认同或信念认同的因素选择上，不同属性应用型本科院校的选择倾向各有差异。

（4）理论约束Ⅳ：通过学校教学组织再造调和制度与行动间的矛盾，提供灵活、有层次的教学转型方案

从微观、中观和宏观的相互联系、相互作用的视角来剖析教学转型问题极可能成为一种新的转型研究范式。在本研究的"四维立体"理论分析框架中，中观英语类专业教学组织层面需要针对国家及院校宏观转型制度与英语类专业教师微观转型行动之间的矛盾，通过教学组织再造，加以有效解决。不同属性的院校，虽然在宏观、中观、微观方面存在的问题有所不同，但中观是承上启下、上下通达的关键，宏观向具象的转化，以及微观向宏观的升华都离不开中观组织作用的发挥。要在具体的教学组织场域中剖析宏观制度供给问题，寻找制约微观个体教学转型的瓶颈，只有这样才能制定出灵活、有层次的应用型教学转型方案。

三 "四维立体"螺旋式整合分析框架的解读

（一）制度供给

应用型本科转型是当前国家政策和教育研究的热点话题，各界人士对于转型转什么、为什么要转型以及朝哪里转，并非都十分清楚。目前大家对于转型制度的理解与看法都还是基于国家宏观转型制度共性设置

下的经验性总结。全国大多数院校的转型实践还是依循迈耶"合法性机制"① 的惯性思维。为避免趋同发展的积弊，学术型本科院校与应用型本科应当双轨并存。大多数地方本科院校应当转型成应用型本科，但是在这个过程中忽略了一个重要问题，即由各院校技术环境差异而导致的制度供给、需求、选择和执行中的差异。当前全球教育市场的激烈竞争要求教育组织转型发展，要转型发展就必须提高组织绩效，要提升组织绩效就会越发强调和依赖组织技术环境，这就有力地佐证了为何"教育组织越来越愿意制定和传播那些被证明是有效率的规则，而不再是大量制定那些只有合法性的规则"②。不同类型院校基于技术环境的差异，会选择性地提供制度供给。③ 所以，考察应用型本科院校教师转型对教学转型的制度认同和行动逻辑，以及教学组织再造过程的参与，毫无疑问均应置于差异化的地域及院校属性生成差异化的制度供给这样具体的前提下进行考察，绝不能仅仅囿于国家应用型转型这一笼统制度背景下。这就是环境对大学组织及其行为的影响，包括制度的生成、维持与变革的机制，特别是大学组织作为行动者对于制度变迁的影响。

1. 技术环境因素

法国 20 世纪知名技术哲学家雅克·埃吕尔（Jacques Ellul）将"技术"定义为"在人类活动的各领域通过理性获得的有绝对效率的所有方法"④，其中也包括行动者身处其中的技术环境。⑤ 处于技术环境时代的经济生活较之传统奉行独立自主原则的传统经济生活呈现出新转向。经济效益严重依赖于由技术进步和产业升级而创造的利润，由此带来的经济增长进一步影响收入规模和分配制度。当经济增长对生产效率提升的迫切需求无法在旧经济制度下得到回应与满足，二者矛盾便愈演愈烈，

---

① John W. Meyer and Brian Rowen, "Institutionalized Oraganizations: Format Structure as Myth and Ceremony", *American Journal of Sociology*, 1977（83）, pp. 340 – 363.

② Brian Rowan and Cecil G. Miskel, *Institutional Theory and the Study of Educational Organization*；阎凤桥：《组织理论与高等教育管理阅读资料》（第 3 卷），2007 年版，第 100—102 页。

③ 制度供给就是为规范行动者行为而提供的规范或准则。

④ Jacques Ellul, *The Technological Society*, Translated by Wilkinson J., New York: Alfred A. Knopf, 1964, p. XXV.

⑤ Jacques Ellul, *The Technological System*, Translated by Neugros Chel., New York: Continuum, 1980, p. 39.

制度环境迫切需要的更能适应生产力状况的新制度应运而生，来支持推动技术新变迁。① 从某种程度也可以说，"不是经济法则把自己强加于技术现象，而是技术法则命令、定向和修正经济"②。由此也佐证了许多新制度经济学家的观点：技术环境驱动经济效益源泉与经济发展动力的技术转向③，最终引发制度变迁。

关于制度变迁方式，具体存在两分法和"三阶段论"两种分歧。经济学家林毅夫在对拉坦、诺斯制度变迁理论的吸收借鉴基础上，充分考虑到中国特殊的国情，运用了"供给—需求"的经典框架来分析制度变迁，分析制度需求和供给的相关决定因素及其制度不均衡出现的原因，并创新地提出了两种制度变迁方式：诱致性变迁与强制性变迁。④ 学者杨瑞龙在充分汲取林毅夫二分法优长的基础上，创造性地提出了中国制度变迁方式的"三阶段论"，即供给主导型、中间扩散型和需求诱致型三个阶段。⑤ 在上述制度变迁的三个不同阶段中，中央治国者、地方政府官员和微观主体这三方角色各异，博弈胶着，促使制度变迁路径呈现出阶梯状渐进过渡特征。⑥ 两位学者的研究对新制度的产生与发展都具有重要的启发价值。

当前应用型转型以国家政策、文件等强制性方式推进。作为组织层面的地方本科院校在其中扮演着中间扩散型的角色；作为微观个体的教职员工则扮演着响应需求、推动诱致型变迁的角色。具体到院校组织内部来说，为了从国家和地方政府获取更多发展资源，许多大学在积极响应国家转型政策的同时，结合自身院校实际，制定出具有校本特色的应

---

① ［美］阿兰·G. 格鲁奇：《比较经济制度》，徐节文、王连生、刘泽曾译，中国社会科学出版社 1985 年版，第 5 页。

② Jacques Ellul, *The Technological System*, Translated by Neugros Chel. , New York：Continuum, 1980, p. 141.

③ 刘电光、王前：《埃吕尔的技术环境观探析》，《自然辩证法研究》2009 年第 9 期，第 64—68 页。

④ 林毅夫：《关于制度变迁的经济学理论：诱致性变迁与强制性变迁》，R. 科斯等：《财产权利与制度变迁产权学派与新制度学派译文集》，上海三联书店 1994 年版，第 371—418 页。

⑤ 杨瑞龙：《我国制度变迁方式转换的三阶段论——兼论地方政府的制度创新行为》，《经济研究》1998 年第 1 期，第 3—10 页。

⑥ 杨瑞龙、杨其静：《阶梯式的渐进制度变迁模型——再论地方政府在我国制度变迁中的作用》，《经济研究》2000 年第 3 期，第 24—31 页。

用型转型方案。政策制度要落地，就要强制性地推广到二级学院。二级学院组织在校本应用型转型中扮演着中间扩散者的角色。二级学院教师作为微观个体，面临着学校与学院转型政策执行的双重压力，在与学校管理者、系（部）管理者进行三元博弈的过程中，在保持个人利益尽可能最大化的前提下一般扮演着回应制度需求、推动诱致型变迁的角色，以最终实现转型制度促进"三方共赢"的理想效用水平。

中国外部社会技术环境对大学组织制度供给影响力十分强大。外部技术环境的变化对高等教育提出新要求，大学依靠传统旧制度躲过教育革命的风暴早已不具备可能性，自然暴露出旧学术制度的"合法性危机"问题。当前，当国家层面的院校转型制度表现出强烈的激励倾向时，新老本科院校待政策而动，扮演着制度中间扩散者的角色。新旧问题交织，更加凸显了技术环境对大学制度供给的影响作用。

2. 制度环境因素

制度环境强调的是组织遵从形式理性规范的程度、正确过程得以实施的程度以及恰当结构处于合理位置的程度。使用这些"程序的及结构的控制手段"是为了增加合法性和可操作性。① 迈耶和罗恩通过"合法性机制"来强调制度环境对组织成员和组织行为模式产生的重要作用，诱发组织成员跟随组织变迁，导致一种自上而下的制度化过程。制度化形成的过程也就是制度环境成功引导组织结构和组织制度符合社会公认的"合法性"的过程。反之，组织就会面临合法性危机问题。

如上所述，我国600多所院校的应用型转型是在国家宏观框架下推进的，当前正通过多个区域性应用型联盟，如长三角地区应用型联盟以及各省市应用型本科高校联盟等，以此巩固与扩散国家层面的应用型转型制度，发挥转型制度环境的积极效应。这一制度环境引发制度为获得合法性而广泛扩散的机制在中国具有深厚的生存土壤。中国政府在高校成长发展过程中始终扮演着"衣食父母"的角色，政府把握着高校的主要财源，掌控公、私立高校运营命脉。国家政策法规牵引着每一所高校的神经，政策的些许松动或倾斜通常都能诱导高校的资源获取需求，引领

① W. Richard Scott, *Organization*：*Rational*，*Natural*，*and Open Systems*，Prentice Hall，1998，p. 128.

制度转型风向，从而实现政府自上而下的政策贯彻效果。从某种意义上来说，高校获取更多资源配置和发展空间的盘算，不得不以牺牲在国家政策法规上的选择权为代价，利益"共谋"在政府与高校间形成一种潜规则。因此，从本质上说，无论是哪个层面出台的制度规则，都是高校制度环境"合法性"的注脚。

（二）制度认同

认同是个人归属的群体及其群体身份给予个人的情感态度与价值认知。它是群体成员由理想信念、价值趋向和行动选择趋同产生共享共担行为的一种表征。基于群体的归属感和认同感，成员会彼此信任，自觉遵守群体规范。群体认同缺失，成员间相互信任便无从谈起，群体内部的互惠规范也成为无源之水。①

制度认同是对政策认同的制度基础构建。制度的生命力在于执行，制度认同是判断制度是否具有合法性的重要指标，也是衡定制度执行度的关键依据。国家层面的应用型高校转型制度确立后，经过地方普通院校和二级学院组织的中间扩散型变迁，衍生出高校组织和院系组织层面的转型制度供给，新的应用型转型制度体系的雏形初步建立。之所以说是新制度雏形建立，是因为作为制度能否被有效执行和政策能否最终落地生根的关键决定者——微观个体对于制度所持有的态度以及应对制度的行动与策略并不能直接被感知到，微观个体能否响应需求从而推动制度诱致型变迁的产生都是未知数。制度设计与制度最终的贯彻执行之间存在许多的控制变量，微观个体就是其中关键的一个。对"作为规则的制度"过分迷信的观点除了处处弥漫着一种"乐观的功能主义气息"②之外，无法使其在具体的与人相关的环境中被贯彻执行，制度并不真正能释放出神话③力量。

---

① 李友梅、肖瑛、黄晓春：《社会认同：一种结构视野的分析》，上海人民出版社、格致出版社 2007 年版，第 12 页。

② ［美］沃尔特·鲍威尔、保罗·迪马奇奥：《组织分析的新制度主义》，姚伟译，上海人民出版社 2008 年版。

③ 在约翰·迈耶和布莱恩·罗恩合著的《制度化的组织：作为神话和仪式的正式结构》一文中，作者论述了在高度制度化的组织环境中，制度化神话发挥巨大力量，组织成员及其活动必须支持制度化的神话。约翰·迈耶和布莱恩·罗恩：《制度化的组织：作为神话和仪式的正式结构》，张永宏编：《组织社会学的新制度主义学派》，上海人民出版社 2007 年版，第 19 页。

　　受制度约束的大多数人对新制度的认同度是该制度能否获得实行、执行程度如何以及实效如何的根本衡量指标。"一种行为准则，即一种国家意志的表达，如果得不到执行，实际上就什么也不是，只是一纸空文。"① 假如制度只具有行为指示的规则意义，并不能确保行为的实际发生，那么要保障行为的产生，就必须赋予行为者遵守规则的动力。个体对规则的制度认同是解释遵守制度规则的动力产生机制的一个重要窗口，这也是在本研究中选择这一解释维度的重要原因。

　　本研究中的制度认同概念与社会学科中泛指具有身份从属意义的"认同"概念存在差别。它专指组织行为者基于对特定的政治、经济和社会制度的一定认知，并由此产生的一种肯定性评价、一种情感上的归属感，是一种发自内心的对制度的信任和肯定。② 正如美国 20 世纪最后一位大思想家丹尼尔所言，"一切社会制度若要得到民众最大的支持，必须拥有为全社会所接受的、行使社会权威的道德正当性"③。

　　格雷夫在其著作中重点阐释了制度中的规则、信念和组织要素，并通过要素间的联动关系解释了制度影响行动的运作机制。组织要素在组织层面的制度供给中已经有所涉及，规则认知和信念规范是针对微观行动者本身而言的，它们与格雷夫所忽视的利益要素，一起构成制度认同的操作化分析框架。也就是说，规则认同、利益认同、信念认同的互动架构是制度认同的内在逻辑。制度认同是衔接制度与行为的中间桥梁。微观个体行动者对规则的认知引导行为，对规则的利益认同和信念认同则激励行为的产生。这是对制度下的微观个体行为做出预期和分析的必然框架。

　　1. 规则认知

　　规则认知是制度执行之基。规则认知度是人类社会化水平的首选指标。作为宏观层次产物的规则是建立在微观层次上个体有目的的行动基础之上的。规则在适当的条件下能够促成从微观向宏观的转变。规则一

---

　　①　［美］F. J. 古德诺：《政治与行政》，王元译，华夏出版社 1987 年版。

　　②　孔德永：《和谐社会构建中的制度认同分析》，《求实》2008 年第 5 期，第 49—52 页。

　　③　［美］丹尼尔·贝尔：《资本主义文化矛盾》，赵一凡译，生活·读书·新知三联书店 1989 年版。

且出现，便通过对个人行为的引导影响决定个人所得利益。规则约束力发挥的主要途径是根据人们对规则的遵守程度实施赏罚，确保人们的行动在规范范围内展开。理性选择制度主义认为，制度规则缺位或失范，会因人人都追求自身利益最大化而导致集体无理性的出现。集体要想脱离无理性的行动困境，唯有制定出一套行之有效的制度规则，约束个人利益行为能在保障集体也能产生个人最优化结果的前提下展开。对理性行动者而言，制度就意味着一种博弈均衡矩阵，在信息对称的条件下构建重复博弈中的奖惩机制，提供行为规范，保障个体有机会从稳定的制度成员关系中获益。为获得更重要的利益，也自愿做出相应牺牲。据此逻辑，行为既受规范，结果又可预期，所有受制度规约者的权益得到保障，集体行动才拥有现实生发的可能。

从逻辑的先后关系上来说，行动者首先必须对身处其中的制度有所了解与认知，判断该制度是否会对个人产生影响，基于此，个体行动者才能够形成自我概念并对制度产生利益和价值层面的评价。个体行动者认知的来源主要是在社会上流行的规则。社会规则通过法律、规制、习俗、戒律、行为习惯和宪法等多种形式传播，被父母、教师、议员、首席执行官等社会代理人表达和传播；在社会进化中，这些社会规则变成同质性和众所周知的，在这个进程中，这些规则得到了统一、保持和交流。他们通过神话、寓言、宗教经卷、教育体系、公共宣言、手册、各种仪式以及其他载体再传播出去。因此，正如威廉·大内的 Z 理论①所总结的那样，对行动者而言，对制度规则的责任担当与熟悉程度远比制度本身更重要。系统目标是集体智慧的结晶，自然会赢得每个相关人的支持。②

格雷夫认为，制度规则包含了一个认知体系，构成这个体系的基本材料——知识和信息，反映了一个社会新老成员所积累的经验与创新。

---

① 1981 年，威廉·大内选择日、美两国的一些代表性企业（这些企业在本国及对方国家内均设有子公司或分支机构）进行研究，发现日本企业的生产率普遍高于美国企业，而美国在日本设置的企业，如果按照美国方式管理，其效率更差。据此，他提出美国的企业应结合本国的特点，向日本企业的管理方式学习，形成自己的一种管理方式。威廉·大内把这种管理方式归结为 Z 型管理方式，并对这种方式进行了理论概括，称为 "Z 理论"。

② 孙耀君：《西方管理学名著提要》，江西人民出版社 2003 年版，第 298 页。

该认知体系清楚地表明了不同行为者的目标和能力，以及与不同环境下联系的结果。① 也就是说，认知体系的分类及对体系本身的认知，提供给行为者行动的准则，规定了具体行为人在具体环境下应该产生什么样的预期行为，并通过信息共享实现互惠互利。社会规则界定阐明并传达了社会地位、目标、因果关系和预期行为，通过提供众所周知的知识、信息和协调，社会规则勾画出了因果关系和预期交易间的联系、行为和结果。

当社会成员共享这些规则时，当有新的制度产生时，社会成员的认知体系便会对新制度产生反应，从而进一步加强、确认或修正最初的认知体系。若新的制度与大部分社会成员原有的认知体系较为吻合，则容易获得制度认同。反之，则容易产生认知和信念上的冲突，制度认同感难以产生或者需要耗费更多的时间和力量才能形成。

在高校学术场域中，学术人员的规则认知主要来自两个方面：正式制度和非正式制度。正式制度规定了学术人员的准入、评价和晋升规则，并连带规定了学术成员的不同地位、不同身份和不同职责，所有的成员均对此达成共识，并按照相应行为准则扮演合适的角色。尽管规定的秩序可能暗含了某种不平等，但它提供了所有学术成员何以有差别的"合法性解释"，所以依然有可能得到普遍接受。非正式制度是指一种只有"业内人"才皆知的隐性制度，也就是"潜规则"。非正式制度正负效应兼具，既涵括组织成员长久沿袭的传统及惯例，也涵括宗族、乡党、禁忌乃至浸染在社会的各个部分并使社会成员一生下来就无法摆脱的传统文化和习俗。正式制度和非正式制度在某些阶段和某些方面可能是一致的，也可能是冲突的。在两者共同作用之下，高校学术人员的规则认知既有一些共性，但又千差万别。因此，当面对新的制度供给时，高校不同类型人员会在已有认知体系中寻找自身行动的指南。每一个人都会基于自己的私有信息和知识对规则作出反应，从而判断遵守规则于己是否有利。

因此，对高校不同类型人员规则认知的了解，是了解其制度认同的

---

① ［美］阿夫纳·格雷夫：《大裂变：中世纪贸易制度比较与西方兴起》，郑江淮等译，中信出社 2008 年版，第 93 页。

第一步，它有助于辨别不同类型的人面对同样的制度可能产生的预期行为的差异性。

2. 利益认同

利益认同是制度价值与功能实现的决定性力量。马克思在阐释国家制度与利益关系时，曾断言："'思想'一旦离开'利益'，就一定会使自己出丑。"① 这清楚地揭示了利益认同与制度认同之间紧密的关联。这就可以很容易地解释为什么制度往往被界定为对个人的一套积极（诱导性的）或消极（规制性的）的激励②，为什么利益最大化构成行动的原动力。利益认同是制度认同的根基，是制度认同的绩效性资源。制度本质在于利益，制度的利益本质决定制度认同的本质是利益认同。因此，利益是制度认同的表征，制度能否获得认同关键还在于制度对人们利益需求的满足度③。反之，制度有缺陷，往往会引发利益主体间的激烈冲突。

经济学家曼瑟尔·奥尔森（Mancur Olson）将制度下的利益概念进一步细分为相容性（Inclusive）利益和排他性（Exclusive）利益。相容性利益强调多元利益主体的追求基于共同的利益基础，具有共通性与包容性，一损俱损，一荣俱荣。排他性利益专指利益主体所追求的利益是相互排斥的，各主体间因利益资源有限，会产生较为激烈的斗争。正确处理制度执行的利益关系有利于扩大制度认同。

大学场域的利益主要是"学术利益"，但并不仅仅局限于此。随着大学日益走向社会的中心，大学"学术人"的角色产生多元化发展的倾向，通过教学科研服务社会，"社会人"的角色不可或缺。为了满足自身基本的生存发展需求，还必须通过职业成就获取相应的物质报酬，扮演着追逐个人利益的"经济人"角色。故此，大学场域中教师的学术利益具有相容性与排他性的双重属性。该属性在学术活动的方方面面都有所体现：职称晋升、课题申报、教学评奖、科研评价，等等。这些学术活动的各个环节都涵盖在学术制度框架之下，所以任何学术制度的变迁自然都会

① 马克思、恩格斯：《马克思恩格斯全集：第 2 卷》，人民出版社 1957 年版，第 103 页。
② Peters B. Guy, *Institutional Theory in Political Science：The "New Institutionalism"*, London：Pinter，1999，p. 45.
③ 郭莉、骆郁廷：《中国特色社会主义制度认同的本质》，《马克思主义研究》2015 年第 11 期，第 27—34 页。

牵涉教师学术利益的得失。因此，本研究中必须要考察到利益认同。

当要考察应用型本科教师对应用型转型制度的利益认同度时，还必须连带考察教师在转型过程中的角色与地位。学者王星①认为，场域中的制度参与者通常可以区分为两种理想的角色：创设制度的制度施动者（个体或群体）和受制度规约的制度受动者。制度受动者主体不同对制度的认同度也千差万别，使制度的执行度迥异，直接影响制度的作用功效。造成效果差异的关键环节是对转型制度带来的利益格局变化的认同程度，这是判断制度推行态势的关键指标。所以，要想夯实转型制度的利益认同根基，就必须完成从转型利益缺场向利益在场的转换。

当教师转型的动机水平达到峰值时，就会产生更多的价值预期（Value Anticipation）。当教师具备足够的能力、有充分的自主空间、设定有价值的目标、接受反馈、得到他人认可时，他们的动机水平是最高的。认真思考动机消失的原因，例如政策与价值或利益冲突等。动机消失直接影响到为实现目标的努力程度，消除接受反馈的意愿和效果，降低行动参与度。一旦人变得消极倦怠，往往就需要加倍努力才能激发他们的动机——使他们在转型上更有动力。

3. 信念认同

信念认同是制度执行的精神根基。在格雷夫②看来，当行动者因遵守规则而获得激励时，规则才会与之行为产生对应关系。信念和规范在激励行动者按照制度化的规则要求采取相应行动方面扮演不可或缺的角色。心底奉行会受到惩罚的信念将激励行动者实施或放弃某一特定行为。制度认同是制度经过内化升华为信念的必然结果，也是制度化过程的必经阶段。行动者由于制度化的强制所产生的承诺或忠诚，对于其后续行动产生重要作用。③

在《大裂变：中世纪贸易制度比较与西方兴起》一书中，格雷夫对

---

① 王星、李放：《制度中的历史——制度变迁再思》，《经济社会体制比较》2011 年第 2 期，第 94—103 页。

② ［美］阿夫纳·格雷夫：《大裂变：中世纪贸易制度比较与西方兴起》，郑江淮等译，中信出版社 2008 年版，第 26 页。

③ Selznick Philip, *TVA and the Grass Roots*, Berkeley: University of California Press, 1949, pp. 256 – 257.

两种能够激励行为的信念做出细致区别：内化信念（Internalized Beliefs）和行为性信念（预期）。内化信念与行动者置身其中的世界结构、细节以及行动与结果二者间的关系紧密相关。在认知模式的影响下，信念能够激发行动者的个体行为。例如，中世纪早期，森林乃众神之地的信念阻碍了土地的开发，因为人们惧怕这样会受到神的惩罚。[①] 内化信念也可能间接地影响行为，例如，某些拥有权力、能影响制度化过程的人按照自己的信念行事，试图通过规则来建立有利于某些利益实现的规则和信念。行为性信念是指有关他人在各种可能情况下的行为是否真正发生的信念。行动者对他人行为的信念会直接影响该人的行动选择。如人人都靠右行驶的信念激励行动者也靠右行驶。在这些信念既定的情况下，有关行为的信念—靠右行驶—将真正发生。[②]

此外，诺斯从经济学的角度也阐发过关于信念认同价值的观点。在论证认知与经济分析的关系时，诺斯大胆提出："（信念）是关于人们如何学习、更新、将他们所生活的世界模型化的描述。因此，对于所有的社会科学的理论来说，信念就是它们的核心。"[③] 他认为（经济主体的）想法和意识形态决定了其主观精神世界，经济主体以此来解释其身处的真实世界并将此作为决策制定的依据。这从另一个角度证明，对宏观制度的研究决不能抛开在微观层面上对经济主体认知模式的具体考察。

信念内化的程度存在高低之别，对行动者制度认同高低产生直接的影响。例如对学术诚信观念的信仰在中西方不同的学术文化背景下，产生不同程度的制度认同。西方学术界受较强学术共同体传统的影响，对学术诚信视若圭臬，违规者难以承受失信之罚。东方学术界缺乏学术共同体对学术失信者严厉惩罚的共同信念，降低了人们对制度的认同度和执行力，严格遵守制度的行为预期难以形成。

[①] Duby Georges, *The Early Growth of the European Economy*, Ithaca, NY: Cornell University Press, 1974.

[②] ［美］阿夫纳·格雷夫：《大裂变：中世纪贸易制度比较与西方兴起》，郑江淮等译，中信出版社 2008 年版，第 27 页。

[③] North, D. C., "Economics and Cognitive Science", *Working Paper*, 1996, http://ideas. repec. org. /13, PDF.

（三）行动选择

在行动选择上，不同学派坚持不同的假设，如传统经济学派对人的行动持"经济人"假说，社会学派持"理性人"假说等。虽然不同学说的许多观点相左，但也存在某些共同的认知："制度作为限制、解放、扩展个人行为的集体行动，是界定消费集和生产集的根本因素。导致选集改变的集体行动必然总是在给定的制度安排结构中进行。"[①] 即使是在同样给定的制度安排中，行动者依然是一个既受行动情境制约，又能根据行动情境做出能动选择的有限理性人。行动者受不同的制度维度（制度实施者或受动者）、社会关系资源网络和制度情境影响，会产生不同程度的制度认同，进而采取千差万别的行动选择策略。这种由多因素导致的行动抉择过程中所具有的不确定性是传统常规的"制度—行动"二元分析框架所欠缺考量的。对制度认同与行动选择关系的分析论证有助于打通宏观制度与微观行动之间的壁垒，促进二者有效联结，为孕育更合制度规范的个体行动、促进行动与制度联动、提升制度供给力、提高组织运行效率提供新思路。

具体到本研究，像"学校"这样的集合名词的人格化能够展现机构的意图和愿望，但是机构的这些意图和愿望只有通过单个行动者才能实现。确切地说，就是只有通过行动者的习性才能够实现，因为在某种意义上，他们的习性会"激活"与位置相关的内在倾向。[②] 组织社会学家Kelly 更是就组织认同度与组织行动参与度的关系进行了系统论证，并得出二者正相关的结论。也就是说，组织制度认同度低者更倾向于将个人利益谋算作为行动抉择的标准，而组织制度认同度高者更容易超越个人成本——收益的斤斤计较，基于组织忠诚做出行动抉择。基于此，本研究分析框架基于如下一个研究假设：当教师教学转型个体面对学校或学院组织的正式转型制度供给时，教师教学转型的行动选择逻辑是经历过对教学转型制度的规则认知、利益认同和信念认同等应用型转型制度认同

---

①　［美］丹尼尔·W. 布罗姆利：《经济利益与经济制度——公共政策的理论基础》，上海人民出版社1996 年版，第66 页。

②　［法］P. 布尔迪厄：《国家精英——名牌大学与群体精神》，杨亚平译，商务印书馆2004 年版，第42 页。

过程后，权衡利弊，最终做出适宜的教学转型个体行动选择。虽然制度设计的合理性和人性化程度、制度实施的可执行度还受行动者个人对规则的认知度、利益偏好和价值信念等因素影响，都有可能成为行动者个体行动选择的参考变量，但整体而言，行动选择大体只有以下两种可能。

1. 基于高度制度认同的行动选择

一般来说，行动逻辑受制度设计所左右。行动者对制度产生认同的主要条件是其所面对的正式制度能与自身规则认知模式、利益偏好和内化信念相吻合。由此推断，当正式制度与行动者的这三个要素越吻合，行动者的制度认同度越高，反之越低。二者高度吻合时，可以有效减低正式制度的执行成本，辅之以高强度的组织管理、高效度的组织传播与执行，行动者的组织认同度必然随之攀升，其行为选择与制度设计初衷间的罅隙就会有效缩减，制度目标更容易实现。故此，在对制度高度认同的情况下，行动者更倾向于选择符合制度设计的行为，当然也要具体斟酌组织对制度的实际推行度。

2. 基于低度制度认同的行动选择

当正式制度与行动者自身规则认知模式、利益偏好和内化信念不相吻合甚至冲突时，行动者的制度认同度则降低。尤其是当二者价值相去甚远，甚至是激发矛盾冲突时，正式制度的执行成本就会上涨。若组织层面采取利益补偿措施，如加大制度激励力度，当行动者利益得到补偿，可能会选择对制度妥协。如果组织层面不采取利益补偿措施，在制度激励力度较小的情况下，行动者利益受损便会采取强烈抵制、非对抗性抵制或选择性应付等行动策略，制度效力便难以达到预期效果。当然也不排除某些行动者基于身份地位、利益需求、性情习惯等方面的差异，产生其他多样化的行动选择。

（四）组织再造

组织再造可以分为五个层面，分别是：以组织流程再造为切入点、以顾客（用户）为中心、以创新为动力、以信息技术为催化剂、以组织管理为抓手。

1. 以组织流程再造为切入点

流程，即组织活动和资源的组合方式，是为协调组织功能从而达到特定价值目标而由不同的组织参与者分别共同完成的一系列活动。设计良好的流程可以为顾客、组织领导者、组织成员和其他组织利益相关者创造更多价值。哈默和詹姆斯·钱皮以创新为特色的组织流程再造理论是在"7R"框架下运行的，即重新思考（Rethink，重新思考流程背后的理论基础与假设）、重新组合（Reorganize，流程中的相关活动）、重新定序（Reorder，工作运行的时机与顺序）、重新定位（Reorient，发展目标定位）、重新定量（Requantitate，确定从事活动的频率）、重新指派（Resign，安排流程工作的执行者）和重新装备（Reequipe，确定完成流程工作的技术与才能）。①

在高校组织场域中，教学流程是系列的教学工作，包含明确的教学输入资源与教学输出成果。教学流程再造是指彻底分析教学流程，并予以重新设计，以在各项教学指标上有突破的进展。② 其中重要的教学指标包括教学质量、教学成本、教学绩效、教学满意度等。应用型本科院校英语类专业教学流程再造涉及教学模式更新、课程体系完善、实践教学体系强化、教学方法变革、教师转型发展等。教学流程再造的目标是通过密切教学系统组织内部关联，进一步合理配置教学资源，重构自由和谐的师生关系，以此来提高教师教学质量，增强学生的学习收获和体验。可以说，这样的教学流程再造始于重点教学环节的突破，辅之于教学信息技术的整合，在扬弃教学旧传统的同时打造教学新范式。总之，基于对教学环境这一组织转型第一驱动力的必然回应，英语类专业教学组织需要进行相应转型。这是"教学转型方向决定教学组织结构""教学组织结构决定教学流程"的结果。

英语类专业教学流程再造主要涉及三个方面：幅度、广度和深度。幅度是取得教学流程再造成功的抓手，广度是再造成功的前提，深度是再造成功的保障。其一，幅度指教学流程再造手段的激烈程度。教学流程变动的幅度因教学组织的属性不同而不同。例如公办应用型本科院校，教学转型行政色彩浓重，教学流程再造可能采用渐进方式，进行局部的

---

① 罗素·富者：《脱胎换骨——企业再造的经营之道》，君强译，当代世界出版社 2005 年版，第 136 页。

② 梅绍祖、[美] James T. C. Teng：《流程再造：理论、方法和技术》，清华大学出版社 2004 年版，第 3 页。

教学流程改进、优化。但在混合所有制应用型本科院校，办学体制机制灵活的优势赋予其重新设计教学流程的充足资源和自主权利。采用何种教学流程再造的方式，主要视教学组织属性、组织内部结构与其他教学组织部门关系而定。因此，评估教学流程再造的结果时，需同时考虑整个教学组织环境及组织本身的应变能力。其二，广度是指教学流程再造的范围。学生在学期间是一个完整的教学生命流程。这个教学新流程就是要通过一系列渗透社会需求的节点模块设计，构建出一套独具应用型、系统性、开放性以及市场化、规范化特征的本科专业教学创新体系。[①] 就英语类专业而言，教学流程再造范围从英语类专业教研组（室）内部、各教研组之间，到英文学院，再到学校。教学流程再造所涉及范围的广度与应用型转型院校的力度息息相关。其三，深度是教学流程再造的重要概念。它涉及两个层面，第一个是教学流程再造仅仅涉及教学技术提升和步骤改变，但这只是表面上教学程序的改变，还需要考虑第二个影响教学绩效的因素——教学组织结构与文化的改变与适应。如教师考核标准及其价值观，这也是促进教师转型发展的重要变量。如果教学组织再造深度不够，教学流程再造则不易成功。

2. 以顾客（用户）为中心

组织依存于其顾客。组织再造的直接驱动力是更快更好地满足顾客不断变化的需求。只有改善企业内部环境，满足顾客的需求，才能拥有稳定的顾客群，才能建立起企业的竞争优势，赢得市场。组织与顾客的关系决定了组织在实现本目标时主要采取的措施是理解顾客当前的和未来的需求，组织以产品适销对路为轴心的整体市场营销活动，以此来满足顾客要求并争取超越顾客期望，实现组织目标。

在高校教学场域中，以顾客（用户）为中心的实质就是强调以人为本、以生为本。学校教学流程再造与企业、商业流程再造的相同点是，通过重新设计业务流程最大限度地满足顾客需求。而区别是学生虽既是学校教育组织加工的"产品"，也是消费教育服务的"顾客"，但毕竟是活生生、有独立思想与意识的人，而非其他组织生产的物化产品。有思

---

① 苏志霞、张广兴、苗萌：《基于需求的高校人力资源管理专业教学生命流程再造》，《河北师范大学学报》2008 年第 4 期，第 31—34 页。

想有能动性就意味着学生不能被动接受教学灌输，而应该在自由、愉快的教学环境中接受有价值的教学培养。通过与教学管理者形成良性互动，全面健康地提升能力，增强素养和完善个性。这种以学生为中心的教学要求教师，首先，要进行学生学习需求分析。教师通过多种形式的师生沟通与互动，掌握学生学习心理，了解学生具体的学习需求，采取多种方法有针对性地培养学生学习能力、思辨能力和创新能力。其次，促进自身转型发展。教师要转化思想，更新理念，树立应用型英语教学价值观，通过参加教师转型发展项目培训提升应用型英语教学的胜任力。学生综合素养的提升及对教学满意度是衡量学校组织绩效的根本指标。

3. 以创新为动力

创新是组织建立新事业流程从而提高绩效的基本技能。通过一个个突破性革新，组织可以提高规模效益，增强竞争力，进而获取实现组织目标的先机。创新具有实效性、层次性与战略性的特点，组织的创新并不是孤立地考虑某一方面的创新，而是要全盘考虑整个组织的发展，因为各方面的创新之间存在较强的关联度。

教学质量是学校的生命线，而创新则是教学的灵魂。开展创新教学是我国当代大学的基本使命。高校担负着创新型人才的培养任务，要实现这一目标，必须因材施教，求变创新。创新教学就是应用型人才培养的主要路径。这种教学以创新和应用为特色，一方面给予学生身份角色的转变，使他们成为知识的主动探求者而不是被动的接受者；另一方面进行教学重心的转移，以综合应用能力提升替代单纯知识灌输。按照王洪才教授等的观点，创新教学就是在知识观上秉持建构主义立场，在人才观上明确将创新人才作为培养目标，在师生观上确立平等对话思想，强调学生的主体性地位。[①] 所以，教学目标的拟定、教材内容的处理、学习方式的转变、师生关系的改善、教学手段的更新、教学模式的变革以及教师教学能力的提升都对创新教学提出新的挑战。

4. 以信息技术为催化剂

作为催化剂的信息技术，也为组织再造提供了实现平台。最新的信

---

① 王洪才、刘隽颖、解德渤：《大学创新教学：理念、特征与误区》，《中国大学教学》2016年第2期，第19—23页。

息技术是任何再造努力的一部分，正是信息技术的存在，组织才有可能对其业务流程进行再造。① 应用信息技术可以减少业务流程的步骤，与此同时提高不同分部或组织之间的工作效率，促进协调合作。但如果信息技术利用不当，也有可能强化固有思维方式和行为模式，为再造行动设置障碍。再造的过程也是一个创新的过程，信息技术的能力发掘以及在再造过程中发挥的催化效应，是再造目标实现的主要推手。再造过程的艰辛最集中体现在对信息技术不为人所知的新潜能的挖掘上。

最早将组织再造理论引介入学校教育领域的专家是 Caldwell，他总结归纳的提升学校组织再造效率的两个因素包括：一是技术更新换代使得以学生为中心的教学组织有条件、有可能涉及新结构；二是技术助推组织转型，教学流程再造势不可当。具体来说，首先，当前信息技术尤其是"互联网+教育"的深度拥抱对学校组织再造带来重大的机遇与挑战。它一方面打破了传统教育生态中资源配置、师生边界以及优差生身份界定的三重壁垒，以开放、共享、交互、协作的方式推动了教与学的双重革命；② 另一方面，信息技术的突破使教育教学处在革命性变革的前夜③，高等教育面对"如何升级功能""如何成为知识创造的源头""如何促进学生的学习动力"及"如何科学评价和指导学生科研及创新"等转型发展的新挑战。随着慕课、翻转课堂等各种基于互联网的教学创新纷纷涌现，高校教学在教学场景、师生关系和教学过程等方面将发生巨大变化。④ 如何在信息技术辅助下更好地彰显"教学相长，因材施教"的教学本质，将成为高校教学面临的严峻考验。其次，信息技术的发展使完整的教务管理系统软件的开发升级与全面运用成为可能。当前分散的教务管理软件难以有效集成，高校教学管理的信息化水平及教学信息资源的共享水平都有待进一步提升，这对教学组织再造提出新的挑战。

---

① ［美］迈克尔·哈默、詹姆斯·钱皮：《企业再造》，王珊珊等译，上海译文出版社2007年版，第72页。

② 李志民：《"互联网+教育"将会带来哪些根本性的改变》，http：//sylnnw. blog. 163. com/blog/static/5097899420156147508652/. 2015－07－14/2017－10－20。

③ 袁振国：《"互联网+教育"带来的机遇，挑战与需要应对的问题》，http：//sylnnw. blog. 163. com/blogstatic/5097899420156148304462/. 2015－07－14/2017－10－20。

④ 刘刚、李佳、梁晗：《"互联网+"时代高校教学创新的思考与对策》，《中国高教研究》2017年第2期，第93—97页。

5. 以组织管理为抓手

组织管理是指通过建立组织结构，规定职务或职位，明确责权关系等来实现组织目标的过程。对管理的传统定义强调控制和决策活动。但从本质上来说，组织本身即为一个业务流程体系，各流程环节协调配合才有可能生成符合客户满意度的成果。推进管理范式从"职能型"管理转型为"流程型"管理，是确保组织再造效益实现的根本。业务流程之间的衔接要求组织成员或者说是流程的执行者能够克服冲突，充分合作。以团队形式进行活动的组织单位（元）构成实现该目标的一种组织机制。组织对流程的日益关注引发传统组织结构去权威化的改革思潮风涌，组织监督管理者垄断者地位日渐削弱。管理者在组织再造的活动中转型为工作流程的主持人。他们与其他组织成员都围绕着"生产线"开展活动，区别只是以平行的流程决策者与执行者的协作关系取代传统科层制下管理者与被管理者的等级关系。简单来说，组织再造在人事管理上创造了一个工作流程主持人的新角色——业务方便的提供者。在再造后的扁平化组织里，所有业务流程的执行者也是业务绩效的创造者。以这样一个比喻来体现再造后的组织管理价值再合适不过了，"比赛的战略并不能使教练赢得比赛，只有运动员才能赢得比赛，用技能来充实他们的头脑，帮他们获得做好工作的动力，这才是组织最重要的投资"[1]。所以团队协助和信息互通也成为组织再造工程的重要内容。[2]

不可否认，确定转型的是人，决定转型方向的是人，实现转型的也是人，管理转型或受转型影响的还是人，甚至连反对转型、阻碍转型的也都是人，但是现有研究仍较多聚焦于宏观转型政策，对微观的转型个体缺乏深入研究。人与政策因素具有同等的重要性，理应获得同等程度的重视。深入这种思想内部进行逻辑推理便会发现：正是人自己首先制造了转型的需求。

基于上述分析，本研究在继承宏观制度分析与微观制度分析理论的

---

[1]　迈克尔·哈默：《超越再造——世界快变下的企业竞争策略》，沈志彦译，上海译文出版社2007年版，第116页。

[2]　迈克尔·哈默：《超越再造——世界快变下的企业竞争策略》，沈志彦译，上海译文出版社2007年版，第109页。

基础上，对新制度主义的应用空间展开了必要拓展，动态描述教学转型环境变化对教学行为主体的观念认同、行动选择以及教学组织的影响，从而构建出制度供给—制度认同—行为选择—组织再造的"四维立体"整合分析框架。本研究主要选择地方本科院校转型中极具代表性的民办本科院校、公办本科院校和混合所有制本科院校英语类专业教学转型实践为考察对象。选择混合所有制本科院校为考察对象主要是因为，这种属性的院校是介于公办院校与民办院校之间的新院校类型，在组织结构上，这类院校采用的是相对民主、自由的治理结构，属于混合结构组织（Mixed Structure Organization），该类组织属于"国有民办"，既可以通过国家和地方政府的保护主义措施节约教育运营成本，弥补市场机制的缺陷，又可以充分利用竞争性的市场环境提高办学效益。混合所有制本科院校这种弹性机能够降低制度环境的不确定性，增加和提升学校效益和竞争力。学习借鉴新制度主义理论及其分析方法，围绕中国高等教育应用型转型开展应用型本科英语类专业教学转型研究，将会对应用型教学制度变迁、教学组织再造、教学多元利益相关者的行为重塑产生理论与实践双重的指导价值。因此，要推进应用型本科英语类专业教学转型研究，需要一个综合性、概念性的分析框架来整合各种不同的教学转型研究思路，包容不同研究思路中强调的各种要素、力量和观点。

第三章

研究方法与研究设计

当你问什么才是正宗的方法呢？……然而，你是否认为当所有开启人类思想的道路与入口都被那些最为模糊的幽灵保卫隔断时……只有思想的镜面上还保持着干净光亮的表面以接受万物的真正自然之光呢？必须找到一种新的方法……①

——Francis Bacon *The Males' Birth of Time*

第一节　研究方法

一　方法取向：混合研究方法

混合研究方法（Mixed Methods Research）被看作继定性和定量方法之后的"第三次方法论运动"，引领社会科学研究未来发展新趋势②，掀起了"第三次方法论运动"的序幕。传统观点认为，从本体论与认识论的角度来说，定量和定性方法存在不可调和的矛盾，二者间的"鸿沟"实难跨越。一谈到定量研究方法的使用，人们习惯坚持客观主义的立场，借助收集"客观"资料分析理解客观世界；一讲到定性研究方法的使用，人们立刻想到建构主义，探索发现事物的价值意义，阐释行为的动机目

---

①　Francis Bacon，"The Males' Birth of Time"，*The Advancement and Proficience of Learning Divine and Human*，Oxford University Press，1605.

②　蒋逸民：《作为"第三次方法论运动"的混合方法研究》，《浙江社会科学》2009 年第 10 期，第 27—37 页。

的。那么，两种研究方法之间有无交集呢？博格曼（Bryman）① 对此做出了回应。他从认识论与本体论角度考量，认为研究方法"流动性"很强。经验主义及现实主义与定性研究常有交集，借助现象观察、内在机理探求共同阐释和分析世界；定量研究也通过强化与解释主义和建构主义的联系，共同找寻支配人类行动的价值与规则。他建议拓展混合研究的内涵与外延，以多渠道的数据与多元分析方法的"混合"取代定量和定性两种方法的"混合"。他还提出了使用混合研究方法的两大原则：其一，区分"数据收集方法"和"数据分析方法"；其二，视研究问题与研究目标、理论和分析的具体情况采用差异化的搭配来阐释理解数据。② 所以，数据收集方式与研究类型如果是假设检验性研究或是探索性研究，是无直接关联的。③

对于应用型本科英语类专业教学转型的研究，量化与质性方法兼而有之。本研究以探索应用型本科英语类专业教学转型的方向与路径为重心，首先，采用量化研究方法对我国应用型本科英语类专业教学情况做宏观把握及概念建构。但是由于教学转型具有多样性与复杂性，揭示各因素之间的关系绝非问卷调查一类的量化研究方法所能胜任，这就有必要引入访谈、观察、文件分析等质性研究方法。其次，为使研究发现更真实可靠，本研究又采用质性研究方法，关注应用型本科英语类专业教学转型个案，调查中观组织层面和微观个体层面对教学转型的制度认同及行动选择情况。本研究在对国内应用型本科英语类专业教学情况进行了基本了解之后，通过分析相关文献建构有关教学转型的理论假设，继而通过田野调查进入个案研究现场，结合理论假设与问卷调查，从中选择个案进行访谈，了解问卷调查结果背后的信息。

---

① Bryman Alan, *Social Research Method*, Oxford：Oxford University，2001.

② Bryman Alan，"Why Do Researchers Integrate Combine Mesh Blend Mix Merge Fuse Quantitative and Qualitative Research?"，In Manfred Max Bergman（Ed.）. *Advances in Mixed Methods Research：Theories and Applications*，Los Angeles，London，New Delhi，Singapore：Sage，2008，p. 16.

③ Bryman Alan，"Why Do Researchers Integrate Combine Mesh Blend Mix Merge Fuse Quantitative and Qualitative Research?"，In Manfred Max Bergman（Ed.）. *Advances in Mixed Methods Research：Theories and Applications*，Los Angeles，London，New Delhi，Singapore：Sage，2008，p. 16.

　　本研究采用阐释主义建构论（Interpretivist Constructivism），注重个人对某个情境的定义、理解①；也会借用教育叙事对真实教学故事的某些重要细节进行适当的理论分析，检视受访教师讲述故事的过程是采用怎样的教学转型战术，研究他们怎样建立自己的转型话语体系，如何能展现出教师个体对转型生活的适应，不同属性应用型本科英语类专业教师在转型中有哪些共性规律和个性特点。以下研究内容将一一呈现田野调查的过程与数据收集、分析方法，并就研究的信效度和自反性等方面做出相应阐释。

　　二　策略取向：以定性数据为主的混合研究方法

　　本研究聚焦应用型本科英语类专业教学转型的相关理论与实践。在之前类似主题的研究中，"个人取向"即出于个体制度认同状况而采取不同的转型策略；"组织反馈"即基于转型行动反馈而激发教学组织再造；这些都是已有研究尚未触及的领域。本研究在对新制度主义理论进行借鉴与适切性改造的基础上，尝试为应用型本科英语类专业教学转型建构一个融"制度供给—制度认同—行动选择—组织再造"为一体的动态"四维立体"螺旋式理论框架。通过采用混合研究方法，以期对应用型本科英语类专业教学转型进行更为深入适切的剖析。定量分析以国内 10 所应用型本科院校为代表性样本，以英语类专业教师教学体验、学生学习体验为调查内容，结合麦可思公司提供的中国英语类专业本科毕业生社会需求与培养质量的相关定制化数据，对我国应用型本科英语类专业教与学的现状与问题、特征与模式等方面进行细致描述，以此来直观呈现现有教学模式的特征及如何与应用型院校的指标相联系。由于定量研究直接涉及的教学转型主体变量有限，且转型主体的大量微观信息难以通过冰冷的定量数据得以体现，如怎样解释教师教学转型行动抉择差异、学校层面的教学转型制度供给如何在接受反馈后做出改善，不阐释清楚这些问题，教学转型的系统性、复杂性等微观方面就无法展现，具体的

---

　　① Schwandt T. A., "Constructivist, Interpretivist Approaches to Human Inquiry", In Dezen, N. K. and Y. S. Lincoln (Ed.). *Handbook of Qualitative Reserch*, Thousand Oaks, Calif: Sage Publication, 2000, pp. 189 – 214.

转型路径自然难觅其踪。加入定性数据分析就可以较好地解决这一系列问题。为此，本研究选取公办应用型本科、民办应用型本科以及混合所有制应用型本科共3所院校作为质性研究样本，通过解读不同属性院校英语类专业教学在转型制度供给、教师制度认同、教师行动选择与教学组织再造四个维度上的不同表现，评估诊断教学转型的制约瓶颈，反思剖析转型困难的深刻根源，探索总结推进转型的实践策略。采用此研究路径考察不同属性院校英语类专业教学转型的解释中蕴含着何种行动依据，由此建构出转型方向与路径的结论。本研究中定性数据的收集主要是采用半结构式访谈。混合研究方法在本研究中使用的初衷就是以定量数据揭示教学转型的现状与问题，建构初步的问题分析框架，接着以定性数据为重点，抽丝剥茧，层层分离，挖掘教学转型现象背后的本质，找寻科学高效的教学转型路径。定量与定性二者相辅相成，使研究细致深入，逻辑完整严密。由于混合研究的结论在很大程度上依赖定性数据得出，所以混合研究法既是一种研究方法，又是一种以定性数据为主的研究策略。该策略为社会科学研究者所常用，这也是布莱恩（Brannen）①通过对大量混合方法研究进行分析后得出的可靠结论。以定性数据为主的策略与梅森（Mason）总结的"定性取向的混合研究方法"②异曲同工。这种策略的优势在于将研究对象置于大样本中观察，以定性法导入研究主题，弥补了定量与定性两种研究方法间的本体论鸿沟，技巧性地规避了进行"混合"解释的难题。这也是本研究采用此研究方法的关键原因。

总之，研究问题本身才是研究方法与研究策略的根本落脚点，即从研究命题本身出发，寻找适切方法或方法组合。所以，对应用型本科英语类专业教学转型这个研究问题来说，混合研究方法的价值就不言自明

---

① Brannen Julia, "The Practice of a Mixed Methods Research Strategy: Personal, Professional and Project Considerations", In Manfred Max Bergman (Ed.). *Advances in Mixed Methods Research: Theories and Applications*, Los Angeles, London, New Delhi, Singapore: Sage, 2008, p. 57.

② Mason Jennifer, "Six Strategies for Mixing Methods and Linking Data in Social Science Research", Real Life Methods, Sociology, University of Manchester. Retrieved from http: //eprints. ncrm. acuk /482 /1 /0406_ six%2520strategies%2520for%2520mixing%2520methods. Pdf. 3. 2014 - 04 - 06/ 2017 - 10 - 20.

了（见表 3—1—1）。

表 3—1—1 　　　　　　本研究问题与研究方法对应表

研究问题	研究方法
1. 我国应用型本科英语类专业教学总体情况如何?	量化研究（问卷调查）
2. 案例院校英语类专业教学现状、问题、瓶颈是什么?	量化为主（问卷调查）＋质性为辅（访谈，文本分析）
3. 不同属性的应用型本科，在教学转型的制度供给、制度认同、行动选择和组织再造上的异同处在哪里?	质性为主（访谈，参与式观察、文本分析）
4. 在教师转型活动中，转型的制度供给、制度认同、行动选择和组织再造与教师之间有怎样的互动?	质性为主（访谈，参与式观察、文本分析）
5. 不同属性的应用型本科，英语类专业教师在转型的实践中各具有什么样的特征?	量化为主（问卷调查）＋质性为辅（访谈，文本分析）
6. 在不同属性的应用型本科英语类专业教学转型中，教学理念、教学范式、教师角色、教学模式、实践教学等方面发生了怎样的转型变化?	质性为主（访谈，参与式观察、文本分析）

第二节　研究设计

　　为了增强混合研究方法设计的可操作性，Creswell 等人[1]设计了一个决策矩阵辅助研究者进行混合研究设计（如表 3—2—1 所示）。具体到本研究的混合方法设计，首先是量化先行，在优先性上关注质性，在整合性上聚焦数据解释，在理论远景上是明显的。参照 Creswell 等人决策矩阵中的六种主要设计，本研究的设计属于混合法中"连续解释性设计"的衍生，在收集和分析量化资料的基础上，再收集和分析质性资料，在深入阐释现象背后的本质时再统合整理两类数据。这与"连续解释性设计"

---

　　① John W. Creswell and Vicki L. Plano Clark, *Designing and Conducting Mixed Methods Research*, California: Sage Publications, 2011, p. 117.

的主要区别是，量化研究为质性研究提供背景与基础，质性研究是本研究的主要依托方法，这就是以定性数据为主的混合研究方法的使用，具体如表 3—2—1 所示。

表 3—2—1   确定混合方法设计的决策矩阵

实施	优先性	整合	理论远景
无次序地同时发生	平等	资料收集	明显
次序的——质性先行	质性	资料分析	
次序的——量化先行	量化	资料解释	隐含的
		合并	

资料来源：John W. Creswell and Vicki L. Plano Clark，*Designing and Conducting Mixed Methods Research*，California：Sage Publications，2011，p. 117。

一 量化部分设计

量化研究部分主要分三步进行。第一步，参阅相关文献和量表，形成应用型本科英语类专业教学情况问卷（分学生问卷、教师问卷）。第二步，进行试测及试测结果分析，结合访谈及专家咨询，对试测问卷做出必要的修改与调整，形成最终的正式问卷。第三步，在全国 10 所应用型本科进行问卷调查，并对调查结果进行统计分析。

以应用型本科英语类专业教学情况调查问卷（教师卷）为例，研究者通过查阅国内外相关实证研究文献，对比相关主题问卷，并征求英语专家和教育专家意见后形成第一版问卷。2016 年 8 月研究者赴南京参加全国外语（英语）专业年会，以 30 名应用型本科英语教师为样本进行试测，并就问卷内容对 30 名教师进行访谈，教师对问卷内容设置、角度选择、措辞表达等方面提供了中肯的意见。收回 30 份问卷后，根据教师访谈反馈意见，对部分题目进行修改、删除或添加，结合专家意见，初步形成正式问卷（见图 3—2—1）。

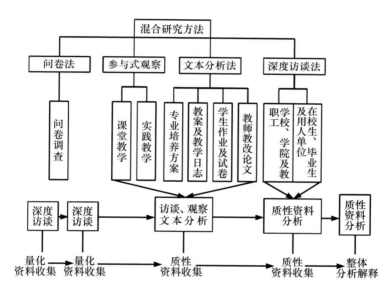

图 3—2—1 本研究的混合研究方法设计

二 案例部分设计

本研究属于多案例研究，抽样主要采用"目的性抽样"，研究对象的选择主要是根据量化资料结果显示能提供最大信息量的样本而选择，并且根据院校属性的不同做多案例研究设计，以便从多案例背景中提取有效资料，以期相互佐证、补充和借鉴。

案例选择分两个阶段展开。第一阶段，依据问卷统计分析结果以及院校属性的不同，先行抽取 6 所院校，根据资料的可获得性、院校特色及开展田野调查的可行性进行论证，最后锁定 3 所应用型本科为样本院校。第二阶段，研究者于 2015 年 9 月—2018 年 1 月先后赴案例院校进行实地调研。通过与学校领导和院系领导确认进行质性研究的可行性后，正式开始田野调查的相关活动，包括对英文学院院长、教学院长、教研室主任、教师及校企合作教师、教辅人员就英语类专业教学转型主题进行深度访谈，并对部分教师教学进行课堂观察，与学生就教学效果等方面进行充分沟通交流，参观实践教学基地等。

案例院校背景信息如下。

L 大学：教学研究型大学，公办应用型本科院校，位于 G 市，具有鲜明的行业特色，迫切需要通过"双一流"建设成为具有博士授予权的多科综合大学，在教学转型中采用差异化转型发展战略。

F 学院：教学型大学，民办应用型本科院校，位于 X 市，是应用型转型示范校，应用型课程建设常务理事单位。该校英语类专业教学成效显著，在英语类专业教学转型中处于民办院校领头羊地位。

W 学院：教学研究型大学，混合所有制应用型本科院校，位于 N 市，具有硕士学位授予权。该校是应用型转型示范校，迫切需要通过应用型教学转型实现特色发展，在教学转型中采用特色化发展战略。

选择上述 3 所应用型本科作为个案，主要基于以下考虑：其一，是从院校不同的属性和英语类专业特色两个方面考虑。其二，是既结合案例校教师访谈、课堂观察等质性资料，也参考大学量化综合指标，兼顾样本的典型性与差异性。其三，是力求体现出不同院校的区域差异：L 大学位于华东原中央苏区振兴发展示范区和全国稀有金属产业区，该校英语专业为原中央苏区转型振兴和稀有金属贸易交流培养了大批特色化应用型人才；F 学院位于西部历史文化古都，外贸、会展、旅游等产业发达，该校翻译专业是服务地方经济发展的主渠道；W 学院位于中国东南沿海的发达城市，对外商贸繁荣，该校商务英语专业为地方经济发展培养了大批高水平应用型人才。其四，是以获得学校相关职能部门的批准通过为条件，以方便质性研究的展开。

具体到各案例院校，研究者选择英文学院作为教师小组的聚焦个案，分专业选择 13—14 位教师（全样本共 42 位教师、1 名学生，如表 3—2—2 所示）作为深度访谈的对象，以此将质性研究部分深入案例院校受访教师的更微观层面。

表 3—2—2　　　　　　　　　　访谈对象信息表

学校	受访师生代码	性别	职务、职称	专业
L 大学	I - L - M - T - 1	男	专任教师/副教授	商务英语
	I - L - M - T - 2		专任教师/教授	英语语言文学
	I - L - M - T - 3		专任教师/副教授	商务英语
	I - L - M - T - 4		专任教师/讲师	英语语言文学
	I - L - M - T - 5		专任教师/教授	英语语言文学
	I - L - M - T - 6		专任教师/教授	英语语言文学
	I - L - F - T - 1	女	专任教师/副教授	翻译
	I - L - F - T - 2		专任教师/讲师	商务英语
	I - L - F - T - 3		专任教师/教授	英语语言文学
	I - L - F - T - 4		专任教师/讲师	英语语言文学
	I - L - F - T - 5		专任教师/讲师	英语语言文学
	I - L - F - T - 6		专任教师/教授	翻译
	I - L - F - T - 7		专任教师/助教	翻译
	I - L - F - T - 8		专任教师/副教授	商务英语
F 学院	I - F - M - T - 1	男	教学副院长/教授	翻译
	I - F - M - T - 2		院长/教授	翻译
	I - F - M - T - 3		专任教师/讲师	翻译
	I - F - M - T - 4		院长/教授	英语语言文学
	I - F - M - T - 5		院长/教授	商务英语
	I - F - M - S - 1		学生	翻译
	I - F - F - T - 1	女	教学副院长/讲师	英语语言文学
	I - F - F - T - 2		专任教师/讲师	翻译
	I - F - F - T - 3		专任教师/讲师	商务英语
	I - F - F - T - 4		专任教师/讲师	商务英语
	I - F - F - T - 5		专任教师/讲师	翻译
	I - F - F - T - 6		专任教师/助教	英语语言文学
	I - F - F - T - 7		专任教师/讲师	翻译
	I - F - F - T - 8		专任教师/讲师	翻译
	I - F - F - T - 9		专任教师/讲师	商务英语

续表

学校	受访师生代码	性别	职务、职称	专业
W 学院	I－W－M－T－1	男	院长/教授	教育学
	I－W－M－T－2		专任教师/副教授	翻译
	I－W－M－T－3		专任教师/讲师	商务英语
	I－W－M－T－4		专任教师/助教	商务英语
	I－W－F－T－1	女	教学副院长/副教授	英语语言文学
	I－W－F－T－2		院长/教授	商务英语
	I－W－F－T－3		专任教师/讲师	翻译
	I－W－F－T－4		专任教师/讲师	商务英语
	I－W－F－T－5		专任教师/副教授	商务英语
	I－W－F－T－6		专任教师/讲师	英语语言文学
	I－W－F－T－7		专任教师/讲师	翻译
	I－W－F－T－8		专任教师/讲师	商务英语
	I－W－F－T－9		专任教师/讲师	英语语言文学
	I－W－F－T－10		专任教师/讲师	翻译

三 质性部分设计

本研究质性研究分三个阶段进行：第一阶段（2015 年 5 月—2016 年 8 月），预选 6 所个案院校进行教师访谈、教学活动观察，初步收集学校、专业相关资料和转型文件，在综合分析后从中抽取 3 所样本；第二阶段（2016 年 9 月—2017 年 6 月），前往案例学校进行田野调查，每所学校停留 10—15 天，参与教师日常教学活动，其间对相关教师进行深度访谈、教学观察和转型文件收集；第三阶段（2017 年 7—12 月），对第二阶段收集的质性材料进行初步分析总结，通过电话、电子邮件、微信等网络观察与交流方式，对访谈对象进行回访，有针对性地补充了一些相关资料。深度访谈、观察、实物收集、网络观察和资料分析是本研究整个质性部分最主要采用的资料收集方式。

（一）深度访谈

访谈虽是访谈者与受访者通过交流建立关系的过程，但交流的内容和结构往往是相对不可预测的。[1] 为了获得受访教师对教学转型深刻而直观的理解，本研究采用半结构式访谈。其原因主要是依据本研究主题，希望教师能根据自身转型的亲身经历来表达真情实感，访谈提纲只发挥提纲挈领的作用。考虑到研究中有关教师对应用型转型的制度供给认同、行动选择等方面的内容，需要根据教师个体情况给予适当的自我表达空间，所以在访谈进行中，根据需要有时会做出适当变动，如调整问题顺序、改换措辞或根据教师回应进行深度追问等。半结构式访谈引导受访者有的放矢，观点得以聆听，价值得以体现，教师就更乐于敞开心扉。

本研究的深度访谈通过教师群访和个访两种方式进行，主要是基于以下考虑。其一，研究中涉及教师对所在院校应用型转型的制度供给、制度认同、行动选择等方面的评价，需要与教师面对面、一对一地深入沟通交流，需要教师描述自己教学转型的感受、经历以及其中关键性的事件，此时个访能提供给受访教师更自由宽松的表达空间；其二，对于涉及教学组织再造方面的内容，采用教师群访，可以刺激教师互动，易于构建教师转型发展共同体的发展历程，通过教师互动相互佐证。

（二）观察

观察法是社会学研究的基础方法之一。在质性研究中，观察既是研究主体在田野调查中用眼睛"看"客体的过程，也是主客体互动中构建对客体新认知的过程。观察法分为参与式观察与非参与式观察。

本研究采用参与式观察，进入案例学校中，与教师一起生活、工作。深入学校应用型转型的脉络背景中，观察教师教学及科研工作、教师群体会议活动及交流。将教学的场景嵌入学校应用型转型的脉络中，观察教师的转型心态、认同程度和行动感受。观察数据与访谈数据互相参照，互为补充，特别是在考察教师转型的参与问题以及转型方向探讨方面，均为访谈结果提供证据参考，也为访谈问题调整提供建设性意见。

---

[1]　Allen Rubin, *Research Methods for Social Work*, New York：Broadman & Holman Publishers, 2010, p. 45.

最关键的是，参与式观察为研究者与被研究者提供了互动的空间与平台，既有利于在学校宏观转型的大背景下了解教师转型的微观现状与需求，从而对研究主题有更系统的把握，也有利于与受访教师建立良好的互动联系，消除彼此的顾虑，促进访谈顺利展开。

（三）实物收集

实物收集是质性研究中不可或缺的研究方法。"实物"既包括与研究内容相关的文件、图片、音像、物品等，也包括人工制作品或经加工的自然物。[1] 由于应用型转型本身就具有跨时空性的特点，本研究的实物收集主要从三种渠道获得。其一，是案例院校保存的有关转型的制度文件、会议文本资料、统计资料，特别是与应用型教学转型密切相关的科研、教学和人事汇编材料。其二，是院系层面的英语类专业人才培养方案历年修订材料、教师教学档案、教研室活动情况、校企合作实践基地情况等。其三，是教师教案、听评课记录、教学反思日记、课程 PPT 和相关教学改革论文等。上述材料都是本研究重要的数据资料来源，有助于梳理教学转型的总体发展脉络，找寻到教学转型的路线图。

（四）网络观察

信息化时代，网络资源的大爆炸为质性研究开辟了新窗口。现代化的社交工具，如微信、微博等，大大便捷了人际沟通与交流，受到包括教师在内的社会各群体的喜爱。本研究在资料收集过程中，注意收集教师在网络空间中针对教学转型所发表的相关言论。在与部分教师建立深入关系后，通过微信、QQ 等交流工具与他们进行长期交流，续补实时信息，增加了质性原始材料的积累。

（五）资料分析

混合研究方法设计要求无论是数据收集阶段还是数据分析阶段都需要量化与质性方法兼而有之。社会学家 Onwuegbuzie 和 Teddlie 教授[2]还曾专门对混合研究中数据分析部分建构了一个步骤框架。该框架可划分为

[1] 陈向明：《质的研究方法与社会科学研究》，教育科学出版社 2000 年版。

[2] Onwuegbuzie A. J. and C. Teddlie，"A Framework for Analyzing Data in Mixed Methods Research"，In A. Tashakkori and Ch. Teddlie（Ed.）. *Handbook of Mixed Methods in Social and Behavioral Research*，Thousands Oaks，CA：Sage Publications，2003，pp. 351 – 383.

数据的简化、展示、转换、相关、比较和整合等七个阶段，各阶段间并非线性递进关系。例如，对数据究竟是该进行相关还是合并或是比较处理，最终只能由研究的目的来确定。因为研究目的只有一个，所以数据的三者选择上只能择其一，或者直接进行数据的整合处理。在本研究中，资料分析分四个阶段开展。数据简化，分两个阶段，数据比较和整合各占一个阶段。

第一阶段起始于量化数据采集齐备后，依据问卷结果进行量化统计分析，主要包括因素分析、因素相关、因素平均分比较等，以此为基础选择个案。

第二阶段起始于执行数据采集过程及完备后，主要对两轮田野调查所获的访谈数据、观察数据、实物数据和网络数据进行质性分析，以非书面数据的转录为书面数据，与实物数据一起进行分类处理。最后通过开放编码、主轴编码和选择性编码对书面数据展开分析。

第三阶段是把量化与质性资料分析结果进行比较，依据量化资料分析出的相关因素意义，来考察质性分析得到的主轴概念。此外，充分利用质性研究的多样编码，佐证和深化量化研究结果。

第四阶段是将量化和质性数据分析结果比较，再将二者整合，在一一回应研究问题的同时，夯实理论架构。

第三节　研究可靠性、伦理、自反性和限制

一　研究可靠性

本研究混合研究方法的选择本身就是出于增强研究信度的考量，使量化和质性二种研究方法相得益彰，二种数据互相佐证、互为补充与借鉴。

（一）量化部分

第一是研究信度问题。本研究通过问卷调查展开量化部分研究。问卷信度是量化研究的基础。决定信度的因素主要包括受试、研究者、研究设计和测试环境等因素。本研究主要通过研究者和研究设计这两个因素控制确保问卷的信度。首先在委托调查员发放问卷前，研究者会对他们进行简单培训，发放问卷指导语，令其了解问卷内容及实施程序，在

必要时方便给予填写者基本的指导。其次，本研究问卷经历过试测—修正—再试测的过程，其间接受教育学和语言学专家指导，在研究设计上获得了信度保证。

第二是研究效度问题。从内容效度的保障上来说，通过专家评估、试测、试测中对教师反馈意见的吸收拓展了问卷的内容涵盖程度；从结构效度的保障上来说，本问卷题目分门别类，结构紧紧围绕英语教学核心，从教学的各个角度全方位扫描教学现状，结构效度良好。质性研究的访谈以及观察都对问卷的信效度给予有力保障。

（二）质性部分

质性研究在效度方面关注的是研究问题、研究方法和研究对象之间的一致性，以及研究者对研究对象意义把握的确切程度。[1] 为保证本研究在质性研究部分的效度，主要采用了以下途径。

第一，使用多元研究方法，进行方法论的三角验证。本研究质性部分借助个人与群体访谈、观察、文件资料、实物收集资料等多种方式进行方法论的三角互证。与此同时也借助量化方法，共同提高质性部分的效度。

第二，收集大量一手资料，进行资料的三角验证。自进入田野调查现场，本研究就注重对访谈、观察、实物和网络资料的收集。在日常生活中与教师进行的有关主题的非正式访谈也为研究提供了丰富的原始资料。将这些跨时空不同来源的样本数据进行资料的三角互验，有效提升质性部分的效度。

第三，融入教学课堂与生活，进行调查者的三角验证。在案例院校调研中，研究者根据管理者推荐安排和本人单独约课两种方式展开课堂教学观察，并及时做好观察笔记和观察反思，以便与访谈做比照。在条件允许的情况下，将访谈转录稿和课堂观察笔记提交给受访者，请其确认材料与其原意的吻合度，以此发挥调查者三角验证的作用，明晰研究效度的底线。

第四，用好研究者这个研究工具，确保研究效度。在质性研究中，研究者本身就是研究工具，其自身研究能力、经验、身份是影响研究效

---

①　陈向明：《质的研究方法与社会科学研究》，教育科学出版社2000年版，第99页。

度的重要参数。研究者自身在进行质性研究的准备阶段，选修与自修与质性研究相关的多门课程，对其理论与方法有一定的了解。此外，研究者有参与质性研究的亲身实践，硕士论文就是使用质性研究方法完成的。研究者还曾参与一项英语专业教学改革的质性研究，从资深研究者那里学习到访谈技巧、观察方法和资料收集的经验。研究者在质性研究方面的理论与实践经验能够保障在本研究中资料收集的有效性。此外研究者有长达十年的英语教学经历，容易与受访教师产生共鸣，为质性研究创造了有利条件。

二　研究伦理

无论是量化研究还是质性研究，对于研究者与研究对象的关系对研究结果所产生的影响都格外重视，这使得研究伦理规范与研究者品质操守成为研究必须坚守的底线。知情同意、信息保密、趋利去害与保持良好和公正关系①是研究伦理的基本要求。本研究基本满足了这四项要求。

首先，获取知情同意并承诺保密信息。在量化研究问卷调查部分，征得案例校相关部门同意，做出保密承诺，保证对回收问卷以不记名处理，承诺调查结果只为学术研究所用，绝不向他人泄露。在质性研究部分，征求个案院校允许，获取相关研究资料，并保证资料的保密性。

其次，力争趋利去害，与受访者建立公正关系。按照自愿原则，采用提前邀约的形式确定受访者。访谈正式开始前会就能否录音征求教师的意见。本研究涉及具体研究对象的信息都作了匿名处理。在访谈中，尊重受访者在话题选择中的自主权，让他们自己决定哪些信息分享、哪些信息保留，保护他们的隐私，这使访谈过程更真诚。研究的目的和价值是真诚交流、沟通理解，而不是刻意挖掘所谓的"猛料"。这也是遵守研究伦理道德与访谈者建立公正关系的意义所在。

---

① Marshall C. and G. B. Rossman, *Designing Qualititive Research*, London, Thousand Oaks, New Delhi: Sage Publications, 2006.

三 研究的自反性

自反性是一种"自我批判式的充满情感的回顾和自觉的分析式思考"①。研究者所处位置和个人经历对田野调查工作及其解读会产生重要的影响，而这反过来也会对研究者的经验产生影响，可以说这是一个双向互构的过程。传统认为访谈应秉持"立场中立，价值无涉"，避免卷入其中，减少回应。但研究者认为，自己身为研究者的同时也是被研究的对象，兼具当局者与旁观者的角色，既是学者，也是学习者，可以从受访者身上学习到教学的诸多经验。与此同时，也促使研究者回顾自己的教学，反思自我的研究与学习。受访者是自己故事与经验的建构者，研究者作为访谈者与倾听者，也在不断地建构着他们的建构。这种互动与建构对研究过程产生一定的影响，也启发研究者不断进行自我调适，建立同理心，以促进有效沟通、真诚分享。

四 研究限制

作为一项混合研究，量化研究与质性研究的互补、量化数据与质性材料的统合既是本研究的优点，同时也是难点。而最大难点聚焦于质性研究中多案例研究"术"与"道"关系的处理，因为只有实现了"技术自觉"这个前提，"理论自觉"才能实现。具体到本研究中仍存在一定的限制。

（一）研究方法检思

1. 多案例研究"术"之检思

常规的案例研究存在的最大问题是采用简单机械的三段论解释结构，即"列文献＋讲故事＋下结论"，欠缺对具体研究问题和方法针对性的解释以及数据分析过程的呈现，削弱了"文献—数据—结论"之间的内在逻辑关联，造成案例研究中两个"鸿沟"的出现。这些涉及案例研究规范性的问题可以统称为"术"层面的问题。本研究有效规避了上述问题。

---

① England K. V. L. Getting Personal, "Reflectivity, Positionality, and Feminist Research", *The Professional Geographer*, 1994, 46 (1), pp. 80 – 89.

　　本研究作为一项"探索性"研究，旨在了解应用型转型对于英语类专业教学转型这一命题的思考—英语类专业教学转型—在当前教学脉络下的实现路径为何？它是否能够为中国应用型本科专业教学改革提供一个全新的转型方向和创新路径？

　　基于此目的，本研究从问卷调查入手，了解当前我国应用型本科英语类教学现状。数据显示，无论是学校、教师、学生或是用人单位，整体来说对当前英语类专业教学现存问题都深感困扰，迫切需要教学转型。但其中数据显示的种种特征却无法得到更深层面的阐释与理解。因此，以多案例研究为特色的质性研究自然被纳入设计中。通过两个循环的田野调查—资料梳理—写作反思—田野调查，聚焦研究重点和创新点，正好像质性研究中经典的"漏斗"隐喻，通过层层的抽丝剥茧，应用型本科英语类专业教学转型的"制度供给—制度认同—行为选择—组织再造"的整合分析框架得以形成，"宏观—中观—微观""三位一体"研究思路最终确定，为多案例研究构建了一个描述性框架。通过多种研究方法的综合运用，来建构一种教学转型的中层理论。

　　要探究应用型本科英语类专业教学转型的路径，需要引入"通过多案例群比较"的研究方法与"关照情感、细致勾陈"的微观深描技术。所以，本研究在具体案例抽样选择上，根据多案例研究的常规做法，采用理论抽样而不是统计抽样。所谓理论抽样是指所选择的案例要体现研究问题的独特性，最适合回答该研究问题。① 本研究通过对三个案例的深入比较，增加了对教学转型路径多样性的理解。

　　2. 多案例研究"道"之检思

　　在案例研究中"术"的层面做出有效改进，并不意味着研究尽善尽美。如果在"道"的层面，即理论贡献或贡献意识存在缺失，都达不到严谨研究的基本标准。

　　为了揭示研究的深层意义，学者艾森哈特（Eisenhardt）主张，多案例研究在建构适切的理论框架基础上，要将研究重心转移到案例的选择

---

① Eisenhardt K. M. Better Stories and Better Constructs， "The Case for Rigor and Comparative Logic"， *Academy of Management Review*， 1999， 16（3），pp. 620 – 627.

上。所选案例要能产生逐个复制或差别复制的结果。① 通过多案例比较矛盾或一致的结果，对理论假设做出检验，决定对理论框架的修改与否，从而实现基于案例群推进理论发展的目标。这与费孝通先生的类型学比较方法有异曲同工之处：一方面，从分类学视角界定研究问题的所属类型；另一方面，比较影响类型异同的因素，针对差异解释分析。类型比较既清晰界定了研究边界，又兼顾了认识的普遍性与差异性，是实现特定研究目的的上佳之选，尤其有利于具体理论假设的检验。②

本研究在上述原则指导下，分两步展开多案例研究。其一，整合了一个本土化的教学转型分析框架，从"宏观—中观—微观"三个维度剖析教学转型的演进历程。其二，通过多案例比较，发现在教学转型方向上三个案例院校存在逐项复制现象。在三类院校的比较中，寻找生成异同的诱致因素，剖析差异原因，并以此检验理论框架。所以，在本研究中，推进转型理论发展是具备可能性的。

（二）研究方法的限制

1. 量化研究中样本规模有限

本研究共发放调查问卷 1000 份，其中教师问卷 400 份，学生问卷 600 份。回收教师问卷 315 份，有效问卷 284 份，有效率为 90.2%；回收学生问卷 522 份，有效问卷 476 份，有效率为 91.2%。本研究选取 10 所样本院校进行抽样调查，由于样本规模较为有限，数据得出的有些结论可能只能部分地说明问题。

2. 质性研究中个案访谈数量有限

受时间、经费、接洽等方面的限制，研究者对教学转型的个案访谈主要以三个案例院校为主，访谈对象主要是教务管理人员、教师、学生和毕业生，以及少量的用人单位。受地域和经济发展程度的影响，也许更适合解释教学转型的个案院校及其教师，但本研究未能访谈得到。例如，针对民办学院的案例选择一个民办教育政策宽松城市的民办学院，政府在转型支持和院校转型的动力都可能更不一样。所以本研究案例选

---

① Yin R. K. , *Case Study Research*：*Design and Methods*，Sage Publications，2007.

② 王富伟：《个案研究的意义与限度——基于知识的增长》，《社会学研究》2012 年第 5 期，第 161—183 页。

择中的 F 学院只能代表民办学院中的某一类型。样本覆盖面有限是本研究的一个缺陷。

其一，时空限制。由于转型具有跨时空的特点，对应用型本科英语类专业教学转型的考察，需要放置在一种历时的背景下，其转型的过程和结果可能需要经历一个相对较长的时段才能做出相对客观准确的判断。而研究者在每所学校开展田野调查的时间也有限，加之受精力与资源限制，重点考察的案例院校只选择了 3 所，这都在客观上影响了研究的效度。

其二，混合研究方法的掌握与运用也是一个不断摸索学习的过程。本研究需要对两种数据进行诠释与整合，这对于能力和经验都有待进一步提升的研究者来说确实是一个不小的挑战，在某种程度上可能会限制混合研究设计的总体效果。

第四章

应用型本科英语类专业教学现状调查

"不，不，这根本就不是我想要学习的。"

"咦？等等，这与我感兴趣的和我想要学习的有点沾边了。"

"是的，是的，就是它们！这些正是我现在迫切需要学习和想要应用掌握的。"

——受访师生

第一节 调查问卷设计与实施依据

本章以量化研究方法为主，采用问卷调查法，通过《应用型本科英语类专业教学情况调查问卷》《应用型本科英语类专业学生学习需求调查问卷》和麦可思公司《中国英语类专业本科毕业生社会需求与培养质量跟踪评价》，对我国应用型本科英语类专业教学现状进行调查，以此全面扫描和具体诊断制约应用型本科英语类专业教学转型的症结所在。

一 调查问卷的编制与试测

其一，研究者在尽可能全面综合提炼与应用型本科英语类专业教学相关的理论与实证成果的基础上，参考设置本研究的核心题项；其二，以应用型本科英语类专业学生学习体验与需求以及教师教学情况为主线，双管齐下探寻教学转型中的瓶颈制约和重难点所在，突出核心题项的价值；其三，参考借鉴国内外权威调查工具对本研究问卷查漏补缺，提高问题设置的科学性和严谨性，进而形成初始问卷。

　　初始问卷形成后，研究者将问卷呈请导师亲自审阅、指点。随后在研究者参加的 2016 年外语教学与研究出版社举办的"全国高等学校英语专业教学创新与教师发展"研修班上，选择应用型本科的 30 名英语类专业教师就《应用型本科英语类专业教学情况调查问卷》进行样本试测，参会间隙对部分教师进行深度访谈，征询各院校教师对初始问卷的修改意见；此外在 F 学院选取 60 名英语类专业本科生就《应用型本科英语类专业学生学习需求调查问卷》进行小样本试测，对部分本科生进行群访，征询他们对教学转型的需求及对初始问卷的修改意见。收集到多方修改和反馈意见后，研究者再查漏补缺，就题目表述含混或容易引起歧义的地方做出重点修改。

表 4—1—1　　　应用型本科英语类专业学生学习需求及教学情况
调查问卷结构图

问卷名称	结构内容	问卷名称	结构内容
应用型本科英语类专业学生学习需求调查问卷	一、学生基本信息	应用型本科英语类专业教学情况调查问卷	一、教师基本信息
	二、英语类专业培养对语言知识或应用能力的强调程度及对学生个人的提升程度		二、教师对本院英语类专业课程体系整体情况的评价
	三、学生对本院英语类专业课程体系整体情况的评价		三、教师英语类专业教学体验
	四、学生专业学习的体验		四、该校英语类专业主要实践性教学环节及教学模式
	五、该校英语类专业主要实践性教学环节及教学模式		五、该校英语类专业教学方式方法及考核方式
	六、该校英语类专业教学方式方法及考核方式		六、教师对英语类专业教师转型及教学转型的意见
	七、学生对该校英语类专业教学的提升与改进意见		

此外，为获得英语类专业权威专家的指点与帮助，研究者借助德尔菲法，将初始问卷发送至 10 所应用型本科的英语类专业负责人、英文学院教学院长，以及上海外国语大学和广州外国语大学英语类专业的专家和研究者，邀请他们针对问卷的内容、形式和结构等方面提出指导意见，专家学者高质量的反馈对正式问卷的形成助益良多。正式问卷的结构与内容如表 4—1—1 所示。

二　抽样及样本特征

（一）抽样方法

本研究根据各应用型本科的目标定位、院校属性、所处转型发展阶段的不同，结合各校英语类专业特点，以整群抽取为主要方式选定 10 所"应用型本科"作为调查对象，样本分布情况如表 4—1—2 所示。本研究样本院校的应用特色明显，区域结构合理，基本能够代表我国应用型本科的整体水平。

表 4—1—2　　　　　　　　　　**应用型本科院校样本分布表**

类型	样本院校	数量（所）
外语类应用型本科	西安翻译学院 越秀外国语学院	2
综合类应用型本科	山东英才学院 重庆三峡学院	2
师范类应用型本科	赣南师范大学	1
理工类应用型本科	万里学院 江西理工大学	2
农林类应用型本科	云南林业大学	1
医科类应用型本科	新乡医学院	1
财经类应用型本科	广东金融学院	1

本研究分别向 10 所应用型本科英语类专业教师和学生发放调查问卷 40 份和 60 份，教师问卷共 400 份，学生问卷共计 600 份。采用分层随机

抽样的方式，分层筛选从大学一年级到四年级的研究对象，根据英语类三个专业方向对教师和学生的样本数进行分配，争取全面反映四个不同年级教师的教学情况和学生的学习需求。问卷总体发放和回收情况如表4—1—3 所示：

表4—1—3　　　　　　　　教师与学生问卷发放与回收情况

学校	教师教学情况问卷			学生学习需求问卷		
	回收总量（份）	有效问卷（份）	有效率（%）	回收总量（份）	有效问卷（份）	有效率（%）
西安翻译学院	32	30	93.8	56	52	92.9
越秀外国语学院	29	26	89.7	50	47	94
山东英才学院	28	24	85.7	51	47	92.2
重庆三峡学院	30	25	83.3	52	46	88.5
赣南师范大学	36	33	91.7	56	51	91.1
万里学院	35	31	88.6	52	48	92.3
江西理工大学	36	34	94.5	53	47	88.7
云南林业大学	31	28	90.3	49	45	91.8
新乡医学院	26	24	92.3	52	46	88.5
广东金融学院	32	29	90.6	51	47	92.2
总计	315	284	90.2	522	476	91.2

（二）样本特征

通过对样本描述统计分析，学生及教师的样本专业分布状况，分别如表4—1—4 和表4—1—5 所示。需要特别说明的是，由于该数据仅源自本研究调查的样本数据，对各高校英语类专业的学习体验与教学情况不具备全面的概括力和解释力。

英语类专业学生样本的专业分布状况如表4—1—4 所示，各专业结构分布基本均衡。从调查整体来看，英语专业、翻译专业和商务英语专业学生的平均比分别是 33%、28% 和 39%，总样本的专业分布较为合理。

表4—1—4　　应用型本科英语类专业学生样本专业分布状况

学校	人数（人）				比例（%）			
	英语专业	翻译专业	商务英语专业	缺失值	英语专业	翻译专业	商务英语专业	缺失值
西安翻译学院	17	23	12	4	30.4	41.1	21.4	7.1
越秀外国语学院	20	15	12	3	40	30	24	6
山东英才学院	15	17	15	4	29.4	33.3	29.4	7.8
重庆三峡学院	19	18	9	6	36.5	34.6	17.3	11.5
赣南师范大学	21	17	13	5	37.4	30.4	23.3	8.9
万里学院	20	10	18	4	38.5	19.2	34.6	7.6
江西理工大学	17	20	10	6	32.1	37.7	18.8	11.3
云南林业大学	17	18	10	4	34.7	36.7	20.4	8.1
新乡医学院	17	18	11	6	32.7	34.6	21.2	11.5
广东金融学院	16	14	17	4	31.3	27.5	33.3	7.8

　　英语类专业教师样本的专业分布状况如表4—1—5所示，各专业结构分布基本均衡，从调查整体来看，英语专业、翻译专业和商务英语专业教师的平均比分别是32%、33%和35%，总样本的专业分布较为合理。

表4—1—5　　应用型本科英语类专业教师样本专业分布状况

学校	人数（人）				比例（%）			
	英语专业	翻译专业	商务英语专业	缺失值	英语专业	翻译专业	商务英语专业	缺失值
西安翻译学院	8	12	10	2	25	37.5	31.3	6.2
越秀外国语学院	7	9	10	3	24.1	31	34.5	10.3
山东英才学院	12	7	5	4	42.9	25	17.9	14.2
重庆三峡学院	10	6	9	5	33.3	20	30	16.7
赣南师范大学	12	12	9		33.3	33.3	25	8.3

学校	人数（人）				比例（%）			
	英语专业	翻译专业	商务英语专业	缺失值	英语专业	翻译专业	商务英语专业	缺失值
万里学院	11	6	14	4	31.4	17.1	40	11.4
江西理工大学	8	15	11	2	22.2	41.7	30.6	5.5
云南林业大学	9	9	10	3	29	29	32.3	9.6
新乡医学院	6	10	8	2	23.1	38.5	30.8	7.6
广东金融学院	7	10	12	3	21.9	31.2	37.5	9.3

第二节　应用型本科英语类专业
教与学的现状与问题

一　应用型本科英语类专业学习需求的现状与问题

　　了解应用型英语类专业学习需求的现状与问题，根本是要对英语教与学的"目前情境"和"目标情境"[①] 进行差距分析，为教学总目标的设计以及后续教学程序步骤的展开提供尽可能详尽的参考依据。语言学家 Krashen（1982）的"i+1"理论[②]就是对二者关系的最佳诠释：目前情境是指学生现有的英语程度和对下一阶段英语学习的要求与期待，它包括学生目前的英语水平、专业知识、学习动机、学习方式等，这对应"i"；目标情境是指学生未来工作的环境对学习者的要求以及学习者对待这种需求所持的态度，这对应"i+1"。将两者有机结合就能对学生需求做出完善分析，而分析二者差距就可得到应用型英语类专业学习需求的现状与问题。

　　需求分析分为个人需求分析和社会需求分析，以分析方法划分分别

---

　　① Robinson P. E. , *ESP Today*：*A Practitioner's Guide*，New York & London：Prentice Hall International（UK）Ltd. , 1991.

　　② Krashen S. , *Principles and Practice in Second Language Acquisition*，Oxford：Pergamon，1982.

对应内部参照需求分析法和外部参照需求分析法。要进行有效的英语教学设计，教师需采用内部参照需求分析法对教师及学生教与学的需求进行分析，了解彼此缺乏什么、需要什么、期待什么和应该学（教）什么。由于教学设计必须体现国家政策，反映国家对英语语言的使用情况和社会不同层面对英语的需求，以及国家和地方教学设计的安排，所以教学中还需要采用外部参照需求分析法确定社会职业要求对学生的学习期待，以此为标准衡量教与学的现状并找出差距，从而调整教学目标，优化教学结构，提高教学质量。两种分析方法各有优长，但其片面化的缺陷也比较明显。在实际操作中，最佳的方法就是扬长避短、内外结合（如图4—2—1所示），根据外部社会需求调整修改已有的教学目标，并以修改后的目标所提出的期望值与学习者的现状相比较来找出差距，寻求教学改进的最佳策略。

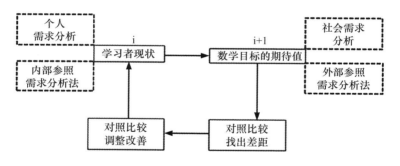

图4—2—1　学习需求内外结合法

（一）应用型本科英语类专业学习需求的现状

1. 英语类专业学习最主要目标

在对应用型本科英语类专业学生学习最主要目标（多选题）的调查中发现（如图4—2—2所示），有86.51%的学生希望通过英语类专业学习获得与本专业相关的职业技能。有86.15%的学生希望专业学习能够提高个人跨文化交际能力，相比应用能力的培养来说，接受全面系统的通识教育和语言基础教育在同学中的目标期待值相对较低，仅占72.12%。

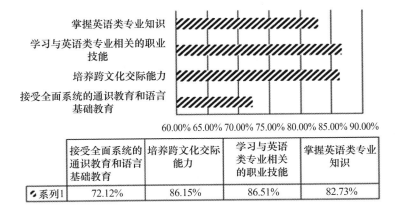

	接受全面系统的通识教育和语言基础教育	培养跨文化交际能力	学习与英语类专业相关的职业技能	掌握英语类专业知识
系列1	72.12%	86.15%	86.51%	82.73%

图 4—2—2　应用型本科英语类专业学习动机与目标情况

2. 影响学生专业学习兴趣的最主要因素

在对英语类专业学生学习兴趣的影响因素调查（多选题）中发现（如图 4—2—3 所示），有 77.70% 的学生认为教学内容的实用性与专业相关性是激发本人学习兴趣的主要因素，有 64.93% 和 68.88% 的同学分别认为教学设计与课外活动的丰富性以及恰当的教学方法更能激发个人的专业学习兴趣。有 36.51% 和 54.32% 的同学分别认为师生关系和自己的学习成绩对专业学习兴趣的影响更大。

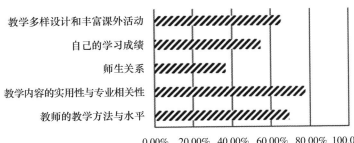

	教师的教学方法与水平	教学内容的实用性与专业相关性	师生关系	自己的学习成绩	教学多样设计和丰富课外活动
系列1	68.88%	77.70%	36.51%	54.32%	64.93%

图 4—2—3　应用型本科英语类专业学生学习兴趣的影响因素

3. 专业课程中所学得的知识与技能的应用程度

在对所学课程中知识与技能的应用程度调查中发现（如图4—2—4所示），仅有6.65%的同学认为所学得的知识与技能的应用程度较高，有73.20%和19.42%的同学分别认为应用程度一般或较低，未来在教学改革中应就应用性的提升做重点突破。

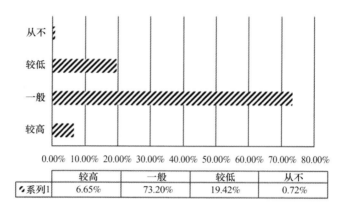

	较高	一般	较低	从不
系列1	6.65%	73.20%	19.42%	0.72%

图4—2—4 应用型本科英语类专业知识与技能的应用程度

4. 教学中增加与行业相关的英语专业知识与技能的必要性

在英语类专业教学中增加与行业相关的知识与技能的必要性的调查中（如图4—2—5所示），有98.20%的同学认为非常有必要，有1.26%和0.54%的同学认为不需要和无所谓。

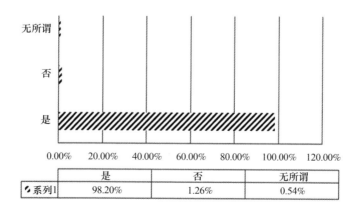

	是	否	无所谓
系列1	98.20%	1.26%	0.54%

图4—2—5 教学中增加与行业相关的英语专业知识与技能的必要性

5. 对英语类专业教学从 EGP 向 EGP + ESP 教学转型的态度

在对英语类专业教学从 EGP 向 EGP + ESP 教学转型的态度调查中（如图 4—2—6 所示），有 85.43% 的同学表示欢迎，有 14.03% 和 0.54% 的同学分别表示无所谓和反对。

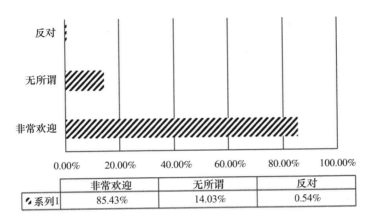

图 4—2—6　英语类专业教学从 EGP 向 EGP + ESP 教学转型的态度情况

6. 英语类专业对相关知识和能力的强调程度

在对英语类专业培养对相关知识和能力的强调程度的调查中（如表 4—2—1 所示），有 57.37%、53.06% 和 44.24% 的学生认为英语语言基本技能（听、说、读、写、译）、语言沟通交流能力和自主学习能力是目前教学过程中最突出强调的内容。应用型本科英语类专业本应着重突出的与产业相关的科技英语知识、跨学科的复合专业知识在教学中的强调度仅为 19.24% 和 13.49%。值得关注的是，有 37.95% 的同学认为他们所在学校已开始逐渐重视提升与职业相关的语言实务操作及拓展能力。

表 4—2—1　　　英语类专业培养对相关知识和能力的强调程度　　　（%）

题目 \ 选项	毫不强调	不太强调	一般强调	十分强调
1. 语言学、文学及相关英语类专业基础知识	1.44	13.13	53.6	31.83
2. 中国国情和英语国家社会文化常识	1.26	18.88	54.14	25.72
3. 外事、外贸、文化、教育、科技、旅游等与行业相关的方针政策、法规和国际惯例	1.26	23.56	46.4	28.78

题目 \ 选项	毫不强调	不太强调	一般强调	十分强调
4. 与产业相关的科技英语知识	5.76	29.5	45.5	19.24
5. 涉外业务专业理论知识	3.96	23.56	48.02	24.46
6. 跨学科的复合专业知识	5.22	34.35	46.94	13.49
7. 第二外国语基础知识	2.16	21.94	57.37	18.53
8. 英语语言基本技能（听说读写译）	0.18	4.14	38.31	57.37
9. 语言沟通交流能力	0.54	7.19	39.21	53.06
10. 与职业相关的语言实务操作及拓展能力	0.9	16.91	44.24	37.95
11. 多元文化间组织协作、灵活应变能力	1.44	22.12	43.17	33.27
12. 第二外国语实际应用能力	4.32	29.86	43.17	22.66
13. 外语自主学习能力	1.08	12.95	41.73	44.24
14. 现代信息技术能力	2.52	21.94	51.62	23.92
15. 团队协作能力	1.08	9.53	48.56	40.83
16. 批判反思能力	1.62	23.02	48.2	27.16
17. 创新创业能力	2.7	21.04	46.04	30.22

7. 对英语类专业课程体系整体情况的评价

在对英语类专业课程体系整体情况的评价调查中（如表 4—2—2 所示），有 68.35% 的同学认为当前英语类专业课程安排重点是强化学生对英语语言知识技能的掌握，仅有 8.45% 的同学认为其所在学校的课程安排非常有助于复合应用型英语人才培养目标的实现。仅有 7.91% 和 9.71% 的同学对其所在学校在组织社会资源共同开发应用型课程体系以及体现与学术性课程体系的合理区分度方面表现出高度认同。这在一定程度上说明当前英语类专业课程体系应用性的缺乏。

表 4—2—2　　　　　英语类专业课程体系整体情况的评价　　　　（%）

题目 \ 选项	非常不符合	不符合	中立	符合	非常符合
1. 有助于复合应用型英语人才培养目标实现	0.18	7.01	40.65	43.71	8.45
2. 有助于语言知识技能的掌握	0.54	3.78	27.34	55.58	12.77

题目 \ 选项	非常不符合	不符合	中立	符合	非常符合
3. 有助于专业情感旨趣的塑造	0.54	7.37	37.77	44.6	9.71
4. 有助于英语应用能力的培养	0.18	4.86	28.6	52.34	14.03
5. 有助于跨文化交际能力的提升	0.72	6.65	36.33	43.71	12.59
6. 能够凸显本校应用型人才培养的特色价值	0.36	7.19	39.57	42.63	10.25
7. 能够与本校学科特色发展的定位以及区域经济发展的优势相契合	0.36	6.83	38.67	44.42	9.71
8. 能根据应用型理念构建应用型教学体系	0.36	7.37	38.13	44.6	9.53
9. 能组织社会资源共同开发应用型课程体系	0.54	9.17	39.57	42.81	7.91
10. 能定期调整、充实和更新应用型课程体系	0.18	9.35	39.21	42.63	8.63
11. 能促进学生实践能力及终身可持续发展能力的提升	0.18	7.37	36.51	45.68	10.25
12. 能够提高学生对社会需求的满足与适应	0.18	5.4	36.87	46.58	10.97
13. 能够满足学生选课的多样化和个性化需要	1.26	9.89	37.05	41.19	10.61
14. 能够反映与学术研究型院校英语人才培养类型的差异性要求	0.18	6.47	38.49	44.6	10.25
15. 能够体现与学术性课程体系的合理区分度	0.18	7.37	39.21	43.53	9.71

8. 英语类专业学习体验

在对英语类专业学习体验的调查中（如表4—2—3所示），有70%的学生渴望有更多机会使用英语，扩大专业实践领域，有56.26%的同学迫切希望ESP教学应适时融入英语类专业教学体系当中，这反映出学生对应用型英语教学的期待。分别有61.15%、60.07%以及60.07%的同学在教师为学生提供实用可行的教材及教学资料，重视理论教学与实践教学的有机融合，采取多样化的课程考核方式、全方位评测学生的语言应用能力上表现出强烈的认同。

表4—2—3　　　　　　　　　英语类专业学习体验情况　　　　　　　　（％）

题目＼选项	极不符合	不符合	中立	符合	非常符合
1. 校院两级为学生提供良好的实践平台［如实验（训）室、实践基地等］	1.98	11.87	39.03	36.69	10.43
2. 通过利用校内外各种实践资源，有序推进实践教学展开	1.8	12.95	38.67	38.13	8.45
3. 院系定期安排学生去企业参观实习，让学生熟悉语言专业知识在实践中的操作运用情况	4.14	18.35	36.33	33.09	8.09
4. 院系能定期邀请企业专家开展学术讲座，方便师生追踪行业发展动态	1.8	13.31	34.89	40.29	9.71
5. 结合区域优势，为企业开设订单班，吸引企业参与到英语类专业人才培养的全过程中，对专业教学进行现场指导	3.42	18.35	39.21	32.91	6.12
6. 教师重视学生英语综合应用能力的培养，摒弃对记忆性或复述性语言文化知识的单纯传授	0.36	10.07	35.43	42.81	11.33
7. 教师能从英语类专业相关岗位的实际要求出发，与企业联合设计具有应用型特色的课程教学内容、教学模式和评价体系等	0.72	9.17	37.95	42.09	10.07
8. 教师能为学生提供实用可行的教材及教学资料	0.54	5.58	32.73	48.92	12.23
9. 教师重视理论教学与实践教学的有机融合	0.18	6.12	33.63	48.38	11.69
10. 教师采取多样化的课程考核方式，全方位评测学生的语言应用能力	0.18	6.29	33.45	48.38	11.69
11. 学生英语实践活动主要被局限在基础英语技能巩固、英美文化解读等方面，与未来职业岗位直接相关的实践性教学环节极其缺乏	0.54	7.91	35.43	46.4	9.71
12. 学生自身的学习需求及学业进展情况在教学中得不到应有的满足与关注	1.26	8.09	39.93	40.83	9.89
13. 学生渴望有更多机会使用英语，扩大专业实践领域	0.36	2.88	25.54	51.8	19.42
14. 课程考核的最终分数难以如实反映学生的专业能力水平	0.54	7.37	35.43	44.96	11.69
15. 专门用途英语教学应适时融入英语类专业教学体系当中	0.36	3.78	34.35	49.28	12.23

（二）应用型本科英语类专业学习需求的问题

1. 内外干扰使学生缺乏专业需求认知，学习需求与动力难以激发

在对英语类专业学生学习需求调查的过程中，研究者发现，有72.12%的同学表示"对所学专业的课程设置、学习内容、所需技能和素质、所要考取的证书及就业方向等信息的了解程度"属于一般了解，有21.44%的同学明确表示"不太了解"，有0.97%的同学表示"完全不了解"，仅有5.46%的学生表示"十分了解"。缺乏对所学专业应有的了解，无视社会发展对英语类专业人才核心素养的需求分析，自我发展需求无法得到有效的释放，那么，专业情感与专业兴趣就无从谈起，激活学生内生学习动力更是无法企及。这一现象是由内外部原因共同造成的。从外部原因来说，学术型英语教学制约了应用型英语人才的培养。以当前比较繁荣的对外贸易来说，国际商贸人才尤其是具有扎实英语语言功底、熟练掌握语言技能和交际能力，又通晓国际经贸知识和规范的商务应用型英语人才大量短缺。目前，在我国拥有进出口经营权的企业约为83万家，而国内取得外销员资格证书者却不到20万名，其中最主要的就是懂得商务英语的人太少。从事外贸业务的公司一般都应有数名甚至上百名懂得商务英语的外贸人才。可见应用型英语人才的需求缺口之大。而这一缺口并不是单靠学术型英语教学所能弥补的。从内部原因来说，长久以来受被动接受学习理念和教学方式的影响，学生已经习惯"喂着吃"，而不是主动"要着吃"，学习的内在动力没有得到有效的激发。

2. 供需错配使教学支撑乏力，学术型教学的扭曲日益加深

当前英语类专业学术型教学供给与学生应用型学习需求之间存在错配关系，学生专业学习期待以应用为导向，但实际教学支撑乏力。例如，在对学生英语专业学习兴趣的调查中，有77.58%的学生认为能激发他们专业学习兴趣的主要因素是"教学内容的实用性与相关性"，这从某种程度上佐证了大多数学生选择英语类专业的动机——"易于就业"。有97.86%的同学认为"提升英语类专业知识的延展性与实用性非常必要"，有98.44%的同学表示"英语类专业教学中增加与行业相关的英语专业知识与技能非常必要"，有85.77%的同学对"英语类专业教学从 EGP 向 EGP + ESP 教学转型的态度非常欢迎"，但落实到实际教学当中，有7.99%的同学明确表示，其所在学校"能组织社会资源共同开发应用型

课程体系"，有不超过 25% 的学生表示其所在学校能提供实践教学工作坊。一边是 86.55% 的同学表示"英语类专业学习最重要的目标是学习与英语类专业相关的职业技能"，另一边是 63.55% 的同学表示"有考虑过转专业"，这足以证明当前应用型本科英语类专业教学难以支撑应用型英语人才的培养目标。应用性英语学习符合学生的学习需求也反映了当前社会对英语人才需求的社会发展新趋势，但由于供需错配，学术型英语教学对应用型人才培养的支撑力不足，使学生的学习需求无法得到有效满足，对学生、专业及学校的发展都造成无法估量的损失。

3. 理实脱节使相关实践教学环节缺失，学生毕业难成真才

当前许多学校的英语类专业教学重语言理论、轻语用实践，存在部分理论知识在实践中实用性不强、理论与实践脱节的情况，即便学生熟练掌握了语言理论知识，也未必能应付实践中出现的问题。如在英语类专业知识与能力的强调程度调查中，有 85% 的学生认为现有教学的重心在"语言学、文学及相关英语类专业基础知识"上。在对英语类专业实践性教学模式的调查中发现，仅有 27% 和 25% 的同学明确表示其所在学校会为学生安排实战专家讲座和模拟实训。在其他许多学校，实践教学多以偶尔的专业调研、学生寒暑期实践与兼职以及个人化的公司企业实习为主要形式。在专业考核方式上，也主要是以理论性考核为主，例如闭卷考试（占 78%）、课程论文或毕业论文（占 30%—36%）。英语类专业理论教学与实践难结合，造成学生无法在第一时间掌握语言应用要领，且实训课程标准不统一，校内理论、校外实习造成的理论与实践间隔长，都阻碍了学生语言应用能力的提升，客观上造成英语类专业应用型人才难觅的问题。

二　应用型本科英语类专业教学现状与问题

（一）应用型本科英语类专业教学现状

1. 英语类专业课程体系整体情况的评价

在对教师对英语类专业课程体系整体情况的评价调查中（如表 4—2—4 所示），有 68.19% 的教师认为当前英语类专业课程体系过于强化英语学科知识结构的逻辑性和系统性，有 46.66% 的教师对所在学校在组织社会资源共同开发应用型课程体系上的努力表示认同，有接近 60% 的教

师表示其所在学院目前采用的课程体系依旧是学术性课程体系，这在一定程度上说明应用型课程体系转型任重道远。

表4—2—4　　　教师对英语类专业课程体系整体情况的评价　　　（％）

题目＼选项	非常不符合	不符合	中立	符合	非常符合
1. 有助于复合型英语人才培养目标的实现	1.67	10.83	33.33	48.33	5.83
2. 有助于语言知识技能的掌握	1.67	1.67	21.67	62.5	12.5
3. 有助于专业情感旨趣的塑造	2.5	7.5	39.17	46.67	4.17
4. 有助于英语应用能力的培养	1.67	1.67	30	59.17	7.5
5. 有助于跨文化交际能力的习得	1.67	8.33	36.67	46.67	6.67
6. 能够体现本学科领域整体的继承性和发展性	1.67	4.17	41.67	47.5	5
7. 能够体现本学科知识结构的逻辑性和系统性	2.5	3.33	30	58.33	5.83
8. 能够体现对本学科知识的应用性和拓展性	1.67	8.33	34.17	50	5.83
9. 能够体现与相关学科的交叉性和综合性	1.67	10	40	43.33	5
10. 能够体现一级学科与二级学科课程组合的合理性	1.67	5	43.33	45	5
11. 能够凸显本校应用型人才培养的特色价值	1.67	10.83	31.67	46.67	9.17
12. 能够与本校学科特色发展的定位以及区域经济发展的优势相契合	0.83	8.33	31.67	50	9.17
13. 根据应用型理念构建应用型教学体系	0.83	14.17	28.33	49.17	7.5
14. 组织社会资源共同开发应用型课程体系	0.83	20	32.5	40.83	5.83
15. 定期调整、充实和更新应用型课程体系	0.83	11.67	32.5	48.33	6.67
16. 能够促进学生实践能力提升和终身可持续发展	0.83	12.5	35	45.83	5.83
17. 能够提高学生对社会需求的满足和社会发展的适应	0.83	8.33	31.67	51.67	7.5
18. 能够满足学生选课的多样化和个性化需要	0.83	14.17	33.33	44.17	7.5
19. 能够反映与学术研究型院校英语人才培养类型的差异性要求	0.83	10.83	30	50.83	7.5
20. 能够体现与学术性课程体系的合理区分度	1.67	9.17	40	45	4.17

2. 英语类专业教学体验

在对英语类专业学习体验的调查中（如表4—2—5所示），有85.00%的教师明确表示在教学中会向学生强调英语语用能力养成的重要性，但有89.17%的教师承认在教学中向学生重点强调语言知识的识记与语言文化的理解；仅有36.67%的教师表示具备与企业技术人员合作，设计开发英语教学的校企合作课程的能力；有2.5%的教师明确表示无法有效对应用型英语教学系统中的学习目标、学习者等要素进行分析与设计。

表4—2—5　　　　　教师英语类专业教学体验情况　　　　（%）

题目＼选项	非常不符合	不符合	中立	符合	非常符合
1. 我具有较为扎实的英语专业知识与跨文化交际能力	0	2.5	14.17	67.5	15.83
2. 我较为系统地了解语言和语言交际能力的本质、特点和规律，能自觉运用语言学方面知识指导英语教学实践	0	2.5	21.67	62.5	13.33
3. 我在一定程度上熟悉最新的外语习得理论，对英语习得和英语教学的特殊性有清楚的认知	0	2.5	27.5	56.67	13.33
4. 我能够有效地进行应用型英语教学系统中的学习目标、学习者等要素的分析与设计	0	2.5	28.33	57.5	11.67
5. 我能够根据就业市场的信息反馈及时调整教学内容	0.83	9.17	25.83	51.67	12.5
6. 我掌握应用型英语教学系统设计的基本理论和基本方法，具备应用型英语教学组织与教学实践的能力	0.83	5	18.33	58.33	17.5
7. 我拥有自行设计、开发应用型英语教学资源、积极参与英语教学资源建设的意识与能力	0.83	9.17	27.5	54.17	8.33
8. 我具有一定的英语教学法知识，能够根据应用型的特殊教学目标与教学环境，灵活运用现代化的教学方法	0.83	3.33	14.17	66.67	15

续表

题目＼选项	非常不符合	不符合	中立	符合	非常符合
9. 我能够熟练使用现代化教学系统支持英语教学与科研	0.83	0.83	21.67	64.17	12.5
10. 我能够为学生提供有针对性的课程学习咨询和指导	0	4（3.33）	10.83	70	15.83
11. 我在教学中向学生重点强调语言知识的识记与语言文化的理解	0	0	10.83	70	19.17
12. 我在教学中向学生重点强调英语语用能力的养成	0	0.83	14.17	63.33	21.67
13. 我注重培养学生的实践能力与动手能力	0	0.83	20	58.33	20.83
14. 我能够根据英语教学的实际需求，应用英语教学设计原理来开发适合于应用型本科院校的英语类专业教材	1.67	13.33	27.5	49.17	8.33
15. 我能够与企业技术人员合作，设计开发英语教学的校企合作课程	1.67	33.33	28.33	32.5	4.17
16. 我了解应用型英语教学评价的基本知识，掌握对教学过程、教学资源和教学效果的评价方法。	1.67	7.5	29.17	54.17	7.5
17. 我能够采用多样化的教学考评方式全方位考评学生的英语综合应用能力	0	4.17	17.5	64.17	14.17
18. 我能利用教学考评的反拨作用解决教学中的问题，完成教学中的信息评判、反馈、决策	0	5	19.17	64.17	11.67
19. 我能够根据学生评教的反馈信息，调整英语教学策略和方法，以提高教学效果，改进个人绩效	0	5	12.5	69.17	13.33
20. 在自我教学反思过程中，我能够对学生、同行等的评估结果进行客观总结，促进自身专业发展	0	1.67	16.67	65.83	15.83

3. 本专业主要教学环节（实习、实训模块）

在对英语类专业主要实践性教学环节（实习、实训模块）的调查中（如表4—2—6所示），有41%—45%的教师表示课堂教学技能实训（英语教育工作坊)、翻译技能实训（翻译工作坊）、外贸流程实训（商务英语工作坊）这种主要的实践教学环节随机性强，时有时无。有超过45%的教师表示计算机及网络辅助英语学习以及办公自动化却作为常规环节出现在该校教学实践中，以此来拔高实践教学的比重。有40.84%的教师在该校将军事训练作为主要教学环节上达成共识。

表4—2—6　　　　本专业主要教学环节（实习、实训模块）　　　（%）

题目＼选项	从未	偶尔	有时	经常	总是
1. 军事训练	20	25	14.17	16.67	24.17
2. 综合英语课程实训	5	13.33	30.83	28.33	22.5
3. 课堂教学技能实训（英语教育工作坊）	7.5	5	42.5	27.5	17.5
4. 翻译技能实训（翻译工作坊）	8.33	14.17	42.5	26.67	8.33
5. 外贸流程实训（商务英语工作坊）	12.5	13.33	40	26.67	7.5
6. 计算机及网络辅助英语学习	5	13.33	35.83	35	10.83
7. 办公自动化	12.5	10	33.33	30	14.17

4. 本专业主要实践性教学环节（见习、实习模块）

在对英语类专业主要实践性教学环节（见习、实习模块）的调查中（如表4—2—7所示），分别有55.84%和74.16%的教师表示英语专业认知实习和毕业实习是该校英语类专业最主要的实践性教学环节，有62.49%和53.34%的教师表示专业考察和模拟实训时有时无，有27.5%和22.5%的教师认为专业研习和专业见习这种实践性教学环节极为罕见。

表4—2—7　英语类专业主要实践性教学环节（见习、实习模块）　（%）

题目＼选项	从未	偶尔	有时	经常	总是
1. 英语专业认知实习	7.5	10	26.67	31.67	24.17
2. 专业考察	8.33	15.83	38.33	25.83	11.67
3. 专业见习	5.83	16.67	32.5	29.17	15.83
4. 专业研习	6.67	20.83	35	28.33	9.17
5. 毕业实习	4.17	3.33	18.33	35.83	38.33
6. 模拟实训	6.67	10	36.67	31.67	15

5. 专业主要实践性教学环节（毕业设计模块）

在对英语类专业主要实践性教学环节（毕业设计模块）的调查中（如图4—2—7所示），有100%的教师表示毕业论文是毕业设计的主要内容，在学术论文写作方面，有97.5%的教师表示该校将学术论文写作纳入毕业设计模块中。

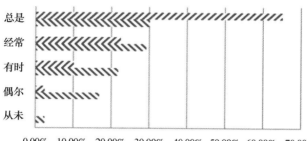

	从未	偶尔	有时	经常	总是
2.毕业论文	0%	2.50%	10%	22.50%	65%
1.学术论文写作	2.50%	16.67%	21.67%	29.17%	30%

图4—2—7　英语类专业主要实践性教学环节（毕业设计模块）

6. 本专业主要实践性教学环节（第二课堂模块）

在对英语类专业主要实践性教学环节（第二课堂模块）的调查中（如表4—2—8所示），分别有100%和95.83%的教师表示该校将英语技能竞赛和素质拓展作为第二课堂的主要模块，有90%和93.33%的教师表示教育调研和双创实践是其院校第二课堂的主要内容。

表4—2—8　英语类专业主要实践性教学环节（第二课堂模块）　（％）

题目 \ 选项	从未	偶尔	有时	经常	总是
1. 教育调研	10	17.5	34.17	31.67	6.67
2. 创新创业实践	6.67	15.83	41.67	27.5	8.33
3. 素质拓展	4.17	10.83	37.5	32.5	15
4. 英语技能竞赛	0	4.17	21.67	45	29.17

7. 英语类专业主要实践性教学环节及其教学模式（实践教学模块）

在对英语类专业主要实践性教学环节及其教学模式（实践教学模块）的调查中（如表4—2—9所示），有95.83%的教师表示他们所在学校将寒暑期实践作为本专业最主要的实践性教学环节和实践教学模块，有95%的教师表示其所在学校有专业模拟实训，有95%的教师表示会将兼职作为主要实践性教学环节。

表4—2—9　　　英语类专业主要实践性教学环节及其教学模式
（实践教学模块）　　　　　　　　　　　　　（%）

题目＼选项	从未	偶尔	有时	经常	总是
1. 实战专家讲座	2.5	13.33	45.83	30	8.33
2. 模拟实训	5	21.67	41.67	24.17	7.5
3. 社会调研	5	20	48.33	20.83	5.83
4. 寒暑期实践	4.17	8.33	35	30.83	21.67
5. 公司企业实习	4.17	12.5	43.33	29.17	10.83
6. 兼职	5	12.5	48.33	26.67	7.5

8. 英语类专业教学方式

在对英语类专业主要教学方式的调查中（如表4—2—10所示），有91%的教师表示课堂讲授仍然是该校英语类专业教学方式，有68%的教师表示小组合作学习在本专业教学中经常使用。有超过50%的教师表示专题研讨、案例教学、现场教学在该校教学中鲜有使用。

表4—2—10　　　　　　英语类专业教学方式调查情况　　　　　（%）

题目＼选项	从未	有时	偶尔	经常	总是
1. 课堂讲授	0.83	2.5	5.83	40.83	50
2. 专题研讨	4.17	13.33	49.17	23.33	10
3. 案例教学	3.33	14.17	39.17	30.83	12.5
4. 现场教学	7.5	18.33	29.17	25.83	19.17
5. 小组合作学习	1.67	7.5	24.17	49.17	17.5

9. 英语类专业教学考核方式

在对英语类专业教学考核方式的调查中（如表4—2—11所示），参与调查的教师均表示闭卷考试和毕业论文是各校最主要的考核方式。开卷考试仅在15%的教师所在学校中使用较多，分别有32.5%和21.66%的教师表示其所在学校将课程论文和调研报告撰写作为课程主要考核方式。

表4—2—11　　　英语类专业教学考核方式调查情况　　　（%）

题目＼选项	从未	偶尔	有时	经常	总是
1. 闭卷考试	0	0.83	5.83	41.67	51.67
2. 开卷考试	17.5	28.33	39.17	10	5
3. 课程论文	7.5	20.83	39.17	23.33	9.17
4. 调研报告	12.5	26.67	39.17	18.33	3.33
5. 毕业论文	0.83	5.83	7.5	27.5	58.33

（二）应用型本科英语类专业教学的问题

1. 应试教学倾向明显，应用理念转型困难重重

调查中，有84%的教师表示当前他们所在院校的英语类专业课程体系重点强调语言知识技能的掌握。现有课程设置缺乏系统性，片面地把英语作为简单的语言工具进行反复操练，学生人文素养欠缺，应试倾向明显，知识结构单一，知识面窄，除英语技能外基本没有相关职业和学术应用技能。此外，在主要实践性教学环节及其教学模式调查中，模拟实训、社会调研、实战专家讲座、公司企业实习的占比总体上低于30%，实践性教学难以落到实处。究其根本原因在于应试教学的根深蒂固与应用理念转型的困难重重。在许多人看来，掌握英语已经从曾经的一种经济优势沦落为现在的一种基本从业技能。这种技能通过专业四级和八级证书来证明，所以考级过关率成为教学行政部门专业排名的重要参照指标，也成为教师教学的一个重要指挥棒，对于学生来说，更是成为开启职业生涯的金钥匙。

与应试相关且不容忽视的问题是，虽然许多学生通过了专业四级、八级考试或者翻译、商务英语相应从业资格考试，但英语实际应用能力

却非常有限。无论是考试本身设计存在缺陷，还是社会对英语资格证书的盲目强调，都加剧了英语教学向应试教学的沦落。学生接触的不是想获得的语言素材，而是枯燥机械的习题练习，学生训练的不是使用语言的能力，而是考试通关的技巧。应试教学广泛的社会市场与众多忠实的拥趸者成为从应试英语教学向应用英语教学转型的最大障碍。要破除大众对应试教学的痴迷，应用型教学理念的转型虽长路漫漫，但势在必行。

2. ESP 课程似有若无，课程设置不尽合理

在当前轰轰烈烈的应用型转型背景下，为了推动英语类专业应用型教学转型，部分高校也把教学转型的目光投注到 ESP 课程的设置上。在问卷调查中，有 76% 的教师普遍认同 ESP 教学是提升英语应用性的重要途径。但在实际访谈中发现，英语类专业课程设置仍然是以 EGP 类为主，ESP 类课程似有若无。即使是情形较好的学校，ESP 课程也是以选修课形式出现，课程内容多以理论为主，实践教学未能有效跟进。这涉及英语课程教学的目标反思问题。如果课程教学目标瞄准"满足社会发展及个人发展需要"，那么 EGP 课程所提供的一般听、说、读、写、译能力培养显然是不够的，越多越全的课程设计也是有缺陷的。学生所需要的是突破系统性、完整性，"按照实用为主、管用为目的"的应用型英语课程内容把握好 EGP 课程内容的"度"，处理好语言基础与语言应用的关系，从而培养高质量的应用型英语人才。这客观上就需要解决教学标准与课时数量的矛盾，在削减 EGP 课的同时将课程教学的重心逐渐转移到 ESP 课程上来，由单纯的语言理论课程过渡到理论与应用整合，由过度的 EGP 教学过渡到 EGP + ESP 的协调互补上来。

3. 教学模式路径依赖，教学效果不甚理想

学术型英语教学与应用型英语教学存在诸多显著差异，如教学模式的传统与智能、课程内容的通与专、教学方法的单一与多元、考核方式的量化与质性等。在问卷调查中发现，教师基于教学的惯性仍沿用传统学术型英语教学的一套，欲将其强行移植到应用型英语人才的培养过程中。但培养目标与培养方式的严重错位挫伤了学生的学习积极性，使教学效果也大打折扣。此外，还存在一部分应用型本科，美其名曰采用 ESP 推进应用型教学转型，但因教学理念和各种教学条件的限制，无视 ESP

课程在教学方式、方法上的特殊要求，盲目转型。一般来说，ESP 教学模式是指以语域理论为指导，以培养特定工作所需的英语能力为教学目的，将英语教学的诸要素以特定的方式组合成具有相对稳定且简明的教学结构框架。[①] ESP 教学与 EGP 教学虽是英语教学的两个分支，但教学内容存在很大差异，其教学模式也各有特点。从宏观的英语教学过程模式来说，在其所包含的社会环境、预示因素、过程因素和学习效果这四个影响教学的可变因素上，社会环境要求教学要满足应用型英语人才培养的市场需求；教学预示条件（包括教师特性和学生特性）中对 ESP 教师的特性如语言背景、语言教学经验、语用水平等都提出明确的 ESP 教学胜任力的要求；教学过程因素对 ESP 课堂活动的实践性和应用性提出较高要求；学习效果因素要求学生获得较高的实际运用所学语言的能力。从中观大纲设计模式（教学法模式）来说，ESP 教学方法的调整与使用应当具有动态性与生成性的特点。从微观的课堂教学模式（教学实施模式）来看，语法翻译模式、浸没模式、交际模式、任务型教学模式以及其他以应用为导向的模式是 ESP 课堂教学的中心主导模式。对比理想的 ESP 教学模式可以发现，现行的英语教学模式相形见绌，存在静态封闭、陈旧落后和单一枯燥的重大缺陷。如果教学模式不能从宏观、中观、微观层面全面综合推进，如果教师还只是在具体琐细的微观环节上小修小补，或只采取徒有其形、空无实质内容的教学转型，英语类专业的教学效果不会得到根本性的提升，反而会因学习成果实用价值的缺乏而挫伤学生学习的积极性、主动性，增加学生的厌学情绪。

4. 应用型教材与双师型师资严重匮乏，教学转型空有其名

应用型教材与应用型师资是实现从学术型英语教学向应用型英语教学转型的关键。调查结果显示，在当下英语类专业应用型教学转型困难的情况下，也仅有 8.26% 的教师肯定地表示"自己能够根据英语教学的实际需求，应用英语教学设计原理来开发适合于应用型本科的英语类专业教材"；有 15.6% 的教师明确表示"自身掌握应用型英语教学系统设计的基本理论和基本方法，具备应用型英语教学组织与教学实践的能力"。应用型教材与应用型师资是教学转型的关键，而从高校英语教学的实际

---

① 郭剑晶：《专门用途英语教学研究》，知识产权出版社 2012 年版，第 138 页。

来看，这两方面问题都比较严重。首先，从应用型英语教材的供给与使用情况来看，存在可选性差、个性化不足、系统性弱和地方化缺失等问题。现有应用型英语教材可选择的范围比较窄，教材编写缺乏针对性，特色不明显，存在固有的滞后性。虽然有些学校在教学实践中会选择性地采用一些报刊英语、新闻英语等时事性的教学材料，以增强英语教学的灵活性和活力，但是这种做法缺乏系统性和常规性，较容易受材料的可获得性和教师的熟悉程度等变量影响，与教学目标之间很难建立稳定的联系，较难完全对接到学生现实的学习需要。加之实践技能培训内容的缺乏，更无法激发学生学习的动力。就教材的地方性特点来说，更是匮乏，且难以有效辅助地方应用型英语人才培养目标的实现。其次，从应用型英语师资的供给与储备来看，形势更不容乐观。英语类专业教师长期存在着从理论与实践素养到学历层次和结构都亟待提升的问题。从专业水平，包括语言知识、语用技能、跨文化交际理论和教学法知识等，到教学理念和教育观念，都难以适应应用型外语教育发展要求。主要表现在教师专业能力局限于单个专业，缺乏跨学科跨专业的融合能力，教师很难将英语语言知识与能力和具体的专业应用技能综合起来，这给 ESP 教学的实施设置了难以逾越的障碍。

5. 应用型英语教学理论研究薄弱，内涵式转型发展任重道远

全球化的强势进程促使英语教学的全球推广。这种推广不可避免地会经历英语语言学家 Kachru[1] 所提到的英语再生过程。这种再生是环境再造的产物，是语言本身及语言文化的归化。简而言之，就是英语的本土化。关于中国英语本土化以及中国英语教学本土化的理论研究目前仍比较薄弱。作为舶来品的英语教学理论虽然长期在中国被采用，但一直以来都很难与中国英语教学实践水乳交融，生发出具有中国特色的英语教学理论体系。当前中国处于转型升级的关键时期，应用型英语人才的培养实践，尤其缺乏应用型的英语教学理论指导，这也直接造成了中国应用型英语教学实践在盲区、误区、雷区中踽踽前行。可见，英语类专

---

[1]　Kachru B. Standards, Codification and Sociolinguistics Realm, "The English Language in the Outer Circle", In Quirk R. & H. Widdowson. *English in the World*, Cambridge：Cambridge University Press, 1985, pp. 11 – 30.

业应用型教学内涵式发展任重道远，从内涵式发展的内容或指标——教学质量和教学效益可见一斑。其一，从教学转型行动的过程来看，英语教学在教学硬件条件的投入与改善上数量多、力度大，但在教学理念与价值、教学制度与管理、教学思想与文化等软件的提升与改造上却是"穿旧鞋，走老路"；其二，从教学转型行动的内容来看，课程门类、课时数量、课程内容做出适当调整与删减，但教学内容的选择和设计与教学利益相关者需求仍相去甚远，教育方法的合理度有待论证，教师教学能力、科研能力等体现教学质量的指标过度量化；其三，从教学转型行动的结果来看，学生毕业率、升学率、就业率节节攀升，但学生终身学习能力、跨文化交际能力、职业综合素养、可持续发展能力等却表现平平。

第三节　毕业生社会需求与培养质量的现状与问题

为全面系统地了解我国英语类专业本科毕业生的社会需求和培养质量，本研究采用第三方机构——麦可思公司针对本研究所提供的支持性调查数据。

一　英语类专业本科毕业生社会需求与培养质量的现状

（一）就业状况

本科毕业半年后就业率分析

毕业半年后，即毕业第二年的 1 个月以后。麦可思公司在此时展开跟踪评价、收集数据的主要原因是，从不稳定到日趋稳定的就业过渡使毕业半年后的毕业生能够更真实客观地评估工作对个人知识、能力、素质的要求水平。

在对 2012—2015 届英语类专业本科毕业半年后就业率调查中发现（如图4—3—1所示），英语类专业 2015 届本科生毕业半年后就业率为91.5%，比 2014 届（91.9%）和 2013 届（91.6%）分别低 0.4 个和 0.1 个百分点，与 2012 届的 91.5% 持平。

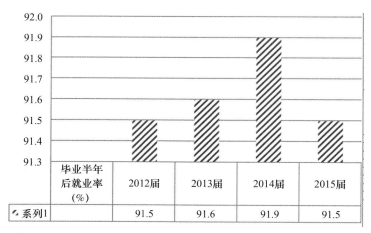

图4—3—1   2012—2015届英语类专业本科毕业半年后就业率的
变化趋势

（二）就业质量

1. 本科就业现状满意度

在对2012—2015届英语类专业本科就业现状满意度的调查中（如图4—3—2所示），英语类专业本科毕业生就业现状满意度从2012届开始基本上呈现小幅递增的趋势，四届的就业满意度分别是59%、58%、61%和63%。

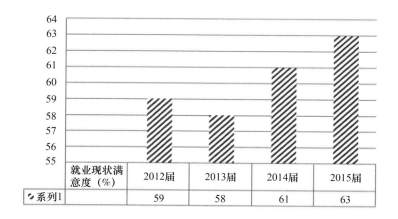

图4—3—2   2012—2015届英语类专业本科就业现状满意度

2. 本科毕业生对就业现状不满意的原因

在对 2013—2015 届英语类专业本科毕业生对就业现状不满意原因的调查中（如图 4—3—3 所示），英语类专业 2013—2015 届本科毕业生对就业现状不满意的最主要原因是"收入低"（占比分别是 67%、65% 和 63%），其次是"发展空间不够"（占比分别是 63%、63% 和 57%）。此外，"加班太多"与"工作能力不够造成压力大"两个因素的影响在这三届毕业生中总体上小幅度波动。"工作氛围不好"也在成为影响这三届毕业生就业满意度中不可小觑的因素。

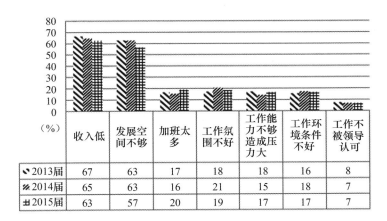

(%)	收入低	发展空间不够	加班太多	工作氛围不好	工作能力不够造成压力大	工作环境条件不好	工作不被领导认可
2013届	67	63	17	18	18	16	8
2014届	65	63	16	21	15	18	7
2015届	63	57	20	19	17	17	7

图 4—3—3　2013—2015 届英语类专业本科毕业生对就业现状不满意的原因

3. 本科毕业生就业选择与专业无关工作的原因

在对 2013—2015 届英语类专业本科毕业生就业选择与专业无关工作原因的调查中（如图 4—3—4 所示），英语类专业 2015 届本科毕业生选择与专业无关工作的关键原因分别是"专业工作不符合自己的职业期待"（30%）和"迫于现实先就业再择业"（30%），与 2013 届（31% 和 30%）基本持平；其次是"达不到专业相关工作的要求"（16%）和"专业工作岗位招聘少"（14%）。三届在此问题上的满意度排序先后基本一致。

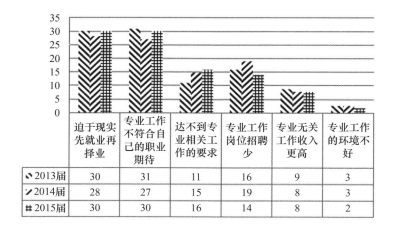

图4—3—4 2013—2015届英语类专业本科毕业生选择专业无关工作的原因

（三）就业特点

毕业生用人单位类型分布

在对2013—2015届英语类专业本科毕业生用人单位类型分布的调查中（如图4—3—5所示），"民营企业/个体"备受英语类专业本科毕业生的青睐，从2013届的49%攀升至2014届的57%，虽然在2015届小幅下

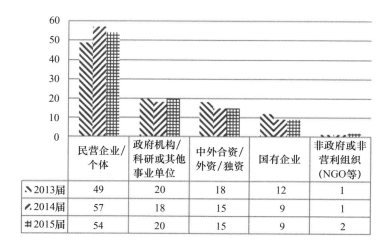

图4—3—5 2013—2015届英语类专业本科毕业生用人单位类型分布

滑至54%，但其发展趋势势不可当，成为吸纳接收本专业人才的主要场所。此外，"政府机构/科研或其他事业单位"，以及"中外合资/外资/独资机构"成为英语类专业本科毕业生用人单位的重要构成。"国有企业"和"非政府或非营利性组织（NGO 等）"在英语类专业本科毕业生用人单位的构成中也发挥了一定的补充作用。国企单位近三届从12% 小幅下滑至9%；在非政府或非营利性组织（NGO 等）的就业有逐渐突破之势。

（四）校友评价

1. 校友对母校教学的满意度评价

在对2012—2015 届英语类专业本科毕业生对母校教学满意度的调查中（如图4—3—6 所示），英语类专业本科 2012 届毕业生和 2015 届毕业生对母校的教学满意度为 87%，略高于 2013 届的 85% 和 2014 届的 86%。

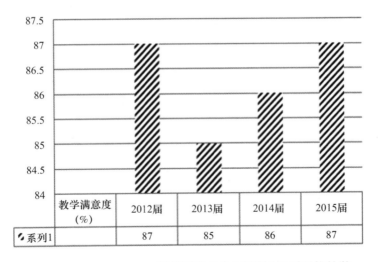

图4—3—6　2012—2015 届英语类专业本科毕业生对母校教学满意度的情况

2. 校友认为教学改进的方向

在对2013—2015 届英语类专业本科毕业生对教学改进的方向反馈的调查中（如图4—3—7 所示），2013—2015 届校友普遍认为母校的教学最需要改进的地方是"实习和实践环节不够"（71%—73%），其后依次是"课程内容不实用或陈旧"（44%—51%）、"无法调动学生学习兴趣"（40%）、"课堂上让学生参与不够"（25%—26%）、"课程考核方式不合理"（22%—23%）等。教师自身的专业能力和教学态度在校友的反馈中也有尚需提升的空间。

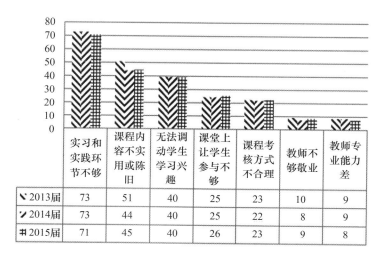

	实习和实践环节不够	课程内容不实用或陈旧	无法调动学生学习兴趣	课堂上让学生参与不够	课程考核方式不合理	教师不够敬业	教师专业能力差
2013届	73	51	40	25	23	10	9
2014届	73	44	40	25	22	8	9
2015届	71	45	40	26	23	9	8

图4—3—7 2013—2015届英语类本科毕业生认为母校的教学需要改进的地方

二 英语类专业本科毕业生社会需求与培养质量的问题

（一）英语类专业就业率呈稳定趋势，但专业竞争力日趋弱化

英语类本科2015届毕业生半年后的就业率为91.5%，近三届呈稳定增长趋势（2012届为91.5%、2013届为91.6%、2014届为91.9%），但与全国普通本科院校就业率平均值（2013届为92.3%、2014届为92.6%、2015届为93.01%）相比，差距更加明显。英语类专业高就业的风光在传统行业转型升级急需高端人才的当下颓势明显。当前英语类专业的就业率还能保持在相对较高的水平，与英语类专业就业面广的优势密不可分，这也是管理、语言、经济类这种"万金油"专业的共性。但如果英语类专业不通过转型发展提高自身的专业竞争力，专业热度就会逐渐下降，专业的可持续发展便会岌岌可危。目前，在全国31个省、自治区、直辖市中，英语类本

科专业已在河北、山西、内蒙古、吉林、浙江、江西、湖南、广西、云南、甘肃等省、自治区被列入就业率较低的本科专业名单。[1] 英语类本科专业竞争力弱化的趋势日趋明显，转型发展迫在眉睫。

（二）就业现状满意度适中，但就业质量亟待提升

英语类本科 2012—2015 届的四届毕业生就业满意度分别是 59%、58%、61% 和 63%。对就业现状不满意的最主要原因是"收入低"（占比分别是 67%、65% 和 63%），其次是"发展空间不够"（占比分别是 63%、63% 和 57%），还有"加班太多"与"工作能力不够造成压力大"等原因。大学生就业满意度，短期看薪资，长期看生活质量，就业质量与生活质量的关系尤其紧密。英语类专业毕业生需要更高质量的充分就业，而非被当成"万金油"，只能保证低质量的数量提升。随着就业和生活理念的转型，薪酬与发展空间相比，对个人而言可能价值就会有所降低，就业质量的内涵式发展需要学校教学方式、内容、手段等全方位的转型，由此才能兼顾就业数量与质量，从而提升毕业生就业满意度。

（三）教学满意度较高，但实践教学仍需加强

英语类本科 2015 届毕业生对母校教学的满意度为 87%，与往届（2012 届为 87%、2013 届为 85%、2014 届为 86%）基本持平。校友普遍认为母校的教学最需要改进的地方是"实习和实践环节不够"（71%—73%），其后依次是"课程内容不实用或陈旧"（44%—51%）、"无法调动学生学习兴趣"（40%）、"课堂上让学生参与不够"（25%—26%）、"课程考核方式不合理"（22%—23%）等。校友对母校教学满意度较高的原因除了情感的因素之外，可能最主要是基于对语言知识类教学满意度的评价，走入社会，走进职场，毕业生更真切地感受到了语言课堂和语用职场的天壤差别。无论是校友对实践环节的反馈意见，还是对增强课堂内容实用性的热切期待，都强烈表达出了市场对英语类学生核心专业素养结构调整的时代诉求。高校教学应积极回应社会需求，加强实践教学，更好地推进英语类专业应用型教学转型。

---

[1] 《教育部公布就业率较低的本科专业名单》，https：//www.sohu.com/a/145465882_393046. 2017 − 06 − 02/2017 − 11 − 01。

（四）就业数量与培养质量追踪及时，但需求分析与教学改革存在罅隙

每一年就业率和培养质量的数据都会获得全社会的追踪与关注，但如何有效利用现有数据提升人才培养质量，提高毕业生的社会竞争力和职业胜任力，却尚未找到破解之道。这其中最主要的原因可能是对于各层次的需求分析，如市场需求的深度分析、用人单位关注的员工职业核心素养分析以及学生学习需求分析等缺乏关照与互动，需求分析与教学改革存在罅隙。作为收集信息的基础活动，需求分析是为满足特定学生群体的学习需求或社会需求而制定课程教学计划的基础，是"需求分析—大纲设计—教材选择—教学实施"四步过程中的第一步。英语类不同专业适应的职业对主要任务、基本能力、核心知识、任职资格等的要求也不同，学校应根据不同专业毕业生从事的主要职业需求来改进教学的内容与方法，提升课程的适应度，以此促进需求分析与教学改革之间有效联通。

第五章

"双一流"卓越梦的辗转：
公办应用型本科英语类专业教学
转型研究

一次真正的危机意味着一个转折点，它是如此具有决定性，以致会导致该体系的终结，并被一个或更多的后继体系所替代。这种危机并不是反复（周期）发生的，它在任何一个体系的存在过程中只发生一次，并标志着该体系的历史终结。它不是一种迅速发生的事件，而是一个转型时期，是持续几代时间的一个长时段。①

——Ternce K. Hopkins, Immanuel Wallerstein
The Age of Transition Trajectory of the World-system

L 大自 1958 年创建至今，利用其独特的区位优势和较强的综合实力，扎根赣南服务苏区振兴 60 载。学校坚持"育人为本、质量立校、特色强校、和谐兴校"的办学理念和"以贡献求支持、以特色争优势、以创新谋发展"的办学思路，贯彻"以市场理念经营学校、以教育规律管理学校、以法治理念治理学校"的三大理念，实施"特色、人才、

---

① Ternce K. Hopkins and Immanuel Wallerstein, *The Age of Transition Trajectory of the World-system*, 1945 – 2025, Stanford：Stanford University Press, 1996, p. 134.

质量和开放"四大战略，突出"学科建设强实力、人才培养提质量、科学研究上水平、服务区域做贡献、发展成果惠民生"五大任务，强化"队伍、财力、条件、制度、党建、文化"六大保障，深化"治理体系、人才培养、学科与科技、社会服务、人事人才、综合保障、党建与思想政治"七大改革，努力实现内涵发展、特色发展和转型发展，以建设"综合实力省内一流、优势学科国内先进、特色领域国际知名的高水平理工大学"①。

风雨兼程半个多世纪，L大在多次的转型发展中，能够始终将企业的创新需要与自身优势相结合，秉承以"有色"为特色的办学优良传统，坚守"专业对接行业、学业对接就业、知识对接能力"的应用型特色发展之路。以应用技术开发为主突破口，积极探索产学研结合的新机制，积极应对因经济结构调整、增长方式转变所带来的挑战，主动把握国家发展机遇，强化服务经济转型升级的意识。该校创建之初是一所部属的冶金学院，发展至2004年，实现了办学史上的新跨越，经教育部批准，正式更名为L大学，由单一的工科院校转型为一所"以理工为主，工学、理学、经济学、管理学、法学、文学、教育学、艺术学八大学科协调发展，硕博研究生教育与本科教育并举的多科教学研究型大学"②。L大与时俱进，积极把握国家政策契机，在国家2012年6月出台的《国务院关于支持赣南等原中央苏区振兴发展的若干意见》号召下，稳稳立足J省区域经济发展需求，紧密追随赣南苏区振兴发展牵引，大胆地走出了一条从外延式发展向内涵式发展跨越的新路。该校自2013年成为J省人民政府、工业和信息化部、教育部共建高校以来，虽然经历了多次转型蜕变，但L大始终结合区域优势，紧紧围绕经济社会发展的实际需求设置专业，培养人才。正是因其在推动区域经济社会发展上始终如一的坚守与贡献，L大获得了苏区"威斯康星大学"的盛赞。③

---

① L大学简介，http：//www. jxust. cn/xxgk/xxjj. htm，2016 – 09 – 01/2017 – 11 – 28。
② L大学简介，http：//www. jxust. cn/xxgk/xxjj. htm，2016 – 09 – 01/2017 – 11 – 28。
③ 《打造区域特色的"威斯康星大学"——L大学助推赣南苏区振兴发展》，《赣南日报》2014年4月26日第2版。

第一节　L 大英语类专业教学转型的
制度供给

一　技术环境:"双一流"帽子

作为一所在省内具有一定影响力的教学研究型大学,L 大技术环境的典型特征是通过一流大学和一流学科的建设提升应用型转型的效率。

L 大是 J 省老牌理工科院校,为国家有色金属工业、钢铁行业和区域经济社会发展培养了大批人才。但在应用型转型的进程中,同样遭遇了一系列挑战。

首先,有色金属、钢铁等行业转型、升级发展的经济新态势,对 L 大转型发展提出了新要求。在当前经济新常态下,内涵式发展取代外延式扩张,这对有色金属、钢铁等传统产业结构和生产方式的转型升级提出了新要求。必须深刻把握与 L 大优势特色专业高度关联的有色金属、钢铁等行业转型、升级发展的新态势,打破传统办学模式和管理机制,大力推进学校在人才培养、学科建设、科学研究和服务社会方面的转型发展。

其次,高校竞争新格局对 L 大转型发展施加了新压力。在当前中国高等教育千帆竞发、同类院校百舸争流的时代大背景之下,可谓前有尖兵,后有追兵。虽然与国内同类兄弟院校相比,L 大在国家级科研平台建设等方面具有明显优势,但由于在非省会城市办学,区位劣势明显,高层次人才的引进与培养受到极大限制,在一流学科建设、特色专业建设、高水平原创成果、财政拨款、政策扶持等方面存在严重"短板",必须通过双一流建设实现转型发展和提质增效。

最后,国际化和信息化挑战对 L 大转型发展提出了新挑战。随着经济科技全球化的深入推进,人才和教育国际化势不可当,教育生产要素在全球流动成为必然。同时,互联网与信息技术的快速发展,大数据时代的到来,特别是 MOOC、翻转课堂等的出现,促使教育现代化成为现实。这既为优质教育资源全球共享、人才技术的国际化发展提供了难得的机遇,又对人才培养与师资建设提出了严峻挑战。高校国际化和信息化水平成为一流大学的重要衡量指标，以这些一流大学的指标为切入点，才能更好地实现 L 大的转型发展目标。

二　制度环境：单标准尺子

L 大选择通过推进"双一流"建设实现转型发展目标。但当前学校入选"双一流"院校的标准以科研为主要衡量指标，走研究型大学之路是建设世界一流大学的基本策略。① 2015 年 8 月《统筹推进世界一流大学和一流学科建设总体方案》出炉，2017 年 1 月《统筹推进世界一流大学和一流学科建设实施办法（暂行）》正式颁布，2017 年 9 月教育部、财政部、国家发展改革委联合发布世界一流大学和一流学科建设高校及建设学科名单。2017 年 6 月 J 省政府发布《J 省有特色高水平大学和一流学科专业建设实施方案》，明确"双一流"建设的"省域版本"，并通过政府财政支持、国家专项资助、社会筹措等方式进行资金的配套保障。资金分配主要以动态监测和过程评价为基准。以 J 省为例，高校"双一流"实行"一年一次数据报告、三年阶段成效考核、五年周期总体验收"② 的动态监测和过程评价机制，严格执行"不达标即出局"的规则。在政府及学校政策制度的引导下，L 大双一流建设和变革转型的制度环境与研究型大学如出一辙，都呈现出政策逻辑形塑大学发展行为的特征：为了进入"双一流"排行榜，得到各级政府专项经费的支持，L 大不得不接受相应的绩效考核，满足相应的指标要求。而衡量学校绩效的指标是科研论文和科技创新发明。这在客观上也推动了 L 大出台更能激励该校提高学术 GDP 产出的应用型转型制度，从而实现绩效考核达标与排行榜跃升的目的。这种只追求学术 GDP 单项指标的转型发展行为，不但引发教师急功近利的心态，客观上也导致不良转型文化的蔓延。正如学者王洪才教授所言："'双一流'建设的根本目的在于激发学术创造性并实现学术水平的跃升……传统的资源配置机制对学术创造性的束缚极大。它导致了'重科研—轻教学'现象无法根除，导致了管理主义盛行，也导致了

---

① 周光礼、武建鑫：《什么是学术评价的全球标准——基于四个全球大学排行榜的实证分析》，《中国高教研究》2016 年第 4 期，第 51—56 页。

② 《高校"双一流"建设"江西版本"出炉》，《江西日报》2017 年 8 月 24 日第 5 版。

大学科研重视计划指标完成而无法有效地回应社会需要的窘境。这一切都是大学行政化的必然结果,并形成了一个复杂的路径依赖系统。"① 因此,作为转型新制度的制定者,有责任创造健康良好的制度环境,培养教师的参与精神和责任感,只有他们内心渴望创造新的教学环境时,转型的行动才会产生真正的效益(见表5—1—1)。

表5—1—1　　　　　　L大教师额定教学与科研工作量要求

专任教师类别		额定教学工作量 (学时)(年)	额定科研工作量 (分)(年)
专任教师	普通教师	288	正高二级:38;正高三级:32 正高四级:24;副高五级:22 副高六级:20;副高七级:18;中级:12
	新进硕士及以下学历且助教及以下职称人员,在前两个自然年度	144(总工作量不超过288)	80
	新引进博士教师五年内	正高215,其他220	
科研岗人员	正高	60	正高二级:230;正高三级:210 正高四级:190
	副高(教授)		副高五级:180;副高六级:170;副高七级及其他人员:160
	中级(硕士)		120

资料来源:《L大2015年教师教学工作业绩评价指导性意见(修订)》〔2015〕13号。

---

① 王洪才:《"双一流"建设与传统路径依赖超越》,《高校教育管理》2017年第6期,第1—7页。

三　转型制度供给：追随战略

严密刚性的转型制度是实现成功转型的坚实保障。L 大转型制度的技术环境与制度环境保持高度的一致：技术环境层面通过双一流建设提高学术产出率，进而提高办学质量与效益；制度环境层面，国家和省政府出台相应政策，释放重视学术产出的信号。基于满足效率和合法性的双重要求，L 大采用追随战略，相继出台一系列以促进学术产出为核心的转型发展政策制度，取得了一些制度成果。但是不可否认，该校人才培养定位是应用型的，而现实的发展方向却是研究型的，在现实与理想方面存在严重的目标分裂，在制度制定上也呈现出对研究型大学明显的路径依赖，即在转型发展中采用对研究型大学的模仿型追随战略。

（一）科研导向的制度

为了最大限度体现制度的激励效应，L 大《教师绩效考核办法》经历了频繁的修订，科研成果衡定标准与评价方法每次都有变动，但节节攀高成为其总体趋势。专任教师按额定教学和科研工作量进行考核，对教师教学而言，只有数量的规定，而无质量的要求。对教师而言，主要的工作目标是完成科研任务，否则就要接受经济上的处罚和评定职称上的损失。

（二）精英化的教师准入制度

L 大对教师招聘设定了较为严格的准入门槛。在其《十三五规划》中明确了未来五年教师引进的目标与要求（如表 5—1—2 所示）：力争实现院士突破，新增"千人计划"、"万人计划"、长江奖励计划、杰出青年基金获得者等国家级人才 10 人以上；新增国家"百千万人才工程"人选 3 人以上；新增井冈学者、省主要学科学术和技术带头人、省青年科学家培养对象、省教学名师等省级优秀人才 50 人以上；获批"5511"工程创新团队 2 个；引进和培养 20 名清江学者、50 名清江拔尖人才、150 名清江英才；专任教师规模达到 1650 人，具有博士学位的教师占 40% 以上，其中海归博士达到 10%；教师中正高职称比例达 13%，副高达 32%，具有海外学习研修经历的达 20% 以上。致力于打造一支精英化的教师队伍。对实施人事代理制聘任的专职辅导员也要求其硕士为原 985 院校毕业，或为"双一流"建设大学且"双一流"专业毕业[①],除此外都要按雇员制聘任。

表5—1—2 　　　　　　　　　L大人才招聘类别及待遇一览表

人才层次	要求	待遇
第一层	院士	面议
第二层	杰出人才:国家"千人计划""万人计划"人选、"国家特支计划"杰出和领军人才、"长江学者"特聘教授、国家杰出青年基金获得者、中科院"百人计划"入选者	年薪50万元以上或面议;免费住房一套;安家费40万元以上;科研启动费:理工科300万元,人文社科80万元以上;安置配偶工作或享受配偶补贴
第三层	学科带头人:国家"青年千人计划"人选、"国家特支计划"青年拔尖人才、"百千万人才工程"国家级人选、"全国百篇优秀博士论文"获得者、教育部"新(跨)世纪优秀人才支持计划"人选	年薪30万—50万元;住房补贴40万元(或过渡房居住6年);安家费30万元;科研启动费:理工科100万元,人文社科40万元;视情况安置配偶工作或享受配偶补贴
第四层	学术骨干:40周岁以下,具有博士学位和副高以上职称,同时满足《L大学高层次人才引进暂行办法(2016年修订版)》规定的A类业绩或B类业绩条件	年薪30万元;住房补贴20万元(或过渡房居住6年);安家费20万元;科研启动费:理工科50万元,人文社科20万元;视情况安置配偶工作或享受配偶补贴
第五层	师资博后:海内外知名高校博士学位、学历	
第六层	优秀博士:海内外知名高校博士学位、学历	住房补贴20万元(或过渡房居住6年);安家费20万元;科研启动费:理工科10万元,人文社科5万元

资料来源:《关于印发〈L大"十三五"事业发展规划(2016—2020年)〉的通知》。

---

① 《L大人才招聘公告》,http://hr. jxust. edu. cn/info/1071/1434. htm. 2017 – 11 – 28/ 2017 – 12 – 15。

（三）学术导向的职称晋升制度

在 L 大的职称晋升制度中，对学历要求明确规定（如表 5—1—3 所示）：晋升正教授的申请者未满 40 周岁，未取得博士学位者，不得申报；但在三个级别中对专业工作量只有数量要求而无明确的质的规定。业绩条件和论文论著要求细致，向研究型大学职称晋升标准看齐。

表 5—1—3　　　　　　L 大专业技术工作量及业绩要求

职称	学历条件	专业技术工作量	标志性业绩条件（具备下列条件之一）	
			业绩条件	论文论著
教授	未满 40 周岁，未取得博士学位者，不得申报	年授课 60 课时以上 1. 一次教学质量评优 2. 担任研究生导师 3. 主持科研工作	1. 科研成果或省部级以上奖励（一等奖前 2 名，二等奖第 1 名）； 2. 参与完成国家级课题 1 项（前 2 名）； 3. 主持并完成省（部）级课题 2 项； 4. 理工科专业技术人员主持横向课题，单项课题到校可参与提成经费 20 万元（或累计到校可参与提成经费达 60 万元），其他学科专业技术人员单项课题到校可参与提成经费 5 万元（或累计到校可参与提成经费达 10 万元）	1. 国内外学术刊物上以第一作者发表本专业学术论文 8 篇以上（核心 3 篇以上）； 2. 论著：本人撰写 8 万字以上，并在本专业领域以第一作者发表论文 4 篇（核心 2 篇以上）； 3. 被 SCI、EI、ISTP 收录 3 篇以上或被 SSCI 收录，《新华文摘》《人大复印资料》《高校文科学报文摘》转载 2 篇以上（第一作者）

职称	学历条件	专业技术工作量	标志性业绩条件（具备下列条件之一）	
副教授	未满 40 周岁，未取得硕、博士学位者，不得申报	年授课 60 课时以上 1. 完成规定教学工作量，讲授 1 门专业基础课，或 2 门课以上，组织课堂讨论，指导实习、社会调查、毕业论文。1 次教学质量评优；2. 开展科学研究，取得较高水平的成果；3. 从事高校管理或思政工作，成绩良好	1. 科研成果或省部级以上奖励（一等奖前 5 名，二等奖前 3 名）；2. 科研成果获市（厅）二等奖 1 项或三等奖 2 项；3. 主持并完成省（部）级纵向课题 1 项，或市（厅）纵向课题 2 项，或校级课题 3 项；4. 理工科专业技术人员主持横向课题，单项课题到校可参与提成经费 10 万元（或累计到校可参与提成经费达 20 万元），其他学科专业技术人员单项课题到校可参与提成经费 3 万元（或累计到校可参与提成经费达 6 万元）	1. 国内外学术刊物上以第一作者发表本专业学术论文 6 篇以上（核心 4 篇以上）；2. 论著：本人撰写 8 万字以上，并在本专业领域以第一作者发表论文 4 篇（核心 2 篇以上）；3. 被 SCI、EI、IS-STP 收录 3 篇以上或被 SSCI 收录，《新华文摘》《人大复印资料》《高校文科学报文摘》转载 2 篇以上（第一作者）

续表

职称	学历条件	专业技术工作量	标志性业绩条件（具备下列条件之一）	
讲师		1. 公共课或基础课教师，独立承担1门以上课程教学，专业课或实践课教师，担任课程讲授工作，教学效果良好，教学质量评估良好以上； 2. 全过程地承担一门课程的辅导、答疑、实验实习等教学各环节工作； 3. 从事科研、管理、思政教育工作，取得较好成绩	1. 校级以上教学奖励； 2. 科研成果或校级以上教学奖励； 3. 作为骨干成员，完成校级以上科研课题	1. 在核心刊物上发表1篇（第一作者）或2篇以上； 2. 参与编写论著（本人3万字以上）

资料来源：《关于印发 L 大 2016 年专业技术职务评聘工作实施方案的通知》。

L 大作为理工科院校，双师双能型教师比例在发展规划中原设计为 40%，但在现有的职称晋升标准中，缺乏对双师双能型教师单独的职称晋升标准设计。制度设计中，规划年度考核结果、岗位聘任期满考核结果、单位目标责任制考核结果与绩效工资分配挂钩，做到岗责分明、责酬一致，逐步形成人员能进能出、收入能上能下的制度环境①，但实际结果未能如愿。现有的职称晋升制度学术导向占绝对优势，应用趋势不明显，存在规划不到位、发展错位的问题。

很显然，L 大的应用型转型套用的是对研究型大学的追随战略，发展道路具有明显的路径依赖特征。学校人才培养总体目标定位为：坚持立德树人，以培养德智体美全面发展，具有创新精神、创业意识、实践能力和"三实"特质的高素质应用型人才。② 英语类专业的人才培养目标是：注重语言技能、通用知识及专业知识教育的结合，培养熟练掌握英语语言基本知识和基本理论，扎实掌握本专业听、说、读、写、译五项

---

① 《L 大绩效工资实施方案（修订）》。
② 《L 大本科质量报告（2015—2016）》。

基本技能,具备较广博的社会文化知识,能在外事、教育、经贸、文化、旅游、新闻出版、科技等行业从事翻译、研究、教学、管理等工作的复合型应用型英语人才。① 但在教师绩效考核、职称晋升和教师准入制度上,都是以研究型大学的制度设计为标杆,对学校发展、教师转型来说,现有的制度设计都是"稻草人",从实质上根本起不到制度应有的引导与保障作用。制度不能说在嘴上、挂在墙上、写在纸上,当作摆设用的"稻草人",组织"效能革命"尤需找到合适的载体,将制度的执行与监督刚性化。② 只有这样,才能使法规制度具有权威性、强制性特点,只有通过切实执行,才能从"纸上条文"转化为"刚性铁笼",产生对人行为的约束力和规范力。③

对于本校应用型转型制度,教师们的评论起初比较缓和,但具体到教师的切身利益,尤其是谈到 2015 年为了适应转型发展的需要学校制定的《L 大绩效工资实施方案》时,教师的不满情绪就被点燃了。学校的初衷是希望通过实施绩效工资,建立和完善学校内部的竞争、激励和管理机制,但该方案过于重科研、轻教学的倾向,使教师对转型的失望、失败感和内心的愤怒喷涌而出,对立情绪明显。教师表达的意思简单而明确,感觉自己的转型是从"自由人"进一步沦落为"计件工":

> "我对学校实行的教师绩效考核体制非常失望和愤怒。他们只看数字说话,对于其他能够反映教师进步的表现性评估、标准化的评估一概不接受。他们会说'那又怎样?这都不是在评定指标范围内的,这能比得上拿国家级课题,发权威期刊吗?'这些才是管理者所关心的。学校引进了新教师,却并不全面地关心教师的发展,他们关注的焦点永远只是科研业绩。教师们对这些都非常清楚,这让我们很沮丧!"(I-L-M-T-1)

另一位教师对此也表达了自己的愤懑与无奈:

① 《L 大英语类专业人才培养方案》。

② 盛若蔚:《制度不是"稻草人"》,《人民日报》2008 年 2 月 26 日第 10 版。

③ 蒋艳明:《法规制度不能变成"稻草人"》,《战士报》2015 年 3 月 2 日第 3 版。

"手碰热水会烫伤，马路上随意奔跑会碰伤。如果教师转型中'非主流'的行为会导致外在的制度惩罚，那么制度的角色很容易由引导变成控制，教师就会从转型者变成逃避者。学校转型的相关制度要求教师遵守只关注外部控制系统的特定规章程序，对非主流的教师实施惩罚的后果，好像他们都是一样的，有相同的需要和意图。是不是可以称这些体系是表达异议的后果？生活没有一成不变的结果，但规章制度却以一种'放之四海而皆准'的模式运行。为了避免'表达异议的后果'，可想而知教师们会怎样地谨小慎微。"（I－L－F－T－1）

对于完不成科研任务的教师，制度会对教师进行"惩罚教育"，如扣薪金、降职称聘任等。对科研产出率低的教师而言，制度的"大棒"高高举起；对科研明星教师，制度的"胡萝卜"格外香甜。这种制度使人产生两种错觉：其一，应用型转型就是转做科研明星；其二，不转型或转型不成功的"非主流教师"理应接受制度规章的惩罚。但教师的转型发展也是教师成长的一部分，教师成长的真正意义应该是寻找自我在教学中的存在价值，促进自我觉醒。简单地说，就是在新的教育背景下，知晓自己对教学的价值使命，清楚自己想成为什么样的教师，并能把有"灵魂"的教学当成自我价值追求的目标。L大现行的转型制度在许多教师看来，是鼓励"失去灵魂的教育"，规训教师成为"单向度的人"，所以制度规定越多，对教学伤害越大。

第二节　L大英语类专业教学转型的制度认同

一　规则认知：学术交易

在L大一些英语类专业教师眼中，应用型转型就是另一波自上而下、强制执行的"时髦"项目。

"理工科院校本来就是应用型的，根本不存在向应用型转型的问题。学校现在的建设目标是高水平理工科大学，高水平最主要体现在哪里呢？就是高水平的科研。目前我校已有几个博士点，未来的目标是依托矿业、冶金、材料、环境科学与工程等特色优势学科，重点发展工程博士专业学位点。学校多上博点数,水平才能上档次,招生才能上台阶。这一切的实现都要靠教师用数字来说话。"(I－L－M－T－2)

目前,加大博士学位授予单位申报力度已成为 L 大发展的重要任务。为此,L 大采用"两手抓"战略。一方面,练内功,加强博士培养学科点的建设,高标准严要求实施博士学位授权点培育计划;另一方面,积极进行外部运作,将支持 L 大获批博士授权单位事项纳入省市苏区振兴重点工作,纳入省市会商事宜,纳入省部共建 G 市教育改革发展试验区联席会议重点推进事宜,力争成为苏区振兴部际联席会议调度事项并使该校博士学位授予单位申报享受国家优惠政策。

为了增加科研奖励力度,激发科研产出,L 大针对各种项目,分门别类制定相应的"价目表"(如表 5—2—1 所示)。例如,在 L 大发布的《科技和学科建设奖励办法(试行)》①中,奖励分为科研项目立项、科研成果奖、学术论文论著、职务专利及标准制定、科研平台、重点学科与学位授权六大类奖项。课题组立项奖的绩效奖励标准会按立项经费的6% 奖励给课题组。博士后基金项目(主持)每项 2 万元,国家级科研项目(主持)每项 5 万元,重点项目的奖励金额高达 10 万元,重大项目的奖励金额高达 20 万元。对论文的奖励规定尤为细致。

表 5—2—1　　　　　　　　L 大论文刊发奖励办法

论文类别	论文级别	奖励额度(元/篇)
自然科学类期刊论文	1. 在 SCIENCE 、NATURE 及 SCI 收录影响因子 IF ≥ 20 的期刊论文	100000
	2. SCI 收录的期刊论文:依据《JCR ＋期刊影响因子及分区情况》分类奖励	一区:20000 二区:15000 三区:10000 四区:5000 四区外:3000
	3. EI 收录的学术期刊论文	8000
	4. 《L 大权威期刊目录》内论文	5000
	5. 国外学术期刊论文	1500

① 《关于印发〈L 大学科技和学科建设奖励办法(试行)〉的通知》〔2014〕47 号,http://www.chinadmd.com/file/weusrwxaucizsixzaoztruui_ 7. html. 2014－04－12/2017－12－20。

续表

论文类别	论文级别	奖励额度（元/篇）
人文社科类期刊论文	1.《新华文摘》全文转载及《中国社会科学》发表的论文	15000
	2. 在社会科学引文索引（SSCI）、艺术和人文引文索引（A&HCI）期刊论文	10000
	3.《人大复印资料》全文转载的论文	5000
	4.《L大学权威期刊目录》论文	10000
	5. 在中文社会科学引文索引（CSSCI）来源期刊论文，在CSSCI集刊及扩展版期刊论文	5000和2000
	6.《新华文摘》《人大复印资料》部分转载的论文	2000（仅论文观点被转载1000）

资料来源：《L大2016年科研项目管理办法（试行）》〔2016〕31号。

在谈到学校目前转型发展的规章制度时，有老师无奈表示：

"目前这种体制让我很痛苦。它不会鼓励教师发挥积极主动性，去寻找满足学生需求和教师发展的办法，并且教师也没有机会去尝试其他方法，去了解自己的教学行为对学生产生何种影响，或思考如何提升教学质量。我们已经尽力而为，但是体制似乎非常庞大，奖惩理路根深蒂固，一想到改变这些将遇到重重阻力，我就感到非常失望与无力。我们教师每天都要受制于这样的制度约束，真的很让人痛心。"（I-L-F-T-2）

在这样的体制之下，"教学黑箱"的思想更是被固化。对于英语类专业教师而言，对现有制度规则的认同度极低。

"英语类专业属于软学科专业，不像教育学等学科那么容易发文章，更不具备自然科学这类硬学科的强创新优势，所以非常难发文章，年度考核、职称晋升，处处都靠课题论文，课题命中率如摸彩票,即使自己中不了,还可以请别人挂个名,但论文要求却是'一个萝卜一个坑',自己不发表绝对不行。高标准严要求的期刊自己力不能及,低档次期刊发来评职称又无用。所以只能找地方交易。虽然明知如此对教师自身以及学校无益,但在现有制度下,真是无奈之举。"(I-L-F-T-3)

许多教师对现有制度充满愤懑与无奈,更对自身发展灰心丧气。转型制度使教师所受的外在控制达到前所未有的程度。国家及省级教育相关部门、学校行政部门的每一项决策都影响着每个教师的发展转向。在各种规则、限制和目标要求交织的情况下,最容易受到损害的是教学本身。对此,一位教师深有感触,她在日记中表达了自己的看法:

"在这儿,教学变成真正的'黑箱'。真让人郁闷。什么都要看业绩,除了科研,教师们根本没有充分表现自己的空间。但我就是在这样的体制下工作,我对学生感到非常愧疚,我对他们卷面分数的判定将影响他们今后的出路。学生学了十多年的英语,却很少综合应用。教师在预先设定好的45—60分钟内,分门别类地讲授各门课程,课程之间的联系很难发觉。学生学到的是支离破碎的语言知识,很少应用于实际。机械的语言操练使学生成为笼中之鸟,失去了飞翔的意愿。从学生们会说话的眼神中你会发现,现有的教学是多么令人挫败和抓狂。许多学生虽然坐在教室里,但心思早已不在这里。教师又何尝不是这样呢?"(I-L-F-T-4)

这位老师感到沮丧的一个重要原因是她"在这种体制下工作",如果要给自己创造一些很重要的机会,就得把心思多放在科研而非教学上。但作为教师,忽视了本职教学良心又会隐隐作痛。在公办院校中,很多重要决策都是由行政管理人员制定,这些自上而下的决策会形成一些规章制度、政策或者教学目标传达给工作在一线岗位上的教师,要求他们必须服从或者完成,其中就包括课堂上教什么、怎么教。这就是现行教育制度的一个关键的缺陷:大部分教师所教的内容和学生所学的内容都是强加给他们的。人一旦被强迫去做某件事情,就只能看到两种可怜的选择：要么屈服，人变得顺从、冷漠；要么反抗，人变得憎恨、偏执。任何形式的强迫都让人缺乏安全感，这非常不利于教学转型，更不利于学生学习。

实例：

访谈中许多老师认为，英语类专业教学就是为了提高学生语言应用能力，而提高应用能力的最直观、最见效的方式就是聚焦提升学生英语听、说、读、写、译的语言基础技能。教师们降低了对应用型英语人才能学会什么和能做什么的期待，这使得英语教学的灵魂与精华—创造力—已经枯竭。这种故意压低应用型人才培养期望的做法，根源在于许多教师害怕在教学转型中尝试创新型的内容或方法，由此有可能给组织和自己招来麻烦。一名《英美国家社会与文化》任课教师说："我再三思考我的教学，在课程计划中检查是否存在有太大争议的内容，尤其是涉及不同国家价值观和意识形态的敏感内容，如果有，我就会选择删除或尽量回避它。争议无法很好地解决就会使自身教学能力招致质疑，创新如果无法立竿见影就会耗时费力不讨好，满满的学期课时安排不能如期完成自己的教学考核都难过关。按部就班才是万全之策。"

应用与转型创新本身并非矛盾对立。如果学生在学校不急于把握判断与决策的练习机会，那么将来他们如何进行决策？学校并不是真空社会，走出校门后学生很快就会面临一个更充满争议的世界——政治、社会、国际和个人的各种问题。他们将深陷于决定和选择之中，所做的决定将影响到他们自己的生活、家庭以及社会。假如这位教师对教学转型如此畏惧，循规蹈矩如此坚定，那么学生在学校里就无法获得他们为适应复杂社会生活而进行提前演练的宝贵机会。他们无法参与对有争议性问题的解决，无法学习如何进行负责的决策，并承担由此带来的各种结果。另一位身为教师的家长在谈到儿子未来的大学教育时忧虑地表达："我希望他能获得对各种意见进行评判和独立思考的鼓励式而非压制式的学校教育。不会思考、不会决策的人注定被宰制。"

教师基于制度压力舍弃对学生应用性与创新性的必须培养，去追求自己所谓的"教学安全"和"不麻烦"，必然会给学生传递错误的教育思想，误导学生以为循规蹈矩便可获得稳妥知识，探究和发现的过程完全可以省略。学生探究的兴趣被剥夺了，书本上的知识更神圣化了，学习也就失去意义。这种急功近利的反常识教学，最终只会导致反智主义。

如果学校教学转型制度建构与供给不是基于保障教师教学自由与权利的初衷，不是从保护学生健康全面的目标出发，反而沦为迫使对教学转型制度产生认同的强制性"制度工具"，这样的转型行为本身就使人羞愧，而如果对这些违反教学规律的现象习以为常，那则是教学转型的最大悲哀。

二　利益认同："有之以为利"

L大英语类专业教师对应用型教学转型制度的利益认同虽然存在着维度、层次的差异，但对配套的激励制度，即使认为是"撒胡椒面式"的奖励，只要能给个人利益带来些许提升，大多数教工就表现出认同强化。

换句话说，无论教师个人在教学转型中的参与度、融入度有多高，由搭乘转型便车所顺带而来的利益，如参与转型培训、外出深造学习对个人能力的提升或升迁资源的积累等，都给个人带来了实实在在的利益满足。在这种意义上，教师认为应用型教学转型于个人而言，"有之以为利"[①]：

> "为了推进应用型教学转型，学校和学院也制定了一些配套的实施方案，就教师转型发展这一块，也有专门的培训项目。我不认为参与这些项目对自己教学转型有立竿见影的实效，但参与了多多少少能了解教学发展前沿，对自己肯定多少是有利的。至于最终要不要、能不能在自己的教学中落实，还要看具体情况。"（I－L－F－T－5）

[①] 出自老子《道德经》第十一章。"三十辐共一毂，当其无，有车之用。埏埴以为器，当其无，有器之用。凿户牖以为室，当其无，有室之用。故有之以为利，无之以为用。"楼宇烈：《老子道德经注校释》，中华书局 2008 年版，第 26 页。

在当前应用型转型的背景之下，传统稳定的教学环境已经不复存在，教学范式与路径等都发生了深刻变化。以某些经典的游戏为例，虽然游戏名号没有变化，但在过去 20 年里，游戏的规则、剧本、装备和场地却都改变了。[①] 对教师而言，把握教学前沿信息，相时而动，才能掌控自我发展的主动权。L 大教师对应用型教学转型制度有如此的利益认同，是推拉理论作用的结果。一方面，应用型教学转型改变了传统教学原有的利益格局，教师间利益关系产生新矛盾。由于资源的紧缺性，教师在绩效工资、职称晋升上的竞争日渐白热化，在学校教育教学改革中不落伍才会赢得参与竞争的入场券，这是教学转型中利益认同的推力。另一方面，公办地方应用型本科院校旱涝保收的体制机制与学术化的师资结构特点决定了教学转型的艰巨性与复杂性。受惰性思维和教学惯性的影响，教师在教学转型中表现出观望、犹豫甚至是反抗的态度。但在一定强度的利益刺激下，可能会出现不同程度的态度改变。这就是教学转型中利益认同的拉力。这两股影响应用型教学转型的推力与拉力，在利益认同上聚合在了一起。

三 信念认同：一切齐备的"迷宫"

在 L 大应用型教学转型中，许多教师认为，学校在制度设计上貌似一切齐备，但实如"大迷宫"，使教师"兜兜转"，无所适从。借用某些教师戏谑的说法：

"执行者难辨东南西北，决策者只道前后左右。"（I－L－M－T－3）

对应用型转型的制度认同评价，长久饱受教师们争议。回溯近两年来学校发展的轨迹，教师觉得学校"双一流"建设和应用型转型的大战略未能让教学质量从实质上有多少提升。宛如迷宫一样的转型路线图，一方面迷惑了教师在教学转型方向与路径上的抉择，另一方面更折射出学校的自我"迷失"：重学术排名和资源获取，轻教学质量和学生发展。这是一种典

---

① James R. Davis, Bridge D. Arend, *Facilitating Seven Ways of Learning: A Resource for More Purposeful, Effective, and Enjoyable College Teaching*, Sterling, VA: Stylus Publishing, 1988, p. 1.

型的"教育财政"和"学术GDP"思维。有些教师对此表示：

> "学校应用型转型战略设计开会时候讲起来条分缕析，头头是道，但当要求落实到具体的教学行动中，教师就觉得如同盲人走迷宫，无从开始。这是因为制度设计的目标是要求教师进行应用型教学转型，指示路标却是与之相背离的学术化路径。目标与路径的南辕北辙使一切齐备的制度、政策和规则如同摆设，我个人越来越深刻地感受到自己在教学转型中的迷茫与困顿。"（I-L-F-T-6）

的确，对每一位奋斗在教学一线的应用型本科教师而言，从学术型教学向应用型教学转型是一件痛苦的事情，这意味着对原有教学范式的自我否定。这是一个凤凰涅槃的过程，痛苦与成长相随，毁灭与新生相伴。教学范式转变、效果提升都离不开教学创新。但面对一个缺乏清晰目的和明确路标指引的教学转型迷宫，教师不得不在黑暗中摸索，犹犹豫豫，走走停停，面对一个个突如其来的新情况充满着迷惑与困顿。它挑战着教师的耐性，拐弯抹角地考验着教师的教学智慧。对转型制度的多种信念认同渐渐将教师推至一个个不同的形象：一个迈入教学迷宫的探索者，一个对教学失去信心的逃避者，一个冷眼旁观的中立者，一个兜兜转转的迷茫者……

实例：

【教学反思日志】构词法学习与应用的关系——对应用型英语教学的新认识

【课程名称】*English Lexicology* 英语词汇学

课程名称	英语词汇学	任课教师		上课时间	
授课内容	*Word Formation* 词的构成方式				
教学反思	英语构词法学习与应用的关系——对应用型英语教学的新认识				

　　本周授课内容主要是英语词汇的构成方式。这一段教学突然让我认识到，教学基本上可以分为处于同一连续体上的两种类型。该连续体的一段是无意义的词后缀学习，诸如记住 ent、ant、ion、ess、eur 之类的后缀。此类任务比较难，因为这些后缀可以说没

有任何意义，要记住不容易，即使记住了也有可能很快忘记。遗憾的是，我们英语类专业有许多这样的课程，如语音课等，学生在这样的课堂上学习的许多材料就像这些无意义的后缀一样复杂而无趣。它让学生的专业学习有种挫败感——课堂上所学的大部分内容就像这些后缀一样没有意义。难道我们教师的教学也是在做无用功吗？如果教师只机械地教，学生只机械地学，这样的教与学只涉及脑：它发生在"脖子以上"，没有任何情感卷入，也没有任何个人意义，它与整体的人没有任何关系。与之相反，还有一种重要的、有意义的经验学习。某个辛辛苦苦掌握了"英语阅读技巧"的学生，有一天被某本笑话书或历险记迷住了，她意识到文字是多么的神奇呀，可以将她带入另一个世界。她现在真正学会了阅读。这些通过亲身体验学到的知识是不容易忘记的。在思维和情感都参与的学习中，才能发现对自己有重要意义的东西。

教学不是将学生这些无助的个体牢牢地绑在凳子上，再将一些无趣的、枯燥的、毫无价值的、学过就忘的知识灌输到他们的脑子里。真正的教学是，鼓励学生受永不满足的好奇心的驱使，不断去吸收他们看到的、听到的、读到的和摸到的一切有意义的东西，进行应用型学习。所以，应用型教学包含的要素：通过学以致用提高学生学习的投入度（包括情感和认知）；通过给予体验式学习的机会激发学生学习的内在动力；通过渗透性的实践活动安排引起学生在行为、态度的改变。通过这种教学培养出来的学生会进行真正的"学习"，他们会告诉你："我正从现实世界发现和汲取知识，并运用实践将它们变成我自身的一部分。"于是教学真正的价值就彰显出来了。

但是，如何才能将这种"脖子以上"的空想付诸现实世界"完整人"的培养呢？这是一个大问题……

的确，诚如这位教师教学反思日记中所言，教与学同应用紧密相连。真正的教师是那些教会学生如何学习的人，那些教会学生如何适应改变的人，那些告诉学生没有任何知识可靠、只有探寻并应用知识的过程才可靠的人。而这些教师对于怎样从教学理念到教学实践进行彻底的应用型转型，自己尚处于迷局当中。如果 L 学院组织关注教师转型发展的促进——教师怎样教学转型、英语类专业为什么要进行教学转型、英语教学转型转什么、以何种方式进行教学转型尤其是学术性相对较强的课程教学转型（如英语语音、英美文学、词汇学等）、教师从内心如何看待教学转型以及学生对教学转型感受是什么——英语类专业应用型教学转型才可能走上一条成功之路。

一般来说，方向和路径选错了，等来的就是没落与淘汰。但大多数高校的没落，主因还不是错选了方向和路径，而是归咎于信念不坚、彷徨犹豫，在三心二意、优柔寡断的决策中浪费了转型发展的良机，辜负了组织成员的信任期待，最终也断送了学校的前途命运。所以说，最大的死亡威胁莫过于看似稳当的原地不动。

第三节 L大英语类专业教学转型的行动选择

一 画地为牢

在L大英语类专业教学转型中，部分教师拒绝尝试教学转型，更体会不到教学转型的艺术。所以，当他们想要去履行他们的责任时，往往感到疲惫不堪，他们在吃力的工作上耗费了精力；或者他们习惯于变换问题解决方法，试了这个方法又试那个办法——这是对于时间和精力的一种辛苦的浪费。[①] 造成的直接后果就是，曾经的热情渐渐消耗殆尽。一位教师就这一问题真实地吐露出她的心声：

> "从学术型英语教师向应用型英语教师的转型竟让我经历了哈姆雷特的纠结：to be or not to be[②]。政策文件中的应用型转型要求是短短的几个字，但对于我们这些长期在英美文学、语言学教学圈里打转的教师而言，无异于从生到死的差异。生：我想到冒险、困顿、冲突、改变、行动、成长和选择。死：我想到僵化停滞、懈怠懒散、无冲突、被控制的情感和别无选择的无助——相信只有一种转型思考方式，只能有一种感受，无奈的是，选不选择，结果都使我厌倦。"（I－L－F－T－7）

对于身处类似L大这类公办应用型本科院校的教师来说，事业编制的待遇，稳定的收入，这个令人向往的"铁饭碗"意味着一岗保终身。教师既没有"非升即走"的业绩压力，也不会随时遭遇解聘的职业威胁，求稳定求安全成为许多教师普遍的职业发展心态。所以，他

① ［捷］夸美纽斯：《大教学论》，傅敢任译，教育科学出版社2014年版，第7页。
② 出自莎士比亚戏剧《哈姆雷特》中经典台词 To be, or not to be——that is the question，意为活着还是死去，这是一个问题。

们一切的行动选择都以力保安稳为目的。一些老资历的教师更认为：

> "硕士学位和 20 年教龄所换来的教授资历对于现在的我来说
> 已经足够。和年青一代的教师一起转型发展，我并不感兴趣。我
> 这样一个中老年人的思想已经跟不上年轻人的想法了。我已经有
> 足够的经验与技能完成我作为一名英语类专业教师的职责，我不
> 需要进行教学转型。"（Ⅰ－Ｌ－Ｍ－Ｔ－5）

正是为了保证教职的稳定性，许多教师还通过要求学生学习他们
擅长的科目来证实自我所谓的教学胜任力，以致不同科目所要求的课
程成为不同教学层次的教师用来维持自我服务需求的工具。即使在他
们所教的内容并非学生必须掌握时，情况亦不例外。例如，某一群体
的教师擅长英语语言学，而他们又要尽力确保职业的稳定，这样就促
使他们断言每个学生都有必要精学英语语言学，学术型人才与应用型
人才都概莫能外。因为学生已经入校，可以通过假定这样做就能培养
出高素质的英语学习者，而使教授像英语语言学类似的学术型科目泛
滥化。结果，所学非所用、所用非所学的情形就出现了。在学校转型
日益深化的今天，教学过程有待于满足与此前完全不同的教学需求，
而这一需求必须经过教学转型来实现。无论身处何种体制下的教师，
与时俱进都应当是基本的教学认知。

二　舒适地协作①

用"舒适地协作"一词来表述 L 大英语类专业教学转型中部分教师
的行动表现再合适不过了。这类教师以"舒适地协作"来迎合上级教学
转型要求，进行协作伪装。在正式的教学转型活动中，"舒适地协作"就
是一种"人为的教学转型"，它并不是真正意义上的教学转型，只是呈现

---

① 这一词语借鉴于 Day C. 在 1999 年出版的 *Developing Teachers：The Challenges of Lifelong Learning* 一书中对教师间"舒适的合作"这一协作文化的指称。"舒适的合作"原意是指教师合作是建立在实时、短期和实践问题的基础上，拒绝进行系统批判的探究。Christopher Day，*Developing Teachers：The Challenges of Lifelong Learning*，London：Falmer Press，1999。

出"一团和气"的表面转型协作即可，无须在教学中费尽心思地寻求转型。"一团和气"的行为背后是教师以顾全面子为前提的协作关系，是一种彼此"舒适地协作"，也可以说是一种逃避教学转型困难的集体偷懒行为。L大英语类专业教研室评课活动记录中都能感受到这种自上而下、团结一致的"舒适地协作"气息。下述内容是L大英语类某专业教研组活动的观察记录片段：

> 教研室主任：刚才我们请L老师结合外出访学经验，为我们上了一堂应用型教学观摩课。现在谁来给她提提意见，替她"捉捉虫"？
>
> （原本耳语盖过主讲声音的会议室瞬间寂静下来……）
>
> 教研室主任：请大家把手头的私活放一放，注意力集中一下。（几位住在高校区外的教师每周都是利用这个教研会的黄金时段批改作业、试卷。大多数"低头族"在刷朋友圈，教研室主任提醒后，他们都停了下来）
>
> 教研室主任：谁来说说？（依旧沉默……）那我就点名啦！A老师，你来谈一谈。
>
> A老师：哎呦！要我来说呀？我也说不好，就简单说一点吧……总之，L老师向我们提供了一个应用型英语教学的新范本，我们应当向她学习。
>
> 教研室主任：其他老师还有什么补充意见吗？
>
> 教研室主任：没有了吗？那这次教研组活动到此结束。
>
> （一片热烈的掌声后，教师们都急匆匆地赶校车回家去了……）

在以教研转型实践观摩为主题的教研组活动中，教师间以及教研室主任与教师间"舒适地协作"在"点名"行为的维系下得以顺利展开。但它实际上产生了不良的影响，不但起不到启发教学转型思考的作用，反而会因为形式化的需要，使这项原本具有实践探索意义的活动变成"教而不研，听而不评"的样板课，教师的交流或流于形式或隔靴搔痒，最终导致一个尴尬现象的出现：先进院校"做菜"，外出培训教师"端菜"，而真正应受启发引导付诸转型行动的教师却只情愿被"喂菜"，至于能否消化，这都无所谓，反正没有后续检查与效果追踪。教师间甚至是教学管理者与教师间在本应积极探索、质疑批判或建议纠正、提升改善时，却一味追求"一团和气、省事方便"的协作配合。

"舒适地协作"对尝试教学转型的教师是否也存在伤害呢？A 教师在访谈中的一席话也表现出格外的"大度与体贴"：

> "英语教学转型是一个不断实践探索的过程。外出参访的短短数天，并不能给我带来太多实践上的提升。主任按学校要求布置我上教学转型的观摩课，我也是勉为其难交差吧。让同事给我的示范教学'捉捉虫'，大家不踊跃，我充分理解。毕竟都是同事，说多了彼此面子上都过不去，更何况我也是替大家出头，应承了这份苦差。这样在观摩课上演示配合一下就好，要是让我天天这样演课，我可奉陪不起。"（I-L-F-T-8）

作为教学转型"舒适的协作者"的教师隐藏了教学转型的真实意见，使校、院管理者只关注到了教学转型"风光的一面"，主动关闭了表达实际困难和问题的反馈渠道。教师这种"舒适地协作"行为固然是其拒绝困难、躲避责任的心理作用结果，也与公办院校自上而下的强管理制度文化紧密勾连：为了满足自我需求，很多教师经常说"好的"。当管理者要求他们进行教学转型时，管理者会乐意听到他们说"好的"。但当教师本可以对管理者的要求说"不"时，管理者却没有很好地明白教师为什么说"好的"，这一点更重要，也更困难。管理者在这个时候所做出的反应会让教师知道他是否像重视他自己的需求一样也重视满足教师的需求。如果管理者请教师做一些管理者想要教师做的事情——通过让教师感到内疚、责备、羞辱或者惩罚等手段——那只是满足了管理者自己的需求。管理者想用自己手中的行政权力达到教学转型的目的，教师以"舒适地协作"曲意逢迎便不难理解了。

三 疑惑地叛逆

弗里德曼在他的《疑惑的叛逆者》一书中谈道："随着上帝已死，现代人出现了一系列的困惑——疏离、分裂的本性、个人自由与心理冲动之间无法解决的冲突紧张。"① 这种感受在 L 大英语类专业部分教师教学转型实践中,得到了充分的展示。由于对应用型英语教学持有不同意见,一位青年教师就被贴上了"疑惑的叛逆者"的标签:

> "我认为英语类专业人文学科属性不会因为外部市场或政策环境的改变而改变。在'制器'与'育人'之间我更倾向于'育人'。为了响应应用型转型的国家号召,就必须实施应用型英语教学转型,教授给学生近期有形、有用的东西,而轻视对学生长期的无形、'无用'的学术性、文化性东西的熏陶,我对此深表质疑。我们现在的英语类专业教师,又有哪一位是通过应用型教学方式培养出来的?我们现在依然可以胜任教学,难道说没有接受应用的培养,我们就不具备应用的能力吗?这源于一个根本性而又被大家刻意忽略的问题:我们英语类专业为什么要转型?怎么可能给'今天的学生'教'明天的知识'?有知无识,你所教的,或许只是'一次性用品',难道这就是'应用'?"(I-L-M-T-4)

正是对英语类专业属性的质疑,使这位教师公然拒绝加入应用型教学转型的行列。个人秉直的个性和精英高校多年的学术锻炼经历,使他也不屑于加入"舒适的协作者"行列,而是旗帜鲜明地固守自己传统的学术型英语教学路向。所以,在转型如火如荼的当下,他以及少数理念相同而又未敢公然对应用型教学转型表示反抗的这一小部分人,被贴上了转型制度"越轨者"或"叛逆者"的标签。这种诊断性、贴标签式的下结论对他们造成了严重的负面影响。美国教育家苏拉·哈特说:"要建立一个和平的世界就需要消除那些责备、羞辱、批评和苛求的语言——这类语言往往以习惯性思维为基础,妨碍人们爱心的流露,容易导致暴力。"② 这也就是为什么背负了"疑惑的叛逆者"这样的标签后,这类教师更坦然以一种"无声的暴力"的方式拒绝做任何与应用型教学转型相

---

① M. Friedman, *The Problematic Rebel*, New York: Random House, 1963, p. 251.

② Sura Hart and Victoria Hodson, *The Compassionate Classroom*, New York: Independent Publishing Group, 2004, p. 2.

关的事情，即使经常被领导"重点关照"。在访谈前，领导就特意叮嘱笔者本人给这位老师做一次教学转型的心理咨询，争取能够最后"挽救"他。[①]

其实，引发该教师在应用型教学转型问题上被贴上"疑惑的叛逆者"这样的标签，无非是他认真思考了一个教学转型的根本动机问题——为什么英语类专业要转型？那么教学转型是不是要革学术型英语教师的命？是不是要剥夺他们施展才华的空间，将他们逼迫到应用转型的新荒地？这是引导教师打开心结，实现转型发展的基础前提。此心结绝非该教师独有，只是他更敢于替大家表达质疑。存疑而得不到释疑，叛逆更饱受质疑，愤懑与不满的情感种子就此在心中生根发芽。根据教育和大脑研究的相关数据显示，大脑中情感的影响非常大，负面情绪比如敌意、生气、不满、焦虑会自动把大脑调整到只思考基本生存问题的状态。在《情商》一书中，丹尼尔·戈尔曼称这种现象为"情感劫持"。戈尔曼指出，人在非常强的负面情绪的压力下就会分泌出一种荷尔蒙，使人准备投入斗争或逃避。[②] 所以，当一场暴风骤雨般的教学转型运动强势压来时，无论是作为"舒适的协作者"的教师还是作为"疑惑的叛逆者"的教师，他们都身处于相同的高度警惕和急需安全的状态，差别只是他们选取了或逃避或斗争的不同应激策略而已。遗憾的是，在此过程中他们对教学转型的好奇心和求知欲都被掠夺了。

第四节　L 大英语类专业教学组织再造

L 大英语类专业特色体现在以英语专业本科教学质量国家标准为纲，依托该校矿冶优势学科及冶金特色平台，秉承"固本强基、发展特色"的办学理念，在熟练掌握英语言基本功及语言文学知识的基础上，突出有色科技知识学习，立足本省，服务有色金属行业。按照"专业方向化、

---

① 注：此处措辞为领导原话。与领导前期就访谈对象的选择沟通中，领导就将这个"反面典型"重点推荐给笔者。

② Daniel Goleman, *Emotional Intelligence：Why It Can Matter More Than IQ*, UK：Bloomsbury Publishing Group, 1996, pp. 7 – 8.

课程模块化、素质复合化"的基本思路，遵循"知识体系完整、专业核心突出、理论实践结合、课程匹配灵活"的模式，构建语言文学、矿业、冶金材料等多学科交叉融合的课程体系，强化实践教环节，培养"语言能力突出、专业技能突出、动手能力突出"的复合应用型外语人才。2007 年在教育部英语专业水平评估中，L 大"英语＋有色"的应用型英语人才培养模式得到了评估专家的高度赞赏和肯定。

一 教学流程再造

（一）教学模式："四维"立体化 ETP 教学模式

为了适应区域经济社会发展的需要，L 大英语类专业以多媒体技术为基础，致力于构建以"教室互动课堂""机房内网课堂""网站微课课堂"和"移动终端课堂"为主体的"四维"立体 ETP（English—Translation—Practice）教学模式，重点突出"厚英语基础、通翻译理论、重技能实训"的教学特色。

1. 以多媒体技术为平台，构建"四维"立体化教学模式

为激发学生学习兴趣，满足学生对英语综合运用能力进行个性化拓展需求，L 大以多媒体技术为基础平台，致力于构建以"教室互动课堂""机房内网课堂""网站微课课堂"和"移动终端课堂"为主体的"四维"立体英语教学模式。并有针对性地开辟了相关专业网络平台，建成《基础英语》《高级英语》《英语听力》《英汉互译系列课程》《中西文化对比》等精品课程，学生们可以通过精品课程网络平台学习，并在课后与教师在网上平台互动。同声传译实验室采用国际会议主流品牌红外同声传译系统和先进的多媒体教学系统，为同声传译教学和实践提供最先进、最真实、最高效的平台。专业数字化语言实验室与多功能教室作为学生笔译模拟实训基地，安装了先进的翻译软件系统，为笔译教学及实践提供强大的工具、资料库及管理辅助平台。

2. 厚英语基础，通翻译理论

英语类专业教学除了通过基础英语、高级英语、英语口语、英语视听、英语语法、英语语音等基础课教学打造学生厚实的语言功底外，还开设了相关专业主干模块课程和任选课程，使学生了解有色行业外贸环境和发展现状，熟悉相关贸易规则、法律与惯例，掌握翻译基本理论、

基本知识，通晓外贸翻译运作方式与基本操作技能，按照"专业方向化、课程模块化、素质复合化"的教学内容与课程体系改革的思路，构建语言、文学、教育、经贸、科技等多学科交叉融合的课程教学体系，强化实践教学环节，按照"英语＋专业"的教学模式，培养复合应用型英语人才。

3. 重技能实训

学院为增强学生实践能力和拓宽就业渠道，大力推进学生"实训实习就业一体化"策略。本着"优势互补，资源共享，互惠双赢，共同发展"原则，学院与省内外60余家企业共建实习基地。实习基地主要承接学生的认识实习、毕业实习等实践活动，并在同等条件下优先录用该院毕业生。实习企业定期选派企业高级管理人员担任客座教授、兼职老师，参与学院有关专业的建设与指导，为学院的学生提供职业规划方面指导，并进行外贸实践经验的相关讲座和培训。实习基地的建设为英语类专业学生开通了就业直通车，也为英语类专业的教学改革探索了新的路径。例如，在主干课程部分，安排了"翻译理论与实践"这门课程；在实训课程方面，设置的所有课程都与学生的专业主修能力息息相关。

（二）课程体系：多学科交叉融合的"英语＋有色"课程体系

1. 构建多学科交叉融合的"英语＋有色"课程体系

为了更好地满足人才市场的需求，L大英语类专业在遵循英语教育基本规律的基础上，坚持"英语＋有色"的人才培养模式，联合校外实践基地及该校矿冶优势学科开展合作教学，调整和优化了一批传统课程，构建起一套语言文学、矿业冶金材料及信息技术等多科交叉融合的多元化课程体系，推动校企合作办学、合作育人、合作就业、合作发展，全面提高英语类专业人才培养的质量、效益和竞争力。具体是通过整合课程体系，形成以"通识课程群—专业特色课程群—学科课程群"为路径的模块化专业课程体系。该体系特点是语言文学、矿业、冶金、材料及信息技术等多学科交叉融合，重点在"专业核心课"和"专业任选课"两大模块中凸显"英语＋有色"的特色培养模式（见图5—4—1）。

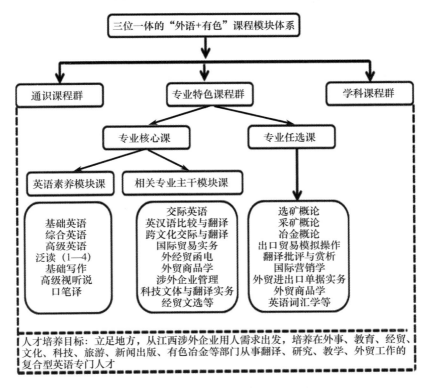

图5—4—1　L大多学科交叉融合的"英语＋有色"课程体系

2. 根据应用型培养方案的调整做足课程改革的"混合运算"

（1）做强"加法"，增设跨学科复合应用型课程

为了强化对"英语＋有色"复合应用型英语人才的培养，该校近几年英语类专业指导性教学计划的培养目标发生了调整，主要体现在对课程的设置和对学时数的安排上。为了突出学生在科技知识特别是有色金属行业知识的培养，该校英语类专业2012级人才培养计划在2011级的基础上，增设了《采矿概论》《选矿概论》《冶金概论》《材料概论》等有色冶金特色专业课程，并辅之以社会实践、教学实习、毕业实习等集中实践环节，加强对有色金属行业知识的认识和实训；根据该校2013级英语类专业人才培养方案的修订原则，2013（含2014）级人才培养计划更加注重对学生兴趣爱好、专业发展趋势及社会需求的考虑，除专业基础课以外，新设立了语言文学、科技翻译（有色）和商务英语三个方向的

专业特色课程，如《批判性思维和中西文化批判》《汉语写作》《跨文化交际与翻译》《英汉语比较与翻译》《科技文体与翻译实务》《计算机辅助翻译》《翻译批评与赏析》《外贸进出口单据实务》《出口贸易模拟操作》《国际营销学》《采矿概论》《选矿概论》《冶金概论》等，从而构建起了语言学、文学、翻译学、国际贸易、矿业、冶金、材料、信息技术等多学科交叉融合的课程体系。同时定期开展企业实训，强化实践教学环节，坚持"英语＋有色"的特色人才培养道路，以更好地培养复合应用型英语人才。

（2）做实"减法"，删减专业技能课学时

英语类专业的课程设置分为专业主干课程与专业实训课程两大部分。按照本专业的培养方案，在课程设置方面，充分考虑到语言学习的特点，将学生实践学习的课程比例调高，以提高学生的实际运用能力，从而达到学有所用的目的。如表5—4—1所示，L大英语类专业通过调整专业课程的结构，减少专业技能课学时，增加专业知识课和相关专业知识课学时，从而提升英语类专业学生的实践应用能力。

表5—4—1　　　L大英语专业技能课、专业知识课与相关专业
知识课学时分布图

学年	学时数			计划总学时	占课内总学时的比例（%）		
	专业技能课学时	专业知识课学时	相关专业知识课学时		专业技能课学时	专业知识课学时	相关专业知识课学时
2012—2013	1304	312	504	2120	61.5	14.7	23.8
2013—2014	1240	280	608	2128	58.3	13.2	28.6
2014—2015	1216	584	712	2512	48.4	23.2	28.3
2015—2016	1216	584	712	2512	48.4	23.2	28.3

（3）做好"乘法"，倍增课程评价效应

为了增强复合应用型英语类课程效应，该校优化了三位一体的"英语＋有色"课程考核评价体系：引入了有色行业、企业对学生专业语言

综合应用能力的评价,完善了评价主体、评价形式、评价内容,构架形成性评价与终结性评价相结合的多元教学评价体系,强化了对学生语言能力和专业素养的考核,使教学评价效果倍增。

(三)实践教学体系

1. 实践教学内容及形式丰富多样

(1)整合资源,建设英语学科共享的实验室硬件平台

依据"英语+有色"人才培养目标,打造适应高素质应用型翻译人才培养的语言实验室软、硬件平台。基于建构主义学习理论开展多媒体网络英语教学,通过语言实验室多媒体教学信息的收集、传输、处理和共享,打造"以教师为主导"和"以学生为主体"的双主体、交互式、应用型英语教学新模式。

(2)依托科研,完善大学生实践基地

在实践教学环节中,注重理论与实践相结合,强调学以致用;充分依托学校在矿业冶金行业的学科优势和丰富的校友资源,结合企业实际生产生活条件,定期选派优秀教师带领学生到实践基地进行实战锻炼。如学生定期到 JX 铜业、ZG 瑞林、GN 稀土、ZY 钨业等实习基地开展实践教学活动,承担如 TL 有色、ZJ 岭南、ZG 瑞林省内外多家矿业企业的科技翻译任务,并参与企业的工程实训;学生每年以志愿形式参加省内外高级别涉外政治、经贸、科技等重大活动,如中国钨业百年庆典、J 省钨与稀土行业推进会等。

2. 实践教学模式多元

根据不同层次的能力培养要求,该校英语类专业采取了任课老师或任课老师和实践教师配合承担在校内实训室完成的模式以及专业老师和公司共同承担在公司完成的模式。比如,语言类课程就由任课老师承担,在校内语言实训中心完成;翻译类课程和国际贸易实务、外贸函电、国际商务谈判、外贸单证、外贸口译实训等就由任课老师和实践教师配合承担,在校内同声传译实验室和商务贸易实训中心完成;综合实践和毕业实习就由专业老师和公司企业技术人员共同承担,在公司企业完成。

3. 创造性地引入实训课,培养学生的实践能力

在新修订的教学计划中,加入了业务实践课相关内容,并在正常课程之外开设了实践课。包括展销会业务实训、进出口成交与合同签订、

进出口商品报价、信用证业务实训、出口单据善制等，翻译方面有合同翻译实训、产品说明书翻译实训、企业网站宣传翻译实训、标书翻译实训和字幕翻译实训等。

（四）教学方法改革

1. 翻转课堂

从 2015 年开始，该校英语类专业尝试采用翻转课堂的授课方式。教师由课堂包办向学生知识表达活动统筹设计转变；由老师 45 分钟滔滔不绝讲解向诚挚倾听、点评、指路转变；由教师原来充当纤夫的角色向舵手角色转变；由发号施令向陪伴、建议、激励转变。与此同时，学生由台下走到台上，由一味地跟随转为探路从而逐步实现学生英语学习中懒散心态向任务驱动转变，并最终实现内心驱动。让学生由害怕出错向大方开口转变，并逐渐学会固正纠错。在课堂组织中的活动形式主要包括个体发言、结对会话、小组讨论、主题辩论、全班接龙对抗、故事改编、课前充分预习、同伴互评等。

2. 以赛促学，以赛促教

除了在教学方法和教学媒介方面进行改革创新外，该校英语类专业还通过以赛促学、以赛促教的方式提高应用型英语教学成效。例如，成立英语演讲协会、英语板报协会等形式多样的学生社团，让学生在各种竞赛（如英文口语大赛、英文书法大赛、英文文书写作大赛、英文歌曲比赛等）和实践中得到历练和提高；并鼓励学生积极参加各类省级（如"赣江杯"大学生英语竞赛等）、国家级英语竞赛（如全国大学生英语竞赛、全国翻译大赛、"外研社"杯英语演讲赛、英语写作大赛、"希望之星"英语风采大赛等），通过参加比赛，学生的英语学习热情得以激发，其英语水平和能力也得到了提升。

（五）教师转型发展

1. 加强教学团队的建设，提高教师个人素质

以"学习型"组织理论为指导，以"专业技能基础核心课程群"建设为目标，L 大英语类专业成立了若干个"学习型"教学团队。教学团队在开展个人、团队、组织和交叉这四个层次学习的同时，着手在教师团队合作机制下进行应用型英语教学转型。采取"主题式"、"体验式"和"研究式"教学法，注重师资队伍的培养，加强科技翻译（有色）学

术团队建设，实行青年教师导制，每年选派优秀青年教师参加提升计划项目培训和企业工程实训；鼓励青年教师承担有色金属行业及该校优势学科专业的科技翻译任务；坚持"一派出，二引进，三融合"（派国外进修，引进外籍和具有国外学历背景教师，加强与这类教师教学融合）；支持专业教师参加国内外重要学术会议，访学及攻读博士学位，设立科技翻译学术团队和教学团队，加强学术梯队建设。

2. 制定教研组定期例会制，反馈解决教与学问题

为了帮助教师尽快适应"英语＋有色"教学模式，英语类专业系部和课程组每月定期组织两次教学例会，对各年级教师的教学情况、学生学习状态进行阶段性总结。大家相互交流和沟通，就出现的一些共性问题进行分析、讨论，并提出可操作性的解决方案和措施。例如，邀请企业教师与专业教师组建"一帮一"小组，倡导合作教学；针对个别学生产生厌学情绪、挂科多的情形，组建了"课程互助小组"和"学习兴趣小组"，及时发现学习问题和问题学生，分析其根源和原因，然后采取针对性措施来解决。

3. 搭建研究平台，以科学研究支撑教师及教学转型

为了助推传统学术型英语教学向"英语＋有色"教学模式转型，英文学院适时成立了应用翻译研究中心，以打造专业特色；外国语言文学研究中心，以夯实语言基础研究。以科研促教学产出了一批科研论文、特色教材及学术著作，为教学及教师转型提供了理论支撑。

二　以学习者为中心

（一）构建了以学生应用能力为本位的专业课程体系

课程设计中注重英语类专业的听、说、读、写、译等基本技能培养，并特别增加了实用性强的翻译、国际贸易实务等课程。以"先进"、"有用"和"有效"为基本要求，以加强英语基础、拓宽就业渠道、明确就业方向，培养高质量应用型人才为出发点，构建英语类专业实践课程体系。

（二）确立"1234"英语应用型人才培养目标

"1"是指"一个明确的应用型人才培养目标"，即学生必须具有较强的社会适用能力，毕业后能达到一专多能的应用型人才培养目标；"2"是指"一周分两个教学时段"，即每周教学时间为五天半，其中四天半开

展专业知识教学，一天开展专业技能培训，教学时间为"4.5 = 1"模式；"3"是指"为学生搭建三个学习平台"，即搭建好课堂教学、自主学习和实践应用三个教学平台；"4"是指"四个满意"，即通过培养达到学生满意、家长满意、学校满意、社会满意的目的。简要概括为：一个目标，两个时段，三个平台，四个满意。

三　教学创新

（一）瞄准需求，创新规划"英语 + 有色"的教学路线图

根据英语类专业特点和地方社会的人才需求，英语类专业教学创新规划了一条"英语 + 有色"的特色化教学新路线，与之相对应的是，转换原有学术导向的教学内容和课程体系，大幅修订人才培养方案，在新课程体系中凸显科技翻译（有色）特色。以应用为导向的新型教学路线图的落实主要集中在，依托该校有色冶金优势学科及特色平台，联合企事业单位，加强校企合作，共同研讨人才培养方案，科学设置课程体系及共同开展实践教学等方面。

（二）突出特色，实现教学管理转型

该校以教育部本科质量培养标准为纲，依托其矿冶优势学科及冶金特色平台，秉承"固本强基、发展特色"的育人理念，在熟练掌握英语语言基本功及专业知识的基础上，突出有色金属行业知识学习；按照"专业方向化、课程模块化、素质复合化"的教学内容与课程体系改革的思路，构建了语言文学、矿业、冶金、材料、信息技术等多学科交叉融合的课程体系，强化实践教学环节，坚持走"英语 + 有色"的特色人才培养道路。为了更好地培养面向有色金属行业的"厚基础、宽口径、复合型"英语类专业人才，变传统行政式教学管理为现代引领式教学服务，以服务教学改革为核心，以促进师资队伍转型为根本，出台了完善的教学管理新制度，构建了有力的教学质量保障体系。

（三）立足翻译，以科研促教学

以该校矿业特色学科及冶金特色平台为依托，鼓励英语类专业教师与外国专家、优势学科专业教师开展项目合作，同时参与有色金属行业企业横向项目合作，提供科技翻译服务；支持教师发表科技翻译（有色）方向的论文和教研论文，鼓励教师带领学生参与科研活动；成立应用翻

译研究中心,打造专业特色,加强科技翻译(有色)学术团队建设,以科研促进教学。

四 信息技术应用

利用现代教育的优势提高教学效率是该校英语类专业教学改革的一个重要方向。该校英语类专业教师积极响应和贯彻执行学校提出的信息化办学方针,在英语教学中利用现代信息技术和手段,改变传统的课堂教学方法,积极开展多媒体辅助教学,丰富教学手段,提高教学效果。目前英语类专业多媒体教室授课课程均已制作数字化课件,教师通过信息技术把网络资源引入教学中,为学生营造生动活泼的语言学习环境,创设直观形象的语言情景,提供图声并茂的学习信息,把知识以灵活多样的方式呈现给学生。

五 教学组织管理

(一) 教学质量监控

1. 教学质量监控机制

尝试教学转型后,为了切实提高英语类专业的教学质量,规范教学过程,L 大英语类专业组建了一支由学校、英文学院和英语类专业教研室三方合作的教学质量监控团队;制定了一系列保障教学质量的规章制度;建立了一套系统全面的闭环质量监控机制;完善了依托校外已毕业学生、用人单位、专家和校内教学指导委员会、专业教师、在校学生的本科教学质量评估长效机制。其体系架构如图5—4—2 所示。

2. 教学质量监控措施

(1) 培养方案的调整

根据社会需求的变化和原有教学计划执行的效果,学校每四年组织各专业对培养方案和教学计划进行较全面的修改,每两年进行小规模的调整,修改的要求和程序主要有:

1) 收集本专业毕业生和用人单位的反馈意见;

2) 修改培养方案进行同类高校调研和研讨,要求体现人才培养目标;

3) 学院在培养方案及教学计划修订过程中组织行业专家和专业教师进行研讨;

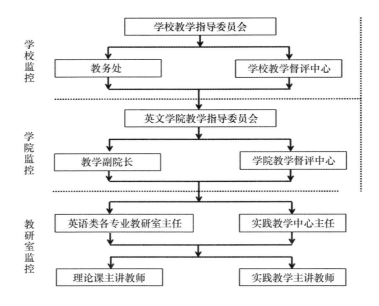

图5—4—2　L大英语类专业教学质量监控机制

4）教研室组织专业教师进行培养方案的制定与修改；

5）学校和学院组织专家和教学指导委员会专家对专业培养方案进行论证；

6）教研室根据论证结果对培养方案进行进一步修订，定稿。

（2）理论课教学的监控

理论教学监控主要从授课教师、教学手段、教学文件、教材和课堂教学效果等方面进行全方位监控。主要包括：

1）主讲教师资格审查

本科主讲教师资格审查实行学院、学校二级审查制度，学院对主讲教师的职业道德、讲授课程的掌握程度、基本教学能力进行初步审核，报学校审批。学校组织主讲新课教师进行试讲，并最终确定主讲教师资格。

2）课程授课方式审查

教师使用的教学方式须经过学院、学校逐级评审。由学院对教师多媒体授课资格、多媒体教学手段与课程性质的适合度、多媒体课件的质量进行初步审查，审查合格后上报学校。学校组织专家组进行第二次评审，评审合格方可进行多媒体授课。

3）教学文件检查

每学期开学初对任课教师的教学日历、教案、试卷（A、B、C共三套）等教学文件进行检查与审核，不合格者进行整改。

4）教材征订的监控

选择优秀的教材对提高教学质量有重大的影响，为了加强教材选择质量，该校出台了《教材质量检查与评估办法》和《优秀教材评选办法》等制度，要求教师采用规划教材、获奖教材、自编教材，规范监管教材征订环节，保证征订教材的质量。

5）课堂教学质量监控

在理论课授课中，对教师进行了严格要求。学校以及学院进行了全方位的监控，主要包括：每间教室安装视频监控系统、学校领导听课制度、学校督导组听课制度、学院领导听课制度、教研室主任听课制度、教研室教师听课制度、学生评教制度、学生出勤报告制度、辅导员跟班听课制度。每学期课程结束时学生必须对任课教师进行评教、教研室老师进行同行评议。

（3）考试工作的监控

学校出台了《考试管理规定》一系列的监管措施，从考试方式、试卷命题、试卷印刷、考试的组织、监考、试卷复查和阅卷等环节对考试工作进行监控，确保考试工作质量。包括考核方式申报制度、考试命题审核制度、试卷印刷与保密制度、监考工作细则、试卷复查制度、阅卷结束后的试卷分析。

（4）实践教学环节的监控

学校和学院对课程设计、实验、实习等主要的实践教学环节形成了校、院两级监控体系。

1）课程设计质量的监控

对课程设计质量监控是从对课程设计指导教师资格的审查、课程设计指导书和任务书的审查、课程设计题目审核、课程设计教学过程监控、课程设计效果分析和课程设计质量检查等多个环节进行监控。

2）实验、实习等环节的监控

实验的实践教学环节监控主要体现在实验课上报制度、督导专家听课制度、实验课学生反馈制度；实习的实践教学环节的监控主要体现在实习计划制定、实习的组织和实习过程、实习效果总结等方面。

（5）毕业设计环节监控

学校对于毕业论文环节工作极为重视，从毕业设计指导教师资格，毕业设计大纲，毕业设计课题选题、申报、审核、批准，论文开题，中期考核，论文评阅，论文答辩等各个环节进行监控，保证了毕业设计教学质量。

3. 反馈——改进效果

教研室制定了英语类专业的质量工程计划，包括：

1）建立了每周固定时间学习制度，除全面学习一周以来的学校、学院的各项文件，学习督导简报，及时分析各项教学活动中存在的问题，安排各项工作，提升教研室全体教师的教学水平；

2）建立了交叉听课制度，要求每位教师每学期听课不少于 5 次，通过交叉听课取长补短，互相学习，保障每门课程的教学进程和教学质量；

3）建立了每年教学质量互评制度，在每年 12 月通过对教研室全体教师进行互评，为评优评先提供基层依据；

4）建立教研室全体教师担任班主任制度，通过班主任了解学生的动态和对各项教学活动的意见，及时发现教学活动存在的问题。

（二）教学质量评价及反馈机制

1. 教学质量评价机制

（1）设置质量管理机构

加强学校专职教学督导员队伍建设和学院二级教学单位督导小组建设。学院二级督导组由一名学校督导组成员和各教研室主任组成，负责对本学院开设的各门课程和其他教学环节的检查监督评价。

（2）建立本科教学质量考核多元化评价体系

学校建立并有效实施了本科教学质量考核多元化评价体系，以年度考核为周期，对全部涉及本科生教学的教师授课质量进行综合评价。多元化评价体系包括：本科生网上评教、学校教学督导评教、学院二级督导评教、教研室教师互评、用人单位对本专业学生综合素质评价。

（3）加强制度建设，促进教学质量评价工作

建立教师自主申报本科教学质量评优制度，并结合《L 大双语教学及双语课程建设管理办法》《L 大教学督导工作办法》《L 大本科教学工作质量免检教师遴选及管理办法》。

（4）重用教学质量评价结果

教学质量评价结果与职称晋升、教学奖项评选等工作挂钩。英语类专业教学评价机制如图5—4—3所示：

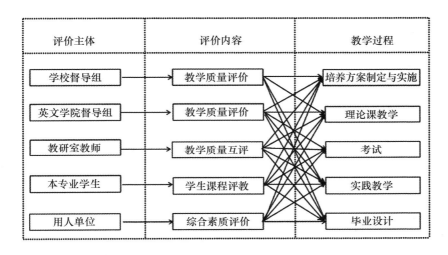

图5—4—3　L大英语类专业教学质量评价机制

2. 教学质量反馈与改进措施

（1）构建校内外教学质量信息机制

通过向全社会发布《本科教学质量报告》，来建立向社会反馈本科教学质量信息的机制；通过形成《质量管理信息》，建立向校内反馈本科教学质量信息的机制；通过学生评教建立教师教学质量反馈机制。

（2）建立督导评教意见反馈制度

学院成立了以院领导及学科负责人、专业负责人组成的二级督导小组，每学期听教师授课六次。英语类专业坚持教学研讨活动，做到至少每两周召开一次教学法研讨会。教师会把教学过程中出现的问题同老教师和其他教师进行沟通。教学活动中经常请学校督导组来指导和座谈，以保证对相关文件的正确理解，并及时把教学工作中遇到的问题反馈给相关部门。

（3）建立毕业生质量跟踪调查制度

毕业生质量跟踪调查作为学校与学院全面质量管理体系的一个监控

环节，现已形成了就业与培养相协调的良性运行机制。

（4）建立多层次、多渠道反馈沟通机制

英语类专业实行教研室主任、班主任、辅导员和任课教师的多层次、多渠道反馈沟通机制。建立教学中期师生座谈会制度，使师生教学沟通及时有效。

（5）采用多种形式体现教学质量

英语类专业教学质量以学校督导简报、学院教学情况通报、教师同行评议分数、学生评教分数、专业综合评价表等形式体现，并将这些结果运用到教学环节调整、部门单位个人绩效评定等环节。其中教学环节调整包括：培养方案修订、教学计划修订、理论课教师资格认定与调换、实验内容调整、实习带队老师选派、实习地点与单位选定、毕业设计课题筛选、质量工程项目立项、招生规模调整等。教学质量对绩效考核影响的反馈机制包括：学院教学考核排名、教研室评优评先、教师评优评先、教师职称评定、教师工资晋级、招生规模等环节。英语类专业教学质量对绩效考核影响的反馈机制如图5—4—4所示。

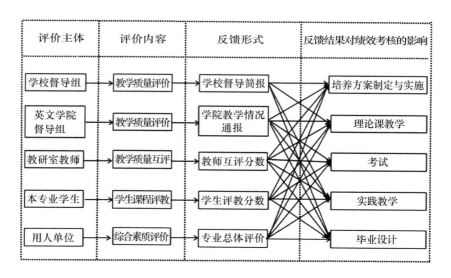

图5—4—4   L大英语类专业教学质量对绩效考核影响的反馈机制

第六章

"二等公民"的涅槃:民办应用型本科英语类专业教学转型研究

> 没有一件事情，比发动变革更须谨慎，危险性更高，且更无法确定是否成功。因为，凡是在旧秩序下过着束缚日子的人，都会与创新者为敌；即使是那些在新秩序底下有好处的人，支持态度也是冷淡而已。[①]
>
> ——Niccolo Machiavelli *The Prince*

晨曦沐浴的操场，万人晨读书声琅琅，学生在用英语交流对话，教师则在不同群体间穿梭走动，交流聆听，答疑解惑。"让无助者有助，让有志者成才，让奋进者辉煌"的梦想在这所校园中升腾。与这勃发之势形成强烈反差的是，接受笔者访谈的该校众多教师直言不讳他们因"二等公民"特殊身份所带来的艰难转型经历。那种乌云压顶的阴霾挥之不去，烙印在生命里，羞辱刺痛着"编外人"的心。

如果阿特巴赫曾经描述的高等教育中心——边缘理论成立，发达国家高等教育处于中心，发展中国家高等教育处于边缘，那么在中国这个发展中国家，民办本科院校就只能算是处于边缘的边缘。在高校领域"二等公民"意味着什么？同工不同酬的薪资待遇，遥不可及的福利保障，转型发展的困顿以及话语权的缺失……虽然教育部早已发布《关于

---

① Niccolo Machiavelli, *The Prince*, New York: Random House, 1984, p.97.

鼓励和引导民间资金进入教育领域促进民办教育健康发展的实施意见》（教发〔2012〕10号，简称教育部22条）、全国人大常委会审议通过了《关于修改〈中华人民共和国民办教育促进法〉的决定》等文件，明确提出要清除对民办院校的歧视性政策，构建公办、民办教育共同发展的办学格局，但潜规则依然起着支配作用：在大规模的全国高校会议上，坐冷板凳的总是他们；在国家重大教育政策征讨意见时，被忽视的声音还是来自他们。

"二等公民"虽是戏谑式称呼，却真实影射着民办院校这一类型在全国高校生态群中的现实地位。作为民办院校缩影的F学院，自创立至今，已步入而立之年。从1987年创建伊始的培训学院发展到2000年获省政府审批成立的全日制高职学院，再到2005年受教育部批准升格为本科高校，并于2014年10月被省教育厅确定为省首批应用型转型试点院校。30年栉风沐雨见证了F学院在学校事业发展的每一个转折十字路口，在保持跨越式发展的同时所经历的转型发展的竞争、考验、彷徨、踯躅与奋进。在中国与F学院并肩作战的盟友数量众多，规模庞大，它们大多由专科院校升格或合并组建而成，主要分布在地级城市，由地方政府举办，为地方经济社会发展服务[①]，所以它们共有一个名字——新建地方本科院校。在中国2596[②]所普通高等院校中，它们以庞大的体量占据了高等教育的半壁江山，并以为区域经济发展培养适销对路的人才为己任支撑着区域经济的发展。

F学院位于古代丝绸之路起点——省会城市X市。努力打造"一带一路"内陆型改革开放新高地的时代使命，对这座古城旅游产业、现代服务业、文化产业、高新技术产业以及装备制造业这五大主导产业的繁荣发展提出新挑战。在2014年，为适应我国现代职业教育体系建设和高等教育结构调整的改革需要，F学院积极响应《国务院关于加快发展现代职业教育的决定》、教育部及S省《关于申报普通本科院校向应用技术类

---

① 王者鹤：《新建地方本科院校转型发展的困境与对策研究——基于高等教育治理现代化的视角》，《中国高教研究》2015年第4期，第53—59页。

② 《高等教育学校（机构）数》，http：//www.moe.gov.cn/s78/A03/moe_560/jytjsj_2016/2016_qg/201708/t20170822_311604.html.2017－08－24/2017－10－07。

型院校转型发展试点项目的通知》的号召，充分发挥自身"体制活、机制新"的优势，以"地方本科院校转型发展"为契机，以双创和转型发展为抓手，以培养适应我国科技进步、产业转型升级、现代服务业快速发展，以及服务西部大开发战略，国际化大都市、西咸一体化和"关中——天水"经济区建设、"兴建新丝绸之路经济带"建设发展需要的应用型、复合型高级专门人才为目标，结合"卓越人才"培养计划，实施"外语＋专业＋创新创业技能"和"专业＋外语＋创新创业技能"的应用型人才培养模式，努力将 F 学院建设成为 S 省乃至全国文管类院校转型发展的示范院校、具备"地方性、应用型、国际化"特色的国内一流应用型本科。[①]

该校应用型转型中坚持以不断提升办学定位和人才培养目标与区域经济社会发展需求的适应度、教师和教学资源的保障度、教学和质量保障体系运行的有效度、学生和社会用人单位的满意度为总工作要求，通过制定《F 学院转型试点方案》、开展"转型发展大讨论活动"、深入多所兄弟院校开展专项学习调研，围绕转型发展，瞄准建设特色鲜明的应用技术型本科高校目标，进一步凝练、明确了学院顶层设计：

办学类型定位：由"教学型民办本科普通高校"修订为"地方性、开放性、应用型民办本科普通高校"。

人才培养目标定位：由"培养德、智、体、美全面发展，基础扎实，具有一定创新意识和实践能力的高素质应用型高级专门人才"修改为"培养德、智、体、美全面发展，具备相应岗位人资资格，具有一定创新意识和较强时间能力的高素质应用型高级专门人才"。

服务面向定位：保持原来的立足 X 市，服务 S 省，辐射周边，面向地方，服务基层。

发展目标定位：将 F 学院建成特色鲜明、具有一定国际影响、国内一流、人民满意的高水平民办应用型大学。

在此基础之上，F 学院总结了十个通往应用型的转型路标（见图6—0—1）：

---

① 《F 学院简介》，http：//www. Ffy. edu. cn/Fgk/Fjj. htm. 2017 - 06 - 22/2017 - 06 - 26。

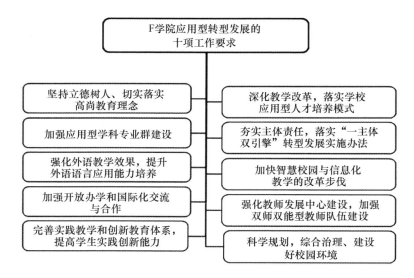

图 6—0—1 F 学院应用型转型发展的十项工作要求

在这十个路标中，"教师"是 F 学院转型政策的实施主体，转型政策的主旨就是使教师开始依据他们有关进步和适当挑战的教学策略和观念反馈，来讨论、评价和重构他们的应用型教学。这也是对教师传统教学的批判性反思。教学转型期望呈现一种思考方式："作为教师，我的职责是评价我的转型对我的教学所产生的影响，是认识转型后自我的影响力，是理解这种影响，并依据这种理解来重新调整自我的转型行动。"

虽然目前 F 学院已经成为拥有两万余名在校生的多学科、多专业综合型民办本科高校，登上了中国民办高校的首发阵容，成为中国民办高校的样板和典范，但囿于民办院校先天不足以及后天的激烈竞争，F 学院招收的生源依然是主要面向本省甚至是西北地区，分数线（2017 年本科文史类 350 分，理工类 315 分）远远低于该省本科二批次录取的分数线（2017 年本科二批文史类 457 分，理工类 397 分）。经历了与国内其他新建本科院校同样的发展历程，虽然身份提升，学校跃升为本科层次的院校，但本专科层次的人才培养任务仍是新建本科院校成长阶段中的主要任务。学校将人才培养与教学作为成功升本的重要抓手，也作为未来应用型转型的关键突破口。这类学校教师大多来自本省其他高校或是该校毕业留校教师，以本科和硕士（尤其是专业硕士）为主的学历水平使这些教师在教学转型中面临许多困难。许多教师对应用型英语教学转型心向往之,但囿于力所不及。针对此种现状,不少教工做出如下描述:

> "教学是教师在我们这种院校里的安身立命之本,学生招生人数、家长教学满意度、市场需求的适应度以及学生就业的胜任度是我们头顶的'达摩克里斯'之剑。提高教学质量是唯一出路,但如何通过应用型教学转型来实现这一目标我们可真是心中没底。"(I–F–M–T–1)

近年来,该校虽然在《中国民办本科高校及独立学院科研竞争力排行榜》上表现一般,但高质量的教学使该校有实力多次荣膺"中国就业竞争力民办大学",跻身中国语言类本科高校声誉指数十强行列。提升教学质量所释放出的制度红利已经初现成效,如何在激烈的市场中长久立于不败之地,推进应用型教学转型成为必选。

就管理体制而言,F学院是由国家教育部批准实施民办本科学历教育,同时举办专科层次高等职业技术教育、涵盖"文法、理工、经管、艺术等多学科多专业的一所综合性民办本科学校"。这类高校目前大都处于从外延式发展向内涵式发展的关键过渡阶段,能否过渡成功很大程度上取决于经费投入。在市场经济条件下,高校可以自筹经费,但是民办高校除了收缴学生学费以外,其他获取资金的渠道较少。[①] 这些经费的用途主要有两个方面:其一,维持学校的可持续发展;其二,投资者收取资金回报。如此分配,实际投入教学转型、科研提升方面的经费就微乎其微了,聘用优秀教师的高薪资无法保障,师资力量就会越来越弱。

第一节 F学院英语类专业教学转型的制度供给

一 技术环境:"入口"与"出口"的双面夹击

在F学院,实施英语类本科教学的院系分别是翻译研修学院、英文

---

① 《关于民办高等院校转型发展的思考——以F学院为例》,http://www.snedu.gov.cn/sxjy/374/201505/26/4602.html.2015–05–26/2017–11–01。

学院和亚欧语言文化学院。翻译研修学院和亚欧语言文化学院均开设英语翻译专业，其差别主要是高端同声传译人才与一般翻译人才培养的差别。英文学院现设有两个本科专业：英语专业和商务英语专业，其中英语专业分六个方向：国际商务、国际旅游、翻译、国际空乘、国际会展、酒店管理与英语教育（见图6—1—1）。

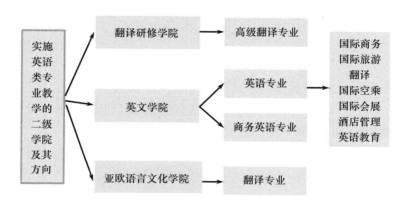

图6—1—1 F学院英文学院英语类专业方向

从现有英语类专业人才培养规模来看，英语类专业学生数量较大、专业方向分散，学院意欲通过增加专业发展方向促进转型发展。英语类专业教学面临着巨大挑战："技术环境要求组织有效率，按最大化原则组织生产"①。在当前英语类专业成为红牌专业、毕业生供过于求的大背景下，如何提高英语类专业学生的核心竞争力，提高学生就业率成为英语类专业发展的重要任务。"大学生就业是天大的事"②，要解决这天大的事情，就要跟踪市场的动向。S省旅游产业、现代服务业、文化产业发达，市场对应用型英语人才需求迫切。对F学院来说，提升本专业毕业生的核心就业力是技术环境对F学院提出的最严峻要求。实现这一目标的根本保障是，以市场需求为导向，促进英语类专业从学术型教学

---

① 周雪光：《组织社会学十讲》，社会科学文献出版社2003年版，第72页。

② 温家宝：《就业是天大的事》，http：//finance.ifeng.com/money/roll/20090608/757122.shtml.2009－06－08/2017－11－05。

向应用型教学转型。这也是技术环境对 F 学院英语类专业发展的最迫切需求。

招生与就业的双重压力倒逼 F 学院英语类专业进行应用型教学转型。从就业出口来说，就业人数与难度逐年攀升。2017 年，我国高校毕业生达到 795 万人，英语类专业毕业生数字也居高不下。就业难度再创历史新高，市场就业岗位需求减少，英语专业就业率普遍下降。加之存在用人单位对民办毕业生学历歧视的现象，同等条件下更愿意录用老牌本科院校毕业生，这更使民办高校毕业生的就业难度降至冰点。F 学院的英语类专业在国内同类院校竞争中虽具备先发优势，但在当前转型发展、百舸争流的大背景下，实现单纯从就业率的"数字游戏"向就业力的"王牌之道"跃迁，还是对 F 学院英语类专业发展提出严峻挑战。但该校英语类专业负责人骄傲地说：

> "我校多年的高就业率、高就业对口率和用人单位高满意度成就了我校连年荣膺'中国就业竞争力民办大学'的殊荣。我们英语类专业毕业生的就业率均在 95% 左右，用人单位普遍认为我们毕业生英语基础扎实、应用能力突出，富有创新精神和责任意识，'下得去，留得住，守纪律，善合作'是我们学生最主要的特点。我们能在激烈的市场竞争中脱颖而出，最主要得益于在教学改革中我们率先采用了'英语＋专业＋现代化技能'培养复合实用型双专业外语人才的新模式。这是我们就业制胜的法宝。"（I－F－F－T－1）

从招生入口来说，F 学院英语类专业招生平均分数线持续在低水平波动（如表 6—1—1 所示），生源质量挑战严峻。该校英语类专业属于本科第三批次录取，为了降低招生难度，招生门槛一降再降。这造成的一个直接后果是，英语类专业学生应有的专业基础更加薄弱，教学难度逐年加大，老师们经常感慨地说：

> "巧妇难为无米之炊呀！英语专业能力强的学生早都被重点院校'掐尖'走了，稍微能力强一些的最次也都选择进入公办院校英语类专业学习去了。能招收进入我们民办学院的学生，其英语专业能力可想

而知。教师压力山大，一方面要保就业率高水平争先，另一方面要忍生源质量逐年创新低。要让贫瘠的土地上长出高产的庄稼，我们这类院校的教师就得付出十分、百分的努力呀！"（I－F－F－T－2）

表6—1—1　　　　　F学院英语类专业招生录取平均分数线　　　　　（分）

年份 分数 招生专业	2012	2013	2014	2015	2016
商务英语	—	385	406	408	408
英语	388	385	410	409	409
翻译	393	390	411	411	410

数据来源：根据网络相关数据整理。http://gkcx. eol. cn/schoolhtm/specialty/1184/10035/specialtyScoreDetail_ 2012_ 10029. htm；http://www. gaosan. com/gaokao/115493. html。

注："—"表明当前商务英语专业尚未作为独立专业招生。

　　如果说以较高的就业率解决好学生出口的问题是民办本科院校的生存之本，那么招生入口的生源问题就是关系这类院校可持续的发展之基。面对招生入口和就业出口的双重压力，面对来自技术环境效率的步步紧逼，出于最基本的求生本能，实施应用型教学转型则是这类院校最明智之举。

二　制度环境：正名"身份"

　　以效率为核心诉求的技术环境与以合法性为终极目标的制度环境互动作用，为组织转型行动的抉择构建了一个融荣共生的生态圈。大学作为组织，拥有双重身份，即大学作为教育组织和学术场所的自然属性身份与来自外界的赋予性身份。① 在F学院向应用型转型的"身份"正名过程中，所面临的技术环境与制度环境是矛盾的。

　　首先，步入应用技术大学行列，实现从学院到大学的跃升，获得"大学"的合法身份，拥有作为教育组织和学术场所的自然属性身份，相

---

① 齐绍、平薛丹：《大学身份论》，《现代大学教育》2015年第2期，第20—24页。

较之前的学院身份带来的都是更多的教育资源、更多的大学招生名额与
更光明的就业前景。进入研究高深学问"象牙塔"的社会认知体系中,
大学的声望与水平的评判除了教学水平,学术水平元素分量加大。虽然 F
学院学术基础薄弱,但为证实其自身的身份及合法性,必须将"大学"
的身份内涵确立为该校制度体系的基点,从而确保与身份属性相一致的
公众认知。

其次,"应用技术大学"的社会政策赋予性身份确保了该校与国家应
用型转型政策导向的合法性相一致。国家当前处在社会转型发展的关键
期,教育转型发展对经济社会的支撑作用尤为迫切。为了培养更多支撑
社会转型发展的应用型人才,国家及省市各地区出台多种多样支持应用
型转型的政策,并加大转型的财政支持,尤其是对转型院校提供重点支
持,应用型导向更加明显。正名应用型身份、取得与我国教育政策导向
一致的合法性、获取尽可能多的教育资源配置,是 F 学院这类民办学院
逆境中生存的现实选择。在应用型转型的制度环境下,走学术型的老路,
逆潮而动,被淘汰的风险较高;随大溜而动,步入应用型转型的行列,
就算转型不成功或不采取实际转型行动,基本也可以免受非议与责罚;
或许转型成功,稳固在民办院校中的竞争地位,才最有裨益。

三 转型制度供给:制度"紧箍咒"

为全面落实应用型转型发展任务,F 学院根据国务院、三部委(教育
部、中宣部、财政部)和 S 省教育厅等印发的关于引导部分地方本科高
校向应用型转型的文件要求,该校制定了《F 学院关于"一主体双引擎"
转型发展的实施办法》,并要求各院(系)、部要统筹规划,根据学校文
件确定的院(系)部、教师、学生三个层次的主体发展目标,逐一落实。
"一主体"是指院系(部)、教师、学生三位一体。"双引擎"是指既要
培养学生扎实的专业理论功底又要全面提高学生的实践应用能力,并以
此培养各个主体的发展动力,充分发挥主观能动性,推动院系、教师、
学生转型发展。转型发展贯彻"五个对接"原则,以市场为导向,以提
高学生能力为中心,制定人才培养方案,推进课程体系改革并将创业教
育融入人才培养的全过程,建立以提高实践应用能力为引领的人才培养
流程。在办学模式上实行校企(地)合作、国际合作、产学研结合。在

教育教学模式上整合资源，实行课内外结合、线上线下结合，扩大学生的学习自主权，实施以学生为中心的启发式、合作式、参与式教学，逐渐扩大学生自主选择专业和课程的权利，全面落实高等教育和复合应用型的育人理念。

通过对 2016 年转型政策实施一年以来 F 学院应用型转型相关制度的梳理，可以清楚地了解到以下三点。

（一）现有应用型转型制度供给与教师转型的制度需求错位

为支撑应用型转型，在 2016 年学校集中出台了一系列支持教学转型的制度（如表 6—1—2 所示）。虽然出台的系列政策有助于规范应用型转型，但对教师管理的制度频繁而多元，支撑教师转型发展的制度寥寥无几。制度主要是加强对教师的监管，调动教师积极性的政策制度有限，政策对教师转型的正向激励不足。学校教师被各种条条框框束缚起来，缺乏进行真正持续改变的空间。当校长、董事会、督导期望顺从而不是创造性地提供教学转型问题的解决方案时，这种涟漪效应将会蔓延至整个学院，对院系（部）教学产生不良的影响。例如在《F 学院绩效考核管理制度〔2016〕30 号》中，规定学院绩效考核周期包括月度绩效考核和年度绩效考核。月度绩效考核每月进行一次，考核周期是每月的第一个工作日到最后一个工作日，考核由教职工所在部门负责，各部门应成立绩效考核办公室。

表 6—1—2　　　　　　　　　F 学院应用型转型的相关文件

应用型转型相关文件	文件号
《F 学院绩效考核管理制度》	〔2016〕30 号
《F 学院教职工入职管理规定》	〔2016〕28 号
《F 学院人事代理工作管理规定》	〔2016〕27 号
《F 学院教职工离职管理规定（修订）》	〔2016〕26 号
《F 学院教职工试用期考核及转正管理规定》	〔2016〕25 号
《F 学院教职工劳动（劳务）合同管理规定（修订）》	〔2016〕24 号
《F 学院教职工考勤及假期待遇管理规定（修订）》	〔2016〕23 号
《F 学院教职工奖惩及责任事故认定条例（修订）》	〔2016〕21 号
《F 学院教职工行为规范》	〔2016〕29 号

应用型转型相关文件	文件号
《F学院待聘人员管理办法》	〔2016〕20号
《F学院关于人才引进落户手续办理的规定》	〔2016〕19号
《F学院辅导员年度考核办法》	〔2016〕13号
《关于规范教职员工外出参加学术会议及业务培训的通知》	〔2016〕11号
《F学院二级学院（部）、系工作任务及负责人工作职责（试行）》	〔2016〕17号

资料来源：F学院官方网站。

考核结果直接和部门自主调节工资挂钩，在规定的自主调节额度内自主分配。年度考核一年开展一次，考核周期是自然年的第一个工作日到最后一个工作日。年度考核结果和年度绩效工资挂钩。许多教师认为：

> "每月每年，当我们教师们等待可怕的考核成绩公布时，我们都有相同的反应：恶心想吐、心如火灼、夜不能寐、冷汗涔涔。的确，我们的心理承受能力无法承受这月复一月、年复一年的打击。即便尽心尽力教学，民办学校学生的既有水平与学习能力也不允许学生考试成绩年年月月大幅度提升。加之教学行政事务繁多，令我们疲于奔命。种种困境令我们欲采取行动有所改变，但未可预期的成本与结果又阻挡了改进的脚步。一番矛盾纠结过后，一切就又重新回归原点。"（I-F-F-T-3）

（二）教学转型的制度供给相对不足

目前该校的应用型转型战略只规划了转型的"时间表"，并没有为普通教师提供转型的"路线图"，尤其是缺乏应用型教学转型的策略引导。应用型转型的教学制度缺乏创新，无法实现教学资源的整合，释放教学转型红利。制度创新是转型发展的关键，制度所需创新完善之处，为转型行动落实提供空间。应用型教学制度创新的初衷是通过制度创新激发教师与学生转型发展的创造力。F学院虽较为集中地出台了多项应用型教学转型的政策制度，但是缺乏指导教师转型的具体政策引导，直接引发了教师转型行动的"变形"。在访谈中，F学院高级翻译研修院院长表示：

> "无论是出于对大规模高密度的教师转型政策制度的无奈妥协，还是确实基于教师职业发展规划的内在需求，大多数教师从表面上看也愿意做出改变，尽管他们可能对频繁的转型改变要求变得厌倦。教师做出的大多数转型改变都是在教学结构和教学环境上，但假如转型改变是针对他们自身的教与学的观念，使他们愿意主动通过评估转型对学生学习及自身发展产生影响，去寻找比长期惯用的更高效的替换方案，教师们就表现出强烈的抵触情绪。"（I - F - M - T - 2）

的确，要求教师进行教学转型变革，对他们而言意味着要放弃熟悉的教学实践，去进行自我革新。教师习惯于通过用教学语言和行话来装点自己传统的教学信念，内心对确定性、掌控感和简单性的安全需要，强化了对转型思想与变革行动的抵触。加之 F 学院当前在教学转型中提供给教师的资源有限，但教师被要求做的事情越来越多。作为应用型转型的核心——教学转型必须依循由内而外的转型逻辑，并非自上而下的行政逻辑，强制命令无法提升教与学的质量，更无法提升学生的教学满意度，对于教师职业生涯发展更无益处。如果教师频繁地被要求回应外部需求，自然会缩减本应用于反思教学真正需求的时间与精力。所以，对于教师教学转型制度的必要设计是转型成功的关键，仅凭制度的"紧箍咒"只会引发更多的信任危机。

显然，高压强制的制度"紧箍咒"无法引导教师顺利实现教学转型。要引导教师自觉地向应用型教学能力提升方向转变，就涉及制度供给力的问题，换言之，只有有效的制度供给才能促进教师转变或调动教师转变的积极性。无效的或冗余的制度供给就无法达成转变促进效应。何以证明制度供给是有效的？必须针对教师的教学需求，满足教师的转型发展需求，才可能促进教师教学行为发生转变。一般而言，教师的第一位需求是安全需求，即获得一个稳定的工作岗位，笼统地说就是对"编制"的需求（基本制度设计）。对公办院校教师不存在这个问题，但对民办院校教师就存在这样的问题。这就可以解释为什么不少民办院校教师对教学转型积极性不高的问题。第二位需求是合理的工资待遇问题,即如果教师个人投身转型发展得到了相应的报酬,显然,如果教学转型难度太大,即使很高的报酬教师也会拒绝,如果适合教师的能力,则他们乐意接受转型发展的挑战。第三位则是荣誉需求问题,当教师发现转型之后获得了更大的职业价值,这可能会激发他们参与教学转型。所以,教学转型也是一个制度设计的问题,必须建立一系列的有效制度而不是空凭高压的制度"紧箍咒"来引导教学转型成功。

(三)教学转型保障机制跟进滞后

应用型教学转型是系统工程。转型绩效不单单取决于学校、院系、教师、学生等利益相关者各自的表现,还取决于他们之间的相互作用。一方面,旧有教学制度的"锁定效应"有可能阻断他们之间的联系,在考虑不同领域之间的平衡时应顾及教学转型体系的复杂性;另一方面,转型主体间的沟通反馈和协调机制尚待建立。例如,F学院制定的"一主体双引擎"的转型政策中,学生被设定为转型最大的受益者,但在现实中,有些学生多少认为:

> "在我们院应用型教学转型中,对学生学习成果的关注没有对教师教与学的工作和结构性条件关注得那么多。教师从院系领导对他们'工作做得很好'的评价中获得满足感,从我们学生'习惯性好评'中来判断他们的教学转型是否成功。但我们学生是教学转型最直接的利益相关者,我们实际的成功与失败应备受关注,这样才能真正实现他们'以学生为中心'的承诺。"(I-F-M-S-1)

F学院应用型转型的核心是教学转型,而支撑转型的关键驱动力是制度供给侧的系列变革,学校正是垄断性供给制度的主体。二级学院层面应用型理念的转型、管理方式的转化、体制机制的优化都制约着应用型英语教学转型的成效。但是,在应用型转型进入深水区的当下,在影响F学院应用型转型顺利实现的供给侧要素上,存在"制度供给约束"和"制度供给抑制"问题。

多元利益主体矛盾复杂纠葛,当下学院在教学制度供给侧方面存在比较大的问题,表现为供给滞后,有效供给不足。具体来说,一是关键功能缺位。在应用型转型背景下，学校的主要功能如政策制定、转型服务与转型管理等远未到位，各院系转型"多规合一"的呼吁始终未得到实质性回应。二是核心领域功能失位。与应用型转型匹配的人事制度、绩效考核制度、校企合作制度等配套制度尚未出台，迫使教学转型实践迟滞于转型规划预期。三是行政管理越位。学校或学院层面支持应用型转型的手段方式陈旧，习惯于以"行政"干预"教学"。在以"奖励""冲抵"代替扎扎实实的"双师双能型教师"培养方面就可见一斑。

F学院应用型转型的新制度像雨后沙漠中的花苞一样次第涌现、纷纷绽放，但问题依然存在：这些制度是否会像沙漠中的花朵那样，因为缺乏营养而迅速凋谢、消亡呢？还是能够扎根下去，为F学院应用型转型提供平台，让"一主体双引擎"的转型模式顺利实现？

第二节　F学院英语类专业教学转型的制度认同

一　规则认知：转型制度的"橡皮筋"

针对转型制度评价问题，一位"还不想马上被辞退"的不愿透露姓名的管理者满怀忧虑地倾吐出了自己内心真实的看法：

> "当前我校转型'运动'轰轰烈烈，但学校对'应用型'理解机械，对如何转型更是没谱。教学转型的紧迫感、责任感不很强，喊得凶，抓得松，有的甚至还停留在对上拍胸脯表态、对下发文公告上。"（I-F-M-T-3）

这是一位对F学院事业发展充满热情的管理者焦灼心声的吐露，也道出了许多教师对转型规则制度的认知。F学院英语类专业受访教师普遍认为，2016年出台的《F学院关于"一主体双引擎"转型发展的实施办法》（以下简称《实施办法》）以及《F学院绩效考核管理制度》（〔2016〕30号，以下简称《考核制度》）是引导教师应用型转型的主要制度。《实施办法》规定了教师转型的具体目标——双师双能型教师，《考核制度》将教师考核量化到每一篇论文和每一堂课。例如，在关于双师双能型教师的认定上，《实施办法》规定"双师双能型教师是指双师型教师和双师能力教师。双师型教师必须具有高校教师资格证、相应教师职称证书、相关行业专业职称证书。除获得教师专业职称外获得相关行业专业初级、中级、高级职业资格证书者（双证），经人事处认证后，学院给予每月300元、500元、700元补贴；具有高校教师资格证、相应教师职称证书并获得相近专业职业资格证书者，一次性给予2000元奖励。双师能力的教师，是指在教师岗位上获得相关学科专业和行业的职业资格证书或职称证书者，能够指导学生在英语类学科竞赛中、创新创业大赛等获省级三等奖以上、培育省级以上大学生创新创业项目、指导校内创新创业孵化项目等的教师均可认定为双师能力教师"[1]。

教师转型是实现应用型转型的关键。双师双能型教师是应用型本科院校教师转型的主要方向，但 F 学院现有转型制度鼓励将职业资格认证考试作为向双师双能型教师转型的主要方式，英语类专业的一位教学院长认为：

> "拿几本资格证书就具备双师双能型教师资格了？这跟鼓吹学生拿到英语专业四级、八级证书，就是英语高素质人才了一样，太具有欺骗性了。这根本是两码事，考试通过但英语沟通表达能力不及格的学生大有人在。这就是典型的应试等于应用的误导思想。"（I－F－M－T－4）

为了培养应用型师资，F 学院规定 38 岁以下的教师在寒暑假或无课堂任务的前提下必须在相关行业、企业、事业单位（或校内相关部门）每年累计完成不少于一个月的挂职锻炼。但又规定了参与活动与挂职锻炼互认的情形："英语类专业教师每年能够参与指导校内外英语类演讲辩论赛获得三等奖以上，指导学生参加省级以上英语类竞赛获得三等奖以上，每年参与指导晨读（参与一次计一天）并完成相关专业 500 句日常用语编写与教学可以认定为 10 天、20 天、30 天挂职锻炼。"[2] 这样的规则降低了转型的难度，教师们只会花更多精力准备各种资格证书的考试，

---

① 《F 学院"双师双能型"师资队伍建设与管理办法（试行）》〔2016〕8 号。
② 《F 学院关于"一主体双引擎"转型发展的实施办法（试行）》〔2016〕27 号。

而不是做那些真正能提高自己双师资质的事情。

　　"教学转型效果评价并没有一个清晰直接的指标，花费大量时间在教学转型上，个人辛苦以及随着工作量的加重学生抱怨暂不考虑，就是不可预料的风险、组织的保障力不足都有可能成为转型中的绊脚石。从个人投入与产出的成本角度考虑，进行教学转型的确不是轻易可尝试的创举。与其投入到不可预期的教学转型上，不如投入到资格证书的考试上，有了资格证书，就是双师双能型教师，每月补助旱涝保收，这还更实际些。"（I‐F‐F‐T‐4）

　　应用型转型制度若要保持制度本身的刚性力量，制约转型的标的就应当保持适当，过于宽泛的标的会造成对教职员工的制约规定缺乏震慑力，难以形成一种"和平的暴力"，最终导致转型制度内部自我消解。

二　利益认同："舍"与"得"的博弈

　　贿赂是维持制度注意力的常规法则。在 F 学院应用型转型的实践中同样遵从这一法则。针对转型所新颁布的《F 学院关于"一主体双引擎"转型发展的实施办法（试行）》对转型的"一主体"，即院系、教师和学生的考核与奖惩做出明文规定："院系（部）（转型）主体设立一等奖 1 个，二等奖 3 个，三等奖 5 个，分别授予 3 万元、2 万元、1.5 万元的奖励，合格给予 1 万元奖励，获得一等奖的颁发先进集体证书。不合格单位进行诫勉谈话，连续两年不合格的单位主要领导引咎辞职。教师（转型）主体考核分为优秀（占教师总数不超过 8%）、良好（占教师总数不超过 15%）、合格，优秀教师给予 2000 元奖励并颁发优秀教师证书，良好教师给予 1000 元奖励，不合格教师淘汰或调整专职教师岗位，当年不能晋升高一级职称。学生主体获得优秀的颁发证书，纳新、奖学金评定等活动优先考虑。"①

　　对普通教师而言，被评定为转型优秀者与良好者的名额有限，估计难以轮到自己，即使评上了，奖励也只有 1000—2000 元，这样的激励力

---

① 《F 学院关于"一主体双引擎"转型发展的实施办法（试行）》〔2016〕27 号。

度实在调动不起教师参与教学转型的积极性。可见，F 学院应用型转型制度之所以没有达到预期的效力，与激励强度不适、标准不明晰以及教师普遍难以达到指标要求有着千丝万缕的联系。

　　"转型让我备感挫败。在每天有限的时间里，我总是有无限的事情去做。成堆的学习文件和表格填写干扰了我的教学准备。仓促准备的教学快餐无法为学生提供创造性和启发性的机会。无法为教学注入新活力实在令人很沮丧。我学到的知识不能得到应用，这让我感到窒息，我很气愤。学生和教师是活生生的人，而非无知觉的机器，但是，面对社会对减少投入和提高分数的要求，我们不得不选择应试教学。环境对我们教师的期待是：安分上好课就行了，不要破坏惯例。创新和变革会给自己带来太多麻烦。"（I–F–F–T–5）

　　任何了解教学转型现状的人都知道，这位教师的感受极具代表性。在 F 学院访谈中，大多数教师给予了相同的反馈：

　　"我们已经忙得脚不沾地了，任谁动之以情、晓之以理、诱之以利都无法将我们从目前繁重琐碎的教研工作中解脱出来。我们像被鹰监管督促着一样，哪还有工夫和精力奢想转型?"（I–F–F–T–3）

　　转型制度在物质利益上造成的可有可无的效应，催生了教师在利益认同上的模糊感，直接导致教师集体偷懒或寻求终南捷径。因为既然没有充足的物质奖励，教师们当然倾向于保持现状：

　　"随大溜稍微动一动，混过关就行，实在过不了关，换学校就是了。"（I–F–F–T–6）

　　在 F 学院这种民办本科院校，教师频繁流动也是制约转型制度激励效力的一个重要原因。即使学校投入大量资金资助教师转型发展，部分转型成功的教师在独揽转型红利并获取充足资源之后，将成果都据为己有。在"人往高处走，水往低处流"思想的引导下，这类教师就会流动到其他待遇更好的院校。"荒了自家田，肥了他人园"的思想也是降低转型激励的一个重要原因。一位受访青年教师说：

> "现在国家社会铺天盖地都谈应用型转型，转型重要谁不知道？谁不愿意为自己转型后的长久发展谋划？学校要响应国家政策号召，要给上级教育部门交差，他们当然想转型；我们教师要给自己谋个长久的饭碗，更要为学生的未来发展负责，情感和道义上我们也想转。但是，我们这类民办学校，教师没有编制，教师流动太频繁。学校在教师转型发展的投入上，有自己的一笔经济账。"（I－F－F－T－7）

从民办学院教师转型发展的现实考虑，即使学校愿意大幅度投入，支持教师教学转型，但教师转型成功了，人流动跑了，该校教学转型目标又没实现，竹篮打水一场空，的确会让学校管理者在支持教师转型发展方面裹足不前。民办院校在转型上采用"放养"政策反而于己更有利，让教师根据自己评聘职称的实力与预期，自我转型。对教师来说，教学转型就成为"鸡肋"。一方面，转型为自身职业发展和职称晋升开辟快速通道。加之学校政策支撑，自身获益良多。另一方面，转型意味着自身要在教学思想与观念、技能与方法、信息与手段、考核与评价方面面综合转型，自己付出的时间精力远远不是1000—2000元所能弥补的。就是教学转型这根"鸡肋"使学校和教师都处于转型的纠结与矛盾之中。

教学转型的成本与效益确实是一个未被探索的领域。在教学情境中添加应用性的内容所带来的回报未必多于选择最传统、最保守的，但更能直接带来学习成果的办法，这成为横亘在许多教师心中的一个隐性的"坎"。借用剧作家洛林·汉斯伯里的说法，F学院许多年轻教师转型的梦想"在烈日下被晒成了葡萄干"，逐渐成了"遥不可及的梦想"，许多教师感觉梦想幻灭，心灰意懒，因而拒绝转型。

教学转型过程是教学多元利益相关者之间根据各自成本—收益分析

而产生的利益冲突博弈过程。学校组织与教师个体在是否采取转型行动的决策中已经就各自的利益进行了充分的论证与精细的算计,但学生——学校和教师服务的中心主体,也是教学成功转型的最大受益者或是失败转型的最大受害者,其利益是否有人真正为之谋算过?

实例:

【学生求助】我究竟能从他(它)那里学到什么?

【求助者】英语类专业四年级同学

【专业】英语语言文学

这是笔者在该校田野调查期间经历的真实事件。引发笔者对英语类专业教与学的内容与价值、教师转型发展与学生利益保障以及教学管理目的的进一步思考。

在笔者向调研学校英语类专业学生发放《学习需求调查问卷》的间隙,一位英语专业四年级的男同学向笔者提出求助的请求。他因为之前挂科、缺考的课程门数已超学校留级的警戒线,目前正处于向学校申诉与协商争取免除留级处分的紧张阶段。他认为:"若非要让我留级,学校和老师也得共担责任。因为我家里每年付出的1万多元的高学费换来的并不是等值的高质量学习收益。教师按部就班,教学毫无新意,除了零零星星的单词,我究竟还能从老师和学校学到什么新东西?"这位同学觉得一些课程远离生活,索然无味,因此缺席缺考。自己宁愿在图书馆致力专攻感兴趣的翻译方向课程。他自称已联系并获得上海外国语大学某位硕导的报考同意。留级意味着前期备考努力付之东流,名校攻读硕士梦提前幻灭。听说笔者主攻教育学专业,他希望笔者能为他争取权益保护提出专业建议。

面对此项意见征询,笔者深感为难。一方面,作为局外人,对该生的叙述一时间难以去伪存真;另一方面,作为教育学人,深知其中复杂纠葛的利益关系难以梳理清晰。学生应该为自己决策失误和行为失当承担后果这自然不必说,但学校和教师也应承担一部分责任的这种诉权难道真的很荒谬吗?

　　的确，教学转型表面上看可能就是教与学的手段与内容、成本与收益的转变，但从本质上来看，是人的发展方式与途径、目标与价值的根本性转变。学校、教师和学生虽然是不同的利益主体，但他们的根本利益是一致的，他们之间的关系如同知、行、研一体的教学关系一样，缺一不可，一损俱损。学校组织政策的制定若只出于行政利益考虑，强行推进命令式的、外部设计的教学转型，而不是争取教师利益认同和信念认同，鼓励教师根据学生学习需求与兴趣进行教学转型设计，那么这种机械倒退的转型做法不仅仅是对教学内容和方法的束缚，更多的是对求知欲望与成长希望的扼杀。其实，跨越分离转型与保持原有状态的界限不外乎就是公益与私利的另一种考量。

三　信念认同：游移

　　如果说，生活态度是对社会转型的挣扎，那么民办院校教师对转型制度的信念认同则真实地反映了自身在教学转型中的内心矛盾。一方面，教师们转型发展的积极性早已为无编制的"特殊身份"所带来的四处求职的辛酸经历所湮没；另一方面，从生存到自我实现的各层次需求都迫使自身不得不面对转型的现实压力。教师对教学转型矛盾的心理带来了对转型制度的信念游移。若以桌子来做比，游移的信念所构成的桌腿自然是摇摇晃晃、不牢靠的。在这种信念指导之下，教师应用型转型的成效可想而知。一位教师表达了自己对教学转型的重重顾虑：

　　　　"就我们英语类专业的教师而言，实现教学转型，首先我们需要知道应用型英语教学转型的目标和成功标准是什么？根据转型成功标准设计'教学要到哪里？''如何到达那里？''下一步去哪里？'。下一步的行动应当根据英语教师已有的知识和理解与转型成功标准之间的差距而定。可惜的是，我们的教学现在存在什么问题？以什么标准来衡量？这一系列问题的答案都未可知。我们深知转型之路充满艰难险阻，也明白它是充满挑战与成长的希望之旅。但自我能否转型，在何种程度上算是实现成功转型，都是一个未知数。规章制度能够增加我们对转型的认知，但不一定能帮助我们最终实现转型。在没有解决上述问题之前，盲目进行教学转型，就是拿学生的

前途命运开玩笑,这是不负责任的。"(I-F-F-T-8)

在对教学转型的信念认同上,F学院英语类专业教师表现出游移,其原因主要是,现有转型制度设计对教师行为的控制力有余而指导力不足。他们需要的是信任教师、引导教师。如果学校和院系能够营造出一种应用型教学的转型氛围,教师就能感觉到自己得到了尊重,能做出负责任的选择,能为成为一个知识丰富、应用能力突出和自信面对应用型转型的合格教师做好准备。持有这样期待的教师在F学院也为数不少:

> "我们英语类专业中青年教师特别多,许多当年就是受到校主创业的激情感染才选择来这所学校任教的。我们也是在持续不断的改革中成长起来的,从当年的激情澎湃到今日转型的顾虑不断,组织和个人都有不可推卸的责任。游离在理想追求和现实欲望之间的我们,也希望在组织的有效带领下走出个人发展的困局。"(I-F-F-T-9)

信念是一种能通过决定人类行动的情绪与欲望进而影响人类行动抉择的强大精神力量。这种精神力量越强大,人们的行动动力就越充足,理想目标就越容易实现。路易士·宾斯托克指出:"你若是想在人生中有一番成就,最有效的办法便是把信念提升到强烈的地步,因为只有达到这种程度才会促使你拿出行动,扫除一切横在前面的障碍。肯定的信念固然在某些时候能发挥一定程度的作用,可是有些事还真需要像达到强烈信念那样的程度才能成功。"① 针对英语类专业教学转型而言,教师对教学转型持有强烈的信念固然有助于鼓励教师积极投身于教学转型的实践,从而选择最能提高教学质量的方式和内容,但是成功的教学转型是内外部动力共同起作用的结果,单靠教师发挥内部动力,而缺乏外在条件支撑,教学转型很难取得真正意义上的成功。

---

① [美]路易士·宾斯托克:《信仰的力量》,曼狄诺、白雯婷译,吉林大学出版社2011年版。

第三节　F 学院英语类专业教学转型的
行动选择

一　独角戏

转型不是政府说、高校演的"双簧"，也不是高校自导自演的"独角戏"，它需要利益相关方角色的重新定位与调整。① 教师作为转型最直接的利益相关者，在学校、学院政策的影响下，可以说他们关于转型已经积累了充足的信息。但是现在的问题是，教师是否有足够的愿望使用这些信息指导自身转型。一位自称"边缘人"的青年教师表达了她的看法：

> "我们学校虽然也给教师提供了转型发展的机会，如访学、进修、培训等，但一般只有教研室主任或者骨干教师才能获得这样的机会。普通教师的机会是很有限的。这样的安排是别有用意的。这些骨干教师大多是学校元老或是该校毕业留校的，他们对学校的贡献度与忠诚度是其他教师无法相比的，转型发展的资源投入他们的身上，回报和效益都是可以预期的。反之，投入其他老师身上，在教师流动性这么大的民办院校，情况可能不容乐观。所以，对大多数老师而言，转型只能是场'独角戏'——自力更生，自主转型——如果你想在这里出人头地的话。"（I−F−F−T−9）

应用型教学转型是教学利益相关者共同的责任。教学转型的意愿和努力不能仅仅来自教师，它应当是制度、政策、基金会、院系（部）多方资源和多元力量合力作用的结果。学校组织必须向教师教学转型提供必备的工具和资金。只有参与转型发展项目，教师才能获得"购物车"，用于从"货架"（教师发展项目）上收获他们转型发展需要的工具。在收集工具时，教师需要的也不是"在职"期间使用的、满载一次性培训班与热门话题的破旧"二轮货车"，他们需要的是拥有最新配备、能够保证

---

① 柳友荣：《转型不是高校自导自演的"独角戏"》，《中国教育报》2015 年 6 月 19 日第 1 版。

他们将精挑细选的最佳方法带回家的"货车"。对此,支持转型理念落实的教学成效与问题的后续跟踪反馈和同步支撑是至关重要的。这是因为,大多数教师在入职前都没有想过使用新理论和最佳实践,入职后基于工作惯性,更不愿意主动进行教学转型变革,花费时间精力去学习如何使用新型教学理念、方式等去辅助教学转型,提升学生学习成绩,尤其是帮助学习后进者提高。为此,转型教师需要接受系统性、高强度、高密度的转型发展项目支持。

此外,教师转型发展还受到教室悖论的制约:教师们大部分时间只能和学生在一起,与其他教师和专业人士隔绝,尤其是与产业、企业一线人士缺乏沟通;另外,教师总是受到来自教室之外的学生家长、行政人员以及远离教学的行政官员的影响。为了打破教室造成的封闭,教师需要通过各种形式寻求专业发展,并在个人和专业层面寻找与同行交流的机会。在民办院校这个问题尤为突出,正是由于民办教师流动性比较强,教师之间倾向于点头之交的同事关系而非教学共同体关系,这对教师在组织层面上的转型发展是尤为不利的。

二 观光游

教师对转型政策制度的认知程度与情感态度通常会直接反映在其教学过程中,尤其是通过其扮演的角色体现出来。

> "转型不离口,行动不入手。我们对转型越来越麻木。这种厌倦与学校管理者对教师在转型中的被动定位有关。"(I-F-F-T-4)

但也有管理者认为:

> "在转型学习中,许多教师就像参观者或观光客,走马观花地翻阅资料,囫囵吞枣地理解观点,无法提出自己的见解,也未曾全身投入其中。一开会学习,他们尽量躲在会议室的角落,隐藏自己,逃避讨论活动。这些教师因为较少参与政策制度讨论而成为转型中的缄默者。这就形成了转型社交模式:积极转型的教师与管理者形成良性的互动,他们支持并积极关注转型,在转型中有问题主动提

出来，大家分享观点，共同解决问题；'缄默者'则自我忽视，自我放弃机会。可悲的是，30% 的教师占据了转型研讨活动将近 70% 的互动，70% 的'缄默者'沦落为转型活动的观光客。在管理者和观光客之间形成了一种默契：'别管我，我不参与，也不打扰你。'他们以缄默给自己贴上观光客的标签，从不主动参与，从不轻易发表意见，不希望被重视……仅仅出现在教学转型的研讨会上而已。"（I-F-M-T-5）

面对教师这样的行动反馈，关键问题不在于如何转型，而是为什么教师没有参与转型。令人沮丧的现实情况是，改革越是深入学校教育的核心，就越不太可能对教与学产生大范围的影响，相反，越是远离教与学的改革就越可能成为国家政策。问题不在于通常发生的对改革的抗拒或是教学改革遭遇的挫折，而是学校总是不断发生变化。抗拒来自教师所共有的教与学的观念："别来打扰我，让我按自己的方法来教。"学校通过设立具体的规章制度强力改变教与学的观念近乎不可能——正因为如此，教师专业转型变得越发重要。政策的变动常常收效甚微或者根本不起作用。借用风暴对大海影响的比喻，"虽然表面波涛汹涌，海底却是沉稳宁静（尽管有些浑浊）。在政策制度层面，我们常常看到剧烈运动激起表面上剧烈的变化……然而表面之下的深处，生活之流依然故我地继续着"①。

三　转型？转行！

在对 F 学院英语类专业教师访谈中，一些青年教师对教学转型也牢骚满腹：

"在我们这类民办院校，越老的教师越值钱。我们今年新上任的学院一把手是从周边公办大学聘请过来的老教授，对我们民办的生源水平和教师水平缺乏充分的了解，按照公办学校的教学标准和要

---

① ［美］卡尔·罗杰斯、杰罗姆·弗雷伯格：《自由学习》，伍新春译，北京师范大学出版社 2006 年版。

求来要求我们。我们这类年轻教师在这里工资低、要求多、责任大、晋升难,付出与收获不成比例,最重要的还是缺少话语权。让我转型,我就转行。"(I-F-F-T-6)

这种把教学转型简单理解成为转行的做法是一种典型的投机逃避行为。F学院英语类专业教学转型中,组织层面和制度层面固然存在一些缺陷,但从转型个体的行动选择上来看,反映出一种逃避责任、畏惧困难的消极心理。对英语类专业应用型教学转型来说,更多的是指所教授的英语类专业领域不变,但教学方法、内容和重点有所改变,即通过采用新的教学方法和手段,促使教学模式与重点从学术型英语教学向应用型英语教学转变。逃避教学转型责任并不是转行就能解决的。

在访谈中还有一类青年教师,基于对未来职称晋升和职业规划考虑,拒绝教学转型,而另选一条所谓自我转型发展的捷径:

"教学转型对于我们英语类专业教师来说比较困难,我们从传统精英型大学接受的根深蒂固的学术型英语教学范式的熏陶,很难在短短的时间内发生改变,即使努力尝试,也难免有失败的风险。从个人长远发展以及学校大环境背景考虑,外出读博士,尤其是跨专业混个容易的博士文凭,在这种学校才是进可攻、退可守的上上策。"(I-F-F-T-3)

一直以来,由于民办学校在人事编制和福利保障上的劣势,这类学校对博士人才的吸引力大打折扣,严重限制了民办院校的社会竞争力。为了提升教师对应用型教学的胜任力和发展力,建设一支高质量的师资队伍,许多民办院校在"引进来"政策效应不强的情况下,大幅度加大"送出去"政策的支持力度,期望从内部人才建设着手推进学校的可持续发展。F学院也不例外。正是在该校此类政策红利的"诱惑"下,一些教师权衡利弊得失,倾向于选择一劳永逸的博士学历提升,而不是挑战严峻的教学转型。学历提升是教师发展的一种方式(一般来说,对民办院校教师而言,能考上博士就是"鲤鱼跃龙门",未来就业理想是进入公办成为"一等公民",较少会返回原校继续工作),但上述教师的行动选择在应用型转型的话语情境中，不免有取巧的意味。

从 F 学院教师的行动选择上来看，教学转型形势不容乐观。其中很大的原因是，教师因主动或被动流动造成教学转型动力缺乏。这是主客观因素共同作用的结果。从客观因素上来说，首先，有关民办教育的相关政策法规缺位。例如，我国《教育规划纲要》要求"依法落实民办学校教师与公办学校教师平等的法律地位，清理并纠正对民办学校的各类歧视政策并建立完善民办学校教师社会保险制度"。但遗憾的是，截至目前，专门保障民办院校教师发展权益的政策法规仍为空白。许多民办教师由于无法公平地享受政策红利而在事实上沦为私企的雇工。其次，民办教师社会地位低下，社会话语权被削弱。最后，体制内编制的"诱惑"以及同行业竞争者的"挖墙脚"。上述客观原因，容易削弱民办教师职业认同感、归属感和成就感，导致民办教师流失。

有一个观点在民办院校比较普遍，即如果持教学机械论的观点，任何一个受过技能训练的教师并无差异。如果一个教师离开了，完全可以找另一个"教师"来代替。在这一制度下，教师被看作完全能随时更换的"部件"。教师资源紧缺是对这一制度回应的最好例证。而其他行业中如医生、律师、工程师等，人才短缺往往会使从业者获得更高的薪水、更大的工作自由度。而在教师紧缺的教育行业，情况恰恰相反。有人认为此举使得教师行业的门槛降低，更多的人获得了教师资格。为了保证教育质量，相关部门将课程设计得尽量不受教师因素的影响，而且教师要时时接受评估、监控、测验，还要承担繁重的文书工作。这种制度使得教师像债务人一样被牢牢监管，得不到应有的尊重。过去在这种自上而下的管理模式下，教师行业在教与学的许多方面陷入困境。因不满工作环境及缺乏尊重，或在激烈竞争中跟不上队，许多民办教师在 5 年内纷纷离开这一行业。这种高压控制的管理模式的确令人生厌。从学生接受的训练方式到教师接受的评价模式，方法无非是控制、奖励和惩罚，教师转型发展内在动力的提法在这里鲜有涉及。

第四节 F 学院英语类专业教学组织再造

基于 F 学院英语类专业教师转型中积极性不高、投入度不足、教学转型效果不良的现实,为了确保复合型、应用型英语人才培养目标的实现,学院组织决定改变英语类专业教学设计思路和教师发展思路,确立了包含专业教学设计、实践教学设计和课程教学设计于一体的教学设计在整个人才培养中的核心地位,进一步凸显依据人才需求—就业岗位—岗位(群)职业能力—培养目标—基本要求—课程体系—实践教学环节、学制、师资、实践教学条件等线索设计专业教学计划的整体设计思路(如图6—4—1所示)。并在教学转型设计基础上进行相关教学组织再造活动。

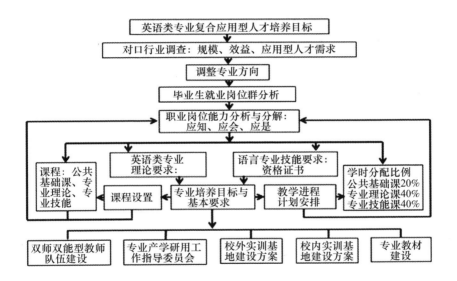

图6—4—1 F学院英语类专业发展复合应用型人才培养目标

一 教学流程再造

(一)教学模式:内容依托教学(CBI)

针对F学院英语类专业学生英语基础薄弱、应用意识不强、学习动力不足的现实,英语类专业从学术性英语教学向应用型英语教学转型的第一步,是推动教学模式从传统的以"英语知识为本"向内容依托教学(Content-based Instruction,CBI)的模式转型。顾名思义,这种教学模式就是"英语语言+学科内容"教学,教师通过确定的内容主题引导学生的语言学习。它与传统英语教学模式的区别有三:其一,英语作为获取学科内容的工具而非学习的直接目标而存在；其二，教学语言材料真实、具体；其三，教学内容与活动既匹配学生的语言水平、认知结构和情感需求，同时也适应学生的职业需求和个性志趣。

实例：

【教学模式】内容依托教学（CBI）

【课程名称】*English Phonetics* 英语语音

【专业】英语语言文学、商务英语、翻译

【适用对象】英语类专业必修课

英语语音语调是英语专业教学的基础内容，也是学生专业素养的重要标志。学生能否攻克英语语音发音难关，说一口流利而有旋律的英文是学校英语人才培养质量的最直观体现。语音教学长期饱受"费时低效"的诟病，在推进英语类专业教学转型的实践中，F学院英文学院率先在语音课程中引进内容依托教学模式。原因在于，语音语调的存在不是孤立的，语音存在于句子和大于句子的语言单位，因素和单词的发音在语流中会发生变化，受到连读、弱读、失爆等语音现象的影响。语调更离不开语境，它与语言使用情景水乳交融，语音语调的训练必须与有意义的语境和内容相结合。要帮助学生练就地道的语音语调，就要把语音教学与内容依托课程教学结合，将单一的语音课所承担的责任拓展到其他相关专业课程共同承担。与转型前只通过《英语语音》一门课程来培养学生语音语调的教学操作相比，转型后学院设计学生通过学习七门语言课程（综合英语、英语听力、英语口语、英语语音、英语阅读、英语语法和英语写作）和至少八门内容依托课程（包括英国社会与文化、美国社会与文化、欧洲文化、中国社会与文化、跨文化交际、英国自然及人文地理、美国自然及人文地理、澳新加社会文化）共计15门课程的系统学习，来掌握正确的英语语音、语调，提高听说能力。就语音课程教学本身来说，也加入了内容依托的相关内容与练习，以原汁原味的真实生活语料、丰富多彩的跨领域内容，激发学生语音学习兴趣。

目前这项改革在实际推进中因增多教学内容、加重教学任务、增加学生负担而受到了一定的责难,但这并没有动摇学院改革的决心和信念。可以说,这是语音作为专业基础课教学改革长期性、艰巨性和复杂性的集中体现,也是英语教学改革的价值回归使然。

(二)课程体系:应用导向、复合模块

F学院英语类专业明确课程体系再造是教学转型的重心,确定"理论适度、工学结合、理实一体"的课程建设原则,坚持课程设置"模块化、科学化、优质化、精品化"的要求,积极探索课程转型的新途径。

1. 强化"三位一体"复合应用型人才培养,构建多元复合模块课程体系

F学院英语类专业逐步确立了"以语言素质教育为基础,以跨学科协同能力培养为核心"的课程理念,通过"够用"的知识传授模块、"管用"的能力培养模块、"适用"的素质教育模块和"实用"的地方特色模块这四大模块的知识与能力培养,形成"综合素质、专业能力、职业方向""三位一体"的特色化课程体系(如图6—4—2所示)。

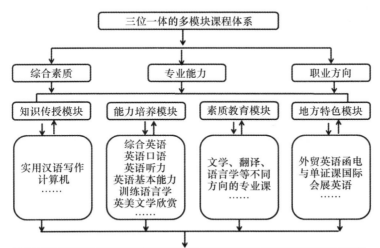

图6—4—2 F学院英语类专业"三位一体"的多模块课程体系

　　语言知识模块——够用：语言知识是培养英语人才的基础，在语言知识的广度与深度间保持平衡是培养应用型英语人才的关键。F 学院英语类专业致力于培养的高端应用型英语人才未来主要从事翻译、涉外经贸、商务、教育等工作，对英语类专业的基础理论知识固然应有所掌握，但无须过于深入、过于理论化，除公共必修基础课外，相对于精英教育下的理论化课程体系，语言学、语言学流派、英国文学史、英语文学选读、报刊阅读、英美国家概况等语言知识类课程的学时可以适当减少，以便腾挪出更多学时用于语言应用能力的培养和综合素养的提升。

　　语用能力模块——实用：应用型英语人才的能力结构综合多元，涵括语言的听、说、读、写、译能力，跨文化交际能力，组织管理能力，知识技术运用及更新能力，等等。它们都是语言运用能力的具体要求与体现。F 学院英语类专业在课程模块的设计中，针对语用能力的培养，开设了综合英语、英语口语、英语听力、英语基本能力训练、语言学、英美文学欣赏等系列实用课程，从语言知识点到语言知识面各个层次展开综合语用能力锻炼。此外，开放多个英语语言自主学习平台，内容包括听、说、读、写、译，让学生自己针对不同能力训练的学习，进行快速学习能力训练；开设英语拔尖人才训练营、英语背诵、"院长杯"英语听说能力强化班进行创新能力训练。

　　职业素质模块——适用：应用型英语人才的职业素质结构应当包括英语专业素质和通用素质。适用与适度是 F 学院英语类专业职业素质模块课程的主要特色。该校英语类专业提升学生英语专业素质的途径主要是，基于学生多元化的职业发展需求，按照具体的专业类别和要求，开设多样化的课程，实施专业化的职业素质培养。针对通用素质的培养，主要是通过适当开设职业道德教育课等方式来提高学生的岗位适应力。

　　地方特色模块——应用：F 学院位于西北重要省会城市，文化旅游资源丰富。该地区经常举办大型国际博览会，F 学院英语类专业从追踪区域社会发展需求出发，在课程设置上凸显地方特色，大量开设国际会展英语类课程。针对本市国际影响力的日渐提升以及国际游客剧增的现状，设置联络陪同口译课程等。F 学院英语类专业还实时追踪本区域内涉外企业的用工需求及用工标准，开设应用性强的专业课程，如针对大量学生大多愿意去涉外经贸企业的情况，强化外贸英语函电与单证类课程等。

2. 明确专业技能标准，设置技能考核课程

F学院英语类各专业明确专业技能标准，设置技能考核课程辅助学生考证过级。学院要求英语类专业毕业生除具有英语专业四级、八级证书外，还须至少获得一项（导游证、翻译证、教师资格证、文秘资格证、英语水平等级证书、计算机等级证书、会计上岗证等）相关证书。如英语导游方向的学生毕业时须获取英语导游资格证书，翻译专业学生须获取中高级口译、笔译证书，商务英语专业学生须获取剑桥商务英语证书等。

（三）实践教学体系：多维立体协同式实践教学体系

F学院英语类专业长期坚持实践教学与理论教学并重，英语类专业实践教学占总学时比例不少于25%。由于英语类专业的目标是培养应用型英语人才，大部分学生毕业以后主要从事翻译、涉外经贸、商务及教学工作。因此，英语运用能力成为英语类专业人才培养的重要目标之一，而完善的实践教学体系是实现该目标的最有力抓手。F学院英语类专业按照由浅入深、由基础到综合的认知规律，建立了一套模块化、组合型、进阶式、双证制的"多维立体"协同式实践教学体系。

1. 构建多维立体协同式实践教学体系

多维立体协同式实践教学体系将英语类专业对应的行业和企业准入标准纳入本专业实践课程体系当中，培养学生扎实的专业语言基础能力、专业实务操作能力以及对语言的综合运用和创新能力（如图6—4—3所示）。通过借鉴"孤岛—群链—网络"的发展方式，构建从教室到实训室、从课内到课外、从基础到进阶、从进阶到创新、从学校到企业、从学习到生产、从虚拟到真实的多维立体化实践能力培养模式。在拓展学生语用能力发展空间的同时，缩短学生学习情境与真实工作情境之间的距离，促使二者无缝对接。

2. 搭建多层次、开放式、交叉互动实践平台

通过对校内、校外及校企产学研三个实践环节的高效整合，搭建由校外生产实习基地、校内实训室和校企联合研发中心共同组成的，面向英语类专业全体学生的全方位、多层次、开放式、交叉互动的实践教学平台（如图6—4—4所示）。校企合作实践平台具有实时性、高效性、信

息化、一体化的特点，为学生和企业搭建交流合作的平台，提供信息、资源的实时共享，促进专业教育和岗位需求的无缝对接。实践平台所支持的项目形式主要包括实践基地建设、应用型教学内容和课程体系改革、创新创业教育改革、创新创业联合基金建立、教师与学生应用能力培养、校企实验室共建等。

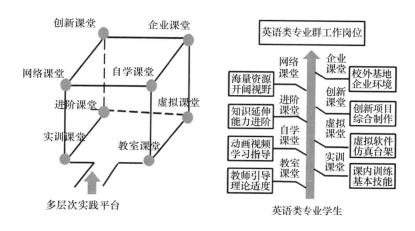

图 6—4—3　F 学院英语类专业多维立体协同式实践教学体系

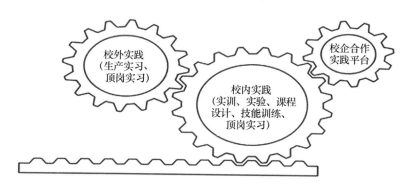

图 6—4—4　F 学院英语类专业多层次、开放式、交叉互动实践平台

3. 加强了学生跨专业实践能力

F 学院英语类专业非常重视学生的实践能力，培养方案中综合实践环节占总学时的 10%，理论学时与实践学时的比例为 7∶3，主要形式是校内实训和校外实习,无论何种形式,共同的目标是促进语言知识内化为语用能力,训练学生具备职业岗位(群)的专项技能,培养学生跨学科专业的实践能力,提高学生解决工作场域中复杂综合问题的能力。

(四)教学方法改革

英语类专业根据《F学院关于进一步加强科研与教研教改工作若干意见》《F学院教育教学改革与研究项目管理办法》等制度,鼓励教师开展教学改革与研究,不断探索和创新教学方法。学院通过多媒体课件大赛、教案比赛、观摩教学、听评课、集体备课、青年教师讲课比赛等教学活动,大力促进教学方法改革。广大教师能够针对学生需求,努力探索课堂教学规律,改进课堂教学方法,运用启发式、互动式、讨论式、探究式、自学辅导式、网上助学式、案例式、合作式等多种教学方法,积极采用现代教学技术和手段,有效利用网络教学资源,引导学生自主学习、自觉学习,成效明显。英语类专业教师采用"课内指导+课外训练"的外语教学方法,有效地培养了学生独立自主的学习能力和创新意识。

为顺应数字时代教学改革发展需要,F学院启动网络课程中心平台、尔雅通识教育及泛雅信息化平台,为翻译专业学生开设"翻译有道""英语演讲与口才"网络课程,并配备3名指导教师进行线下指导。改革教学方式,注重课外活动,培养创新实践能力,在教学中积极实践启发式、讨论式、研究式等教学方法,以学生为主体,充分调动学生学习的积极性和主动性。

(五)教师转型发展

F学院英语类专业师资队伍建设是实施专业教学转型成功的保障。根据英语类专业建设规划,坚持"专兼结合、专职精干、兼职选优"原则,积极配合学院对专职教师进行结构性调整,大力引进、培养"双师双能型"复合应用型教师,逐步建立起一支结构合理、应用能力强的"双师双能型"师资队伍。F学院英语类专业主要通过打造"三大精品课堂"提升教师教学转型发展能力。

第一课堂:打造"讲、研、训"一体化的第一课堂。每年举办青年教师职业技能训练、优秀教师教学经验交流会、教学课件制作辅导讲座、青年教师讲课比赛等,抓好教师教学技能建设。

第二课堂：开展"用、练、赛"丰富多彩的第二课堂。建设"英语实践周"，开展"英语角"，为教师提供锻炼英语应用能力的空间；组织和指导学生参加省级以上各项专业赛事，抓好"师德师风"建设。

第三课堂：开辟"研修培训、区域联动、服务社会"的第三课堂。鼓励和支持英语类专业教师参加各级各类学术会议和培训，参与新东方、雅思、托福等外语培训机构教学实践。鼓励教师考取专业相关证书，提高教师专业认证水平。

二　以学习者为中心：分层教学，因材施教

F学院英语类专业根据学生英语水平的差异进行分层教学，因材施教。每年新生入学，会在全校范围内通过口试与笔试的方式，遴选出100名英语基础较强的学生进入翻译研修院进行专门教学培养。翻译研修院内实行封闭式全英语教学，在课程设置上为学生量身定制。鉴于遴选出的学生英语基础都较为扎实，学院为他们提供三种类型的课程：第一类是基础类学术英语课程。第一学年，在常规英语基础课程中大量添加ESP课程中的学术英语课程。这些课程与英语类专业常规基础课程的主要差别是，以提升学生专业学术交流能力为目标，以锻炼学生组织小组讨论、呈现学术报告、撰写学术论文的技能为手段，从而坚实学生在学术领域中的听、说、读、写、译基础。第二类是与职业相关的ESP课程。第三类是口笔译高端课程。

三　教学创新

（一）厚专业基础与人文学术基础，以"输出"为导向，刺激语言"输入"

F学院英语类专业发展的压力除了市场供需矛盾这一外在因素外，最主要的还是内因。只有修炼内功，以用促练，以"输出"促"输入"，内外兼备，才能从当前的困境中走出来。为此，F学院英语类专业在培养方案的设置中采取了加厚专业基础课程和人文学术课程，包括英国文学史、美国文学史、英国文学选读、美国文学选读、莎士比亚戏剧、语言学导论、语言学流派与选读等课程，并增设和增加专业性的"输出"类课程，包括英语演讲课程、英语辩论课程、多种笔译和口译课程，为学生语言

输出能力的强化奠定坚实的基础。

（二）专业内涵融入技能课，专业课适量前移，以扩大"专业"的分量

胡文仲先生发现，国外外语专业普遍十分重视低年级对于技能的训练，但在设课方面与国内英语类专业差异很大。主要操作方法是压缩精读、泛读、口语、听力等枯燥的单项技能训练课课时，以内容学习法改造技能训练课，促进二者有机结合。F学院英语类专业借鉴这一做法，将本地化因素融入课程教学，并采取了将新闻、会展、空乘等内容融入视听课程和翻译课程，将大二的口语课程改为演讲与辩论课程，以便将专业内容与逻辑思辨能力培养融入这些技能课程中去。与此同时，将英语国家概况、人文社科选读、旅游英语等课程移到大二开设，增强了技能与内容学习的融合，增加了"专业"的分量。

（三）多方向互渗式专业方向设置

为了避免人才培养千人一面，避免学生求职时因缺乏个性特点而丧失竞争优势，F学院英语类专业借鉴国内外英语类专业设置方式和设置经验，采取多方向、互渗式专业方向设置的创新举措，结合社会需求和人才自身的需求，在培养方案中设置了英语语言文学、翻译、国际会展等六个专业方向，每个专业方向具有各自独立的课程板块和共享的课程板块。共享课程板块可以由学生自由选择课程，以打造人才输出的多样性和个体特性，增强学生未来就业或深造的竞争优势。

四 信息技术应用

为了紧跟现代人才培养"知识＋技能＋运用"的需求，F学院英语类专业积极探索"互联网＋英语"的教学信息化改革，将社会各方面元素作为语言质料融入英语类专业课程中，让学生融入并了解社会，成为社会人参与社会竞争，完成技能的提升。"互联网＋英语"教学从关注书本知识转换到聚焦学习过程，发展和引导学生独立运用知识解决问题的能力。在深度学习中，教师是学生的伙伴，双方为了切合实际的目标共同探索，紧密相连。这有助于培养新的学习方式，让学生拥有更多的参与性，更紧密地联系现实生活，更好地为今后的生活和工作做好准备。

实例：

【微课名称】*Beginning the Speech*（《演讲的开头》）

【专业】英语语言文学

【课程】英语演讲与辩论

【适用对象】英语专业选修课

体验即应用，在应用中学习，在应用中掌握，在应用中提高，在应用中创新，这样的实践应用过程就是语言学习者成长完善的过程。这一过程因为信息技术的加入，有可能长度缩短，效率倍增。

F 学院英语类专业教学转型推动基于"互联网＋英语"的信息化英语学习形式更加多样化，层次更加丰富，使得无论是校内校外，学生体验式学习的渠道越来越多，学习方式和手段得到补充，学习的范围得到拓展，学习的内容得到延伸。以 F 学院英语类专业《英语演讲与辩论》课程第八单元 *Beginning the Speech*（《演讲的开头》）知识点的微课教学设计为例，本课程的教学目标是帮助学生理解演讲开头的重要性；描述视频中讲解的几种演讲开头设计法；分析几种设计法的特点，并根据不同话题选择合适的设计法。教学要点是要让学生掌握几种常见的演讲开头设计法，正确使用恰当的方法设计演讲的开头。

课程采用"翻转课堂"模式，学生课前观看指定视频并完成给定话题的开头设计任务。"翻转课堂"的信息辅助教学模式有助于学生理解演讲开头的重要性以及掌握演讲开头的不同设计法，为课堂讨论以及演讲展示做好准备。为更好地完成这一任务，学生还需要借助互联网搜索、校园网浏览和在线学习系统登录等方式进行英语演讲相关语料的收集与处理。他们必须用自己的眼睛去发现演讲中所接触到的语言和文化方面的问题，用自己的头脑去寻找解决问题的途径与方法。这种快捷便利的信息辅助教学方式扩大了学生的语言学习视野，满足了学生个性化的语言学习需求，使学生能够更积极主动地建立多元化的语言习得模式。

通过访谈了解到，教师对信息技术引入教学的前后状况对比感受颇深。教师普遍认为，在引人入胜的声、光、影所带来的富有强烈生活气息的网络资源的直接作用下,学生在教师的牵引下,除了能够学好教学内容,还学会了探索学习规律、掌握学习方法,学会体验自主学习,即运用适合自身的学习方法掌握自主学习进程,调节学习的进度和内容,对学习效果进行自我评估。学生在体验英语学习的过程中树立自主学习意识,从学习中体会到知识的价值与力量,收获学习与成长的愉悦,真正成为学习主体,最终达到自我创新能力和培养语言综合应用能力的目的。"互联网 + 教学"的方式标志着英语学习新时代的到来——选择的多样性和个体差异性得到了承认与尊重。

像威尔·理查森说的那样,"仅仅把昂贵的工具放在传统课程之上并不能代表现代学习者的需要"①,所以 F 学院注重后续课程的监督管理、效果反馈,积极组织学生参加各权威机构举办的英语比赛,通过在线平台学习、在线知识竞答的方式,调动学生创新创业的积极性和主观能动性,关注学生的成长成才,理论与实践结合,提高学生的动手能力,确保人才培养质量。

五 教学组织管理

(一) 教学质量监控

F 学院本着"全程监控、全员参与"原则对教学运行的各个环节实行全方位、多层面、多方位、立体化的组织、监控与反馈。根据"卓越英语类专业"建设的总体目标并结合专业教学实际,重建了一套完整的教学质量监控体系(见图6—4—5)。

1. 质量监控机制

为了健全英语类专业教学质量保障机制,有效监控教学运行的各个环节,确保教学质量,学校、二级学院、系室、学生组成了对英语类专业教学质量监控的分级监控机制(如图6—4—5所示)。校级教学质量监控的工作内容主要是制定政策、规范过程、实施评估以及监督反馈。院级监控由学院领导、院级教学工作委员会组成,其工作内容主要是培养方案的制定

---

① Richardson W. Students First, Not Stuff, *Educational Leadership*, 2013 (6), pp. 10 – 14.

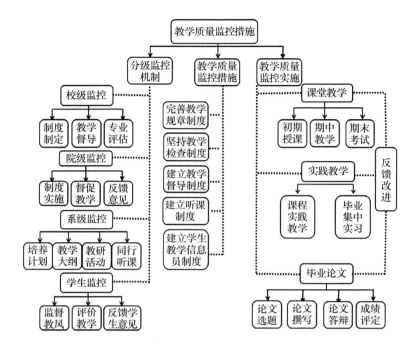

图6—4—5 F学院英语类专业教学质量监控体系

与修订、教学方案的实施与改进、教学信息的收集与反馈、教学质量的保障与提升。系级监控由英语类专业基层教学组织成员共同组成，主要负责修订培养计划和教学大纲；就专业建设、课程建设和教材建设等工作进行研讨；开展教师竞赛和教研活动，提高教师能力和科研水平；组织开展同行听课，教学评价以及教研室的评先推优工作。学生监控由学生教学信息员组成，主要负责记录本班每学期的各课程教师上课情况，监督教师教风，评价教师教学水平，收集学生的反馈意见和建议。

2. 质量监控措施

根据培养方案、教学大纲、教学进程等教学基本文件，教学工作规程、教学运行管理、教学改革研究等教学规章制度，以及课堂教学标准、教材选用标准、实验室教学标准等主要教学环节的质量要求对英语类专业教学质量进行监控，以获取反映英语类专业教学工作状态和教学效果的反馈信息。

3. 反馈——改进效果

（1）激发教师与学生教与学的内部动力

教学质量监控不但为教师职称晋升、绩效评价提供重要的参考依据，而且重视学生参与课堂教学质量评价提出的反馈意见，充分调动了师生的教与学的积极性和主动性。

（2）反馈及时有效

对专家督导的意见和建议，及时向学院及教研室通报，并提出处理意见和改进措施。对学生反映较强烈的任课教师进行学院领导及教研室主任分别约谈，敦促其限期改进。对用人单位提出的意见，及时组织专业建设会议，商讨人才培养质量的措施。专家、教师、学生、用人单位多渠道的反馈措施，确保了反馈信息及时得到处理。

（3）提高教学质量

教师按照学校的教学转型工作规范和质量标准完成教学转型各个环节的工作。根据专家、同行教师、学生的反馈结果和意见及时调整教学内容和教学过程，显著提高了英语类专业教学质量。根据毕业生、用人单位的反馈信息调整培养方案和教学计划，提高了英语类专业的人才培养质量。

（二）教学质量评价及反馈机制

英语类专业已建立一套教学质量评价及反馈体系（见图6—4—6），采取多样化的教学质量评价方式和反馈机制，以确保将教学质量保障机制落到实处，切实提高教学质量。

1. 教学质量评价机制

英语类专业始终坚持以质量为根本，重视对教学质量的评价，主要从应用型教学计划、教学过程、教学结果三个方面评价转型后的教学质量。

（1）教学计划评价

教学计划是专业人才培养的顶层设计，是实施人才培养工作的总纲。教学计划评价主要是针对人才培养方案以及课程教学大纲展开评价。

1）人才培养方案

人才培养方案是关于专业人才培养的顶层设计和实施细则，是教学质量水平的重要体现。F学院英语类专业制定或修订英语类专业人才培养

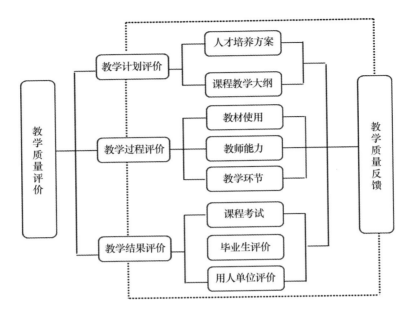

图 6—4—6　F 学院英语类专业教学质量评价及反馈体系

方案时始终坚持课程体系、教学内容整体优化；坚持以学生为中心，注重个性发展；坚持强化实践教学，注重创新能力培养。

2）课程教学大纲

课程教学目标是实施课程教学的纲领性文件，是规范教学内容、实施教学监控、保证教学质量的重要依据。F 学院英语类专业在编写课程教学大纲时，严格遵循思想性、科学性、应用性、动态性等原则，凸显课程教学大纲的应用价值。

（2）教学过程评价

包括对教材使用、教师能力以及教学环节三个方面的评价。

1）教材使用

教师、学生对应用型教材的选择与使用情况进行评价，根据反馈意见调整课程教学的教材。

2）教师能力

英语类专业招聘教师要求严格，注重对教师特别是新进教师业务能力的评价与培养。

①新教师招聘办法：英语类专业教师招聘包括三轮严格的笔试和面试，全面考察应聘者听、说、读、写、译等英语基本技能水平，口头表达能力，专业复合应用能力，以及跨专业拓展能力等基本素质。

②新老教师学习共同体：针对学院新引进的青年教师，F 学院英语类专业采取"以老带新"、构建新老教师学习共同体的办法，促进新教师提高教学技能，帮助老教师更新知识结构，掌握新的教学方法与技术。

③青年教师教学竞赛：为促进教师快速成长，F 学院英语类专业实施"以赛促教"，教师在各级各类比赛，尤其是青年教师教学竞赛中成绩优异，可促进全院教师应用型英语教学能力的提升。

④教师预讲、试讲制度：按照学校的有关规定，要求担任专业课程的新教师以及新开课教师在学期初选取课程相关内容进行试讲，全体专业教师参与听课、评课，以保证课程教学质量。

3）教学环节

教学过程的各个环节，包括课堂教学、教学文件抽查、考试环节、实习环节、毕业论文。

①课堂教学：课堂教学的质量评价形成了三级评价体系，即学校领导和教务处督导组评价、院系领导和教师听课评价以及学生评价。

②教学文件抽查：对教学大纲、教学进度表、集体备课、教案（讲稿）、多媒体课件等进行抽查和评价。

③考试环节：系室、学院和学校教务处逐级对期末考试安排、考试试卷、考试成绩进行评审。

④实习环节：包括学生实习总结、实习单位和教研室对学生实习过程的评价，以及学院和学校相关部门对学生实习情况进行检查。

⑤毕业论文：针对论文的选题、开题、撰写过程和论文质量进行的阶段性检查以及每学年教务处组织的毕业论文抽查。

（三）教学结果评价

教学结果评价是对课程教学的效果、毕业生质量等方面进行评价，包括课程考试、毕业生评价、用人单位评价。

1. 教学结果评价机制

（1）课程考试

每门学科的考试或考核是评价课程教学效果最直接、最客观、最有效的依据。

任课教师需在课程结束后对考试试题进行试卷分析和对学生成绩进行成绩分析，以达成对教学过程的综合评价，并根据分析结果调整教学内容和方法。

（2）毕业生评价

对毕业生进行问卷调查，收集毕业生对专业课程设置和课程教学的评价、意见和建议；对毕业生开展自我评价，收集评价信息。

（3）用人单位评价

用人单位对英语类专业学生的工作表现评价也是权衡院系人才培养质量的重要依据。邀请用人单位对毕业生进行评价，以此为据调整培养计划。

2. 教学质量反馈机制

F学院英语类专业坚持开展日常教学检查与专项评估，获取相关部门、教师及学生对教学组织、实施和评价等环节的反馈意见，在教学过程中做出实时改进与调整。

（1）教师课程教学质量评价反馈

F学院英语类专业教师采取集体备课、系室主任听课、教师相互听课等措施，发挥同侪评价的积极促进效应，对教师课程教学质量做出尽可能专业化的评价反馈。

（2）学生学习质量评价反馈

F学院英语类专业实施学生教学信息员管理制度，收集学生对教师教学的意见和建议，并及时反馈至教师个人，从而促进教师教学改进与提升。

第七章

"第三部门"的蹊径：混合所有制应用型本科英语类专业教学转型研究

有那么多理由沉湎在传统的盒子里，稳定状态的惯性使学校与现状联姻，似乎很可能有大量大学，甚至大部分大学不会冒险在创业道路上走得很远。更加给人深刻印象的是很多大学的业绩，他们不仅在出发走上转型的征途前克服对失败的恐惧，而且在很大程度上完成了第二个奇迹，在整个十年和以后的时间里保持了变革的意志。这些是当时演进到走向未来变革的新的稳定状态。它们持续地转型，而且越来越多。①

——Burton R. Clark, *Sustaining Change in Universities*

W 学院是一所位于中国长三角南翼经济中心和浙东交通枢纽的地方应用型本科。作为一所在具有 50 余年办学历史的省属普通高校基础上进行体制改革与机制创新的新型混合所有制院校，W 学院经历了从专科院校向"国家硕士专业学位研究生教育试点单位"的三连跳，探索出了国有大学如何通过激活内部活力的机制，增强教育内涵建设，提高教育质

---

① Burton R. Clark, *Sustaining Change in Universities*: *Continuities in Case Studies and Concepts*, Berk-shire: Open University Press, 2004, p. 232. 伯顿·克拉克：《大学的持续变革——创业型大学案例和新概念》，王承绪译，人民教育出版社 2008 年版，第 262 页。

量和竞争实力，实现快速发展的新模式。① 为紧跟国际化办学的时代潮流，该校与英国某知名高校合作办学，将其国际化的办学理念引入本土化的办学实践当中。W学院的跨越式发展历程书写了一部地方院校的转型发展史，两次重要转型成就了W学院的华丽转变。

第一次转型是1999年，从原属第一部门的Z省农业技术师范专科学校划转（或称改制）为隶属第三部门的W学院。经教育部批准成为"公办高校实行新的管理模式和运行机制"的新型高校，实行"国有民办"。一所省属公立普通高校与中国首家事业性教育集团——W教育集团这种"民办性质"教育机构联姻，在拆除了体制藩篱，跨越了公办、民办壁垒，发挥体制、机制创新优势的基础上，催生了中国首家改制的国有民营高校——W学院的诞生，由此开创了中国公共产品民营化的先河，树立了第三部门高校的成功范例②，W学院也被教育部定为国立学校实行新的管理模式和运行机制改革的试点。公立大学并入"民办性质"的教育机构③，探索出了一条国办高校在不增加国家财政投入的条件下，通过广泛吸纳社会力量办学，促进学校生机勃勃地自主发展的新路。④ 它将单一办学体制、模式转变成为混合型办学体制和模式，开辟了中国大学第三态。⑤ 第三部门正在成为我国高等教育发展的重要空间。⑥

改制后的W学院面向市场，接轨国际，开创了中国高校管理的新模式——"W模式"。"作为一所民间投入、民间经营、国家所有、官民结合的第三部门高等学校：学院办学所需资源几乎完全是通过市场运作自筹；资产的所有权属于国家，使用权属于财团法人——Z省W教育集团；

① 《创新，让一所高校跨越式发展》，http：//www.cnnb.com.cn/jy/system/2008/10/14/005824048.shtml.2008 - 10 - 14/2017 - 11 - 25。

② 潘懋元、邬大光、高新发：《浙江万里学院——一种第三部门高等学校的范例》，《高等教育研究》2002年第4期，第59—64页。

③ 邬大光：《中国民办高等教育发展状况分析（下）——兼论民办高等教育政策》，《教育发展研究》2001年第6期，第13—18页。

④ 潘懋元、邬大光、高新发：《浙江万里学院——一种第三部门高等学校的范例》，《高等教育研究》2002年第4期，第59—64页。

⑤ 陈厥祥：《民办国有：开辟中国大学第三态》，《中国高等教育——兼谈浙江万里学院的改革探索》2009年第2期，第27—29页。

⑥ 潘懋元、邬大光、高新发：《浙江万里学院——一种第三部门高等学校的范例》，《高等教育研究》2002年第4期，第59—64页。

学院可以享受公办学校的优惠待遇;学院接受财政、教育等政府职能部门的监督和管理,但保持高度自治"①,学院办学中资产增值依旧属于国有,董事会和学院拥有高度的办学自主权。国有民办的新机制成为推动学校转型发展的内驱力。它激活了 W 学院的发展潜能,规模、结构、质量、效益得到全面提升,实现了由多年止步不前到短期内突飞猛进的超常规发展,成为一所涵盖理、工、农、经、管、法、艺等学科的综合性大学,同时也为在坚持公办前提下探索教育投资体制多元化②提供了现实路径参考。

第二次转型正式启动于 2014 年,目标是创建特色鲜明的高水平应用型大学。目前该校已成为 Z 省应用型建设试点示范学校。根据国家《十三五教育发展规划纲要》对普通本科高校转型发展和产教融合、校企合作人才培养机制改革的要求,为适应 Z 省建设高等教育强省的新形势,满足区域产业转型升级对多样化应用型人才的新需求,该校系统谋划学校事业发展,科学设定创建特色鲜明的高水平应用型大学的战略目标,打开学科专业关卡,使传统专业与产业实现精准对接,促进核心课程与模块课程有效结合,通过与产业链的有效对接彰显校本特色。"正""新""实""高""显"五个字能够高度凝练该校发展的特色:牢牢把握人才培养的"正确方向",以"创新之法"解决传统难题,以"扎实举措"配置教育资源,以"高远方略"获取教育发展资源,以"显著成绩"赢得八方赞誉。

高度灵活的办学制度与科学健全的管理体制是 W 学院转型发展的优势所在。这一优势的发挥有效地提升了 W 学院在应用型大学建设中的认知度,使该校卓越的办学理念与多元的创新机制形成合力,充分迸发转型发展的活力。W 学院的应用型转型发展,实体放在学院,重点锁定专业,核心聚焦教学。以强化专业综合改革为抓手,以推进校企协同育人为突破口,力争实现人才培养模式与运行机制的创新。在推进应用型教

---

① 潘懋元、邬大光、高新发:《浙江万里学院——一种第三部门高等学校的范例》,《高等教育研究》2002 年第 4 期,第 59—64 页。

② 陈厥祥:《万里模式:高等学校"国有""民办"的全新组合》,《黑龙江高教研究》2004 年第 5 期,第 22—25 页。

学转型的过程中，目标明确、计划翔实、举措到位、步伐稳健，取得了显著成效：学校以应用型的办学定位、服务型的办学追求、创业型的办学特色、国际化的办学特征，恪守"以生为本、以师立校、面向市场、国际接轨"的办学理念，以提高培养质量为核心，以课程建设和基地建设为抓手，以产教融合和科教融合为驱动，以研究型教学为探索，深入推进创新创业教育，构筑应用型本科教育体系，为区域产业转型升级和先进技术应用提供高素质和高层次应用型人才支撑。

为了实现特色鲜明的高水平应用型大学建设目标，W学院应用转型呈现出以下特色：以高素质应用型人才培养为核心，以高水平应用型学科和高质量社会服务为支撑，以"双向多元"师资队伍、产学研一体化基地为建设重点，以治理机制改革为突破口，打造学科优势，培育专业品牌，提升办学实力，具体实施举措如图7—0—1所示。

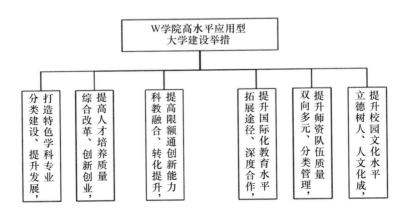

图7—0—1　W学院高水平应用型大学建设举措

为响应建设特色鲜明的高水平应用型大学的号召，W学院发挥地域优势，融入地方、对接产业、校企合作，深入推进产教融合、科教融合，着力提高人才培养的适应能力和服务区域经济的创新能力；进一步发挥办学体制机制优势，深入推进二级学院试点改革，创新治理机制，释放W学院基层办学活力，促进院系发展和教师发展；发挥学科专业优势，聚焦资源、重点投入，使优势学科品牌专业更强，赢得考试招生制度改革和专业审核评估主动权；发挥W学院教育体系优势，主动借鉴外方合作院校的治理机制,形成灵活的人力资源管理机制,铸就演进的学术质量标准和严格的质量保障体系以及学生主动学习的激发机制,全面提高办学水平和办学声誉。因此,追踪政府与市场动向,适时而动,转型发展,成为该校在变动不居的教育市场中始终掌握发展主动权的法宝。

第一节 W 学院英语类专业教学转型的制度供给

一 技术环境:教研生产力

W 学院从转制之初就确立了"面向市场"的办学理念,高度重视专业建设的社会导向,按照"注重应用、发展特色、面向市场、优化结构"的总体思路,制定了专业建设规划,确定了以"新兴交叉学科和应用专业为发展重点,主动适应地方经济建设、科技进步和社会发展对人才提出的需求;以特色专业和优势专业为基础,加强专业建设和改造,把需求量大、特色鲜明、适应面广、有较好学科基础的专业做大做强,围绕以能力培养为中心的应用性多样化人才培养和以适应性为核心的大众化教育质量观,构建多规格的人才培养体系,不断加强专业建设内涵,加大应用能力强的社会紧缺专业建设力度"的指导思想和基本原则。从开展本科教育伊始,通过充分酝酿、科学论证、专家评议等方式建设了一批省重点、市重点的学科和专业,体现出文、理、经、管协调发展同时注重应用的特点,符合 Z 省市场经济活跃、外向型经济发展迅猛的地方区域特色。①

W 学院所依托的 W 教育集团,其自身的崛起始于对市场经济特别是对"教育市场"的本质认识。W 教育集团是一个并无产业作为背后支撑的单纯性质的"教育集团",以学养学,走"教育产业"之路,以高质量教育水平赢得市场信誉,以强势的竞争力抢占教育市场份额,是其唯一也是最佳的出路选择。W 学院作为"国有民办"的产物,一方面,要满足教育集团重市场竞争效率的要求,以高效率的教学生产力赢得顾客的青睐;另一方面,由于所有权仍然归属国家,政府评价体系和市场竞争

---

① 《瞄准地方经济朝阳产业 贴近市场 我校今年新增本科专业有特点》,http://www.zwu.edu.cn/45/b9/c18.2006 - 03 - 21/2017 - 11 - 20。

机制都对学院造成了广泛而长久的影响，学院无法也不敢不正视科研生产力的增长要求。

置身激烈的市场竞争环境中，身负"创建特色鲜明的高水平应用型大学"使命的 W 学院，为了有效应对来自技术环境的激烈挑战，必须要在应用型教学和科研方面进行制度调整。来自技术环境的挑战绝非偶然，它是外患内忧合力作用的结果。从国际环境来说，高等教育国际化风起云涌，分割了国内教育市场的"蛋糕"，教育市场份额的日益缩减使提升教学科研生产力的需求尤为急迫。从国内环境来说，在无法与公办院校在同一平台竞争而先失一局的情况下，民办院校间的竞争更是暗流涌动。作为国有民办的 W 学院，较之一般民办院校虽享有高度办学自主权，但置身于相同的技术环境中，沿袭"要么不做，要做就要做最好"的办学风格，推进制度转型，抢占发展"蓝海"的动力更强劲。

W 学院深深意识到，面向市场设置专业，开展专业建设，满足社会人才需求，服务地方经济建设，是创建特色鲜明的高水平应用型大学的关键，教学生产力和科研生产力是实现目标的双轨。科研是发动机和生产力，教学质量是学校的生命线，教师是教学改革的第一生产力。学校只有通过解放教师教学生产力和解放学生学习生产力，以构建高效课堂为载体，充分发挥教师的作用，致力于课堂教学研究，加强教学过程管理，全面提高教学质量，才能成就课堂，成就教师，成就学生。所以，W 学院始终坚持采用研究型教学来提高教学生产力和科研生产力，以此应对技术环境给教学转型带来的内忧外患的挑战。

二 制度环境：双重标准

制度环境的一个重要内容是文化观念。从制度环境的要求上来讲，组织成员须以"合法性"机制为行为准则，考虑制度环境对组织行为的影响。这也构成了组织跟随制度变迁的极为重要的动因。"制度环境要求组织服从'合法性'机制，采取那些在制度环境下'广为接受'的组织形式和做法，而不管这些形式和做法对组织内部运作是否有效率。"[①] W 学院教学转型制度环境的要求就充分体现了这一点（见表7—1—1）。

---

① 周雪光：《组织社会学十讲》，社会科学文献出版社 2003 年版，第72—73 页。

表 7—1—1 W 学院创建特色鲜明的高水平应用型大学的
教研项目规划及指标

总目标 创建特色鲜明的高水平应用型大学			
项目名称	分享菜单	主要指标	实施路径
人才培养	专业建设水平	建成一批基于产教深度融合的专业、若干行业学院	五年投入 5000 万元,用于专业综合改革,推进产教融合、科教融合
		应用型专业综合改革全覆盖,1/3 专业建成应用型示范专业,3 个以上专业通过教育部专业认证	
		15 个以上专业成功入选新一轮省市以上优势、特色和品牌专业	
	课程教学水平	研究型教学、MOODLE 教学平台运用全覆盖,成为 Z 省课堂教学创新示范高校	
		省级以上教改项目 30 项、精品在线开放课程 15 门、重点教材 15 种	
	毕业生就业质量	1/3 专业毕业生平均起薪高于全省本科同类专业平均水平	
		全校毕业生就业率达到 95% 以上,创业率达到 8% 以上	
	主要可比性教学指标	国内及国际研究生考取率达到 10%	
		相关学科竞赛处于同类高校前 30%	
		大学英语四级过关率达到 80%	
学科建设	国家一流学科	1 个学科进入全国同类高校前 10%	五年投入 5000 万元,加强应用型学科建设
	省市一流学科	15 个	
	硕士学位点	新增 5 个以上	
	省级学科平台	新增 3 个	
建设目标	具体任务及主要指标		

续表

总目标 创建特色鲜明的高水平应用型大学		
	具体任务	主要指标
	完成学科与科研管理政策与制度体系	制定和修订学科、科研管理相关制度
	探索产教协同、科教融合的育人机制	形成 60 个高水平的产学研一体化平台，实现每个专业有 1—2 个产学研一体化平台，每个平台提供 6—8 位兼职教师；实现供学生参与的各类项目 2000 项，本科生 100% 参与
提高支撑应用型人才培养的科技创新实力和水平	加强平台和队伍建设，扩大成果产出	新建 20 个高水平的产业技术积累创新联合体，争取其中的 1—2 个发展成为省级产学研平台；新增 3—5 个市级学科科研平台；新增"教育部新世纪优秀人才"、"甬江学者"、Z 省"151 人才"、Z 省"之江青年社科学者"以及 N 市"领军人才和拔尖人才"等各级各类人才工程入选者 100 人
		新增各类国家级项目 100 项 新增省部级项目 600 项
		获得各类成果奖 100 项以上，其中省部级 10 项以上；实现省部级科研成果一等奖的突破
		在一级核心刊物发表的论文和被 SCI、SSCI、EI 收录的论文总数达到 1500 篇
		各级各类科研总投入累计达到 5 个亿
		新增横向课题 700 项，合同经费累计达到 1 亿元
确立学校在地方经济社会及行业产业发展中的重要地位	促进成果转化和产学研协同，提高社会服务水平	打造 1—2 个新型智库，每年被采纳决策建议稿 10 份； 完成具有自主产权和良好应用前景的科研技术成果 100 项，成果转化率达到 35% 以上； 重点组织 20 个左右高科技公关项目和知识创新项目

资料来源：《关于印发〈W 学院"十三五"事业发展规划（2016—2020 年）〉及四个子规划的通知》。

一方面,国家政策指挥棒发挥了强大的定音作用。W学院"国有"属性决定学院建设必须严格按照公办高校的设置、评估标准与要求展开①,这与国家强力主导的资源配置方式高度匹配,更与国家政策导向密不可分。所以,学院发展的结构性热点不得不紧密围绕国家转型政策而展开。当前我国应用型转型政策密集出台,转型政策"指挥棒"直接确立应用型本科转型发展的重音。许多院校追随最新的政策动向纷纷展开转型行动。行动的背后是资源获取的便利、发展空间的拓展、政府的支持认可,进而是社会合法性的获得。定位为特色鲜明的高水平应用型大学的W学院,也希望从政府获得更多的政策扶持和资金投入,在获得"省级应用型示范院校"之后,W学院进一步争取成为应用型建设的标杆院校,逐渐向政策权力和资源配置的核心靠拢,所以对应用型转型的政策表现出高度的支持与配合。

另一方面,市场优胜劣汰的竞争法则成为W学院应用型转型发展的指挥棒。办学经费来源的民间性是W学院"民办"特点的重要表征。自谋经费,自主发展,生存发展必须依赖质量取胜,而转型发展为提高质量提供新的发展契机,也是其谋求市场合法性的关键。在中国高等教育即将迈入普及化的当下,对高质量大学的需求已经成为教育发展的主要矛盾。要办好高质量高水准的大学,核心是要基于教育内外部关系规律,满足社会多元发展需求,紧跟时代更新教育理念,具备一流的软硬件条件,通过因材施教培养服务区域经济发展的适销对路的应用型人才。教学转型是W学院在教育市场激烈竞争中站稳脚跟的基础,也是其在众多转型发展院校中避免同质发展,进而脱颖而出的战略性举措。

三 应用型教学转型的制度供给:品牌战略

通过对W学院转型的技术环境与制度环境的对比可以发现,两者从根本上来说是一致的:教学生产力和科研生产力的提升符合技术环境对效率的要求,国家从制度环境建设上也确定了转型发展提高办学效益的基调,为此还通过密集政策的出台加以鼓励扶持,吸引地方新老本科院

---

① 陈厥祥:《万里模式:高等学校"国有""民办"的全新组合》,《黑龙江高教研究》2004年第5期,第22—25页。

校纷纷加入转型发展的行列。W 学院基于创建应用型示范校的战略需要，启动系列的制度改革，调动教师转型发展的积极性，从而成为应用转型的标杆院校（见表 7—1—2）。

表 7—1—2　　W 学院创建特色鲜明的高水平应用型大学的师资转型发展规划

建设目标	具体任务及主要指标	
	具体任务	主要指标
师资总量满足人才培养需求	实施"引智工程"，着力引进海内外高层次人才	专职教师数量稳定 争取每年引进博士 20—30 名 形成一支稳定的高水平柔性师资队伍
	构建一支兼职教师队伍	兼职教师总量达到 400 名左右 实现每个专业都有兼职教师 8—10 名
师资队伍质量大幅提升	实施"创新团队建设工程"，打造具有较大影响的师资队伍	各级人才工程入选者总量达到 150 名左右，并力争引进或培养国家级人才计划入选者 实现每个二级学院都有教学名师、每个专业都有教授、每个课程团队都有博士
师资结构进一步优化	实施"青年教师能力提升工程"，培养师资骨干和生力军	高级职称教师比例达到 45%，其中正高级比例达到 10% 40 岁以下教师具有硕士学位比例达到 100%，具有博士学位比例达到 30% 左右 "多能型"教师比例达到 50% 以上 "国际化"教师比例达到 20% 以上
提升教师队伍师德水平，营造良好工作氛围	实施"师德建设工程"，提升教师师德水平	进一步完善教师评价办法 强调学术规范，在职称评审、职务聘任中实施学术不端行为"一票否决制"
	加强"凝聚力工程"建设，营造关怀人才的氛围	落实"多劳多得，优绩优酬"和"向一线教师倾斜"的分配原则，不断提高教师的收入水平

资料来源：《W 学院"十三五"师资建设发展规划（2016—2020 年）》。

为了满足教师转型发展的多元需求，W 学院制定了基于教师转型发展的《W 学院创建特色鲜明的高水平应用型大学的绩效考核要求》（如表 7—1—2 所示）。评价范围包括在编在岗从事教学工作的所有教师，评价内容包含教师在整个教书育人过程中所承担的教学工作及取得的业绩,主要包括课程教学类、教学建设与改革类、学生创新创业指导类等方面的绩效。教师教学工作业绩评价实行等级制,分为 A、B、C、D 四个等级。A、B 级别要求课程工作量符合岗位要求,且评价排名分别为学院前的 10% 和 20%,评价为 D 级的教师,所在学院要进行质量跟踪,帮助教师提高教学水平和教学质量。教师教学工作业绩评价结果作为岗位聘任、教师评优、精修培训、职称评定和薪酬调整等方面的重要依据。[①]

表 7—1—3　　　　　W 学院创建特色鲜明的高水平应用型
大学的绩效考核要求

等级	工作量及教学效果要求	标志性业绩条件（具备下列条件之一）		
		教学建设项目类	教学改革和研究类	学生创新创业指导类
A	1. 教师在评价学年内积极完成学院安排的教学任务,教学工作量饱满（教学工作量达到相应岗位课时要求）,"双肩挑"人员系统完整讲授的课程（不含讲座、实习、毕业论文等）不少于 64 课时; 2. 课程教学评价在学院排名前 30%	1. 获得校级以上教学类各类奖项（其中校级排名前 2,市级排名前 3,省级以上排名前 5）; 2. 承担的校级教学项目评价为优良,市级以上教学项目评价为合格（其中校级排名前 2,市级排名前 3,省级以上排名前 5）; 3. 承担校内实训基地建设、校外紧密型实习基地建设任务,评为优良（核心成员不超 3 人）	1. 公开出版特色教材、教学研究著作（排名前 3）,或在教育类核心期刊发表教学研究论文 1 篇以上（排名第 1）; 2. 积极开展课程教学改革,被评为校级师范建设课程及示范建设课程考核优良的（排名前 3）,经学校认定的优秀信息化教学课程（MOODLE 平台教学课程等）（排名前 3）; 3. 积极参与各类课程教学竞赛,获得省级以上奖励（排名第 1）	1. 指导学生参加大学生学科竞赛（经校学科竞赛委员会认定的项目）获市级一等奖以上（其中省市级排名前 2,国家级排名前 3）; 2. 指导并完成省级以上学生训练项目（排名第 1）

① 《W 学院教师教学业绩评价指导性意见（修订）》〔2015〕8 号。

续表

等级	工作量及教学效果要求	标志性业绩条件（具备下列条件之一）		
		教学建设项目类	教学改革和研究类	学生创新创业指导类
B	1. 教师在考核学年内能完成学院安排的教学任务，教学工作量符合要求，"双肩挑"人员系统完整讲授的课程（不含讲座、实习、毕业论文等）不少于64课时； 2. 课程教学评为优	1. 主持或参与校级以上教学建设或教学改革项目，且取得一定建设成果，评价为合格以上（排名前5）； 2. 获得校级以上教学类各类奖项（排名前5）； 3. 承担校内实训基地建设、校外紧密型实习基地建设任务，评价为合格（核心成员不超3人）	1. 参与公开出版教学研究著作的编写或公开发表教学研究论文1篇以上（排名第1）； 2. 积极开展课程教学改革，被评为校级师范建设课程及示范建设课程考核优良的（排名前5），经学校认定的优秀信息化教学课程（MOODLE平台教学课程等）（排名前5）； 3. 积极参与各类课程教学竞赛，获得省级以上奖励（排名前3）	1. 指导学生参加大学生学科竞赛（经校学科竞赛委员会认定的项目）获市级三等奖以上（其中市级排名前2，省级前3，国家级前4）； 2. 指导并完成省级以上学生训练项目（排名前2）
C	完成学院安排的人才培养任务，未达到B级评价标准的，直接评定为C级			
D	教师在评价学年内有下列情形之一者，直接认定为D级： 1. 教学效果评价为不合格； 2. 在教学育人过程中有违背师德师风行为并造成恶劣影响； 3. 发生严重教学事故或连续两次以上一般教学事故； 4. 无正当理由拒不承担学校、学院（系、部）安排的教学任务或因此导致教学工作量明显不足			

资料来源：《W学院教师教学业绩评价指导性意见（修订）》〔2015〕8号。

　　这种灵活多样的教师绩效考核体系优点有二：其一，充分调动教师发展的外部动力，将W学院应用型转型的战略规划目标逐层分解到教师教学转型的绩效考核指标中,使教师个人的转型发展与所在学院组织发展休戚与共;其二,激发教师内在发展动力,提升教职员工转型发展的积极性与主动性,充分发挥引导、激励、帮助教师成长与发展的作用。

四 内外互动的教学转型激励制度

为了提高教学转型的质量和效益,W学院建立了内外结合的教师转型动力激励机制。如果说分类管理的绩效考核机制赋予了教师转型发展的外在动力,那么W学院构建的以教师教学转型的价值认同和终身发展能力为导向的激励机制,则给予教师转型以充足的内在动力。W学院注重通过教学转型的价值引领和转型文化熏陶来凝聚全体教职员工对应用型本科的组织认同,通过提供宽松的组织发展空间和先进的转型发展理念,鼓励教师通过教学转型获取终身发展能力。在W学院普遍达成这样一种共识,即认为教师的教学转型价值认同高于薪酬激励,终身发展能力优先于岗位教学能力。作为混合所有制应用型本科院校,这种卓尔不群的转型价值引领再续了"W模式"的传奇。

1. 环环相扣的教研项目制度

为转型发展成为特色鲜明的高水平应用型大学,W学院以高水平应用型学科和高质量社会服务为支撑,以"双向多元"师资队伍、产学研一体化基地为建设重点,以治理机制改革为突破口,打造学科优势,培育专业品牌,提升办学实力。具体来说,一方面从专业建设、课程教学水平、毕业生就业质量、可比性教学指标方面实施人才培养质量提升项目;另一方面从国家、省市一流学科、硕士点和升级学科平台的打造上实施学科建设项目。与此同时,完善学科和科研管理政策与制度体系提升支撑应用型人才培养的科技创新实力和水平,促进科研成果转化,提升产学研水平,提高学校服务地方经济发展的能力与水平。

2. 层层递进的教师发展规划

W学院通过人才强校战略,坚持培养、引进、调整相结合,以应用型本科人才培养为根本,以产教融合、校企合作为途径,通过构建应用型导向的评价机制、双向多元的提升机制和多元融合的管理机制,着力打造形成一支学术水平高、专业技能强、专兼职结合、国内外交融的"双向多元"性师资队伍,为应用型本科转型发展提供有力的人力资源保障。

3. 灵活多元的教师分类管理与基于教师职业成长的绩效考核体系

为了激发教师转型发展的活力，满足不同类型教师多元转型发展的需求，学校建立了灵活多元的教师分类管理和基于教师职业成长的绩效考核体系，即对不同发展方向的教师进行分类管理，对每一类教师进行有针对性的考核。W 学院将教师分为教学型、研究型、教研并重型、思政型和社会服务与推广型五大类（见表 7—2—1），一手抓分类管理，一手搭建教师转型发展的立交桥。设置多元化的发展通道，打通各序列之间的壁垒；协助专职教师梳理其职业转型发展通道，指导教师根据个人特长与英语类专业发展需求进行通道选择，提升教师工作满意度和投入度。此外对不同学历的教师提供个性化的专业辅导，保障教师顺利转型。

第二节　W 学院英语类专业教学转型的制度认同

一　规则认知：超越左与右

在 W 学院，每一项教学转型制度规则的设计初衷都希望能回应一个共同的承诺：尽可能为所有学生提供高质量的应用型教学，为所有教师提供尽可能宽松自由的转型发展空间。英语类专业负责人认为：

> "在探索教师转型发展时，从我院组织层面来说，首要思考的问题是'教师转型需要什么？'，其次就是'我们学院怎样满足教师的这些需求'。以此为出发点，那么我们得到的结果将与我们问'怎样才能让教师们听话转型？'完全不同。"（I－W－F－T－1）

在 W 学院建设特色鲜明的高水平应用型大学的进程中，各项规章制度清晰明确，为教师转型发展设置多元通道（如表 7—2—1 所示）。教学与科研不是非此即彼、顾此失彼的对立抉择，而是并行不悖的双轨，教研相长促进教师转型发展。

转型制度赋予教师充裕的个性化转型发展空间，各种序列间可自由切换，不必在非此即彼的选择中纠结。教师根据自身实际情况选择适合自己转型发展的序列与路径。

　　"把'以师立校'的办学理念落实到实际工作中,牢固树立'切
实为教师服务'的意识,完善与'服务教师'宗旨相配套的改革措
施和制度,为教师提供更多、更周到的服务,为教师创造良好的生
活条件。使他们专心教学,致力科研。"(I-W-M-T-1)

表7—2—1　　　　　　　　W学院教师专业技术职务分类表

教师专业技术职务分类	具体要求
以教学为主型	是指长期从事本、硕教学,特别是从事基础课、公共课教学的一线教师,承担的教学工作量在学校教师平均水平以上,承担一定的科研工作,注重教学改革与研究,教学效果好,学生评价高
教学与科研并重型	是指教师队伍的主体,其教学工作量处于学校同类教师平均水平,同时承担一定的科学研究工作,具有较强的科研水平
以科研为主型	是指在完成基本的教学任务外,承担高水平科学研究工作,研究方向(领域)较稳定,研究成果突出,具有较强的创新性。
社会服务与推广型	是指具有系统的专业基础理论和生产实践经验,在完成基本教学任务外,承担横向技术研究开发课题、开展技术咨询服务,在成果转化、技术咨询与推广、艺术创作与推广、提供政策咨询等方面产生重要的影响力以及显著的经济社会效益
思政系列类	是指直接从事大学思政工作,并承担思政相关课程教学的教师,主要包括学院分管学生工作的正、副书记,团委书记,学工办正、副主任,专职辅导员,以及学生工作管理部门中直接从事学生思想政治教育的工作人员

　　资料来源:《关于印发W学院2017年专业技术职务评聘工作实施方案的通知》〔2017〕32号。

　　在《W学院教师教学业绩评价指导性意见(修订)》中,在教学成
果的认定上明确规定,"教师教育教学方面的成果及项目在专业技术职务
评聘中与科研成果、科研项目一视同仁。教师实践教学以及指导学生参
加各类学科、技能竞赛等取得的成果均可作为教师的教学成果"[1]。这样
的评聘机制从某种程度上来说,对教师转型发展施加了一种正向激励的

_____

① 《W学院教师教学业绩评价指导性意见(修订)》〔2015〕8号。

作用。正如斯金纳在《沃尔登第二》中写道："既然我们知道正强化如何发挥作用，而负强化又如何不能起作用，那么我们就应该在设计中更加深思熟虑，并因而获得更大的成功。我们能够完成一种控制，在这种控制中，被控制者虽然比以往在旧系统控制下更谨慎地遵循一套规则，然而他们感到了自由。他们在做自己想做的事情，而不是被迫去做。这就是正强化的巨大力量源泉——没有束缚也没有反抗。"① 正如 W 学院英文学院院长所认为的：

> "我们英语类专业教学转型的基石来自智慧与尊重，而非简单的科层化管理与压制。教师转型发展与学生成才是我们制度制定与执行所关注的焦点。我们更愿意把自己看作学院服务者而非管理者，通过提高管理服务水平和服务效率与周围的师生建立休戚与共的命运共同体，这样我们就会自然而然地关心体恤师生，基于教师发展和学生成长设计转型制度。在以师为本、以生为重的氛围中，每个人都享受新型教学：教师不再跳槽，学生不再旷课，学校成为学习者乐园。"（I－W－F－T－2）

的确，只有触动心扉，群策群力，让教师真正从内心和行动上愿意转型，教学转型才有望成功，如果没有意愿转型或者是阳奉阴违，那么转型只是"喧哗与骚动，没有任何意义"②。W 学院在转型规则认同上，倡导一种民主分享的转型决策制度，通过外部激励制度来刺激和调动教师转型发展的内在积极性，使教师乐意转型、主动探索适合自己的教学转型方式。

二 利益认同：多劳多得，优劳优酬

W 学院以制度创新的理念逐步完善与转型相配合的教学管理制度，变行政式管理为引领式服务。在"以师为本"理念框架下，重新制定合法、合情、合理、有效促进教师转型的人性化教学转型制度（如

---

① B. F. Skinner, *Walden Two*, New York: Macmillan, 1948, p. 218.
② William Shakespeare, *Macbeth*, New York: David Longworth, 1816, p. 55.

表7—2—2所示),既引导规范教师转型发展的行为,又为教师转型发展保驾护航。通过提供引领式服务,明确教职员工的各项职责,教师享有事业编制,严格执行岗位责任制,实施《W学院管理规程》《W学院教师奖励性绩效工资分配方案》《W学院教学项目管理办法(试行)》等制度,充分体现多劳多得、优劳优酬的转型制度理念。

表7—2—2 W学院省级以上教学建设类项目经费资助额度一览表

项目类别	经费资助额度(元)
实验教学示范中心	理工类60万/个
	文商类40万/个
专业	40万/个
基地(含试验区)	10万/个
课程	视频公开课程15万/门
	资源共享课程10万/门
	精品课程5万/门
	大学先修课程1万/门
重点建设教材	3万/部
教学改革项目	新世纪教改2万/个
	课堂教改1万/个
创新创业类项目	1万/个

资料来源:《关于印发W学院教学项目管理办法(试行)补充规定的通知》〔2015〕31号。

在转型制度的鼓励引导下,W学院英语类专业教师积极投身于应用型教学转型的实践中。教师普遍认为:

"我们能看到并亲身体会到周围越来越多的教师自愿投身到教学转型中。一方面是因为我院身处沿海发达城市,快速转型发展需求强烈,学院提供的如参赛、访学、参加国内外会议等类似转型发展机会比较多,能够'借船出海',何乐不为?另一方面,在教学转型中,无论是转型路径还是绩效考核通道,教师可以自主选择,个性

发展，多劳多得，优劳优酬。"（I－W－F－T－3）

在 W 学院英语类专业教学转型中，共享的转型利益是教学转型制度设计的重要抓手。借此抓手可以促使教师关注教学转型中真正重要的事情——教学质量的提升，其他苦心追逐的个人目标和利益也会自然而然地实现。也正是通过共享的转型利益，学院组织赋予教师转型的选择自由。这些选择可能会引领教师走向成功，也可能使之遭遇失败，但转型失败并不可怕，可怕的是教师安于现状，裹足不前，并想将此作为应变所有教学改革的方式。

三　信念认同：自由与承诺

如果把教学转型视为教师自我价值再造与升华的过程，那么自由和承诺则是其首要品质。自由的价值和承诺的意义在 W 学校一直是备受关注的话题。教师对学校应用型转型的制度供给做出了共同的评判：选择的自由给予教师自身转型价值的承诺。所谓承诺，是个体在有意识的选择下主动投入某一行动或其他事物中。承诺是整个有机体的指向，不仅包含意识层面的心智，还应包括有机体的整体方向。① 教师个体对教学目的和价值所做的承诺是影响教师转型发展的关键因素。只有教师个人决定"我要发掘出自身更大的价值，我要更有价值地工作与生活，我要努力达到自己的'最后一公里'"时，转型发展才会发生。当教师个体以整合的、整体的、统一的状态投入教学转型的实践当中时，他们才有可能在这样的承诺中赢得最大的成功。教师越以这种整体的方式投入转型，对自己的转型方向也就越有信心，对转型制度价值产生的信任度也会越高。而教师这种对转型价值的承诺来源于其对外部自由宽松的转型制度从信念上产生的深刻认同。在保障有力的情况下，给予选择的自由是促成教师走上教学转型之路的根本支撑。

"当应用型教学转型制度设计只聚焦于教师外在教学行为的改

---

① Carl R. Rogers and H. Jerome Freiberg, *Freedom to Learn: A View of What Education Might Become*, Columbus: Charles E. Merrill Publishing Copmany, 1981, p. 307.

变,而不给予教师个体充足的机会与内在发展动力,以此来促进其反思转型给予教师自身在价值观、信念和态度上的改变与提升,不给予教师充足的路径选择自由,那我们的转型就如同建基于流沙之上,不能长久。"(I – W – M – T – 2)

建立一支高素质、具备双师双能资质的应用型师资队伍是应用型人才培养的关键,也是实现 W 学院特色鲜明的高水平应用型大学建设目标的根本保障。在教师类型上,应用型大学与研究型大学的区别在于"双师双能"型教师。大多来自研究型院校的"学院派"教师该如何走出纯学术的"围墙",完成向"双师双能型"教师的转变? 学校在教师转型上该给予怎样的制度供给辅助教师成功转型? 这一系列问题成为制约应用型教师转型的关键。

此外,建立基于实践导向的考核评价体系在应用型教学转型中的价值也不可小觑。在这方面,W 学院给予教师郑重承诺:制度保障,帮扶有力。W 学院从服务教师转型的角度出发,在 2010 年成立教师发展中心,2012 年将其发展成融教师专业发展、职业培训与职称评聘诸多功能为一体的独立职能部门。教师根据自身在教学、科研、社会服务等方面的特长与优势,在"教学为主型、教学科研型、科研为主型、社会服务型"这四类专业技术职务中自主选择职称评聘类型。教师发展中心在职称评审和岗位聘任时,依据教师选择类型的对应标准给予评价,解决了普通教师转型发展的后顾之忧。

"在当前学校应用型建设的滚滚潮流中,面对英语类专业这么实践性强的学科专业,自己整天藏身于'教科书的王国',的确觉得自己与周遭环境格格不入,太落伍了。许久以前,我们许多老师就有进企业挂职锻炼的意愿,但一方面由于教学任务比较繁重,另一方面以教学为主的考核体系让我们有心无力。非常庆幸的是,这些年随着教师转型发展制度的日臻完善,解除了我们投入转型实践的后顾之忧。"(I – W – F – T – 4)

在教学转型的信念认同上,W 学院的成功经验就在于对自由与承诺价值的坚守。印度的一句箴言最能总结该校教师转型制度在信念上的认同：“当你被伟大的目标或绝妙的计划激励的时候，你的思想打破了桎梏；头脑超越了思维的极限，意识向八方发散。你会发现自己进入了一个全新的美妙世界，沉睡的力量、天赋和天才被唤醒，此时你比梦想更强大。”[①]

第三节　W 学院英语类专业教学转型的行动选择

一　冗进

应用型教学转型对学校、教师、学生来说是一场新征程，更是一次成长的新机遇。主动才是唯一的路径，虽然从被迫执行到主动承担势必经历一个艰辛的过程。在 W 学院英文学院，许多教师的教学转型呈现出自主、自发的典型特色。研究型教学模式的推广便是一个很好的证明。

在 W 学院英语类专业教学转型过程中，为了增加英语教学的应用型功能，推广研究型教学，引发了师生间关于“应用型教学是磨洋工还是提质增效”的激烈争辩。以课堂教学为例，有教师认为，采用研究型教学方式，一节课花费多半时间让学生进行研究、讨论，以至于连起码的练习都没有完成，还有什么教学效率可言？又如，有学生认为，实践教学中，学生如廉价劳动力般，从事低端口笔译工作，低层次的能力培养挤占了高水平的人文能力培养。这些问题曾引发了很多人的不解与质疑。其实，W 学院英语类专业的教学转型用心良苦，另有深意。研究型教学方式让学生参与了更高层次的思维活动，让学生的思维能力得到了提高。只有保证学生的好奇心，主动探索教学规律，才能让学生真正成为懂语言、用语言的人。众所周知，语言学习必须主动，学生主动参与到教学活动当中，教师创设环境，鼓励学生积极探索。为学生提供可操作的材料和设备，观察学生学习活动，倾听并与学生交流。如果在教学过程中只讲解具体的知识点，没有让学生证实或证伪某个假设，是忽略了对学生质疑精神和应用能力的培养，不利于思维能力提高。研究型教学是更具前瞻性的。在这种理念引导下，教师和学生一样尝试“直立行走”

---

① ［印］艾扬格：《帕坦伽利瑜伽经之光》，王东旭、朱彩虹译，海南出版社 2016 年版。

（Aufrechten Gang）①，并且不会成为一段"弯木"②。构思正确的研究就是最高形式的教学。没有新的洞察力和视角，就没有人能为自己或他人去再现过去的优良传统，也就没有人能够理解今天的文化，或者说没有人能够灵活应用理论。③ 学生必须通过参与研究获得技能，也必会学到获取一般信息的方法。教学中，与教师所能涉及的所有方法相比，兴趣的火花能更好地指引学生。转型的驱动力不再仅来自学院或学校，还来自教师自己。教师最终会顺应而不是阻碍这种转型的激流，这是一股不可阻挠的创造性变革激流。④ 针对这样的转型尝试，有教师认为：

> "对我而言，在英语类专业中尝试教学转型是一段生动而复杂的经历。真实的交际情境教给我一种全新的概念，即'英语教学是什么'？与此同时也启发我开始思考，'英语教学教什么'？在我院建设性的自由课程氛围中，我体验了挫败、收获、喜悦和疲倦，然而这正是一种真正的成长，整段经历都具有挑战性。"（I－W－F－T－5）

英语类专业教学转型与澳大利亚土著居民荒野生存两万年的经历有许多相似之处：通过教学提升生存与发展能力。后者通过言传身教向下一代教授如何寻找水源、追踪猎物、捕杀袋鼠、穿过荒芜无人迹的沙漠等知识与技能。前者通过转型促进师生终身可持续发展能力的获得。在当前日新月异的教学环境下，如果教学目标将真正的受教育者界定为是那些学会如何学习的人，即那些学习如何适应改变的人，那么真正的教师则是那些教会受教育者如何学习的人，那些能教会受教育者如何将书本知识转化为应用能力的人。这一观点在英语类专业教师中，获得了较广泛的共识。

---

① Ernst Bloch, *Naturrecht und Menschliche Würde*, German：Nabu Press, 1961.
② ［德］希尔伯特·迈尔：《课堂教学方法（理论篇）》，尤岚岚、余茜译，华东师范大学出版社 2011 年版，第 4 页。
③ ［美］爱德华·赫希·列维：《大学的选择》，［美］威廉·墨菲、布鲁克纳、彭阳辉译，《芝加哥大学的理念》，上海人民出版社 2007 年版，第 133 页。
④ Sylvia Ashton-Warner, *Teacher*, New York：Simon and Schuster, 1963, p. 93.

"教学转型使我们逐渐发现个人真实自我的意义所在。教学转型是一种过程,一个方向,而不是静态的结果。估计没有一个教师能完全成功地发现自己全部真实(且不断变化)的自我,但这个过程有一些基本特点——教师会从低效教学状态中走出来,无论这种行为是有意识还是无意识的。他们会朝着自我内在体验的察觉方向走来。这一转型发展过程非常复杂和多变,从被迫执行转型到积极主动探索,各种体验都有。"(I-W-M-T-3)

应用型本科的教师必先成为自主转型的促进者。在教学转型过程中,调动教师的内在自主性非常重要。这将避免教师成为任由外部环境摆布的被动执行者,而是成为转型的主动承担者和创造者。在 W 学院英文学院,自由的教师自愿地、自由地、负责任地在教学实践创新中扮演重要的角色,所有思考决策、路径选择乃至时间安排都是由其自发的选择和意志来决定,在此过程中的经验启示为转型教学质量提升积累了资本。

"连三岁孩童都知晓,自己——只有自己——要为自己的发展负责。我不想成为任人摆布、被人形塑的'木偶',所以我必须全身心地投入教师职业发展规划中,与时俱进,适时而动,不断提高自我的职业胜任力。'这(热情投入,主动发展)比按他人约束的方式结束所得到的回报要大得多。'[1] 在我们 W 学院,人人都是自主自发的教学探索者。"(I-W-F-T-6)

从转型的执行者向主动的探索者的转变,已经成为 W 学院教师转型发展的常态。虽然每个教师都是独特的,但转型、发展,已经形成一种模式演化,鲜有其他捷径可循。那些希望能够顺利实现转型的教师都在探索着各自通向自我转型成长的道路。教师能成为从内部改变进行教学转型的原动力,对自己的教学转型需求明了的教师是不会无动于衷、麻木不仁地坐等管理者为自己做决定的。他们很可能学习甘地精神,"欲改

---

① [美]拉塞尔·L. 阿克夫、丹尼尔·格林伯格:《翻转式学习——21 世纪学习的革命》,杨彩霞译,中国人民大学出版社 2015 年版,第 269 页。

变世界,先改变自己"。

> "对我而言,让自己成为一个'应用型英语教师',起先是恐惧:
> '我行吗?如果失败了怎么办?我是否在做能力范围以外的事情?'
> 一步步的实践探索使我深入走进内在的自我,发现我的焦虑、困惑
> 和需要时刻影响着作为教师的我。学院系部的各种转型发展项目为
> 我们教师提供了各种各样的发展平台和庇护所,任何对现状有意的
> '破坏'都不再成为可怕的威胁。"(I-W-F-T-7)

教学转型给予教师的成长收获也是有目共睹的:

> "通过观察现在教学中发生的一切,对比之前的教学经历,我已
> 经清晰地感受到我们的教学正日益发生改变。我知道,现在的我与
> 初入教职的我,已经判若两人。在有效提高英语教学质量和促进职
> 业成长方面,以及增强自我效能、自我尊重方面转型给了我很大的
> 帮助。"(I-W-M-T-4)

二 随大溜

沿海城市的快速发展以及 W 学院应用型转型的强力推进使该校教师
感受到强烈的危机感。在此背景之下,为了满足社会对应用型英语人才
的需求,在与企业共同制定人才培养方案的过程中,英语类专业理论型
课程逐渐压缩,应用型课程逐年增多,这意味着教师必须转型,如果不
积极参与转型,就意味着在不久的将来,自己可能无课可上,无学生可
教。不少长期上英美文学的教师表达了自己对教学转型的意见:

> "我虽然不能确定教学转型是否真能提高我的教学能力或是教学
> 效果,但是我能确定,在这样的学校面对一群三本的学生,英美文
> 学是很难激发起学生学习的积极性的。所以,随大溜参与教学转型
> 于己而言是最明智之举。"(I-W-F-T-9)

在做出转型决定之前,她为自己细细地算了一笔账:

"自己的专业教学方向不适应当前该校的应用型转型制度设计土壤。一方面，学生选课的功利性限制了自己在教学评价中的表现；另一方面，与自己专业教学相关的论文刊发相对有难度，这限制了自己在职称评定中的科研表现。讲师与副教授一年的收入差距是 2 万—3 万元，晚评职称两三年 10 多万元就没有了。与其这样，不如参与相关的教师发展培训项目，以后转教翻译类课程，这既与专业相关，好发论文，也讨同学的喜，晋升职称也有指望了。"（I – W – F – T – 9）

这位老师的意见是转型中选择性随大溜的典型代表。认同教学转型的确有助于提高教师的竞争力。在时机适当时，自己也愿意参与教学转型。但是在转型的主动性上还是有所欠缺，教学转型的功利性过强。

此外，还有一些教师，在转型中属于完全随大溜：

"对教学转型我并没有太多的想法，这是学校的发展要求，各级组织也举办了各种培训活动，别的老师都参加了，自己也就跟着参加了。我不求在教学转型中做出什么卓著的成绩，但也不想成为后进分子或典型反例。随大溜动一动就行了。"（I – W – F – T – 10）

这种在教学转型中不求有进步，但求跟上队的行动选择，从本质上来说是一种本末倒置的思维模式，即为转型而转型。在教学转型中，完全随大溜从本质上说是最容易的选择，或者说这有可能并不是某些教师自己做出的真实选择，而是对体制与制度妥协的结果。

在教学转型中，无论是选择性随大溜还是完全随大溜，都是对教学转型价值迷惘的表现。对教学转型秉持正确的价值观意味着不随波逐流，要明晰自己教学转型的方向与路径，而不是学校、学院组织想要什么，即确认教师自己的教学价值观，思考迈向自我定义的成功转型之路，即主动转型而非被动妥协。只有这样，才能运用教师自我的想象力，发挥个人潜力，创造新的可能性。①

---

① 《斯坦福经典演讲：出类拔萃？随大溜容易做选择难！别在不断优秀里走向平庸》，http：//www. sohu. com/a/196934326_ 816315. 2017 – 10 – 09/2017 – 11 – 25。

第四节　W 学院英语类专业教学组织再造

自 W 学院成为 Z 省应用型转型示范院校以来，外国语学院英语类专业开始谋划专业发展的转变，全方位调整、改革人才培养方案，制定新的人才培养方案，以应用型教学转型带动应用型英语人才的培养。

W 学院英语类专业围绕"互联网＋"为依托的跨境电商的兴起，以及社会对于实用综合型专业英语电商人才的需求与日俱增，以"夯实英语语言技能、强化人文素质、练就卓越英语教学基本技能"为目标，以素质教育和能力培养为抓手，形成了"基础夯实、知能并重、学赛结合、实践创新"的专业发展特色，积极践行人才培养模式的创新，现已形成以下两个鲜明的专业特色：其一，紧贴跨境电商企业，培养"互联网＋商务英语"复合型应用技术人才；第二，实施校企联动就业机制，打造"订单式"人才输送模式。科学确立了英语类专业人才的实际主修能力，并以此为中心展开教学转型。

一　教学流程再造

（一）教学模式：研究性教学

结合英语教学特点，W 学院英语类专业教师共同摸索，总结出了一套在英语教学中应用研究性教学模式培养应用型英语人才的方法，即以"研究性任务"为组织原则，让学生在语言学习中实现从理解和接受式的被动学习向独立思索和探究式的主动学习的转变，从单纯语言知识的掌握向语言交际能力的提高转变，实行以"学"为主，"教""学"相结合的启发式、互动式教学。研究型教学改变了以"教"为主的"一言堂"式的传统教学模式，教师不再是课堂的"传教士"，而是任务的布置者、教学过程的组织者、学习过程的引导者；学生必须积极参与到整个教学过程中，须经过自己理解、分析、推理、归纳等过程才能完成既定任务，最终达到目标。

实例：

【教学模式】研究性教学

【课程名称】*A Brief History of Selected Readings of British and Amer-*

ican literatures（《英美文学史及作品选读》）

【专业】英语语言文学

【适用对象】英语专业必修课

外国文学史课程在地方本科院校外语类专业教学中地位尴尬，效果欠佳，是亟待改革的重灾区。在 W 学院教学转型前情形也类似，学生抱怨文学类课程实用性不强，学无所用，不如不开；部分教师对教学效果也表达出不满，认为学生太急功近利，不屑于在历史的故纸堆里寻宝藏，这类课开了白开。但这类课程作为英语类专业必修课的课程地位不可动摇，是提升学生外语人文综合素养的重要基础与主要抓手。

在引入研究型教学推进应用型教学转型后，在 W 学院第六和第七学期英语类专业开设的专业必修课《英美文学史及作品选读》中，教师结合本专业学生英语专业基础与学习兴趣，利用英语教学三层智能任务模型（如图 7—4—1 所示）完成文学史教学任务。教师利

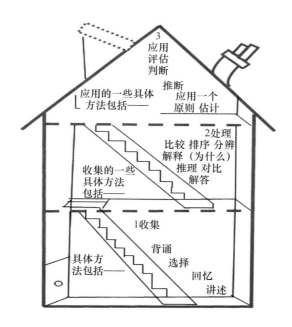

图 7—4—1　英语教学三层智能模型

资料来源：改编自 Bellanca, J., and Fogarty, R., *Blueprints for Thinking in the Coopera-tive Classroom*, Arlington Heights, IL: Pearson/Skylight, 2003。

用第六学期前半学期的时间设计英国文学史教学任务结构,通过设计背诵、选择、回忆、讲述等教学方法及环节提高学生语言信息收集输入的质量(第一层)。当阅读历史材料、赏析文学作品时,教师首先启发学生关注关键历史事件、人物关系、人物性格与历史背景的关联等。鼓励学生在口笔头作业练习中列举事实,描述细节。当学生能够熟练胜任这些任务的时候,教师将阅读任务上移到信息处理阶段(第二层),让学生对输入信息进行比较、排序、分辨等,答疑释惑,阐明机理。到了第六学期后半段和第七学期,学生可以进入输出应用阶段(第三层),将评估、预测、综合等高级方法运用到文学作品赏析、评论与论文撰写中。

此外,为了使研究型教学彰显拓展学生思维,培养学生批判与创新思维能力的目的,教师鼓励学生利用这个三层智能模型学习如何提出问题、分析问题和解决问题。教师通过采用"独立思考—结对合作—相对交流"的形式,鼓励学生深挖第一层次中收集输入的信息内容,提出原创性问题;在单元总结回顾阶段,让学生以小组合作的形式,将同时期作家及作品进行风格对比、异同分辨,彼此互问,答疑解惑;在学期结束评估考核阶段,运用多种形式的语言应用输出方式,如撰写评论、调查报告、海报展览等展示学习成果,应用语言进行拓展交流。

学生文化意识的增强、文学素养的提升以及批判思维习惯的养成是对《W 学院英美文学史及作品选读》课程教学改革创新成效的最佳褒奖。其成功经验在于,教师为学生设置了语言文化学习的进阶目标,营造了轻松自由的学习环境,提供了合作交流的机会,拓展了审思质疑的空间,打造了研究型学习的平台,让学生在难度逐步升高的学习任务中,不断地"踮踮脚,跳一跳",通过层层分解目标的各个击破,实现综合能力水平的稳步提升。

整个教学过程保障了学生的主体地位,通过各种方法调动学生的思维,使学生在学习过程中学会自己分析问题、解决问题,培养了学生独立思考和自主学习的能力。经过几轮教学实践,学生的学习能力和语言应用能力得到了大幅提高,教学效果良好。

（二）课程体系

1. 建构基于能力素质协同发展的特色模块化课程体系

W 学院通过走访企业了解市场对英语类专业人才的最新需求，跟踪毕业生就业状况与质量以及进行第三方调研的方式，及时调整英语类专业课程体系，打造以英语语言知识、跨境商贸应用能力和职业综合素养为核心的多模块课程体系，具体细分为英语应用能力模块、涉外经贸能力模块、商务沟通能力模块、商务管理能力模块、人文素养类模块和实训实践模块。该课程体系的特点在于：首先，建立英语应用基础课程群，加强课程体系的人文性；其次，形成跨境商贸课程群，强化课程体系的复合性；最后，打造职业综合类课程群，凸显课程体系的应用性（见图 7—4—2）。

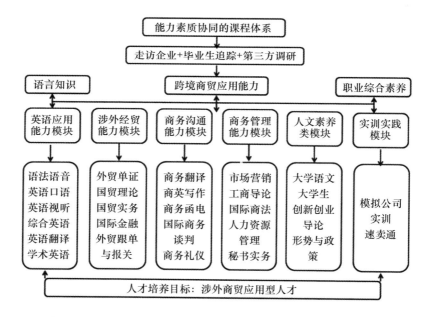

图 7—4—2　W 学院基于能力素质协同发展的特色模块化课程体系

2. 促进多层次课程协同互补

英文学院按照"学科服务专业、专业服务行业"的原则，做实英语类专业基础课程——服务英语类专业培养目标，重点改造学科基础课程，分层分类设置教学内容，加强与专业对接，分层次实施研究型教学改革，培养学生自主学习能力、批判性思维和质疑精神。做精英语类专业核心课程——解决专业核心知识和能力,按照英语产业和行业实际需求重组和优化教学内容,增加单门课程学分,为模块课程腾出空间。做特色模块课程——对接行业人才岗位需求,以交叉符合、项目驱动、校企共建等形式构建"面向一行业多专业方向"和"多学科专业服务一行业"模块课程群,满足学生多元化职业发展和课程选择需求,解决学生能学、乐学和学好的问题。

3. 构建应用型英语人才的专业能力课程体系

英语专业的课程设置分为专业主干课程与专业实训实习课程两大部分。按照英语类专业的培养方案,在课程设置方面,应充分考虑到主打的跨境电商的特点。

(1)在主干课程部分,本专业安排了"国际商务英语"和"外经贸英语函电"课程,以及"国际贸易理论与实务"和"电子商务"等跨境贸易课程。

(2)在实训实践课程方面,本专业设置的所有课程都与学生的专业主修能力息息相关。特别是近年来为顺应"互联网+"的趋势,增设了"速卖通"(跨境电商的主要课程)实际应用课程。除此之外,学生在校内实践活动期间还可以在本系的"国际贸易模拟"软件实验室进行实训,使学生自身的实际应用能力得到进一步提高。

(3)将学生实践实训的课程比例调高,在2016级人才培养计划基础上增加了30个实践实训课时,以提高学生的实操能力,从而达到实际应用的目的。

(三)实践教学体系

构建分层次、进阶式、一体化实践教学体系

为了实现应用型技术人才的培养目标,提升学生的实践应用能力,经过多年的努力,W学院英语类专业逐渐建立了"商务虚拟情境体验—公司模拟仿真实训—跨境电商网络实战—顶岗实习"的分层次、递进式、一体化实践教学体系,实现了从模拟训练到真实岗位操作的平稳过渡,为岗位能力迁移、素质培养奠定良好的实践基础。分层次、进阶式、一体化的实践教学以能力培养为本位,以综合性的商务实践项目为抓手,将学科性理论课程、训练性实践课程、理论实践一体化课程有机整合,完成具有基本实践、专业实践、研究创新与社会应用四种能力的"互联网+"创新人才培养,具体实施过程如图7—4—3所示。

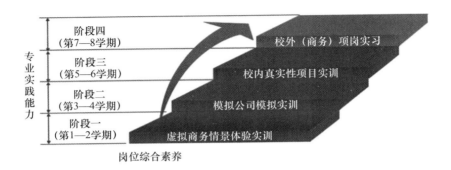

图7—4—3 W学院分层次、进阶式、一体化实践教学体系

阶梯1:商务虚拟情境体验社区。这个层次的实践教学主要安排在学生入学后的第1—2学期,在校内英语虚拟情境体验室开展。虚拟演播室中先进的录播设备将校企合作开发的上百个商务谈判、旅游会展、酒店管理虚拟场景真实再现,为学生商务英语学习提供真实的应用场景,增加学生的"在场"体验。学生可以在理论与实践相结合中完成对所学知识的理解和运用,学生四年的大学生活始终贯穿见习、实习等各项社会实践活动,与学生的主修能力紧密相连。

阶梯2:公司模拟仿真实训。W学院在二年级上学期为学生在涉外商务仿真实训室开设公司模拟仿真实训课程。这一课程的主要教学方法是模拟公司教学法。以训练基本技能的贸易模拟软件平台为媒介,以对外贸易实务为依托,建构虚拟公司,使学生置身于仿真环境中,完成询盘、发盘、审单、成本核算等与专业相关的模拟实训。学生通过实训,达到熟悉外贸流程、提升工作能力的目的。

阶梯3:校内项目实训。学院在校内实训室内安装了全套多媒体教学设备以及外贸平台。学生在真实场景里处理工作任务,实现了由学生到职员的转化,从而在实操中提升专业素养。自2014年以来,学校在新修订的教学计划中,强化校内实训,包括展销会业务实训、进出口成交与合同签订、商品报价、信用证业务实训、出口单据缮制等。翻译方面增加了合同翻译实训、产品说明书翻译实训、企业网站宣传翻译实训、标书翻译实训和字幕翻译实训等。

阶梯4:校外顶岗实习。学生通过校外顶岗实习进入商贸公司、酒店学习。英文学院还与省内知名公司推出了一种新型的合作模式——"人才定制"式培养:公司在大一学生中选定培养对象,制定了四年的跨境电商课程,纳入学院培养方案,指派公司老师前来学校授课。学生在校期间可以在公司老师的指导下开始顶岗工作(利用"互联网+"模式),真实地成为公司一员,甚至自己开始创业。毕业后,该公司通过与当地或外省的企业合作,将学生输送到各个用人单位或企业就业。这种培养方式真正培养了学生的实际动手能力,实现了专业技能与社会需求的无缝对接。

(四)教学方法改革

1. 推进信息化教学方式

英文学院适应教学信息化发展趋势,进一步深化基于 MOODLE 平台的研究型教学改革,大力推进网络化学习,积极推进基于信息技术的虚拟仿真实验。推动以课程为核心的优质课程资源建设,支持基础课程利用全球优质视频、数字资源,借助信息化平台与手段,开展"翻转课堂"教学模式改革。

2. 采用"三课"案例教学方法

英文学院倡导专业主修课程以案例为主导的教学改革,逐渐摸索出一套"课前布置,课堂精讲,课后多做"的"三课"案例教学方法:教师根据教学目标精选案例,布置学生课前收集案例信息,分析案例,课堂讨论总结,课后写出案例学习报告。例如,国际商务英语课程第二单元会讨论公司运营模式,教师以阿里巴巴和小米两家跨国公司为例,说明公司运营模式、发展趋势、模式调整、资源整合的方式技巧。课堂讨论实现了专业主修课程案例化,做到了"讲做"结合,激发学生学习动机,提高学生的应用能力。

3. 充分利用国际贸易模拟软件

W 学院英语类专业的模拟交易课程在专业基础实验室进行,并选择专业教师进行指导。鼓励学生通过网络模拟环境自主选择结算方式和付款方式进行交易。通过实践使学生学会外贸软件的模拟操作、了解外贸交易中所涉及的交易对象，熟练掌握 L/C + FOB 和 L/C + CIF 项下的交易流程，了解其他各种履约方式下的操作步骤。

（五）教师转型发展

1. 学校组织层面的教师转型发展计划

学校教师发展中心制定了"激发教师潜能，追求卓越教学，提升科研层次，倡导身心健康"的教师转型发展宗旨，按照年龄、支撑、工作岗位的不同，采取问卷调查及教师座谈的形式，了解教师发展状况及转型发展需求，在此基础上制定了学校教师发展规划：一是"教师成长续航计划"，分为"新教师培训计划"、"青年教师促进计划"和"教师发展提升计划"；二是面向全校教师的"放飞思想支持教学转型计划"；三是根据个人转型发展需求提供一对一的"个性发展服务计划"。

2. 英文学院组织层面的教师转型发展项目

英文学院推动教师转型发展的模式主要是研修班培训模式、进修访学模式和"实践共同体"模式。前两种为教师提供聆听专家指导、共享教学资源和交流教学心得的机会，帮助参与教师明确自己的转型发展目标以及寻求学术合作的机会。"实践共同体"强调院系内部教师之间的交流与合作，辅之以来自专家的引导与帮助，从而形成一个支撑机制，促进教师专业发展。

（1）按照学科专业方向和职称学历结构，重组教学团队，经常通过相互听课、开设观摩课、集体备课等教研活动来提升整体团队的教学水平。

（2）鼓励教师参加各种职后培训和求学深造，提高和增加教师的学历层次和知识储备。培训主要涉及现代教育技术、英语课题申报技能、英语教学方法、翻转课堂、外语智慧教学等多方面的内容。

（3）每年聘请多名国内外的著名专家到学院进行学术讲座，要求学院教师参加各种学术研讨会，以此来提高教师的学术水平、活跃学术气氛。积极组织青年骨干教师参加全国英语教学论坛与研讨会。

（4）大规模组织英语教师赴国内外知名院校英文学院和大型外资企业参观学习，加强与外校同行教师的探讨交流学习，为教师提供各类专业观摩课程。

（5）加强英语类专业教师同行之间的交流，以老带新，打造教师转型的"实践共同体"。学院教研活动每周定期开展，经常邀请学院资深教师做学术讲座，或进行教学讨论。将教师间的学习交流与对年轻教师的帮带结合起来，新老教师组成教学转型的"实践共同体"。

（6）培养"双师型"教师队伍。合作企业定期来学院为学生讲授"速卖通"课程，内容涉及如何注册"速卖通"平台，如何上传产品图片，如何优化产品，如何设置标题，如果写开发信等，为今后英语专业教师教授跨境电商课程打下了良好的基础，同时也培养了英语专业的"双师型"的教师队伍，使英文学院能够单独开设跨境电商系列课程成为可能。

二　以学习者为中心

W 学院英语类专业"以学生为中心"的教学特色主要体现在发展教学法的使用上，拒绝把学生的发展视为一个孤立现象来考察。教师基于学生所处不同的年级阶段以及学生的发展进程，采用一系列连续性的教学方法，促使学生从一个胆怯、依赖、缺乏信心的语言学习者成长为一个自主积极、勇于表现、善于沟通的跨文化交际者。实现这一目标在教学中最关键的是要创设尽可能真实的语言环境来培养学生，并把学生的发展放在一个更为复杂、真实、动态的环境中来考虑。如在教学中，教师的目标就是营造跨文化交际的环境，把握学生在特定交际环境下的发展过程，正视学生水平的个体差异，设计进阶式的语言交际任务，使学生在用中学、学中用。

三　教学创新

W 学院英文学院教学创新体现在项目化教学内容的创新上，为实现教学内容与学科前沿对接、与行业企业对接，实现亲近产业的应用型英语人才培养目标，重组产教融合的教学内容。对于成熟的基础课程——通过项目化训练内容，训练技能并掌握原理，增加实践类项目。对于产业发展引导的新模块方向课程——通过采用科研反哺教学的方式、引进行业或企业最新技术标准或培训课程的方式、采用课证结合的方式组织教学。对于实验实训课程——通过指向产品化的技能集成性训练，真正使实验项目综合化，在强化学生技能训练的同时，增强学生的研究能力。而学生研究能力的培养，在 W 学院突出体现在以语言应用为中心的课程转型上。英语类专业教师的教学重点是辅助学生深化对课程的理解，夯实学生语言文化的综合素养，提高语言应用能力。

实例：

【教学内容】传统复合型教学内容 VS 复合应用型项目化教学内容

【专业】商务英语

对比 W 学院商务英语专业在应用型转型前采用的传统复合型教学内容（如图7—4—4所示）与之后采用的复合应用型项目化教学内容可以发现，后者的优势体现在：其一，打破条块分割状态，将传统专业英语的听、说、读、写、译基础课程和专业素养课、国际经济与贸易类学科知识课的双语教学活动等有机整合，通过增加模块课程强化学生对岗位证书考试科目及外贸综合业务内容的学习。其二，加大实验实训课比例强化技能集成训练。通过增加实务类项目，促使学习任务与社会任务对接，引导学生完成从学生向职业人的过渡，实现英语学习和专业课程学习的双赢，从根本上提高学生商务英语的应用实践能力。项目化教学内容基于学生"做中学、做中研"的机会，大大提高了学生自主学习能力及创新创业能力。

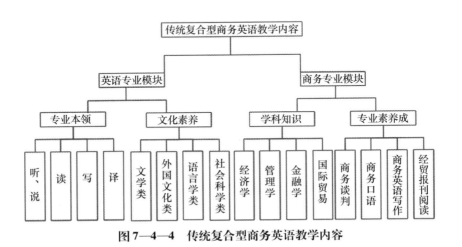

图7—4—4　传统复合型商务英语教学内容

四　信息技术应用

W 学院英语类专业在信息技术应用方面，引进了以语料库为辅助的教学手段,创新了基础英语课程、旅游英语、新闻视听、高级英语等课程的教学。语料库为教学提供了真实的语言素材,方便学生掌握语法规则,熟悉词语在现实语境如何确切使用,而不是简单抽象地理解和使用书本上过时的、缺乏语境的语法知识和词汇,或者从词典中片面地、难以切合语境地获取语义。活学活用、学以致用始终是 W 学院应用型英语教学的核心。

五 教学组织管理

(一)教学质量监控

1. 教学质量监控机制

W 学院英文学院以教学质量为生命线,建立健全了"三级四方"联动的立体化质量监控体系(如图 7—4—5 所示)。"三级"监控是指在院系内部采取学院、教学系(部)、教研室(实验室)三级教学质量监控机制。"学院监控"主要负责教学质量标准建立与完善、教学目标考核与评价、教学政策导向与调控。"系(部)监控"主要负责教学标准执行、教学过程监督与协调、教学政策落实等。"教研室(实验室)监控"负责具体教学活动组织与实施,开展教学研究与教学改革,从具体环节上保证教学质量。"四方"监控是指学生(由班级学习委员组成)、任课教师、同行专家(院教学督导组、督察组)、社会成员四方面联动监控教学质量。

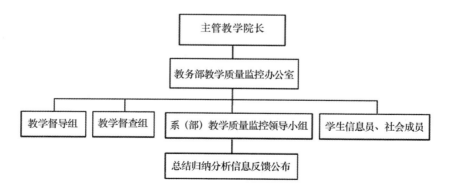

图7—4—5 W 学院英文学院"三级四方"联动立体化教学质量监控体系

2. 教学质量监控措施

（1）构建教学质量监控的规章制度

为了全面监控专业教学质量，规范各个教学环节的组织和流程，本着在教学中凡事有组织、凡事有程序的原则，W学院英文学院制定了一系列的组织管理制度，主要涵盖了专业与课程建设管理、教学运行管理、教学质量管理等方面，做到了教学环节中有章可循。

（2）常规教学环节监控措施

常规教学环节监控主要涵盖期初教学检查、新生学期初教学检查、期中教学检查、期末教学检查等环节。在组织层次上分二级教学单位自查和学校教务管理部门抽查两个部分。

（3）专项监控措施

除了日常的监控措施，该院对毕业实习、毕业论文（设计）、实践教学环节、课堂管理、教师授课质量评价等环节还进行不同程度的专项检查，以保证各个环节的教学质量。

（4）其他措施

除了上述常规教学质量监控措施以外，学院还制定了教学督导工作制度、教学督察制度、全员听课制度、学生信息员制度、本科生学业导师制度、教书育人先进个人评选制度、青年教工教学基本功竞赛制度等制度，以保证教学转型顺利展开。

3. 反馈——改进效果

（1）专业教研室严格、高效执行学院、教学系（部）各项规章制度

在各专业质量监控的实施过程中，严格执行学院、教学系（部）各项规章制度，规范教学环节的各种活动，做到教学组织重程序、教学操作有标准、教学评价看实效。

（2）强化了专业监控管理职能

教研室是教学质量监控的瞭望口。为了使院、系（部）两级教学质量监控机制、措施有效实施，W学院英语类专业建立和健全了教师各类规范制度，注重对教学效果、教学内容等教学诸元素的实际考察。从全局着眼，从环节入手，从细节出发，强化教研室专业监控管理职能，提升英语类专业教学的内涵。

（二）教学质量评价及反馈机制

1. 建立教学质量信息反馈机制

为保证教学质量，学院建立了一系列反馈机制，如建立通过《本科教学质量报告》向社会反馈本科教学质量信息的机制；通过校内《质量管理信息》向校内二级教学单位反馈本科教学质量信息的机制；学生评教意见向教师反馈制度、督导评教意见反馈制度、毕业生质量跟踪调查制度。此外，英语类专业在期中教学检查中，通过教师和学生一起开座谈会的形式，学生会把教学中存在的问题及时反馈给教师，教师也会把教学中存在的问题反馈给学生。学院实行教研室主任、班主任、辅导员和任课教师的多层次多渠道反馈沟通机制。与此同时，英文学院领导班子也非常关注英语类专业教学环节质量标准制定、教学过程实施与监控和教学效果三个重要环节，落实信息搜集反馈、三级听课、质量检查、教学质量评估、全员监控等措施，熟悉掌握专业质量监控体系，保证了教学质量监控的有效实施。

2. 教学质量反馈与改进措施

（1）教师授课质量评估

教师授课质量总评包括八项内容，备课占 15%，教学内容占 15%，课内、课外结合占 15%，学生出勤占 15%，劳动纪律占 20%，学生满意度占 10%，教学改革与创新占 5%，教与学融合占 5%，综合总评分将作为任课教师本学期教学质量的评价得分。

（2）评价处理结果

根据教师最终得分分为四个等级：优秀、称职、基本称职、不称职。排名前 25% 的为优秀，这部分教师可以参评学院主讲教师，享受特殊授课津贴；排名中间 50% 的为称职；排名后 15% 的为基本称职；排名最后 10% 的为不称职。不称职教师在下个学期开学初，会由人事处、教务处联合进行教学质量复核，教研室出具相应的评价意见，组织学生进行座谈，提出改进方法，深入课堂听课实行帮扶，再次复核为合格者，可以发放绩效考核工资，复核不合格者全院通报，要求转岗，扣除绩效工资。评价结果每学期由人事处进行汇总，归入本人业务档案，作为业务考核和评聘技术职务的资格条件和依据之一。

第八章

讨论与检思

　　神创造自然时（遵循着）一定的规律……经过足够的反思之后，我们不得不承认他们都通过对世界中存在着的或发生着的一切的准确观察来获得。①

——Rene Descartes *Discourse on Method*

　　应用型本科英语类专业教学转型，像一只正在蜕皮的蝉②（如图8—0—1所示），在转型过程中虽然困难重重，但唯有转型方能激发活力。在转型"蜕皮"的过程中，张扬着"再造"与"生成"的韵律。"再造"是教学组织结构优化的手段，"生成"是教学组织提质增效的新元素与新动能。二者合和共生，构成本研究重要的建构基础。教学转型这只"蝉"在蜕皮之前，其活动范围与研究视阈趋向平面化，或者说是在二维静态空间里的蜗行，这就彰显出它要蜕皮上飞的重要性。意即摆脱片面、静止和平面，生成全面、动态和立体。

　　"正在"寓意教学转型处于进行时，转型行动陆续展开。说明它不追随传统教学的惯性，也不在当前问题的泥潭中沉沦，而是在强烈信念的

---

　　① Rene Descartes, *Discourse on Method and Meditations on First Philosophy*, Indiana：Hackett Publishing Company，1999，p. 27.

　　② 该术语源自学者霍桂桓对20世纪思想大师怀特海（Alfred North Whitehead）"过程哲学"的隐喻。其"过程哲学"被隐喻为"一只正在蜕皮的蝉"——完成蜕皮之前，只能以静态、平面化的视角对研究对象进行观察和研究；而待到蜕皮过程完成后，它便可能"展翅高飞"，以更为宽阔、动态、立体的视角考察与研究同样的对象，从而得出更符合事物本质与实际的结论。

支撑下坚持谋求转型改变。

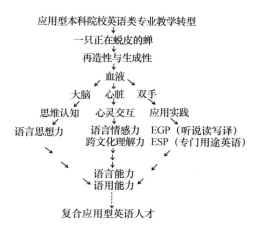

图 8—0—1 英语类专业教学转型蝉蜕隐喻图

资料来源：改编自窦坤、桑元峰《大学英语教学的实践哲学》，光明日报出版社 2013 年版，第 137 页。

"蜕皮"寓意转型，寻求再造与重生。结果固然重要，但过程才是最为关键的一环，它是基于过程的转型蜕变。

大脑——思维认知、心脏——心灵交互、双手——应用实践，隐喻应用型英语教学转型，培养的是三位一体的复合应用型英语人才。历经再造，生成的是语言的知、情、信、意、行，这是应用型英语人才所应具备的综合能力。这种综合能力的培养外靠语言技能，内靠语用能力，不断促进复合应用型英语类专业人才培养，不断走在再造与生成的过程中。螺旋上升的质变过程离不开教学制度供给、教师组织认同、行动选择和教学组织再造的系统支撑。

第一节 差异与趋同：教学转型案例比较

一 英语类专业教学转型制度供给的三重逻辑

英语院系组织运行以及英语院系同教师的关系调整着院系在组织合法性上的基本态度与做法。学校通过调整转型制度和教师激励机制，强调教师绩效和转型实效，引导教师进行转型，强化转型对于效率的追求。通过教师在教学效率、行政效率、配置效率方面的努力，实现学校维持转型合法性的诉求。

（一）教学转型制度环境：合法性逻辑

合法性关乎应用型转型的合理性及其正当性，是衡量制度是否赢得价值认同与行动支持的重要指标。迈耶和罗恩在其著作《制度化的组织：作为神话与意识的正式结构》中旗帜鲜明地提出制度化环境的神话——"合法性机制"钳制制度变迁。迪马吉奥和鲍威尔以此为前提，在其著作《关于铁笼的再思考：组织场域中的制度性同形与集体理性》中进一步论证了组织遵循"合法性机制"的三种发生机制：强制性机制、模仿机制和社会期待。应用型本科英语类专业教学转型在制度转型层面表现出与该发生机制高度的同构性。

1. 强制性机制

国家通过政策推广、资源分配等多种方式推进应用型转型，制度扩散效应明显。为了引导部分地方普通高校向应用型大学成功转型，国家相继出台了系列性政策文件和指导意见，明确了转型目标、思路和主要任务。各省竞相成立普通本科院校向应用技术类型院校转型发展试点工作领导小组，制定指导方案推进高校应用型转型。截至 2017 年 1 月 1 日，全国约 200 所高校建立试点向应用型转型。[①] 政策制度的落实基点在院校层面，着力点在教师。为了调动教师转型发展的积极性，完成院校预期的转型发展目标，学校制定相应的转型发展规划及奖惩机制，下达给各学院（部），处于制度末端的教师承受了来自上级的层层压力。转型制度的推进呈现出典型的自上而下的强制性特点。

转型发展中资源配置的方式与院校属性存在倒挂关系：按照社会声誉以及与政府的行政关系标准，不同属性的院校排序呈金字塔结构（如图 8—1—1 左图所示），而按照社会资源配置多寡的标准，三类院校排列则呈现倒金字塔结构（如图 8—1—1 右图所示）。处于金字塔中低端的混合所有制院校和民办院校自然要力争上游，争取更多的资源。许多转型

---

① 教育部：《全国约 200 所高校试点向应用型转型》，http：//edu. southcn. com/e/2017 - 01/01/content_ 162806392. htm. 2017 - 01 - 01/2017 - 12 - 30。

院校忽视了自身院校类型特点，模仿公办院校出台以科研为导向的学术激励制度，造成院校发展方向的趋同。

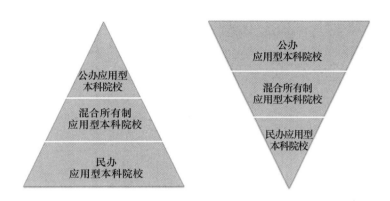

图8—1—1　应用型转型中资源配置方式与院校属性关系金字塔图

2. 模仿性机制

组织倾向模仿那些在其所属领域中看上去更具合法性或更成功的类似组织，[①] 这是制度性模仿和竞争型模仿这两种模仿机制产生的根源。三类大学在应用型转型过程中都表现出对国家转型政策"合法性机制"的模仿，受此机制支配，所在院校教师的转型行为呈现出模仿性特征。高校应用型转型的初衷就是解决市场供需错位的问题，为了培养适销对路、具有市场竞争力的应用型人才，采用竞争性模仿策略成为许多大学在转型过程中的捷径。大学排行榜是产生模仿对象的主要参考蓝本，学术成果产出成为模仿的参照指标。在转型中迎合这些指标，以制度设计为切入点向"成功"院校学习。然而，"普遍存在的某种结构安排，是模仿过程普遍存在的确证，但这种结构安排，根本不能说明被采纳的模式会增进绩效"[②]，反而客观造成整体性的制度趋同。应用型的共性虽然得以凸显，可是院校在转型中的个性容易被遗失。

---

① 迪马吉奥、鲍威尔：《关于铁笼的再思考：组织场域中的制度性同形与集体理性》，《组织分析的新制度主义》，姚伟译，上海人民出版社2008年版，第76页。

② 迪马吉奥、鲍威尔：《关于铁笼的再思考：组织场域中的制度性同形与集体理性》，《组织分析的新制度主义》，姚伟译，上海人民出版社2008年版，第76页。

3. 社会期待

高等教育普及化的到来对高校和教师提出了较之精英和大众阶段更高的社会期待。主要体现在以下三个方面。第一,对应用型高校的社会期待。应用型教学转型是实现人才培养与区域经济社会发展需求"同频共振"的基础保障。第二,对高校教师的期待。教师是教学活动的组织者,教师要自始至终围绕教学目的展开教学活动,应用型教学目标的实现要求教师实现从学术型教师向应用型教师的类型与能力的双重转变,提高自身应用型教学的胜任力。第三,对高校教学的期待。教学期待是有效教学的前提。要进行有效教学就必须对学生进行需求分析,了解学生的教学期待,制定符合学生就近发展区的教学目标,促成应用型教学转型就是满足学生教学期待的最直接路径。

(二)教学转型技术环境:效率逻辑

如图8—1—2所示,三种不同属性的院校所面临的应用型教学转型的制度环境基本相似——以应用为导向,但在具体的运行过程中,因技术环境的不同而导致显著差异的出现:公办应用型本科英语类专业教学转型面临的技术环境是通过科研竞争提高学校综合排名与实力,院校发展定位与教学转型的制度环境基本是对立的,所以传播和执行应用型教学转型制度的力度最小,教学转型制度的扩散主要属于供给主导型,典型特征是转型的权力中心凭借行政命令、制度规范及利益刺激,在公办院校金字塔型的行政系统内自上而下地规划、组织和推行教学转型;民办应用型本科面临的制度环境是获得行政部门和社会公众对应用型本科的身份认可,它所面临的技术环境既有来自教育市场的竞争压力,也有来自院校自身质量提升的压力,它对应用型教学转型制度的传播与执行取决于其侧重点,属于中间扩散型。

以F学院为例,提升教学质量的压力大于通过提升科研扩大市场占有率的压力,因此该校会采取相对积极的态度对应用型教学转型制度进行扩散,但囿于学校资源实力,只能采取弱奖励与强惩罚的机制,所以教学转型制度激励效果和扩散程度一般;混合所有制应用型本科制度环境与技术环境同向,因此对应用型教学转型制度起到积极扩散的作用。比如W学院,在转型奖惩机制上都比较强有力,教学转型制度的推行属于需求诱致型。

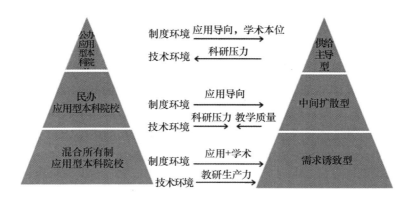

图 8—1—2 不同属性院校应用型教学转型的发生机制图

（三）教学转型制度供给：合法性、效率的耦合逻辑

办学质量与效益是高校的生命线。上述案例表明，效率机制和合法性机制交互影响着教学组织转型。英文学院、系（部）以效率为教学转型工作中心，在对效率提升中协助学校实现转型的合法性。据此思路，在转型院校现有转型制度下，对于院校层面的转型决策，英语院系从道理上来说应出于追求效率的动机积极展开转型行动，配合学校实现转型目标，最终从整体上实现院校转型的合法性。但是案例院校当中一些具体的情况与这一推论存在一定的相左之处。例如，转型制度政策公布后，在 L 大英语院系没有引起即时的回应，由此揭示了在效率和合法性逻辑之外，还存在其他逻辑推动着院系的实际转型活动。又以 W 学院为例，基于转型合法性逻辑的驱动，W 学院赋予英语系相对的转型自主权，以此激发基层院系的转型活力，期望英语院系通过转型提高绩效，赢得教师对转型价值的认同，为学校整体的转型制度供给提供合法性资源。这种放权从某种程度上改变了英语院系的转型行为模式，英语院系逐渐形成了"公司化"的利益主体，追求教学质量的提升和院系绩效成为其转型的主要目标。在学校放权的条件下，英语院系可以在教学流程再造、教学模式、实践教学等方面主动探索，提升院系的教学效率，由此生成了院系自主创新型教学转型模式。该模式通过自主创新追求效率和协调学校制度与教师转型行动间的矛盾，实现了转型效率与合法性的最佳耦

合。英语院系转型中重视相应学校转型号召，遵从转型制度的合法性，并且在此框架内采取行之有效的转型行动的行为倾向，本研究称为制度供给中的耦合逻辑。

二　英语类专业教学转型的制度认同

（一）转型非正式制度的认知模式

完整的制度体系是由非正式制度与正式制度共同构成的。非正式制度作为正式制度产生、发展和高效运行的补充而存在，也是影响制度绩效的重要变量。所以，对非正式制度认知模式的把握构成了研究转型制度认同的微观基础。应用型本科在转型过程中，不同类型的院校转型的正式制度差距明显，奠定了教师对转型规则认知存在巨大差异的基础。这一观点在前述研究中专门论述过，在此对非正式转型制度进行重点论述。转型的非正式制度可以细分为两类：一类是符合转型内在逻辑的不成文规则，通常是约定俗成的传统和惯例，是正式制度不可或缺的补充；另一类是对正式制度起反向破坏作用的"潜规则"。

在对转型非正式制度的认知模式上，不同属性院校英语类专业教师呈现出不同的模式。公办应用型本科英语类专业教师多来自国内外重点院校或专门类外语院校，深受英语人文素养熏陶，学术型英语教学理念和实践根深蒂固，因此，在向应用型教学转型的过程中，从转型的理念、转型方式和对转型的认同上都存在巨大困难。长期身处学术型教学环境中，处于学术中心位置，更偏重对学术逻辑的规则认同，而小觑了应用逻辑。处于学术最边缘的混合所有制应用型本科英语类专业教师，师资来源多元化，既有来自行业、企业或生产一线的专家，也有来自大专院校的常规师资。他们在纯学术的训练方面有所欠缺，但在规则认知上已经渗入了应用的逻辑。在学术规则盛行的当下，距离核心学术圈较远的不利位置，使身处其中的教师在转型中难以笃信学术逻辑，而更愿意采信应用逻辑。居于二者之间的民办应用型本科，教师对转型的规则认知模式处于中间层次。三者对转型的非正式规则认知模式构成如图8—1—3所示，如果是以应用逻辑来界定，情况则相反。

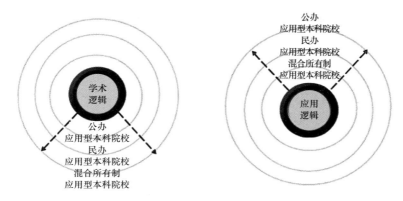

图8—1—3　不同属性院校教学转型非正式制度的认知模式涟漪图

（二）支配转型行动的制度认同倾向

判定制度在个体行动中是基于利益考量还是文化信念是新制度主义研究的一大焦点。"作为规则的制度"的主张者注重制度的工具性，强调是制度对行动者的利益偏好产生激励，由此引发行动；"作为信念的制度"的主张者偏重文化信念与制度约束共同激发个体行动。案例院校中的教学转型，究竟是基于何种考量呢？

不可否认，包含经济利益在内的综合利益考量是所有类型院校教师采取转型制度行动的一方面原因，但是从转型制度认同和评价角度来看，不同属性院校教师的侧重点略有不同。对转型制度的认同常常置身于利益与信念的"跷跷板"规则中。公办应用型本科教师处于稳定的制度保障环境中，享有事业编制和相应的社会福利保障，没有或较少受"非升即走"考核方式的影响，这使教师在应用型转型中趋向选择保守，对转型制度偏重于利益认同。与此情形恰恰相反，在混合所有制应用型本科中，教学转型与教师切身利益息息相关，身处变动不居的市场竞争压力下，积极转型能够给个人带来事业的稳定，收入的增长和未来发展的保障，他们真心认同教学转型给个人发展带来的提升。民办应用型本科介于二者之间，追求学术利益而认同转型制度的教师占一定的比例，也存在一部分教师为求生活舒适稳定，不认同转型制度而拒绝转型。三类院校英语类专业教师对转型制度的类型倾向如图8—1—4所示。

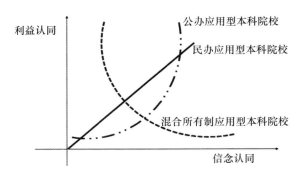

图8—1—4　不同属性院校教师应用型教学转型的制度认同倾向图

　　为实现教学转型的组织目标,学校通常不会选用直接的方式进行教师教学转型行为的干预和控制,以免导致职能管理与教学专属性之间产生"双重职位梯度冲突"①,故而,学校组织更倾向于采用一种更加"隐秘"的手段干预——将绩效考虑在其中的奖励方式,运用利益手段增加教师对制度的认同,进而管理教师的教学转型行为。奖励等物质化的利益刺激方式可以突出教师个体的独特性,强化教师个体通过努力获得额外奖励的内在动机,在一定程度上满足教师个体的教学转型价值需求。但是不可否认,无论是何种属性的院校,在教学转型过程中,过于高强度的利益刺激(或称激励过剩)有可能导致教师的教学转型价值需求产生偏差,引发激励错位。其一,报酬和绩效关系的异常紧密可能会使教师将得到奖励的额度作为后续教学转型投入度的标尺,获得奖励多,就愿意投入更多的时间与精力;获得奖励少,就在教学转型中投入少。这样导致教学转型投入停留在表面,对深层次的高级转型行为产生抑制作用。随着对奖励水平要求的越来越高,有可能形成恶性循环的"棘轮效应"②,最终使教师的认同受限,偏离原本的教学转型价值需求轨道。其

---

　　① 山鸣峰:《高校内涵建设研究:集约、协同与动力机制创新》,上海大学出版社2017年版,第123页。

　　② 棘轮效应是由经济学家杜森贝利首先提出的。棘轮效应是指人的消费习惯形成之后有不可逆性,即易于向上调整,而难于向下调整。尤其是在短期内消费是不可逆的,其习惯效应较大。这种习惯效应,使消费取决于相对收入,即相对于自己过去的高峰收入。消费者易于随收入的提高增加消费,但不易于随收入降低而减少消费,以致产生有正截距的短期消费函数。

二，过度激励，一方面促使教师满足应用型教学的转型胜任需求，但另一方面，也可能使教师倾向于遵照绩效考核标准以获得稳定的教学收益，从而抑制他们对教学转型挑战和冒险的内在价值需求。这是因为，较高的物质利益奖励必然导致形成较高的要求和标准，这在一定程度上对教师的自主转型需求产生"挤出效应"。高强度的激励水平会增加组织内部的资源竞争强度，加剧教师个体的自利行为，降低教学团队的合作意愿，从而对教学转型价值中的归属需求产生"挤出效应"。所以说，学校组织在教学转型过程中，若过度强调绩效和物质利益刺激，意欲借助高强度的刺激引发教师对教学转型的制度认同，就会偏离应有的对教学转型内在价值的追求，产生激励错位的问题。所以说，教学转型制度的认同模式亟待实现从强制性价值认同（绩效利益导向）转向生成性价值认同（价值信念自觉）[①]，才能从根本上激活教学转型动力。

三 英语类专业教学转型的行动选择

（一）英语类专业教学转型的行动逻辑

虽然三种属性的应用型本科英语类专业教师对应用型教学转型的制度认同度各异，但若只根据他们对转型制度的认同就对其转型行动选择做出判断，难免偏颇。理应加入每所院校转型制度的运行机制和执行力度进行综合判断（见表8—1—1）。

表8—1—1　　不同属性大学教学转型机制与教师教学转型
行动关系表

类型 ＼ 机制及效果	奖励机制	惩罚机制	制度效果
公办应用型本科院校	弱	弱	普遍不转型
民办应用型本科院校	弱	强	部分转型
混合所有制应用型本科院校	强	强	普遍转型

---

① 马君、刘婷：《重赏之下必有勇夫？研发人员的工作价值需求与激励错位对创造力的抑制》，《管理评论》2015年第7期，第94—104页。

　　通过对三类应用型本科的比较发现，公办应用型本科的教学转型制度激励对教师产生的转型激励最弱，民办应用型本科相较更强，出现明显的两极分化倾向，效果相对较好的是混合所有制应用型本科，教师大多有较为积极的行动。

　　（二）教师教学转型的动力机制

　　教学转型行动情境内部存在多种决定教师转型选择取舍的变量。这些变量在一个既定的行动情境内能对教师个体行为及其结果产生多大影响，取决于这些变量的获得、解释及判断等。

　　结合不同属性大学教学转型机制与教师教学转型行动的关系进行考察，可以得出以下判断：在应用型教学转型奖惩机制都比较弱的公办应用型本科院校，教师的生理需求和安全需求得到满足，教师安于现状，普遍不愿意转型，应用型教学转型的推进更多的是依靠组织所给予的外部动力。民办应用型本科院校基于生存与发展的压力，转型制度体现出弱奖励与强惩罚的特点，教师基于期望能获得归属需求与尊重需求的满足，在教学转型中出现行动的分化。教师教学转型的动力机制属于来自学校制度政策的外部动力与教师自身发展内部动力的二者交织互动。混合所有制院校应用型本科基于院校"国有民办"的体制优势，在应用型教学转型政策上体现出强奖励与强惩罚并行的特点，教师更多的是基于自身职业发展规划来权衡是否实施教学转型，虽然离完全依靠教师发展内部动力驱动转型的目标尚有一定差距，但教师自主转型发展的意识正在由多方力量的共同努力而逐步提升，教学转型发展的求知欲、主动性显著增强，所以教师教学转型的动力机制正处于逐步向内部发展动力为主的目标过渡。教师愿意参与到教学转型的行动中，并不仅仅关心教学转型所带来的短期收益，更关注组织制度认同，以及由此带来的教师竞争力和发展力的提升等高层次情感需求，这是未来获得可持续利益的基础。也就是说，此类院校教师教学转型除了基于对外在物质利益存在需求外，教师对自身可持续性发展以及外部对自我的认可也是有很高的内在价值需求的，从某种程度上甚至可以说，教师内部教学转型价值需求越高，教学成就动机就越强烈，教学转型的自主性也越高。

　　追求内在的教学兴趣、发自内心地解决教学转型工作遇到的种种挑战性难题，并从中体验到前所未有的成就感和愉悦感，构成教师教学转型的内在价值需求和行动动力。这种内在需求和行动动力反过来又会促使教师个体为获得更多的教学转型知识、形成日趋完善的转型认知结构和应对更具挑战性的教学转型难题而努力，而获得教学新知识、形成完备的认知结构又会为创新性教学转型行动提供更为坚实的知识和基础。由此，追求教学转型的内在价值需求的教师个体会投入更多的时间精力去学习、识别、掌握和运用可以让自身教学转型走向成功的知识与策略，积极主动地进行教学转型意义建构，大胆探索差异化的方法来解决教学转型过程中的问题，从而生成创新性的教学转型发展方案（见图8—1—5）。

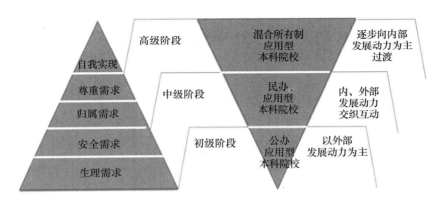

图8—1—5　不同属性院校教师教学转型的动力机制图

在应用型转型背景下，教学转型的动机就是教学创新和应用实践。所以，要把传统奖惩模式的转型及创新教学驱动力提到教学转型的议程中。教师身处教学转型的改革前沿，他们具有较高的内在价值需求，但陈旧的奖惩机制使他们的教学创造力遭到抑制。以公办院校和民办院校惯常采用的传统激励模式为例，不可避免地会加强教师内心的转型功利心和实用性思维，对内在教学转型新价值产生挤出效应。所以，只有在满足教师的教学转型价值需求的基础上，经由"外部—内摄—认同—行动"的动机调整过程，将教师转型发展的外在动机转化为内在动机，激活教学转型的创造力，才能有效推进教学转型动力机制的转变。

四   英语类专业教学转型的组织再造

（一）英语类专业教学组织再造的模式

如果说教学管理制度供给是对教学模式进行重新安排与整合的前奏，那么教学组织再造就是赋予教学以全新生命力的重要转型发展机制。地方应用型本科英语类专业教学组织再造模型如图8—1—6所示。公办、民办及混合所有制应用型本科在英语类专业教学组织再造中，更多地体现出教学转型的共性，采用相同的再造模式：其一，基于共同的教学转型背景——应用型转型。在英语类专业教学质量下滑、就业低迷的状态下，师生逐渐意识到：不管传统学术型英语教学在各类高校中多么所向披靡，但在培养适销对路的应用型英语人才目标的达成度上始终乏力。其二，以教学流程为切入点，在英文学院内部、英语类专业内部进行涉及教学各方面的组织再造。其三，以提高学生教学满意度为核心与目标，关注英语类专业学生语言知识、语言能力以及语用能力的综合改善。其四，应用先进信息技术辅助教学转型，推动教学创新。其五，以管理为抓手，再造科学高效的教学质量监控体系和质量保障体系，提升教学组织再造的效率。

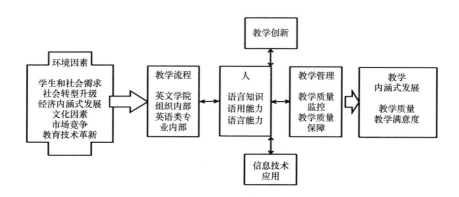

图8—1—6   应用型本科英语类专业教学组织再造模型

（二）英语类专业教学流程再造的特色与效果比较

公办、民办、混合所有制应用型本科在其英语类专业教学流程再造中体现出不同的特色与效果（见表8—1—2）。

表8—1—2　　　英语类专业教学流程再造的特色与效果对比表

	公办应用型本科 L 大	民办应用型本科 F 学院	混合所有制应用型本科 W 学院
教学模式	"四维"立体 ETP 教学	内容依托教学（CBI）	研究型教学
课程体系	多学科交叉融合的 "英语＋有色"课程体系	"三位一体" 特色课程体系	基于能力素质协同发展 的特色模块化课程体系
实践教学体系	多元化实践教学	多维立体协同式 实践教学体系	分层次、进阶式、一体 化实践教学体系
教学方法改革	翻转课堂教学方法	多种教学方法综合	"三课"案例教学方法
教师转型发展	教学团队的建设	教师"三大精品课堂"	"实践共同体"

1. 教学模式

在公办应用型本科 L 大英语类专业教学转型中，采用"四维立体"的教学模式，通过"教室互动课堂"、"机房内网课堂"、"网站微课课堂"和"移动终端课堂"四维课堂，实施"厚英语基础，通翻译理论，重技能实训"的 ETP 教学。使"英语＋有色"的专业特色在教学中充分凸显。在夯实英语基础方面秉承公办院校的一贯做法。民办应用型本科 F 学院充分彰显其英语类专业"英语＋专业＋创新创业技能"的跨学科特色，采用内容依托教学模式，以具体教学任务为载体，以完成任务为动力，把语言与技能融为一体，使学生实用英语参与到理解、处理、输出和互动中。其特征是目标的明确性、丰富的习得环境、学生的主动参与性、教师的"脚手架"作用。混合所有制应用型本科 W 学院所采用的研究型教学是对传统"被动接受型"教学模式的颠覆，秉承以学生为中心的教学理念，鼓励学生通过亲身参与教学实践，拓展教学内容的深度与广度，提高学生的应用能力与水平。三所院校在教学模式上各有侧重，但转型后他们教学的焦点都更为聚焦语言应用能力的培养。这些教学模式也都是 ESP 教学通常惯用的。

2. 课程体系

在课程体系的构建上，无论是 L 大的"英语＋有色"，还是 F 学院三位一体的"英语＋专业＋创新创业技能",或者是 W 学院"基于能力素质协同发展的特色模块化课程体系",在满足学生需求、提高课程的应用型方面,他们共同选择通过跨学科复合课程的开设,来解决原有课程体系学术性过强而应用性不足的问题,解决了学生对语言学习学而不用的抱怨。这与斯特雷文斯(Strevens)教授对 ESP 定义的前两个特征完全吻合:其一,满足学习者实际应用的需求;其二,课程内容和特定的学科、职业和实践活动相关。[①] 这也充分说明,现有应用型本科英语类专业课程体系再造正在朝着 ESP 方向发展的趋势。

3. 实践教学体系

三校多元化实践教学体系、多维立体协同式实践教学体系以及分层次、进阶式、一体化实践教学体系的核心都在于通过借助地方资源,加强校企合作,尽量深度融入地方经济社会发展中。所以,应立足地方,面向需求,优化结构,建立与地方经济社会发展产业链相对接的专业群,依照专业群构建实践教学体系。

4. 教学方法

教学效果由教学目标与教学方法共同决定。在教学目标上确定由学术型英语人才向应用型英语人才培养转型,在教学方法上也应作出与之相匹配的转型。在现有应用型本科的教学实践中,虽然多种教学方法陆续综合运用,如涉及翻转课堂等现代化的教学方法,但在以下促进应用型英语人才培养的教学方法使用上还存在不少的缺陷:其一,促进学生全面发展的教学方法。现有教学方法还是难以跳出把学生当成语言知识的"容器"、专业技术"奴仆"的窠臼,未能科学设计运用交际式、启发式、体验式等教学方法,把学生作为学习的主体,培养学生独立思考、发现、认识、质疑问题的能力,给予学生全面成长成才的自我发动机。其二,以应用为本、能力为重的教学方法。这是应用型本科教学方法创新的关键。围绕应用型英语人才培养的目标,以实践应用、职业技能、就业能力为导向,彻底打破原有知识教育方式,重建以知识学习为基础、技能训练为主线、素质拓展为补充的全新教学模式。其三,以高新技术

---

① Strevens P. , "ESP after Twenty Years: A Reappraisal Singapore", *Seameo Regional Review*, 2008 (11), pp. 142 - 167.

为支撑的教学方法。数字化教学平台云集了各种语言教学资源，可开通微博、微信、朋友圈等互动渠道，引进微课、慕课、翻转课堂，以全新的技术手段改善和服务教学。

5. 教师转型发展

上述无论是何种属性的院校，教师发展项目琳琅满目，但均存在"蜻蜓点水"的问题，尤其是对于教师专业转型发展问题上，有些"无的放矢"。为了响应教学转型的号召，教师存在为转型而转型的问题，他们面临的转型培训选择多之又多，应接不暇。教师就像全世界度假海滩上的游客一样，似乎被各种各样的商贩所吸引，不仅包括贩卖实体产品的商贩（虽然已经有很多），还包括贩卖观念的商贩。虽然这些商品并非全部一文不值，但也并非全部都有价值。更确切地说，挑战在于找到最有价值的物品，因为可供选择的物品太多了。一些辅助教师转型的项目听起来很好，但如果不详作阐释，寻找理论或证据支持，也无法发挥作用。教师生活在一个充满了教学转型的买方环境中，大多数教师身为英语学科专家，却并未做好充分准备来评估这些不断涌入他们教学世界的观念，更缺乏直接有效的渠道促进自身的专业发展。例如，向 ESP 教学转型，需要大量拥有 ESP 教学基本能力、应用基本能力、拓展能力及专业发展能力的合格师资（如图 8—1—7 所示），这样的 ESP 师资当前在学术研究型大学英语类专业难以找到，在应用型本科也无从寻觅，高校教师发展项目中也缺乏 ESP 教学培训的体系，这成为造成教师教学转型困难的最直接原因。

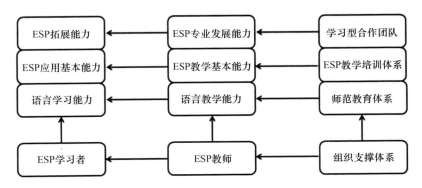

图 8—1—7 ESP 教师教学能力模型

资料来源：郭剑晶：《专门用途英语教学研究》，知识产权出版社 2012 年版，第 89 页。

第二节 检思与重构：教学转型理论框架完善

一 教学转型的理论框架检思

（一）"四维立体"螺旋式整合分析框架的价值

1. 真实再现点面结合、动静交融的教学转型描述框架

本研究采用应用型本科英语类专业教学转型的"制度供给—制度认同—行动选择—组织再造"整合分析框架，以教师转型为切口映射应用型教学转型的"多棱镜"。首先，作为一个严密的逻辑分析体系，任一环节存在欠缺都无法完全解释教学转型的真实历程，以及各环节之间相辅相成的关系。在三种属性的应用型本科院校中，制度供给各异，教师行动选择千差万别。即使在同一院校中，由于转型主体对制度的认同度存在高低差别，相同转型制度也会制约转型行动的选择。不能完整真实地揭示出由制度供给到制度认同再到行动选择的认识逻辑和行动逻辑主线，就难以对各类院校教师转型问题做出诊断与反馈；不通过多渠道、多层次、多侧面深入了解、全面掌握教师转型的困境与痛点，就无法通过组织再造对教学转型予以正确的引导与推进。其次，四个环节协同演进，共同构成教学转型的一个螺旋上升体系。在完成一个周期的螺旋过程之后，进入下一个渐进完善的周期螺旋，总体沿着螺旋上升的转型轨迹运行。转型是一个渐进的过程，不同的观测点引发不同的转型政策出发点，转型后续环节都会出现相应变化。孤立静止地看待转型无异于刻舟求剑，必须要用动态发展的眼光看待应用型教学转型。

2. 赋予教师教学转型以量质协同的情境体验

英语类专业教师教学转型的成效检验是转型评价中关键性的一环。缺乏对教学转型背景、转型条件和动态变化的过程监控，而仅采用结果导向的衡量标准，对教学转型以及应用型教师发展没有任何实质性的贡献，从某种程度上来说，反而会挫伤教师转型发展的积极性。本研究整合分析框架的价值最主要体现在，从多学科的背景来认识宏观的转型制度和微观的转型个体之间的共生互动，解读英语类专业教师在教学转型的话语情境下，独特的转型心态和转型生态。本研究在多案例呈现时，通过教育叙事的方式，再现一个个情境化的转型发展故事，通过对他们

所在院校转型制度环境、教学场景中的转型心态和教学转型行为特征的白描,感染读者以情境卷入的方式体验他们的转型历程,指导建构自己的转型发展规划。

(二) 整合分析框架的不足

本研究通过后期质性研究的深入开展,检视出最初构建的整合分析框架还存在进一步完善的空间,即教学转型"四因素"之间的联动关系有待进一步深入阐释,教学转型理论模型的运行机制也有待进一步挖掘。在理论构建阶段,本研究期望通过构建教学转型制度认同与转型行动之间的关系,以此在教学组织再造阶段因势利导,做出有针对性的改善。在实际调研中发现,教师个体对教学转型制度认同度高,一般的确会采取积极的转型行动。但在对教学转型制度认同度低的院校,很难具体解释清楚教师个体会选择何种类型的教学转型行动,是"观光游"、"随大溜"、"舒适地协作"还是"疑惑地叛逆"。这些行动背后有着更深刻的资源依赖和心理学理论的支撑,前期理论建构未能关注到这些方面。但本研究在以下方面是具有贡献的。其一,较为清楚地解释了教师对教学转型认同度低而导致转型行动无法预期的原因;其二,提出了通过完善教学转型制度供给以及实施教学组织再造来提升教师对教学转型制度的认同,使之在更为自主自觉的状态下实现期待的教学转型。如混合所有制应用型本科院校,其教师对教学转型的制度认同更多的是需求诱致型,教学转型行动更多的是源于教师发展的内部动力,所以该校教学转型的制度供给更贴近教师的文化信念,而不是集中在利益考量上。

二 教学转型的理论模型重构

在本研究第二章理论框架构建部分,研究者在借鉴新制度主义二分法和陈先哲教授三维综合框架的基础之上,针对本研究主题做出适切性修正与完善,通过加入"组织再造"这一变量,建构出了应用型本科英语类专业教学转型的"四维立体"整合分析模型。在对三所应用型本科展开田野调查的实践过程中,研究者又发现,四大因素链接之间存在三大节点,三大节点代表的是三大机制,它们制约着因素链接与转型实效。具体来说,在"制度供给—制度认同"之间存在一个合作机制;在"制度认同—行动选择"之间存在一个心理机制;在"行动选择—组织再造"

之间存在一个反馈机制。不同院校在教学转型实践中所处的节点不同，面对的问题也不同。鉴于理论与实践相结合的需要，在对本研究的理论框架检思的过程中，有必要结合案例院校的教学转型实践经验和发展趋势，对前文建构的教学转型理论模型进行重构与完善（如图8—2—1所示）。由于前文对四大元素已作出较为系统的阐释，本部分重点仅就重构中的三大机制作出重点剖析。

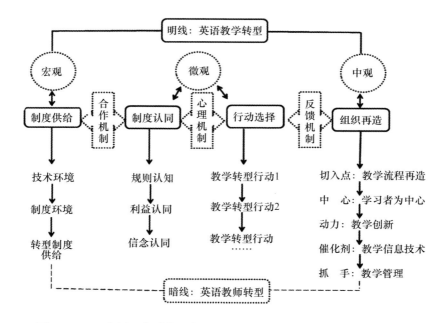

图8—2—1　应用型本科英语类专业教学转型的"四维立体"螺旋模型图

（一）合作机制

教学转型"制度供给—制度认同"的链接要受合作机制支配。之所以定性为合作，主要是因为无论是形式上的合作，还是实质上的合作，都涉及主客体之间能动与使动关系，合作的双方包括转型制度的制定者与执行者。在本研究中，即分别指学校或英语类专业院系组织教学转型制度的制定者和执行转型制度的教师。合作机制由合作合法机制与合作合理机制共同构成。

1. 合作合法机制

"合法性"（Legitimacy）通常被用来理解国家的统治类型[①]，或政治秩序[②]。按照萨奇曼（Suchman）的理解，合法性是行动合意性、正当性或适当性的设想，是社会价值规范、信仰体系的建构"罗盘"。他对合法性做出实用、规范和认知三种合法性变体形式的概括。[③] 教学转型制度的合法性机制是教学转型制度获得教职员工认同与支持、促进教学范式转换、教学质量提升的途径与基础。合作合法机制是制度外在发挥作用和内在强化激化的结果，是"那些诱使或迫使组织采纳具有合法性的组织结构和行为的观念力量"[④]。合作合法机制包含的三种子机制分别是强制趋同机制、社会规范趋同机制以及模仿趋同机制，[⑤] 如表8—2—1 所示。

表8—2—1　　　　　　　　合法机制类型的比较

项目	强制趋同机制	模仿趋同机制	社会规范趋同机制
主要形式	实用合法性	认知合法性	规范合法性
理论基础	组织分析的新制度主义	组织分析的新制度主义	组织分析的新制度主义
逻辑基础	适当性逻辑	适当性逻辑	适当性逻辑

（1）强制趋同机制

强制趋同机制源于组织所依赖的其他组织向其施加的正式或非正式的压力，这种压力可能被组织感知为要求其加入共谋的某种强制性力量、

---

① ［德］马克斯·韦伯：《新教伦理与资本主义精神》，阎克文译，上海人民出版社 2012年版，第 241 页。

② ［德］尤尔根·哈贝马斯：《合法性的危机》，刘北成、曹卫东译，上海人民出版社 2009年版，第 184 页。

③ 郭毅、可星、朱熹等：《管理学的批判力》，中国人民大学出版社 2006 年版，第 50 页。

④ ［美］保罗·J. 迪马吉奥、沃尔特·W. 鲍威尔：《关于"铁笼"的再思考：组织场域中的制度性同形与集体理性》，［美］沃尔特·W. 鲍威尔、保罗·J. 迪马吉奥：《组织分析的新制度主义》，姚伟译，上海人民出版社 2008 年版，第 74—76 页。

⑤ 该分类标准源自 DiMaggio 和 Powell 对制度趋同机制的划分。详见［美］保罗·迪马久、沃尔特·鲍威尔《铁的牢笼新探讨：组织领域的制度趋同性和集体理性》，张永宏《组织社会学的新制度主义学派》，上海人民出版社 2007 年版，第 28—33 页。

劝诱或者邀请。① 权威的法律法规、政策制度等是该强制性力量的主要来源，也是迫使组织采纳被认可的行为规范的主要依据。在应用型本科英语类专业的教学转型中，强制趋同表征为一种合法强制力，保障教师教学转型协作制度的建立，教师教学转型共同体协作关系的生成。在教学转型中，所谓的合作或配合很多时候都存在院系教学组织甚至是院校教学行政主管部门不同程度的强力介入。具体表现在，为响应国家转型政策号召，地方院校制定出各种名目繁多且极具权威强制力的规章制度或实施细则，用以规范约束教学转型活动。强制机制发挥作用是这种教学转型合作关系生成的先决条件，这种典型的转型行动，其合作质量与效益可想而知。

（2）社会规范趋同机制

专业化是社会规范趋同机制生成的原动力。规范要素源自专业化生成的两种路径：一方面，专业化有赖于权威论证的认知层上的合法化和正规教育；另一方面，有赖于人才网络的成长和完善。② 该机制对教学转型中"制度供给—制度认同"链接的作用体现为学校或英文学院组织对教师进行教学转型合法性专业规范的系列输出。在应用型教学转型中，院校与教师主要表现为单向专业化的规范过程。学校组织通过举办教师转型发展培训班、输送教师外出访学或到企业挂职等方式，为教师提供以教学转型理论知识为主要服务内容的专业化转型发展服务；与此同时，通过校企合作，产教融合，借助与企业联合建立的实践教学平台，为高校教师教学转型提供以应用实践知识为主要服务内容的专业化转型发展服务。两种专业化合作形式都是合法机制中规范趋同机制的外在表征，也共同丰富了其理论内涵。

（3）模仿趋同机制

当组织处于目标模糊不清和自相矛盾时，或组织环境中出现符号象

---

① ［美］保罗·J. 迪马吉奥、沃尔特·W. 鲍威尔：《关于"铁笼"的再思考：组织场域中的制度性同形与集体理性》，［美］沃尔特·W. 鲍威尔、保罗·J. 迪马吉奥：《组织分析的新制度主义》，姚伟译，上海人民出版社 2008 年版，第 72 页。

② ［美］保罗·J. 迪马吉奥、沃尔特·W. 鲍威尔：《关于"铁笼"的再思考：组织场域中的制度性同形与集体理性》，［美］沃尔特·W. 鲍威尔、保罗·J. 迪马吉奥：《组织分析的新制度主义》，姚伟译，上海人民出版社 2008 年版，第 76 页。

征方面不确定时，倾向于以其他看上去更为成功或更具合法性的类似组织为参照模型，来建立自己的制度结构①，模仿趋同机制由此生成。该机制对教学转型中"制度供给—制度认同"链接的作用体现为，学校或学院组织通过特征模仿、频率模仿或结果模仿机制实现与其他应用型院校的趋同，从而获取社会合法性。例如 F 学院在应用型转型中，转型制度的合法性是通过多倾向模仿具有应用型特征的组织制度而获得，L 大学应用型转型建设却模仿"双一流"学术研究型大学发展路径。这些学校对于所模仿的制度是否会产生适切性价值考虑不够充分。总之，模仿趋同机制主要体现出效率原则的要求。

2. 合作合理机制

针对合理机制，学者朱生营与王恒②提出合理机制的三种作用类型：成本——收益机制，权力——依赖机制以及结构——诱致均衡机制，并对三者进行较为深入的对比研究。本研究借鉴此三种机制对应用型本科英语类专业教学转型中的合作合理机制进行探讨。

（1）成本——收益机制

新制度主义经济学交易成本理论强调，理性选择源自效率的原始冲动，而交易成本直接决定企业效率③。成本——收益机制是组织理性的基本体现和核心诉求。虽然高校与企业存在诸多不同，但院校组织与教师在转型制度的推行与落实合作中，也都会将"成本——收益"因素考虑其中。首先，组织和组织及组织和教师在教学转型中的"交易"与企业经济交易显著不同，但绝不会不计成本、忽视收益。就高校应用型教学转型的制度供给来说，基本的成本包括教师转型发展培训、软硬件支撑成本等，如开发新教材、培训新教师、设计新教学方法、采取新评价方式、创设新教学环境。就转型教师个体而言，包括教学理念、范式、角

---

① ［美］保罗·J. 迪马吉奥、沃尔特·W. 鲍威尔：《关于"铁笼"的再思考：组织场域中的制度性同形与集体理性》，［美］沃尔特·W. 鲍威尔、保罗·J. 迪马吉奥：《组织分析的新制度主义》，姚伟译，上海人民出版社 2008 年版，第 74 页。

② 朱生营、王恒：《合法与合理：应用型大学校企合作的分析模型与行动逻辑——基于组织社会学的构建》，《现代教育管理》2016 年第 12 期，第 17—22 页。

③ ［美］奥利弗·伊顿·威廉姆森、斯科特·马斯滕：《交易成本经济学——经典名篇选读》，李自杰、蔡铭等译，上海人民出版社 2008 年版。

色转型成本和机会成本等一系列有形与无形的成本投入。如何解决上述一大笔成本投入就是一件头等大事。其次，是教学转型动机问题，即转型受益主体是谁？显然，教学转型对社会最有利，因为社会能够获得应用型英语人才。但社会可以通过市场机制获得比较合适的人才，并不直接依赖学校的供给，从而不会对学校转型产生压力。接下来是对学生有利，因为学生掌握了实用知识和能力就更容易就业，成为市场的抢手货，学校发展也可获得了良性发展的动力。第三个直接的利益相关方是学校，既然是学校，为什么学校在实践中反而动力不足呢？如果对于公办院校而言，学生的就业状况与学校投入、学校领导人升迁没有直接关系，教学转型动力不足，对于民办高校而言就是畏惧教学转型投资压力太大，而希望寻求一种低成本的模式，回避转型成本问题。换言之，民办高校对应用型教学转型有动力但无能力，公办高校则是无动力，混合所有制院校可能在能力与动力上均优于二者。

总之，成本——收益机制背后掩藏的是教学转型的动力和能力问题。据此，也就可以清楚地阐释为什么不同属性应用型本科院校的教师在转型合作成本问题上表现出不同程度的制度认同。所以，院校在提供转型制度供给时，应将学校组织与教师个体的合作成本与收益因素纳入转型合作的合理预期中，只有双方"共赢"才能提高制度供给的效率。

（2）权力——依赖机制

马克斯·韦伯认为，权力是组织存在的前提与基础。权力既是一种资源获取途径，也是一种资源分配规则。促成组织合作关系生成的主要动因往往来自对资源的依赖。根据杰弗里·菲佛（Jeffrey Pfeiffer）等的资源依赖理论[①]，组织存活必须借助外部环境所提供的关键（稀缺）资源，与外部环境产生相互依存关系，故而产生依赖。这里所谓的外部环境，既包括前文制度供给中谈的制度环境、技术环境，也包括对教学产生重要影响的经济、市场、政治环境等。

在应用型本科英语类专业教学转型中，院校或系部组织与教师均是各自优势资源的拥有者，对对方优势资源的羡慕感与需求欲促成双方合

---

① ［美］杰弗里·菲佛、杰勒尔德·R. 萨兰基克：《组织的外部控制：对组织资源依赖的分析》，上海东方出版社 2006 年版。

作依赖关系的生成。此依赖关系渗透于教育组织及其活动的方方面面。如高校依赖于教育行政部门、教师依赖于所在学校或院系组织的资源分配与权力运用。就应用型本科英语类专业教学转型这一主题而言，一旦获得行政权力对教学转型合法性的认同，对高校与教师双方而言，就意味着有机会获得优惠的扶持政策、优化的资源配置以及充足的经费保障等方方面面的转型资源与特权。只不过合作双方的地位因资源占有量的多少有所区别而已。

（3）结构——诱致均衡机制

结构——诱致均衡机制，顾名思义，是一种被"结构"诱致的理性"均衡"。

"行动者被看成向善或善良而不是功利最大化，但是在自我利益和动机上，行动者是根据嵌入在制度环境中的成本和收益作出选择的"[①]。在应用型本科英语类专业教学转型中，该机制体现为教师的转型合作是院校推行教学转型强制机制作用下的产物。转型制度的"结构"设计与"程序"设定都掌握在院系、学校、区域甚至是国家教育行政部门手中。教师个体对转型低认同，从很大程度上看是受结构——诱致均衡机制的影响。

（二）心理机制

基于教师转型个体心理的机制分析有助于更清晰地展现教学转型的"制度认同——转型行动选择"的互动生成关系。最早对个体认知心理、行为分析与制度关系进行系统论证的学者是新制度主义经济学家道格拉斯·诺斯。他在其早期著作《经济史上的结构与变迁》中率先引入学习机制概念和意识形态理论。诺斯提出，作为关于世界的一套信念以及个体认知心理的重要组成——意识形态是影响经济主体行为的外生变量[②]，是"使个人和集团行为范式合乎理性的智力成果"[③]，它来自人们的不同

---

①　倪志伟：《社会学新制度主义的来源》，何俊志、任军锋、朱德米：《新制度主义政治学译文精选》，天津人民出版社 2007 年版，第 138 页。

②　[美] 道格拉斯·C. 诺斯：《经济史中的结构与变迁》，陈郁等译，上海人民出版社 1994 年版，第 57—64 页。

③　[美] 道格拉斯·C. 诺斯：《经济史上的结构和变革》，厉以平译，商务印书馆 2009 年版，第 54 页。

经历，而不同的思维影响人们的观点和看法。①

　　诺斯在制度主义研究路向上虽然经历了从早期制度建构主义研究路向到后期"制度演化"的转变，但他在后来的《制度、制度变迁与经济绩效》一书中，对信念和制度的关系坚持深入论证："信念体系和制度框架有着密切联系。信念体系是人类行为的内在具体体现，制度是这种内在表现的外在显示。"② 诺斯早期和晚期新制度主义研究路向的分化最终在意识形态和信念对制度影响的论证中实现合流：意识形态是决定个人观念认同转化行为道德和伦理的信念体系。该体系能够对行动者个体行为施加强力约束。主要途径是通过向行动者提供一种世界观而促使行为决策更经济。再经过家庭、学校、社会的教化与传播，这种意识形态最终演化为价值认同而进入行动者行为的成本函数和收益函数之中，被纳入成本——收益计算考量中，进而影响行动者的选择行为。从某种意义上来说，这种意识形态或信念就是一种认同，作为一种心理机制对行动选择施加影响。

　　在应用型本科英语类专业教学转型中，参与教学转型的教师在对学校或学院教学转型政策的反复博弈中，持续调整自己的认同决策以寻求个体利益最大化。与此同时，也关注转型利益相关者在制度认同以及行动抉择时有可能遵循的制度规则特征。依据综合信息制定自身在各种情形下利益最大化的行动规则（转型行动策略）。参与教学转型的教师根据他们对转型规则的主观认知（利益认同或信念认同）形成自我的转型规则认同。当这些综合认知经不断再生并稳定下来之后，才最终作为参与者行动规则影响其行动抉择。但是转型制度认同也是一柄"双刃剑"。一方面，与现行具有高度合法性和合理性的转型制度供给保持一致并彰显出充足灵活性的制度认同，对教学转型行动抉择可以起到积极引导和促进作用；另一方面，落后于现行制度供给、过于关注私利考量的制度认同，则在压制转型政策合法性、阻挠转型行动展开和助长转型过程中

---

　　① 陈文申：《试论国家在制度创新过程中的基本功能——"诺斯悖论"的理论逻辑解析》，《北京大学学报》2000 年第 1 期，第 35—44 页。

　　② ［美］道格拉斯·C. 诺斯：《制度、制度变迁与经济绩效》，上海人民出版社 1994 年版，第 47 页。

"搭便车"行为等方面发挥着消极的负面作用。

（1）教学转型制度认同的心理本质解读

教学转型制度认同可以理解为教师在应用型教学转型过程中对转型制度产生的一种情感归属和意识认同。由于它是由多种心理因素如认知、情感、意向等混合组成的整体心理结构，是认可、接受、赞许现存制度系统的制度认知、制度情感和制度意向的高度统一。因此，对转型制度认同的心理本质分析必须从认知、情感、意向这三组互动的心理层面予以解读。

第一，立足认知层，教学转型制度认同是教师对教学系统亟待转型的制度印象与制度认知。认知是外界信息输入与内部机制加工转化从而获取和应用知识的过程。在教学转型中，教师通过采用感觉、知觉、思维、记忆等认知形式把握了教学转型的制度系统与个人利益的契合点，明确个体在转型系统中的权责关系，进而获得了认同转型系统必备的制度印象与知识。

第二，立足情感层，教学转型制度认同是教师对于教学转型系统的情绪感受。制度情感非常注重对于制度现实的主观感性体验。因此，能够达致情感层的制度认同在本质上即表明教师对于转型制度现实的、正面的主观体验。

第三，立足意向层，教学转型制度认同是教师对于教学转型系统支持、参与和拥护的心理准备和行动倾向。教学转型制度认同并不等同于转型行动本身，只是转型行动前的思想倾向，教师对自身能否作为转型活动的参与者、制度价值的追随者以及转型信念的实践者作出准确的角色定位，还需要经过成本——收益的博弈以及制度合理合法性的权衡，以此建立制度心理与转型行为的连接纽带。

（2）教学转型制度认同心理结构的静态解读

教学转型制度认同结构虽是静态的，但从本质来说它是生成制度认同的基础。教师对转型制度系统各种态度的制度心理的生成，是综合条件和因素作用教师精神世界与意识形态的结果。简而言之，教学转型制度认同的生成机制由三个结构因素组成，分别是利益诱致、制度规训和社会参照。

1）利益诱致

利益诱致是指制度系统对教师利益权力的维护与实现。它是生成制度认同的初始动力，能够激发制度情感、引导心理指向，对制度认同萌发、积累甚至转向发挥重要作用。要激发教师对教学转型制度产生高度的认同，制度本身能够满足教师的功利性需求只是其中的一个环节。若要认同更稳定、作用更持久，还需要制度认同更符合教师制度心理结构。

2）制度规训

福柯在其著作《规训与惩罚》中提出，人体作为权力的对象与目标，是"被操纵、被改造、被规训的。它服从，配合，变得灵巧、强壮"[①]。在应用型教学转型中，制度规训是指制度系统借助各种途径与手段控制、支配、形塑教师，从而使得教师的内在思想同外在行为符合学校制度秩序要求的权力运行形式。无论是通过对外在行为的硬性控制，还是对内在意识形态的柔性同化，都是制度规训的基本手段，控制着制度认同的生成。

3）社会参照

人是社会关系的产物。对于人心理结构的分析不能脱离其所在的社会情境。从众、模仿、暗示等心理效应为组织成员认同心理的形成搭建了基本的参照系。

①从众效应

从众，被勒庞（Gusetave LeBon）称为"群体精神统一性的心理规律"[②]，指的是身处群体中的个体在群体压力下采取与群体中大多数人一致的行为选择。就教学转型制度认同的生成而言，从众效应体现为一种教学转型的群体压力，在这种压力下，教师一致选择趋同化的转型倾向，生成积极参与、提升完善的转型态度。拒绝从众，与主流转型教师的制度认知、态度、意向背道而驰，就难以获得组织群体接纳。所以教师会自动调整，使自我制度认知心理与学校、学院系（部）组织保持一致，

---

① ［法］米歇尔·福柯：《规训与惩罚》，刘北成、杨远婴译，生活·读书·新知三联书店1999年版，第154页。

② ［法］古斯塔夫·勒庞：《乌合之众——大众心理研究》，冯克利译，中央编译出版社2005年版，第14页。

教师的组织归属感由此生成。

②模仿效应

模仿效应是促成制度认同生成的首因。模仿效应的生成是组织成员在榜样力量的影响下，通过观点学习和制度思维模仿，培育出与之高度同构化的制度意向的心理生发过程。模仿是极具感染力地生成制度认知、培养制度情感、锻造制度信念、促成行动转化的有效途径。通过"教化"和"感化"，促成制度认同的生成。如 L 大在应用型转型中难舍"双一流"卓越梦所经历的一系列辗转纠结，一味在外在形式上模仿应用型本科的特征与建制，而在内在实质上仍固守学术型的价值与操守。理念与实践二元背离，如此情形之下，教师对应用型教学转型制度的认同状况可想而知。

③暗示效应

暗示效应是指在教学转型中，文化传媒将非正式的教学观念、思想和信息传递给教学组织成员，但这种非正式的教学观念、思想和信息依然可以对组织成员发挥潜移默化的效应，影响教师的制度认知，暗示其生成对制度系统的肯定评价。如 F 学院，"二等公民"的身份地位使教职员工在激烈的市场竞争中始终保持高度的危机忧患意识。如今应用型教学转型所倡导的"英语＋专业＋创新创业技能"培养模式就是对 20 世纪 80 年代末实施的"英语＋专业＋现代化技能"模式的改造与延续。培养应用型高级英语人才，在该校作为一种有历史继承性和延续性的教学理念，对教师教学转型发挥着潜移默化的作用。在此基础上，教师对应用型教学转型制度更容易产生认同。

（3）教学转型制度认同机制运作的动态解读

经过利益诱致、制度规训、社会参照因素的共同作用，参与教学转型的教师对于转型制度供给的心理会历经服从、同化、信仰三个逐层递进的阶段。如此教师对教学转型制度系统就会从初始阶段的被动功利型服从转化为中级阶段的主动自觉型赞同，从而最终达致高级阶段的坚定自发型认同。

1）服从

制度认同的生成离不开服从基因效力的发挥。就应用型教学转型来说，服从是英语类专业教师在成本——收益机制作用下，以趋利避害为原则，以功利诉求为动机，为实现利益最大化、合理规避惩罚风险而对教学转型制度供给系统采取的表面化、形式化的遵从。无论是对教学转型规则的服从还是对制度权力的服从，身处其中的教师其言行"仅仅是限于在可能获得物质、金钱、被他人承认、赞扬等社会报酬下，也限于在避免批评、罚款、处分等精神与金钱的惩罚下"①，这反映出服从心理在自主自愿性上的缺乏。在或主动或被动的服从过程中，教师获得了对制度系统的直观认知与体验，对制度系统的接触与承认由此在心中萌发。

2）理解

教师在教学转型过程中，心理上先后历经利益诱导、制度规训、社会参照因素不间断的作用影响，这种动态的综合作用客观上使得教师在服从心理上对转型制度供给系统愈加强化，逐步生成了对转型制度意义的理解。理解意味着通过对转型制度知识的学习，逐渐知悉与领会教学转型制度供给系统对教学转型实践的支撑保障价值，为最终在深度情感层上的接纳与趋同奠定良好基础。理解有助于将服从阶段可能是被动、功利的制度情感转化为主动、自觉的认同，制度认同由此生成。

3）信仰

信仰是指组织成员对于组织系统所具有的信服或尊崇。制度认同是组织成员产生和坚持现存组织制度是最适宜制度的信仰。可见，要使制度认同在组织成员精神世界成为一种稳定的架构，必须要使得组织成员生成对于制度系统的正统性、正当性、合理性的坚定的制度信仰。② 利益诱导、制度规训与社会参照将组织成员对制度系统的情感层从接纳、认可升华到理性层的凝结、稳固。制度的知、情、信、意、行达到统一，制度认同最终生成。

（三）反馈机制

（1）强调教学反馈机制的必要性

组织对教学转型的反馈有助于让转型可见。反馈是由行动者（如教师、管理者、家长或学生等转型利益相关者）提供的有关教学转型表

---

① 时蓉华：《社会心理学》，上海人民出版社 2002 年版，第 199—200 页。
② 苏曦凌：《政治认同的生成机制分析——基于政治心理学的研究路径》，《学术论坛》2012 年第 2 期，第 39—42 页。

现或者理解的信息。凭借这种信息，参与教学转型的教师或组织可以确定、增加、改写、调整或者重组现有关于如何促进教学转型的信息，无论信息是专业知识、元认知知识、关于自我或者任务的信念还是认知的技术和策略。例如，教学管理者和教学专家能够提供纠正的信息，同伴可以提供替代策略。反馈是表现的"结果"。教学转型和反馈构成转型行动的连续体。当反馈与纠错指导相结合的时候，反馈与转型就真正交织在一起了，直到转型过程本身呈现出新的应用型教学范式，而不仅仅是告诉教师现有教学方式正确与否。要呈现这种转型目的，反馈需要提供有关转型任务或过程的明确信息，填补已知与应知的差距。这种差距可能通过多种不同的认知过程而得以缩小，包括为教师指明转型方向，提供理解特定教学转型信息的可选策略以及其他更多的转型辅助服务。

所以，只有学院作为中层组织，对教师的转型反馈或者至少向教师的反馈保持开放时，也就是学院了解来自教师的转型反馈，即对于教学转型，教师知道什么、理解什么、转型的重难点在哪、观念能否转型以及在什么时候应给予帮助。只有了解转型的问题，给予积极的反馈，此时转型才是有效的。只有建立反馈机制，才存在转型的调适机制，提高教学转型效果才真正具备了可能。这也是宏微融合的框架为何要向中观拓展的原因。

（2）教学转型反馈模型的构建

在应用型本科英语类专业教学转型中，不同院校在转型中提供了不同的制度供给，教师根据自身对转型的不同认知与成本——收益权衡，形成不同的制度认同，进而采取差异化的转型行动选择。教师转型行动与理想的教学转型效果之间显然存在一定的差距，二者间的鸿沟需要经过反馈机制的沟通并在教学组织再造环节的帮助下加以弥合。具体的反馈模型和运作机制如图8—2—2所示。

主要的反馈问题是"教学转型去往何处？"（转型目的/目标/转型成功标准），"教师教学转型怎样实现"（教师对教学转型实践自我评估）以及"转型下一步怎样改进？"（教学转型进展、现有进程与目标的差距在哪里？）。如果院系、教师都试图寻觅每一个问题的答案，理想的教学转型效果就会实现。这三个问题在四个转型水平（转型任务水平、过程水平、教师自我调节水平和教师自我水平）中的每一个层次上都应相辅相成，发挥综合作用。关于"教师教学转型怎样实现"的反馈有力地促进了执行下一步的任务或提出"转型下一步怎样改进？"和"教学转型去往何处？"正是缩短教师教学转型在哪和他们要去何处之间的距离，导致反馈机制产生作用。

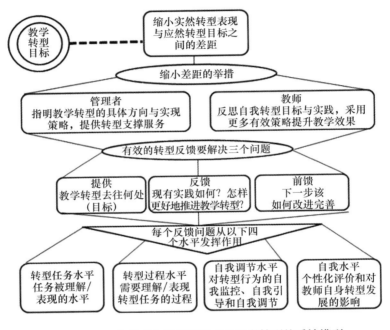

图8—2—2 应用型本科英语类专业教学转型的反馈模型

反馈并非教学转型去往何处的"答案"。相反，它只是众多答案中的一个强有力的回答。对于无效或低效的教学转型实践，院系组织及教师通过教学组织再造为教学转型拨正航向、诊断问题、调节改进。如果反馈是针对适当的水平，它就能够帮助教师理解、投入或者发展有效的转型策略去加工教学转型所需要的信息。要提高教学转型绩效，反馈必须是清晰的、有目的的、有意义的，要与教师原有教学知识相匹配，并能提供有逻辑性的联系。教学转型反馈能促进教师进行积极的教学信息加工，与具体、清晰的转型目标相关联，在原有教学范式与转型后教学范式间搭建桥梁，给教师带来在自我水平上的激励而非威胁。主要的分界线是教学转型反馈是否清楚地针对不同水平的转型任务、过程或者自我调节，而不是针对"自我"这个水平。这些条件强调转型制度环境氛围的重要性，因为良好的制度环境氛围能促进同侪评价与自我评价，并且允许从错误中学习。

因此，当反馈机制与组织再造环节相结合时，它就能有效地促进教学转型。这需要为一个包含教学转型线索的任务提供反馈干预，吸引组织与教师注意反馈与理想目标在教学转型任务水平上的差距。这是由于反馈是一种次生行为，反馈机制不能独立存在。在本研究中，反馈机制建立在组织再造基础之上，对整个教学转型的螺旋式上升发展发挥着重要保障作用。

第三节　策略与实践：教学转型的行动方略

一　教学转型制度供给如何给力？

要破解教学转型制度供给如何给力的难题，提升教学转型制度的制度供给力是前提。制度供给力是指制度供给的效率和效力。它是教学转型政策、制度在教师群体中是否具有合法性的重要风向标。在应用型本科英语类专业教学转型的过程中，提高教学转型制度供给力的举措包括以下五个方面。

其一，以需求为导向，使教学转型制度供需匹配。当前推进教学转型的一个主要原因就是教学供需关系不匹配。现阶段英语类专业教学的主要矛盾是市场日益增长的应用型英语人才需求同学校相对集中的学术型英语人才供给之间的矛盾。学术型英语人才供过于求，应用型英语人才供不应求。要找准供需匹配的平衡点，就需要坚持以需求为导向。当教学转型成为教学提质增效的必然手段时，院校组织转型制度供给在保障合法性时候，是否也应适时对教师对自身教学转型成本——收益的合理性表达关切？当院校、系（部）在强化教学转型制度供给效力之时，是否应予以转型强有力的软硬件支撑？在教学转型过程中，当院校、系（部）必须正视合理的制度需求时，是否真能给予积极回应？从本质上说，立良规求善治，核心仍在于能否准确把握组织及教师的教学转型需求。必须尊重教育教学规律，科学规划顶层制度设计，宏观着眼，中观着手，微观发力，形成为教师转型发展指引服务的长效机制。

其二，查漏补缺，使教学转型制度供给不留空白。通过调研，应用型本科英语类专业教学转型困难重重，积弊顽症久难祛除，必须要从管理上要效益，从机制上想办法，从建章立制上谋对策。第一，必须针对教学转型支撑不到位的死角漏洞和薄弱环节查漏补缺，出台具体的制度规定，力求在涉及教师利益、教学转型效益的制度供给上全覆盖。第二，在教学转型的实践中坚持"两手抓，两手硬"。一手抓教学转型实践，一手抓经验教训总结，把实践反馈及组织再造的改进措施以规章形式明确下来，把落实意见与方案以制度形式稳固下来，保障转型制度供给有力。

其三，强化升级，使教学转型制度供给与时俱进。随着教学转型实践的深入，教师对教学转型认知的深化以及各种转型机制作用的进一步发挥，转型在取得成绩的同时，也会出现新的问题，这需要制度供给与时俱进，强化升级。在教学转型的不同阶段以及螺旋上升的不同周期，都需要仔细梳理各项规章制度，对那些在教学转型中经检验成效显著、教师认同度高的制度，须重申坚持，抓好落实；对那些与教学转型发展新形势新任务相背离的制度，要及时废止，破旧立新。只有这样，适时而动，"升级换代"，制度供给力才能有效保障。

其四，坚守底线，使教学转型制度有令必行。"令在必信，法在必行"。许多应用型本科院校在教学转型规章制度的制定上堪称完美，但其实践成效却不尽如人意。主要原因有二：第一，有些教学转型制度缺乏刚性，沦为"稻草人"，"显规则"充当摆设，"潜规则"变为主角。突破制度"底线"无惩罚，触及制度"红线"无警示。这般"柔韧"的制度何谈约束力。第二，有些学校教学转型制度缺乏人性化，"死制度难为活人"，浇灭教师转型热情。对于院校组织和教师来说，制度面前人人平等，坚守制度概莫能外，执行制度人人有责。但前提是，教学转型制度供给能够刚性与人性兼具，立规与问责并举。从当前教学转型制度落实的实际要求来看，一方面，要强调转型配套制度的完善，更要严抓完善落实制度的制度，做到执行有主体、问责有对象，绷紧制度"高压线"，做到有令必行。另一方面，刚性化固然是制度权威的保障，但人性化才是制度扎根的土壤。教学转型制度的尺度、温度和落实态度决定了其执行效度，只有充满人性化的制度操作才能够赢得教师员工的长久认同与支持，才能赋予转型制度生命力、感染力和执行力。

其五，沟通协调，使教学转型制度供给多元完善。"制度好可以使坏人无法任意横行，制度不好可以使好人无法充分做好事，甚至会走向反面。"① 在教学转型中，需要就制度供给进行充分沟通协调，确保其多元完善，效力彰显。具体要处理好以下几组关系：第一，转型制度的执行度与可行性。转型制度要在"细、实、硬"上下功夫，牢牢把握执行度与可行性两个关节点，使转型制度从跃然纸上走向落到实处。反之，如案例院校中，L大存在为转型设置制度而设置制度的情况，转型新制度不好用，好用的制度用错地方，结果导致很多转型制度成为一纸空文，甚至是教师转型发展的新枷锁。第二，转型制度的激励与惩戒。转型制度须落到实处，建立全员参与、监督检查、赏罚分明的高效机制，将"撒胡椒面"式的奖励制度转型为"多劳多得、优绩优酬"的奖励制度，将"高高举板子，轻轻落下来"的惩戒制度转变为"抓落实过程、究不落实责任"的惩戒制度，将问责制追究到具体的个人，在转型制度执行上树立"转不转型不一样，转型制度执行好坏不一样"的正确导向，奖惩分明，相得益彰。第三，落实转型制度的强制与自觉。转型制度的"笼子"关不住心游其外的灵魂。在转型中，建章立制固然功不可没，但增强教师的制度认同，调动教师转型积极性也同样不可小觑。只有每一位教师从内心真正认同教学转型制度的价值，提高执行制度的自觉性，转型制度才会发挥应有的效力。

二 教学转型制度认同如何正向强化？

其一，激发教学转型原动力，满足转型教师的利益诉求及心理动机。利益诉求与心理动机是教学转型主体——教师心理机制产生作用的起点。利益诉求不同，心理动机各异，就会滋生千差万别的转型认知、情感、信念、认同，由此对教师教学转型行为的方式、内容和结果产生无法预期的影响。教师对转型制度认同与否以及认同的程度，都始于由需求诱发的动机。无需求即无行为，没有转型的心理欲求与希望，就不会产生

投身转型的动机和行为。由此可知，教师作为转型主体，其利益诉求、心理动机和对转型结果的心理预期是推动教学转型发展、制约转型进程、决断转型格局的原动力。教师对在教学转型中自我利益的满足度、岗位价值的实现度及心理欲求（职称晋升等）的达成度，既是其心理机制发挥作用的主要维度，也是标识其转型制度认同度的重要参数。教师在教学转型过程中，利益诉求及心理动机所得满足越多，对转型制度的认同程度就越高，转型信念就越坚定，也就更容易激发内部心理动机，积极主动地投身教学转型实践。

其二，把握教学转型继发力，深化转型教师的制度认知。教师对转型制度的认知开启了制度心理认同变化的第一步。教师的转型认知是指教师对教学转型行动和与之相关联的外部事物的认知。它由教师对转型制度的认知形式及认知过程两部分构成。认知是一种心理活动与过程，是生发认同的第一步。教学转型制度认知由对教学转型信息选择、信息加工、信息重组等环节组成。信息选择中提供转型动机，信息加工中形成转型态度，信息重组中获取方法，它们共同作用，促成转型制度认同的深化。教师对教学转型制度形成认同的依据主要来源于教学转型目标、转型措施、转型成效等一些直观、感性的转型信息，信息对制度认知、制度认同和转型行为都会产生重大影响，而在转型信息与教师转型主体的态度与行为之间，制度认知成为承上启下的关键环节。从本质上来说，对教学转型的制度认知为教学转型实践提供继发动力，为转型活动的顺利开展奠定更好的心理认知基础。

其三，锁定教学转型趋向力，激发教师教学转型的参与动机。教师对转型制度的心理认同对教学转型的作用集中表现在教师参与动机这一心理转化过程中。转型动机关涉转型行为的发端、方向、强度和持续性。教师参与转型的动机兼具选择性和目标性，诉求与目标是其基本构成。教学转型是为了构建以应用为导向、质高绩优、运转有效、协调有度的应用型教学体系。通过促进教师转型发展，打造一支高素质的"双师双能型"教师队伍，推进应用型本科转型发展。应用型教学转型目标与转型制度如果能真正为教师员工所意识、自觉选择并深刻认同，便有可能转化为强烈的参与动机，成为教师投身教学转型的驱动力。在教学转型中，构成教师制度认同的各种元素——意志、动机、信念——都会对转型进程与结果产生重大的影响与作用，其影响或消极或积极，其作用或促进或阻碍。类似意志与动机在冲突与磨合中化为一股合力，形成制度认同，影响着转型进程。可以说，教师的动机与认同趋向攸关教学转型的成败，构成教学转型的心理动力。

其四，明辨教学转型指示力，转变教师的转型参与态度。态度是教师对教学转型的一种综合心理反应，也是一种对教学转型的反馈机能。面对转型，教师基本持三种态度：或积极，或消极，或模棱两可。这三种态度对教学转型的反馈作用差别明显。积极态度作用综合，消极态度作用分离，模棱两可中和调节。要想鼓励教师对教学采取积极态度，必须明辨教师转型态度变化形成的基本规律和作用机制，锁定引发态度转变的各种关键因素。首先，充分利用认知和情感因素，唤醒教师转型发展的危机意识，激发教师转型斗志，内外互通，培养积极的转型态度。其次，把握动机和目标这些欲求因素的阶段性与层次性特征，在利益需求和正当欲望的满足上，不急功近利，不矫枉过正，自下而上，循序渐进。最后，注重经验积累，打破心理定势。态度既是过往经验的有序整合，又可能是未来实践动态的指征。教师转型实践的心理预期实现越多，经验积累越多，转型消极态度就会越少；教师转型实践的心理预期实现越少，转型偏见越多，心理定势越难打破。这对形成积极的转型制度认同非常不利。

三 教学转型行动选择如何理性高效？

推进教学转型是一项复杂系统的工程，关涉教学理念、教学体制、教学范式等全方位综合调整。教学转型诉求越强烈，涉及的利益主体就越多元，遭遇的行动阻力就越大。转型行动与制度认同高度相关。要使教学转型行动选择更理性、更高效，需在加深制度认同、发挥心理调节机制的前提下，采取不同行动策略。

其一，导航定向，明确教学转型路向何方。方向是行为的先导，理念是实践的先声。从院校和系部组织层面来说，应遵循教育教学规律，明确教学转型理念与方向，做好顶层设计，汇聚发展共识，凝聚转型多元主体力量。从教师个体来说，应以学生发展为"圆心"，以教学提质增效为"半径"，绘制出师生共同成长发展的"同心圆"。以社会适销对路的应用型英语人才培养为教学转型的出发点和落脚点，以学生乐意、家长满意、用人单位认可为最高标准，让全社会真切感受到应用型教学转型的成效与变化，共享应用型人力资源红利。案例院校的教师在教学转型过程中，行动选择各异，除了转型制度缺陷造成的低认同对教学转型的不利影响外，教师个体转型的心理发生机制、心理调节机制都尚未有效发挥作用。教师过于关注物质利益的考量和低层次需求的满足，内部转型发展动力尚未能有效调动，这些都与教师对转型制度低度的心理认知、信念认同以及自我发展预期有密切关系。但最根本的还是教师缺乏清晰的个人转型发展目标。只有教师树立切实可行的转型发展目标，并从认知到情感真正认同教学转型并非"要革教师的命"，而是促进教师自身转型发展，将个人发展目标与组织发展目标有效协同，构建"命运共同体"，促进转型制度从力争单纯的合法走向合法合理，制度认同从"面子工程"到"暖心工程"，转型行动才会有实效。

其二，绘就蓝图，规划教师职业生涯转型发展。教师职业生涯转型发展规划是指教师个体发展与学校（院）组织发展相结合，对决定教师个人职业生涯转型的主客观因素进行分析、总结和测定，确定个人转型发展的奋斗目标，并为此编制相应教学、学术发展和进修培训等行动计划，对各个步骤的时间、顺序和方向做出合理的安排。教师规划教学转型"路线图"的过程，就是一个从"我想做什么"到"我要做什么"的行动抉择过程。在清晰路线图的指引下，将转型发展的目标具体细化，分配日程，定下承诺，研究可行性和实施方案，设下完成的时限，及时展开转型行动，在持续稳定、有条不紊的规划下逐步体现转型的实效。在调研中发现，许多学校教师基本上都缺乏系统的职业转型发展规划。有些教师认为，转型是"上边"的事，学院有转型发展规划，底层教师跟着学院要求亦步亦趋即可。这样的行动选择放弃了自我发展的自由与权利，对组织发展、个人发展以及学生培养百害而无一利。值得庆幸的是，在部分转型成效较为显著的学院，教师虽也缺乏系统完备的职业转型发展规划，但已经具备了初步的意识，实践也具雏形。例如，教师努力根据英语类不同专业方向、不同年级、不同主讲领域、不同的学习需求制定多样化的教学规划。这些规划具体到教师转型后的角色定位和教学职责，并与学院组织转型发展相结合，明确教学转型的方式、内容、预期与实效。

其三，取舍有度，突出教学转型重难点。教师在教学转型中，须做好教学转型的"加减法"，坚持"有所为"和"有所不为"，集中解决教学转型中的重点与难点问题。第一，在教学转型的"加法"上，多参与教师转型发展项目，积极投身教学转型实践，不断提高教学理论素养。与时俱进，迎难而上，是时代发展的要求，也是事业转折的机遇。在某些地方应用型本科院校，因其所属区位社会竞争压力较大，教育发展水平较高，置身其中的教师在外部压力和内部动力的双重作用下，采取积极的教学转型战略，摆脱教学发展瓶颈，开启事业发展新空间。第二，在做教学转型的"减法"上，祛除畏难恐惧的心理，减轻思想困扰的负担，缓和不良抵触的情绪。在教学转型中，新旧教学观念、方向、范式、方法等矛盾激烈、冲突不断，弃旧从新、化茧成蝶，要承受代价之重。消极被动逃避，困难不减一分；积极直面应对，问题不增一毫。在院校（院系）宏观统筹下，重点推进教学理念、模式、方法和手段的转型，深入推进制度自上而下的供给与自下而上的协调，努力把制度变成规范、把规范变成认同、把认同变成习惯、把习惯变成行为准则，切实落实教学转型行动，确保教学转型瓶颈的突破。

四 教学转型组织再造如何提质增效？

提质增效是当前应用型本科英语类专业教学转型的重要战略任务。应始终把教学组织再造摆在转型发展的关键位置，以教学流程再造为切入点、以服务学习者为中心、以教学创新为动力、以教学信息技术提升为催化剂、以教学组织管理为抓手，在应用型教学转型中迈出坚实步伐，在教学各环节、全流程的组织再造中挥出有力的"组合拳"。

其一，再造流程，环节入手。抓教学流程再造，"解冻"低效教学行为模式，在分析、诊断和重新设计应用型教学环节中提质增效。以教学转型发展为目标，重新进行教学流程的设计，拆除在教学模式、课程体系、实践教学、教法革新、教师发展、教学质量监控与保障等环节间原有的围墙，构建新型的教学组织结构和范式。具体来说，就是将传统学术型英语教学模式转变为应用型教学模式，通过建立"够用"、"实用"、"适用"和"管用"的课程模块来打造以应用为导向、复合多元的课程体系；推进产教融合、校企合作，构建多维立体协同的实践教学体系；综合运用多种教学方法，鼓励在借鉴基础上的本土化创新；打造多元合作平台，鼓励教师进行职业转型发展规划，提升应用型英语教学的胜任力，以应用型英语教学转型为契机，打造"双师双能型"英语教师团队。

其二，以生为本、能力导向。教学转型以学生为中心，即以应用型英语专业学生的成长成才为核心，这既是英语类专业创新教学的核心理念，又是应用型英语教学转型的目标旨归。应用型英语教学转型的根本目标不是仅仅为了提高学生英语职业应用技能，而是着眼于英语语言能力和语用能力的综合培养与提升。由于"以生为本"理念具有动态发展性、对象指定性和条件满足性等特征①，在实现以生为本方面需要关注不同层面的需求。第一，在动态发展性上，"以生为本"的行动举措应当与应用型学校定位、发展规划和管理范式保持动态匹配；第二，在对象指定性上，根据当前转型发展时代大学生群体和个体心理特征以及身心发展需要，建构有利于应用型英语人才成长的教学模式；第三，在条件满足上，基于区域经济发展特色、院校软硬件基础支撑以及本校教学水平实际，在教学重点领域、关键环节有针对性地开展"以生为本"的教学转型实践，满足学生提升应用能力的需求，提高教学服务的质量与水平。在案例院校中，W 学院始终以学生的需求和发展作为教学转型的核心，坚持以生为本、以师立校，用美好愿景鼓舞人；因材施教，用创新精神引导人；陶冶情操，用高尚精神塑造人；精心服务，用真诚奉献感动人，确立了"以生为本"的教学转型体制与机制。②

其三，创新教学，强化应用。创新教学是应用型教学转型的基点。大学传统教学是一种理论知识传输型模式，最突出问题就是理论脱离实际，无法激发学生的学习兴趣。大学创新教学主张将学生从"知识接受者"转变为"知识探索者"。人才培养重心从"知识获得"变成"能力培养"。③应用能力成为教学成功与否的一个新的衡量指标。应用型英语

① 曹如军：《高等教育"以生为本"之辨》，《教育探索》2015 年第 9 期，第 18—20 页。

② 高晓杰、潘懋元：《人文万里，以生为本——试析浙江万里学院的办学理念》，《教育研究》2003 年第 11 期，第 26—29 页。

③ 王洪才、刘隽颖、解德渤：《大学创新教学：理念、特征与误区》，《中国大学教学》2016 年第 2 期，第 19—23 页。

教学转型以应用型创新人才培养为教学目标，以学生英语学习需求分析为基础，在校企合作、师生平等对话的教学模式和环境中体现创新教学的理念与价值。这与当前大学创新教学从"知识中心"向"能力中心"转移的核心目标以及超越传统的"教师中心主义"文化制约，还原"学生中心主义"的本色[①]特征不谋而合。从教学创新切入，应用型本科英语类专业教学转型需要关注以下方面：第一，树立与高等教育普及化阶段相适应的应用型教学理念与人才观念；第二，改变传统依照学科逻辑设计教学内容的方式为按照实践问题展开跨学科的综合设计，推进教学模式、方法、手段等教学相关元素的配套转型；第三，创新应用型教学管理新体系。应用型教学管理新体系是应用型教学转型顺利实现的根本保障。教学各个环节的质量评价与效益提升需要新型的参照标准和升级化的支撑服务，以此促进知识教学向能力教学转型。在案例院校中，W 学院英语类专业实施的研究型教学就是以创新教学推进应用型教学转型的范例。

其四，技术支撑，补齐短板。教学与现代信息技术联姻是信息社会条件下教学改革的必然要求。用现代信息化技术观念指导英语教学与研究，运用得当能够起到事半功倍的效果。当前，"互联网 + 教学"对应用型教学转型产生较大影响，英语类专业教学也应当积极回应信息化教学的时代诉求，围绕教学法、教学手段、教学媒介、教学信息传媒与技术等问题开展教学实践研究，包括运用微课、慕课、翻转课堂等现代信息化教学方式与手段，促进教学提质增效。具体来说，如利用人机交互式教学方式，可以激发学生的学习兴趣和学习主动性；利用以试听语言实验室为基础的联想式教学方法，能够有效辅助学生对语言知识的网状接受。在教学转型实践中，具体可以结合应用型人才培养需求，打破教学信息技术壁垒，加大教学信息化投入，补齐教学基础设施的短板，为实现应用型教学转型奠定坚实的技术手段支撑。

其五，管理转型，共治共享。应变行政式管理为引领式服务，在共建、共治、共享的教学组织格局中提质增效。在"以人为本"的理念框

---

① 王洪才：《大学创新教学：缘起·现状·趋向》，《四川师范大学学报》2017 年第 6 期，第 71—78 页。

架下，再造教学组织结构和系统。例如，在激励机制、教学设计等方面，通过改变教师的教学技能、价值观、教学态度，最终改变教师的教学行为。再造涉及重新制定合法、合情、合理、有效促进教师转型发展的人性化组织管理制度，既规范教师教学转型发展的行为，又切实维护教师切身正当的利益。在组织结构层面，应在应用型教学的组织设计等方面开发体验式教学培训项目；在组织氛围层面，就教师如何看待教学转型实践提供支持性的信息反馈。力求使教师认知到组织管理对转型的需求以及有待改进之处，增强教师对自我转型模式的意识，使他们更开放地接受教学转型的进程，将教学与管理的转型利益融为一体，在共建、共治、共享的教学组织格局中提质增效。

第九章

结论与展望

一望无际的地平线在眼前展开，向我们迎面扑来的是一种从未有过的强大和无助的感觉，一种狂喜、敬意和敬畏的感觉，一种迷失在时空之中的恍惚的感觉，一种深信某些极其重要和有价值的事情发生了的感觉。如此经历之后，即便在日常生活中，个体也能获得某种程度的转变和成长。①

——Abraham H. Maslow *The Oceanic Feeling*

英语教学改革是教育界的恒久话题，在前赴后继的教改计划捷报频传之时，其低效的改革结果依然困扰着教学发展。改革高歌猛进渐归平静之后，回首来程不难发现，改革一直未能深入学校内部，未能深入教师心中②，这是抑制教学转型效果的"阿喀琉斯之踵"。

为什么在"教师是改革成功的核心因素，没有教师全身心参与的改革注定走向失败"这个道理已成为共识的情况下，却无法落实到教学改革的具体行动中？因此，当本研究的焦点锁定在应用型本科英语类专业教学转型上时，是怀有如何通过调动教师参与转型的积极性来提升英语类专业教学转型的效果这一预设和期待的。

---

① Abraham H. Maslow, *The Oceanic Feeling*: *The Farther Reaches of Human Nature*, UK: Penguin Books, Limited, 1993, p. 381.

② Fullan, Michael and Hargreaves Andy, *What's Worth Fighting for in Your School? Working Together for Improvement*, Columbia: Teachers College Press, 1996.

本研究从三个方面破题，力图通过混合研究方法——量化研究和质性研究等多种研究方法的杂糅来发掘更强有力的证据，探索在当前应用型本科转型发展的背景下英语类专业教学的转型之路。前四章分别从综述、理论和量化维度对研究数据进行初步的分析与提炼。第五章到第七章为质性多案例对比研究，在此基础上，最后两章进行归纳、概括与推论，总结出应用型本科英语类专业教学更为一般性的转型意见。

一　研究结论

（一）应用型本科英语类专业教学转型的理论模型

基于上述研究，研究者提出了应用型本科英语类专业教学转型的"四维立体"动态螺旋模型。英语类专业教学转型实践遵循制度供给逻辑、制度认同逻辑、行动选择逻辑和组织再造逻辑，并在合法机制、心理机制和反馈机制三大机制共同作用下推动教学转型实践向纵深开展。

1. "四维立体"动态螺旋式教学转型理论模型的四因素逻辑

（1）教学转型的制度供给逻辑

对应用型本科英语类专业教学转型研究，不仅要在国家应用型转型的宏观背景下进行考察，还需要在辨识不同类型、不同属性院校组织的教学转型制度供给的前提下进行。在应用型英语教学转型的制度安排上，不同类型、不同属性的大学都会作出符合制度环境的合法性机制考虑，出台各种激励性的应用型教学转型制度。基于固有的行政体制，公办应用型本科在英语类专业教学转型制度的制度供给上，更多的是体现自上而下的供给主导型特征；混合所有制应用型本科基于体制和机制的优势，在教学转型的制度供给上更多的是体现出需求诱致型特征；民办应用型本科介于二者之间，发挥中间扩散性的作用。

（2）教学转型的制度认同逻辑

应用型本科英语类专业教师，在对所在院校应用型转型制度供给并生成转型行动之间，存在一个对转型制度产生认同的过程。不同属性院校的教师对转型制度的认同模式与转型选择偏好差异较大。在对格雷夫微观制度框架借鉴和适切性改造的基础上，本研究从转型规则认知、转型利益偏好和对转型制度的信念认同三个维度着手，将转型制度认同置于可操作的框架之下，由此得出以下发现：公办应用型本科英语类专业教师更倾向于选择符合学术逻辑的转型规则认知模式；混合所有制应用型本科英语类专业教师更倾向于选择符合应用逻辑的转型规则认知模式；公办应用型本科英语类专业教师更偏好从利益认同来看待教学转型制度；混合所有制应用型本科英语类专业教师更偏好从信念认同看待教学转型制度。民办应用型本科英语类专业教师对转型制度的规则认知模式与认同模式介于二种属性的院校之间。

（3）教学转型的行动选择逻辑

制约应用型本科英语类专业教师转型行动选择的两个主要因素，一是院校、学部组织对转型制度的扩散度与执行度；二是教师对转型制度的认同度。公办应用型本科对转型动力不足，重心偏移，奖惩力道不够，一定程度上影响了教师对转型的认同，因此英语类专业教师普遍难以产生积极主动的转型行动；民办本科院校对转型奖励机制弱而惩罚机制强，教师个体对转型的利益认同与信念认同形成分化，一部分教师偏好转型利益认同，基于利益刺激积极投身转型，一部分偏好信念认同，基于长远发展愿意进行教学转型，但一时又觉得无从下手，处于转型的矛盾状态中；混合所有制应用型本科在转型中奖惩机制都比较强，教师个体利益认同相对较弱，而信念认同较强，因此英语类专业教师普遍采取积极的转型行动。

（4）教学组织再造的逻辑

混合所有制院校基于体制和机制优势，保障给力，教学转型的制度供给、制度认同以及教师教学转型行动都处于较高的水平，其教学组织再造更多地体现为自觉自为的特点。在英语类专业应用型教学转型的过程中，从教学软件到教学硬件，从教学转型理念到教学转型实践都体现出以"效用、实用、应用和适用"为原则、以学生为中心的发展思路。许多公办应用型本科在办学定位上虽都定位为应用型，但为数不少的院校在办学实践中秉承的是一种越位、错位的发展理念，导致应用型教学制度设计缺位，对学术研究型大学英语教学体现出强烈的路径依赖，所以在向应用型教学转型的道路上，所面临的困难与挑战更为艰巨和复杂，尤其是教学转型相关的制度供给、政策体系与评价机制不到位，影响了教师对转型制度的认同，进而阻碍教师的教学转型行动，所以面对教学组织再造，教师不敢贸然而动。即使是制定出较为完善的教学转型规划，也更多地体现在设计层面，实践落实还是不到位。其教学组织再造虽然存在朦胧的无意识探索行动，但总体还是体现出"人为的协作"特征。民办应用型本科徘徊在体制之外，挣扎在激烈的市场竞争中，其教学组织再造介于上述两种属性的院校之间，体现出自主探索的特征。

（5）教学转型的逻辑链：应用祛魅——理性附魅——创新返魅

总结三所院校应用型本科英语类专业教学转型的变迁历程，不难发现，价值理性和工具理性在其中交替作用：在公办应用型本科，应用存在一定的魅化，转型的工具理性被张扬，价值理性受到抑制；在民办应用型本科，通过对转型的理性附魅，推动价值理性与工具理性融合；在混合所有制应用型本科，通过创新返魅，转型的工具理性被淡化，价值理性逐渐扩张。应用型本科英语类专业教学转型不能建立在应用魅化的基础上，走"运动式"转型道路，而应当在创新教学的理念引导下，建构多元化的转型发展路径。通过"理性附魅"，把转型中非理性的"迷魅"元素从应用型本科教学转型实践中祛除，继而用理性对教学转型的制度供给、制度认同、行动选择和组织再造体系实施重构，最终实现理性化教学转型。所以说，应用型本科英语类专业教学转型进程既是教学范式重构的过程，也是"理性附魅"的过程，必须对转型价值世界"祛魅"，祛除笼罩在理想主义之上的迷魅面纱，在创新基础上促成应用型教学创新返魅，最终完成从"运动型"向"创新型"转型的过渡。

2."四维立体"动态螺旋式教学转型理论模型的三机制作用

（1）合作机制：链接"制度供给——制度认同"

合作机制由合作合法机制和合作合理机制构成。权威性是合法性的标准，合目的性与合效率性是判断合法性的重要指标。应用型本科转型是一种自上而下不可逆转的改革潮流，置身其中的教师无论愿意与否，都或主动或被动地参与其中，形成一种形式上的合作关系。但合作的深浅与真假还都取决于行动者对教学转型制度的认同程度。组织供给的制度具备内外部双重合法性，且符合行动者对自身的利益诉求，就更容易获得行动者的认同，二者真实有效益的合作关系随之建立。反之，则是一种形式合作。在调研中发现，公办应用型本科英语类专业教师对教学转型制度认同度普遍不高，转型制度供给与制度认同之间的罅隙在行政与学术二元对立的格局中越拉越大。这或许是因为，院校组织在制定转型制度中，过于依赖强制趋同和规范趋同方式赋予转型制度的合法性。从许多教师的角度而言，身处公办体制内，旱涝保收，短期内教学转型的学习培训成本、摩擦成本、机会成本等累计可能比转型带给自己的实际收益更大。用一些老师自己的话来说：

> "公办院校一人一编，'一个萝卜一个坑'，自己外出学习培训一年半载的，回来位置被顶替了，不是'竹篮打水一场空'吗？别人能混过去，自己怎么不行？"（I－L－M－T－6）

持有这种观点的教师在调研中并不少见。这种观点背后掩盖的是教学转型制度供给的缺陷，并由此对制度认同等后续环节产生不良的连锁反应。教学组织与教师间真正的转型合作关系未能有效建立，成为制约公办应用型本科英语类专业教学转型的根源。

（2）心理机制：沟通"制度认同——行动选择"

教学转型制度认同是教师在应用型教学转型过程中对转型制度产生的一种情感归属和意识认同。沟通"制度认同——行动选择"链条需要从教学转型的认知、情感、信念、意向等心理环节入手。公办应用型本科由于转型制度供给存在缺陷，教师在制度认知中难以找到与自我利益最大化的最佳契合点，所以不良的制度认知无法激发教师对制度产生情感，制度信念与意向更是奢望。在权力——依赖机制作用下，制度认同分化模糊，转型行动总体消极。混合所有制院校依据其灵活的体制机制，在应用型转型过程中采用多元灵活化方式，给予转型制度以强大的凝聚力和包容力，在利益契合、规训发力和从众模仿的综合作用下，教师更容易对教学转型制度在知、情、信、意等心理结构上达到统一，更倾向于对教学转型制度表示理解，乐意服从，生成认同，并积极予以实践贯彻。民办应用型本科教师的转型心理则介于二者之间。

（3）反馈机制：协调"行动选择——组织再造"

即时（Immediacy）、切近（Closeness）地对教学转型做出效果回应和问题诊断是向教师表达正在关注并积极回应他们的转型努力。在教学转型实践中应用即时性的反馈表达一种转型理念，即教学组织通过运用某种暗示能够减小转型组织者与转型教师之间的感知距离，从而影响转型效果，尤其是影响教师的教学转型行为。这种即时性反馈既是对教师转型活动的督促，也是对他们投入度的一种认可。可以增加和提高教师对转型活动的热情或投入水平，甚至有时能够带来激发性的教学转型成果。而这种结果的出现需要借助教学组织再造来实现。在公办应用型本科英语类专业教学转型中，由于教学转型行动建立在较为低度的制度认同基础上，教师转型行动选择主要受成本——收益机制、权力——依赖机制和结构——诱致均衡机制约束，教学转型行动效率不明显，效果不容乐观。所以给予的教学反馈较为模糊，针对性不强，给教学组织再造设置了较多的障碍。在混合所有制应用型本科英语类专业的教学转型中，教师教学转型行动积极，教师对制度态度较为真实、可靠，在转型过程中沟通机制灵活，反馈渠道顺畅，反馈结果清晰、指示性强，对教学组织再造中问题的解决具有重要的参考价值。

（二）应用型本科英语类专业教学"二次转型"

1. 内涵与逻辑

（1）教学"二次转型"的内涵

第一，教学类型转型。教学类型是教学依循某些共有特征进行属性定位的一种方式。依据不同分类标准，高校教学可分为不同类型。例如按高校人才培养类型标准，高校教学可以分为学术型教学和应用型教学。但由于许多学校在发展过程中存在分类不清、定位不明的问题，在教学类型的选择上表现出对学术型教学的路径依赖，即使学校定位为应用型高校，在教学上依然照搬照抄学术研究型大学，造成教学模式、教学体系千篇一律，教学定位同质，而这种缺乏特色的教学培养模式与应用型院校的人才培养目标是背道而驰的。因此，应用型院校需重塑教学理念，走出传统教学类型分类的尴尬境地，时刻围绕应用型英语人才培养这一核心目标，走应用型教学之路，实现教学类型的转型。

第二，教学功能转型。组织理论认为，迅速变化的环境要求组织作出迅速的反应，包括从结构到功能的改变，以求得组织的生存与发展。应用型本科的办学定位与人才培养目标定位决定了其教学功能就是培养为地方社会和区域经济发展服务的应用型人才。而当前我国大多数应用型本科虽在定位上实现了转型，但教学功能尚未完全转型，虽然高举服务地方经济发展的大旗，但无服务的能力。造成这一问题的根本原因就在于教学功能与服务能力的错配。因此，应用型本科英语类专业教学的当务之急是加快教学功能的转型，由单一通用型英语人才培养向 EGP 与 ESP 培养并重转型，更加强调教学的应用型，提升学生服务区域经济发展的能力。

第三，教学模式转型。教学模式是教学理念、教学定位和教学目标的外在表征，也是影响人才培养质量的关键指标。当前受教学理念、条件及教师水平的制约，应用型本科英语类专业教学模式依然呈现出单一化、封闭式的特点，极大地影响了高质量应用型英语人才的培养。因此，应用型本科英语类专业教学模式的选择应紧扣应用型英语人才培养和服务区域经济社会发展这一目标，实现从学术型教学到应用型教学、从单纯的理论教学向理论与实践协同发展的教学模式转变。促进教学从"以我为中心"到"以他方为中心"的转变，推进产教融合、校企合作，使教学真正融入区域经济社会发展的服务中。

（2）教学"二次转型"的逻辑

1）供需均衡的市场逻辑

供需均衡是指市场商品供应量及其构成与市场上有货币支付能力的商品需求量及其构成之间保持平衡。但就当前劳动力市场来说，供需结构性失衡明显，供需错配已然成为中国转型发展的路障。这一问题的产生有两方面原因，一方面是不能满足市场需求的低端学术型英语人才供应过剩，另一方面是符合转型发展需求的应用型英语人才供应不足。所以，应用型本科英语类专业教学迫切需要在遵循"供需匹配"的市场逻辑视角下，探索出一条深化教学供给侧改革的有效路径，围绕应用型英语人才培养目标和服务区域发展的教学宗旨，加快教学二次转型的步伐。

2）资源依赖的行政逻辑

组织权力是资源依赖理论的焦点，也是组织策略选择、资源获取及对其他外生组织施加权力行为的根本出发点。应用型转型是经济社会转型发展对高校发展的时代诉求，但高校在转型发展实践中，大多陷入资源依赖型模式，具体体现在教学转型的力度、效度与院校资源的支撑度紧密相关，院校转型的动机与投入度与上级教育行政部门的优惠政策扶持、体制保障以及经费支持高度关联。这种功利性的转型动机不利于教学转型的可持续发展。所以，当前应用型本科的教学转型逻辑亟待从资源依赖的行政逻辑向需求与创新驱动的逻辑转型。这就要求应用型本科教学转型从过于关注外部资源的获得向聚焦内部教学结构和功能的优化转型。从教学理念、模式、方法、手段等方面的综合转型入手，促进教学质量的提升。

3）二维协同的教学逻辑

教学是教师凭借学科媒介促进学生成长发展的基础性教育实践。教学逻辑是教学主体针对教学内容和活动安排的构想，逻辑形成的前提是教师能够对教与学的本质关系产生深入认知。教学逻辑有表层逻辑和深层逻辑①之分。表层逻辑包括教学目标逻辑、学科逻辑与学生认知逻辑，共同构成教学的"骨架"；深层逻辑包括教学内容逻辑和教学活动逻辑，共同构成教学的"灵魂"。应用型教学转型的应然状态是要在教学目标、学科属性、学生认知结构的表层教学逻辑上发生趋向应用型的重大转向，在教学内容和教学活动的教学深层逻辑上突出应用的重要价值。若转型实践效果甚微，教学转型困难重重，这就与背离应用型教学逻辑有本质的关联。因此，应用型本科英语类专业教学转型实践应当在承认英语双重学科属性（人文性与工具性）的前提下，明晰应用型教学逻辑的运行过程，推进教学表层逻辑与深层逻辑的动态协同互动。

2. 矛盾与冲突

转型意味着痛苦蜕变、化茧成蝶。转型行动者理性思想的注入，促成转型演化成为一个理念重构、组织重塑和制度重建的过程。② 针对本研究主体——应用型本科英语类专业教学转型——依循同样的轨迹演进发展，教学转型过程矛盾交织，冲突不断。其一，教学转型的理论假设与实践发展依循迥异的逻辑；其二，传统英语教学的学术导向与转型实践中所践行的应用目标相互对立；其三，转型中英语语言知识与语用能力之间存在错位现象。总之，在现有应用型本科英语类专业教学转型过程中，理论与实践脱节，学术难以转化为应用，知识无法转化为能力。

---

① 董静、于海波：《教学逻辑的价值追求与二维结构的运演》，《中国教育学刊》2015年第8期，第24—29页。

② 王建华：《我们时代的大学转型》，教育科学出版社2012年版，第309页。

（1）理实脱节

当前，虽然应用型转型势如破竹，但真正具有专门指导意义的转型理论模型仍付之阙如，具体到应用型本科英语类专业教学转型，足够微观、细化的教学转型理论指导更是缺乏。无论是学术大家对高等教育研究要更加重视微观教学研究[1]的呼吁呐喊，还是各种"危机理论"的甚嚣尘上，大学应用型转型或应用型英语教学转型更多的还是停留在学术研究的层面，无法切实影响到大学改革或教学改革的实践。许多学校应用型英语教学转型仍然试图为"双一流"建设锦上添花，而丝毫没有改弦更张的危机感。由于系统的应用型英语教学转型理论付之阙如，或即使存在也与大学教学实践相脱节，这使得至今仍然无人能清楚地说出应用型英语教学究竟是什么样的，甚至应该是什么样的。这就仿佛是让枪手去瞄准一个根本不可能瞄准的目标去射击。教师唯一可以确定的可能就是英语类专业面临转型，必须要转型，至于要不要从 EGP 转到 EGP + ESP，或者再转向他方，转型后效如何则无法准确言明。

探究本源，现在教学转型发展面临一个技术障碍，即不知怎么样的教学才是适合应用型人才培养的，比如教学内容在实践教学中究竟应该占多大比重，现场教学应该占多大比重，教师除语言知识外还需要多少比较专门的知识，开始采取什么样的方式才能够考查出学生的应用实践能力强弱，这些既是理论问题也是实践问题。理论问题就在于能够明确其间的关系，实践问题就是告诉人们具体的操作措施。实践问题实际上就是一个技术问题，即如何做算合格。教学转型之所以迟迟难以推动，就在于这些技术难题没有解决，从根源上说，这些基本理论问题没有解决，实际上就是教学论问题和具体的学科教法问题没有解答。

（2）知能错位

当前在应用型本科英语类专业教学转型实践中，对知识与能力关系的处理，是从教学转型实践和英语语言教学理论两个视角切入，均存在两方面的问题。

首先，从教学转型实践切入，一个问题就是，作为教学转型直接执行

---

① 潘懋元：《高等教育研究要更加重视微观教学研究》，http：//www. hie. edu. cn/perspective_ 12580/20150805/t20150805_ 993239. shtml. 2015 − 08 − 05/2017 − 12 − 30。

者的教师对教学转型是否有足够的知识？另一个问题就是，相关教学转型的知识能不能助长转型能力的提升？解答这些问题必须基于一个正确的认知前提：认识论与实践论所遵循的演进逻辑是迥异的。如果任由教学转型按照教师唱"独角戏"的模式演进，放任教师仅掌控教学转型知识与话语或教学行政部门独控转型行动与能力的现实，造成双方无法形成有效沟通衔接与合作交流，那么最终无论是因教师缺乏对转型知识的管理而无法了解转型行动与能力提升的方法与细节，还是因转型管理者缺乏对教学知识细节的认知与理解，最终都会影响教学转型的成败。具体到不同属性的高校，由于其固化的体制，在知能错位问题的解决上都比较乏力。

其次，进入英语语言教学理论内部，应用型英语教学是不是要弱化英语语言知识的培养，重点要提高语用能力？语言知识、语言能力与语用能力在应用型英语教学体系中是何种关系？从语言学角度出发，语言知识与语用能力、语言能力与语用能力之间都存在极为复杂的关系，并不是通过学术型英语教学向应用型英语教学转型就能解决的问题。根据语言学家 Bachman 交际语言理论的定义，语言能力包括语言组织能力和语言运用能力。前者由语法能力和篇章能力组成，后者由施为能力和交际能力组成。而语用能力是指非母语者在不同情景中正确、得体地使用该语言进行交流的能力。具有语言能力并不自然具备应有的语用能力，拥有足够的语言知识更与语用能力具备与否无直接关联。这也就意味着在应用型英语教学转型中，知识与能力的关系并不是通过语言知识类课程的删减及实践教学类课程的增多就能简单平衡的。

（3）学用对立

在应用型本科英语类专业教学转型这个问题上，很难绝对清楚地表明：应用型本科英语类专业教学转型的目标就应当是应用型英语教学，而学术研究型大学的英语教学就应当是学术性的。这是因为外语专业具备人文性与工具性的双重属性。有学者指出，语言人文性与工具性的关系就如同"道"与"器"的关系。在教学中，过于注重其工具性，偏重语言知识与技能的掌握，只能解决当下的问题；而立足于其人文性，注重人文素养的提升，解决的是学生终身发展的问题。在外语教学中长期存在的学术与应用，复合与通识的非此即彼的争论，从本质上来说，是对语言专业双重属性的漠视。这就可以解释为什么许多外语专家坚称，以语言技能人才为目标的培养模式直接导致英语专业高端人才的需求与教学现状的落差，要改变这一现状，必须坚持英语专业的人文学科本位①，这种观点是一刀切的。

学以致用是学习的终极目标，对于学术研究型大学或是应用型大学来说，语言教学都兼具人文性与工具性，且二者存在相辅相成的统一关系。所以，理想的状态是在坚持英语人文性与工具性统一的前提下，根据院校属性与人才培养目标的差异，决定其英语教学更偏重人文还是更偏重应用，而不是坚持应用型教学与学术性教学二元对立。

3. 方向与目标

应用型本科英语类专业教学转型的方向是从学术型英语教学向应用型英语教学转型。从学术教学范式下过于聚焦知识的应试功能以及注重学术能力培养，转到应用教学范式下凸显教学的能力发展功能。促进知识教学向能力教学转化，教学的重点是从语言知识传输转向语用能力的培养。英语语言知识本身是载体，教师在授课时要帮助学生发展英语思维能力、问题解决能力和跨文化沟通能力，使学生有能力进行英语知识和能力的解构与重构，这才是教学转型的终极目标。

（1）教学转型的总体方向

应用型本科英语类专业教学转型的总体方向是从学术型英语教学向应用型英语教学转型。但学术型与应用型英语教学之间的关系并非泾渭分明。英语专业人文与工具双性兼容的属性决定了该专业教学应该是根据学校整体定位以及教学基础条件，在保持学术性教学与应用型教学二者兼容的基础上有所侧重。

（2）教学转型的具体方向

英国文化委员会（English 2000）的大型调查显示："将来的英语教学越来越多地与某一个方面的专业知识或某一个学科结合起来"②。随着中国加入世贸组织、"一带一路"政策实施以及中国制造走向世界，未来ESP教学会越来越成为英语教学的主流，为中国社会转型发展培养出更多

---

① 《坚持学科属性，培养高端人才》，http://learning.sohu.com/20131030/n389229556.shtml. 2013 – 10 – 30/2017 – 12 – 30。

② 刘润清：《介绍约翰·基夫斯主编的 Educational Handbook〈教育研究、方法与测量：国际手册〉》，《外语教学研究》1989 年第 4 期，第 53—63 页。

的既精通专业业务又具有较强英语能力的应用型英语人才。而且，英语的工具性和应用性特征会更加明显，学生英语学习会较之以往表现出更强的目的性和实用性。学生对 ESP 教学也会给予更多的期待。

结合应用型本科生源基础与教学软硬件实际条件，应用型本科英语类专业教学转型的具体方向是 EGP + ESP。EGP 教学强调学生理解英语的基本语言结构，包括词汇与语法，培养学生听、说、读、写、译五项基本技能。它贯穿应用型本科英语类专业教学前两年基础教学的全过程。ESP 教学建立在学生学习需求分析基础之上，具有明确的教学目标、教学内容和交际需要，以特定目标为导向[1]，尤其是教学内容涉及特定职业领域相关的专门化内容。EGP 教学目标是提升学生的"语言能力"，ESP 教学强调学生英语"交际能力"。例如，商务英语作为 ESP 的一个分支，主要是为了培养学生在商务环境下的英语应用能力。综上，ESP 教学属于语言学范畴，有着其代表学科所赋予的专业性，强调语言交际应用能力，充分反映学生学习需求（见图9—0—1）。

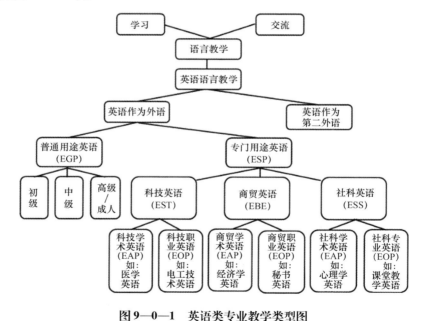

图 9—0—1 英语类专业教学类型图

---

① Robinson P. E., *ESP Today*: *A Practitioner's Guide*, New York & London: Prentice Hall International (UK) Ltd., 1991.

EGP + ESP 教学转型方向可以说是一个目标下的两个层次，二者相辅相成：EGP 是 ESP 的基础与前提，是基于应用型本科英语类专业学习者特征分析的基础之上进行的必要设计；ESP 是 EGP 发展到高级阶段的必然选择，具有内容的特殊性及服务于某特定行业的目的方向性。只有将传统英语类专业 EGP 教学转型到 EGP + ESP 的阶段，才能真正培养出支撑中国社会经济转型发展的复合应用型英语人才（见图 9—0—2）。

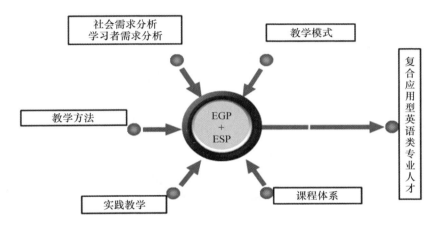

图 9—0—2　EGP + ESP 教学转型模式图

4. 路径与秩序

在应用型本科英语类专业教学转型过程中，虽然存在理实脱节、知能错位、学用对立的矛盾与冲突，但沿着现实转型的方向与逻辑，教学转型不会陷入无序与盲目，是可以理出清晰的路径与秩序的，对教学转型而言，路径与秩序相得益彰。"路径"勾画出教学转型的连续性与动态性；"秩序"凸显出教学转型的时序性与逻辑性。"人们期望转型是一种连续的过程，在这一过程中，实际上却充满了冲突。①"教学转型，归根结底是一种由教师转型、教学转型、院校转型、社会转型、国家转型等多种转型关系构成的蛛网，转型的失败有可能造成难以挽回的连锁反应。

---

① ［美］沃尔夫冈·查普夫：《现代化与社会转型》，陆宏成、陈黎译，社会科学文献出版社 1998 年版，第 130 页。

为此，必须厘清应用型本科英语类专业教学的转型路径与正常秩序。

（1）应用型本科英语类专业教学转型的路径

应用型本科英语类专业教学二次转型的总原则是，从外延式发展向内涵式发展转型，具体路径是从学术理性向学术与应用理性兼容基础上的有所侧重转型；从以学科知识为支点的认识论逻辑转向以需求为导向的实践性逻辑。

当下，英语类专门人才"大才难觅，小才济济"，无论是何种属性的应用型本科，在英语类专业的教学中都应当舍弃单靠数量增长和规模扩张的外延式发展，转型为以教与学质量稳步提升的内涵式发展。这是应用型本科英语类专业教学二次转型的总原则，也是积极响应习近平总书记在党的十九大报告中对"实现高等教育内涵式发展"的号召。在转型的具体路径上，其一，正视英语类专业人文性与工具性的双重属性，英语类专业教学需要从严格遵守学术理性的发展轨道转换到兼容应用理性与学术理性，并在此基础上依据具体情况有所侧重；其二，教育外部规律也要求应用型本科英语类专业教学从以旧有的纯粹学科知识为支点的认识论逻辑轨道转向以需求为导向的实践性逻辑轨道上来。

（2）应用型本科英语类专业教学转型的秩序

如前述可知，公办应用型本科英语类专业教学转型已经具有向 ESP 转型的意识，但在实践操作中仍主要以学术型英语教学为主，这类院校在转型的方向上，首先面临从学术型英语教学向应用型英语教学转型，完成第一次教学转型的任务；混合所有制应用型本科在转型实践中，基于学生的实际能力与学习需求分析，在教学转型过程中，应注重在夯实学生 EGP 的基础上，加强学生跨专业的 ESP 能力的培养。所以这类院校完成了从学术向应用、从 EGP 向 EGP + ESP 教学的"二次转型"。民办应用型本科介于二者之间，属于中间过渡型。

不可否认，对要进行应用型英语教学转型的院校来说，转型是个性化的冒险旅程，尽管这个旅程也有很多共性，但是由于院校、专业建设、教学软硬件支撑等具体情况千差万别，转型路径的选择富有个性。各个学校应循序渐转，而不能陷进"追求转型万能药陷阱"。虽然一些学者和转型政策的制定者知道这个世界是多变的，但仍时常陷入这种陷阱，即妄想只用一种方法去解决所有的问题——他们试图去寻找一种教学转型的"万能药"，结果只能是徒劳（见图9—0—3）。

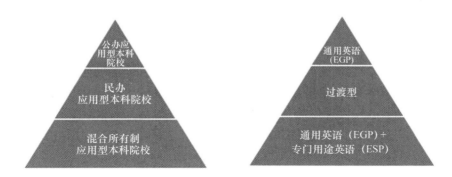

图9—0—3　应用型本科英语类专业教学转型秩序图

5. 时间与空间

"应用型是一个方向，是一条道路，向应用型转型也是一个过程，是一个不断革命、继续革命的过程。在向应用型转变的过程中，不可能是一步到位的。"① 所以应用型本科英语类专业教学转型也必然是一个跨越时间、时空的过程。跨时间性凸显了教学转型的历时特点；跨空间强调了教学转型不仅仅是某所大学的某项教学转型，而是应用型本科的"集团行动"。教学转型在时空上的特点决定了转型的长期性与复杂性。

（1）教学转型的跨时间性

跨时间性映射了教学转型应该是一个过程性行为，而绝非一蹴而就的即时性行为。在本研究的案例院校中，许多教师认为，教学本就是一个"黑箱"，转型后的教学究竟是什么样，也是一个个人建构的过程。应用型本科英语类专业教学转型充满异质性、混杂性与矛盾性。通过三所案例院校可以发现，教学转型的规章制度基本规划出了转型的应然图景，但在转型的实然操作中，基于效率第一的原则，许多教师因循传统的教学潜规则，在寻找转型"捷径"中无数次"证明在理论上永远无法成立

---

① 黄达人：《部分地方本科高校向应用型转变的思考》，http：//www.jyb.cn/high/sjts/201512/t20151215646671.html.2015－12－15/2017－12－31。

的东西在实践中却时常可以找到"①。从教育内外部关系规律来讲，应用型本科英语类专业教学转型一方面是为了回应外部（社会、政治、经济等）发展对应用型英语人才的需求，另一方面，教学转型也是基于应用型大学自身内在发展逻辑的使然。教育的外部规律对应用型本科英语类专业教学转型施加了一定的压力，但大学内在的逻辑才是其进行教学转型的根本理据。面对时间与实践的双重考验，应用型本科英语类专业教学转型不仅仅是要揭开"教学的黑箱"，更重要的意义是在教学组织再造的基础上，根据社会对应用型人才的需求对教学各元素进行必要的创新。

（2）教学转型的跨空间性

跨空间性强调教学转型涉及所有与教学相关的方方面面的转型，是整体而非局部，全面而非片面，是教学理论与实践、制度与组织、主体与客体角色等系统的转型，而不是某一所院校单独教学行为的转型。应用型本科英语类专业教学转型，既意味着所有应用型本科英语类专业教学都要实现从学术型英语教学向应用型英语教学的转型，同时也意味着与教学相关的方方面面都要进行系统的转型。本研究中，教学转型涉及转型制度供给、制度认同、行动选择和组织再造，也可以从制度、观念、技术、组织层面理解。在教学转型中，四者密不可分，真正成功的转型是四者整合共同转型的结果。但是受限于转型的跨时间性，转型实践中制度与观念错位、制度与技术错配、技术与观念冲突、制度与组织失调的现象时有发生（本研究的案例院校就佐证了这一问题）。这充分说明，应用型本科英语类专业教学转型具有跨空间的系统性与层次性。

总而言之，应用型本科英语类专业的教学转型需要在一定的跨时间、跨空间的背景下，灵活处理好教学的理想与现实、学术与应用、知识与能力的关系。牢固树立这样一种教学转型的观点：转型所追寻的"教学圣杯"，既非由干枯数字堆积（单纯考量绩效），亦非由浪漫理念铸造，而是由理性系统支撑。

---

① ［美］西蒙·马金森、马克·康西丹：《澳大利亚企业型大学的权力结构、管理模式与再创造方式》，周心红译，浙江大学出版社2007年版，第2页。

二 研究展望

在本研究进行的每一阶段，研究者都试图反复自问：研究聚焦了吗？现有研究做好了吗？还有什么欠缺与不足？从研究开始至论文成形，时隔三年，而作为应用型本科英语教师，研究者迷茫于转型路径的抉择已有十年。转型研究于研究者本人而言，既是一项任重道远的学术研究，也是一番平凡生活的成长挣扎。后续研究会随着研究者的转型实践在下述方面逐步深入。

（一）研究路径：细化架构设计

本研究从 ESP 的需求分析入手，借鉴新制度主义与组织研究的相关理论来阐释应用型本科英语类专业教学转型问题。属于经济学、社会学、组织学、语言学跨学科相关理论在高等教育领域的应用研究。本研究无意于要做西方依附理论的注脚，而是在借鉴其理论精髓的基础上，进行本土化的适切性改造，以达到创新超越的目标。当前应用型本科英语类专业教学转型站在新旧教学理念与教学范式交替的十字路口，西方的"制度——行动"分析框架难以穷尽其中的纠葛与复杂。加之中国传统教学文化的干预，作为转型主体的教师对转型制度的认同程度成为决定"制度——行动"间线性关系与非线性关系的关键变量。此外，教学转型跨时间性与跨空间性的特点，决定了转型的长期性与复杂性，转型行为需要经过一次次的反馈与矫正才能完成应用型教学转型的目标。所以在此过程中，离不开以应用为价值的教学组织再造。基于此，本研究提出"制度供给——制度认同——行动选择——组织再造"的应用型本科英语类专业教学转型框架。从研究架构深入细化的角度出发，本研究框架仍需更多样化的转型制度类型和更丰富的样本类型加以校验，以展现更细致的转型逻辑关系，探索出更为多元的转型发展路径。

（二）研究方向：探赜微观场域

本研究以教师转型作为切入点，试图通过对应用型本科英语类专业教师的转型制度认同、转型行动与教学组织再造之间的逻辑关系，从而在不同属性应用型本科英语类专业教学转型中找到教学转型的普遍规律。研究中发现，除共同规律外，基于院校历史、地域、特色等因素的不同，在教学转型中呈现出具有重要价值的校本特色。以校本研究为方向，可以在未来研究中进一步深化。此外，应用型教学转型的主要阵地在实践教学和产教融合。校企合作为应用型教学开辟了广阔的空间与实践场域，未来可以借鉴场域研究的相关理论探赜不同类型应用型本科英语类专业开展实践教学的特色与路径。

三　结语：尚在征程中

19 世纪末，雅各布·沃尔兹从凤凰城南部的迷魂山脚下爬出来，他满载金子的骡子步履蹒跚地前行。这一趟和往常一样，只有一点不同：这是最后一次。他于 1891 年病故，伴随他的是病榻下的一袋黄金。直至今日，各行各业的人仍然投身亚利桑那的茫茫沙漠去寻找那销声匿迹的"荷兰人金矿"① 和难以想象的财富——那正向他们招手的巨大财富。

这个故事在使人洞察人性的同时，也为英语类专业教师教学转型问题提供了一个思路框架。对于英语教师而言，也同样一直在寻找财富。这些财富不是加薪升迁（的确，这也是好事），更不是金矿。教师所寻找的财富是院校、学部、教研组以及自身对英语教学转型的融入。遗憾的是，对他们中的许多人而言，这笔财富就像"消失的荷兰人金矿"一样难以寻觅。他们多年来孜孜不倦地寻觅，也听说了许多满载而归的故事，但是他们个人的遭遇却令人失望。即使如此，那些致力于教学转型发展的教师们依然像亚利桑那的掘金人一样坚定不移。他们绝不放弃这一梦想，不会灰心，永远不懈地探寻着。② 应用型教学转型的确有困难，但这场转型成功的概率正在因各方努力而飞速增长。本研究承认无法给出解决问题的完美答案，但本研究的观点是基于与英语类专业教师、学生、用人单位及学校、学院管理者的访谈和调查而得出的。它反映了应用型本科英语类专业教学转型对于各利益相关者的吸引力是相同的，所以本研究能够很乐观地说，研究中所描述的是切实发生的，而不仅仅是理论。本研究的目的在于引导大家都关注正在进行中的英语类专业教学转型，

---

① 注：传说中荷兰人雅各布·沃尔兹带着很多袋金子出现在亚利桑那州的凤凰城，在酩酊大醉的时候无意中泄露他发现了最大金矿的秘密，当然他没有告诉任何人金矿的位置，但种种线索显示是在迷魂山，不过直到今天也没有人找到那个金矿。

② 〔美〕丹尼斯·格里纳：《寻找丢失的金矿》，〔美〕兰迪·斯通、普吕·库珀编：《教学不孤独》，陈峥、何倩译，华东师范大学出版社 2009 年版，第 50 页。

并希望能够促使教学转型制度整体变革，从而实现应用型英语人才的培养目标。

尼采曾说："人类是一根系在兽与超人间的软索——一根悬在深谷上的软索。往彼端去是危险的，停在半途是危险的，向后瞧望也是危险的，战栗或不前行都是危险的。人类之伟大处，正是它是一座桥而不是一个目的。人类之可爱处，正是它是一个过程与一段没落。我爱那些只知道为没落生活的人。因为他们是跨过桥者。我爱那些大轻蔑者，因为他们是大崇拜者，射向彼岸的渴望之箭。"[①] 描述走钢丝的表演者怎样把自己悬挂在半空中的情形，正是今天应用型本科英语类专业教师教学转型的写照——教师处于教学转型的前沿阵地，教学转型使教师正进行一种"危险的跨越"，以自己的方式创造一个应用型英语教学的新世界。接受挑战意味着教师将挑战最基本的传统学术型英语教学价值观。创造和开放要求教师必须接受挑战，走向边缘地带，超越极限。重建心灵，意味着教学应当由关联性和应用性而不是考试标准和应试而驱动。

希望经过论证，本研究所开启的这一扇门，能让您惊鸿一瞥到另一个世界。这是一扇能让英语类专业教学重焕生机之门，也是一扇能让师生重新找寻到自我价值之门。有些教师想紧闭山门，因为山门外的世界看起来太冒险、太具挑战，令人心生畏惧，恐难当此责；有些教师则可能审慎地对比观察一下门里门外的情况，做些许尝试；还有些教师会充满信心地认为，"这扇门就是为我而开的"。且从前述诸例中可明显感觉，它能真正地为应用型本科英语类专业教学转型开启一个新世界。

---

① Friedrich Nietzsche, Translated by Adrian Del Caro, *Thus Spoke Zarathustra*, New York: Cambridge University Press, 2006, p. 301. ［德］弗里德里希·尼采：《查拉斯图拉如是说》，尹溟译，中国文化艺术出版社，第266页。

应用型本科英语类专业教学
情况调查问卷

尊敬的老师：

您好！衷心感谢您在百忙之中垂阅本问卷！为全面了解我国应用型本科英语类专业教学现状，探究英语应用型教学转型新路径，特开展此次调研。

问卷采用匿名方式，所得数据仅供研究之用，不会给您带来不便，恳请您根据自身情况真实作答。感谢您的支持与贡献！

厦门大学研究生田野调查基金项目课题组

一、个人基本信息（请您在认为符合的选项前的"□"中打"√"）

1. 您的性别：□男　□女

2. 您的年龄：□ ≤30 岁　□ 31—40 岁　□ 41—45 岁　□ 46—50 岁　□ 51—60 岁　□ >61 岁

3. 您的教龄：□1 年以下　□1—5 年　□6—10 年　□11—20 年　□21—30 年　□31 年及以上

4. 您的专业技术职务：□正高级　□副高级　□中级　□初级　□无职称

5. 您的英语水平情况：（请在横线上选择级别和方向）：

□英语专业四级证书　□英语专业八级证书　□商务英语（初级　中级　高级_____）

□全国外语翻译证书考试（初级　中级　高级，口译　笔译_____）

□全国翻译专业资格（水平）证书（CATTI）（一级　二级　三级，口译　笔译_____）

□上海外语口译证书考试（中级　高级，_____）

6. 您的最高学历：□博士研究生　□硕士研究生　□大学本科　□大学专科及以下

7. 您目前任教的学校类型：□985 高校　□211 高校　□普通本科院校　□高职高专院校

8. 您所教授的英语类专业：□英语专业　□翻译专业　□商务英语专业

9. 您是：□该校毕业留校　□留校后到国内其他大学研修下一个学位

□国内其他大学毕业受聘于该校　□国外大学毕业回国任教　□其他（请注明）_____

10. 本学年您教授_____门课，所授课时的情况：

□公共基础课_____课时；□公共选修课_____课时；□专业基础课_____课时；

□专业必修课_____课时；□专业选修课_____课时；□实验实训课_____课时；□无任课

11. 近一两年来您的工作量（时间）分配比例大致为：

教学_____%；科研_____%；校内外服务及管理_____%；您每天大致工作_____小时

12. 任职以来，您参加过下列哪种形式的教师发展培训？［可多选］

□在职国内攻读学位　□校内短期培训　□国内短期培训　□国内访问学者

□国外攻读学位　□出国进修　□没有参加培训　□其他

13. 您认为影响英语类专业教师工作质量的重要因素有：［限选 3 项］

□个人工作态度与能力　□学校的科研和教学条件　□学校的管理方式与政策

□学术团队的建立与形成　□学校的组织文化氛围　□其他

_____（请填写）

14. 您认为目前英语类专业教师队伍建设中存在的主要问题是：（可多选）

□校领导不重视   □考核评价不合理   □学术权力没有得到彰显

□青年教师的培养重视不够   □教师应用能力不足   □教师专业素质急需提升

□教师团队意识不强   □教师经济收入和社会地位不高

□教师的职务聘任制度改革滞后   □其他_____（请填写）

二、您对贵院英语类专业课程体系整体情况的评价

题目	非常不符合	不符合	中立	符合	非常符合
1. 有助于复合型英语人才培养目标的实现	①	②	③	④	⑤
2. 有助于语言知识技能的掌握	①	②	③	④	⑤
3. 有助于专业情感旨趣的塑造	①	②	③	④	⑤
4. 有助于英语应用能力的培养	①	②	③	④	⑤
5. 有助于跨文化交际能力的培养	①	②	③	④	⑤
6. 能够体现本学科领域整体的继承性和发展性	①	②	③	④	⑤
7. 能够体现本学科知识结构的逻辑性和系统性	①	②	③	④	⑤
8. 能够体现对本学科知识的应用性和拓展性	①	②	③	④	⑤
9. 能够体现与相关学科的交叉性和综合性	①	②	③	④	⑤
10. 能够体现一级学科与二级学科课程组合的合理性	①	②	③	④	⑤
11. 能够凸显该校应用型人才培养的特色与价值	①	②	③	④	⑤
12. 能够与该校学科特色发展的定位以及区域经济发展的优势相契合	①	②	③	④	⑤
13. 根据应用型理念构建应用型教学体系	①	②	③	④	⑤
14. 组织社会资源共同开发应用型课程体系	①	②	③	④	⑤
15. 定期调整、充实和更新应用型课程体系	①	②	③	④	⑤
16. 能够促进学生实践能力提升和终身可持续发展	①	②	③	④	⑤
17. 能够提高学生对社会需求的满足和社会发展的适应	①	②	③	④	⑤
18. 能够满足学生选课的多样化和个性化需要	①	②	③	④	⑤

续表

题目	非常 不符合	不符合	中立	符合	非常 符合
19. 能够反映与学术研究型院校英语人才培养类型的差异性要求	①	②	③	④	⑤
20. 能够体现与学术性课程体系的合理区分度	①	②	③	④	⑤

三、您的英语类专业教学体验

题目	非常 不符合	不符合	中立	符合	非常 符合
1. 我具有较为扎实的英语专业知识与跨文化交际能力	①	②	③	④	⑤
2. 我较为系统地了解语言和语言交际能力的本质、特点和规律，能自觉运用语言学方面知识指导英语教学实践	①	②	③	④	⑤
3. 我在一定程度上熟悉最新的外语习得理论，对英语习得和英语教学的特殊性有清楚的认知	①	②	③	④	⑤
4. 我能够有效地进行应用型英语教学系统中的学习目标、学习者等要素的分析与设计	①	②	③	④	⑤
5. 我能够根据就业市场的信息反馈及时调整教学内容	①	②	③	④	⑤
6. 我掌握应用型英语教学系统设计的基本理论和基本方法，具备应用型英语教学组织与教学实践的能力	①	②	③	④	⑤
7. 我拥有自行设计、开发应用型英语教学资源，积极参与英语教学资源建设的意识与能力	①	②	③	④	⑤
8. 我具有一定的英语教学法知识，能够根据应用型的特殊教学目标与教学环境，灵活运用现代化的教学方法	①	②	③	④	⑤
9. 我能够熟练使用现代化教学系统支持英语教学与科研	①	②	③	④	⑤
10. 我能够为学生提供有针对性的课程学习咨询和指导	①	②	③	④	⑤
11. 我在教学中向学生重点强调语言知识的识记与语言文化的理解	①	②	③	④	⑤
12. 我在教学中向学生重点强调英语语用能力的养成	①	②	③	④	⑤

续表

题目	非常不符合	不符合	中立	符合	非常符合
13. 我注重培养学生的实践能力与动手能力	①	②	③	④	⑤
14. 我能够根据英语教学的实际需求，应用英语教学设计原理来开发适合于应用型本科的英语类专业教材	①	②	③	④	⑤
15. 我能够与企业技术人员合作，设计开发英语教学的校企合作课程	①	②	③	④	⑤
16. 我了解应用型英语教学评价的基本知识，掌握对教学过程、教学资源和教学效果的评价方法	①	②	③	④	⑤
17. 我能够采用多样化的教学考评方式全方位考评学生英语综合应用能力	①	②	③	④	⑤
18. 我能利用教学考评的反拨作用解决教学中的问题，完成教学中的信息评判、反馈、决策	①	②	③	④	⑤
19. 我能够根据学生评教的反馈信息，调整英语教学策略和方法，以提高教学效果，改进个人绩效	①	②	③	④	⑤
20. 在自我教学反思过程中，我能够对学生、同行等的评估结果进行客观总结，促进自身专业发展	①	②	③	④	⑤

四、本专业主要实践性教学环节及其教学模式调查

模块	主要实践性教学环节	从未	偶尔	有时	经常	总是
实验、实训模块	1. 军事训练	①	②	③	④	⑤
	2. 综合英语课程实训	①	②	③	④	⑤
	3. 课堂教学技能实训（英语教育工作坊）	①	②	③	④	⑤
	4. 翻译技能实训（翻译工作坊）	①	②	③	④	⑤
	5. 外贸流程实训（商务英语工作坊）	①	②	③	④	⑤
	6. 计算机及网络辅助英语学习	①	②	③	④	⑤
	7. 办公自动化	①	②	③	④	⑤

续表

模块	主要实践性教学环节	从未	偶尔	有时	经常	总是
见习、实习模块	1. 英语专业认知实习	①	②	③	④	⑤
	2. 专业考察	①	②	③	④	⑤
	3. 专业见习	①	②	③	④	⑤
	4. 专业研习	①	②	③	④	⑤
	5. 毕业实习	①	②	③	④	⑤
	6. 模拟实训	①	②	③	④	⑤
毕业或课程设计（论文）模块	1. 学术论文写作	①	②	③	④	⑤
	2. 毕业论文	①	②	③	④	⑤
第二课堂实践模块	1. 教育调研	①	②	③	④	⑤
	2. 创新创业实践	①	②	③	④	⑤
	3. 素质拓展	①	②	③	④	⑤
	4. 英语技能竞赛	①	②	③	④	⑤
实践性教学模块	1. 实战专家讲座	①	②	③	④	⑤
	2. 模拟实训	①	②	③	④	⑤
	3. 社会调研	①	②	③	④	⑤
	4. 寒暑期实践	①	②	③	④	⑤
	5. 公司企业实习	①	②	③	④	⑤
	6. 兼职	①	②	③	④	⑤

五、本专业教学方式和考核方式

教学方式	从未	偶尔	有时	经常	总是
1. 课堂讲授	①	②	③	④	⑤
2. 专题研讨	①	②	③	④	⑤
3. 案例教学	①	②	③	④	⑤
4. 现场教学	①	②	③	④	⑤
5. 小组合作学习	①	②	③	④	⑤

考核方式	从未	偶尔	有时	经常	总是
1. 闭卷考试	①	②	③	④	⑤
2. 开卷考试	①	②	③	④	⑤
3. 课程论文	①	②	③	④	⑤
4. 调研报告	①	②	③	④	⑤
5. 毕业论文	①	②	③	④	⑤

六、对于应用型本科英语类专业教师转型发展，您最想说的一句话是：

_____

　　问卷到此结束，再次感谢您的支持与合作！祝您生活愉快，工作顺利！

附录 2

应用型本科英语类专业学生
学习需求调查问卷

亲爱的同学：

　　您好！衷心感谢您参与此次调查。为全面了解您在英语类专业学习的需求与体验，推动我国应用型本科英语类专业教学转型发展，特开展此次调研。您所提供的资料异常珍贵，经验建议意义重大。热忱期待您能参与支持此次调研。

　　本问卷采用匿名方式，您的个人信息他人无从获悉。所填答案无好坏对错之分，所得数据仅供研究之用，不会给您带来不便，请您根据自身情况真实作答。感谢您的支持与贡献！

厦门大学研究生田野调查基金项目课题组

一、个人基本情况（请您在认为符合的选项前的"□"中打"√"）

1. 您的性别：　　□男　　□女

2. 您目前所在年级：□一年级　　□二年级　　□三年级　　□四年级

3. 您就读的英语类专业是：□英语专业　　□翻译专业　　□商务英语专业

4. 您选择本专业的动机是：□个人兴趣　　□亲友意愿　　□易于就业□方便出国　　□其他

5. 您对所学专业的课程设置、学习内容、所需技能和素质、所要考取的证书及就业方向等信息的了解程度是：

□十分了解　□一般了解　□不太了解　□完全不了解

6. 您对所学专业的满意程度：

□非常满意　□比较满意　□满意　□不太满意　□不满意

7. 影响您专业学习兴趣的最主要因素是：

□教师的教学方法与水平　□教学内容的实用性与相关性

□师生关系　□自己的学习成绩　□教学的多样化设计和丰富的课外活动

8. 您认为贵院当前的课程量：□多　　□偏多　　□适中　　□偏少
□很少

9. 您从专业课程中所学得的知识与技能的应用程度：□很高　　□一般　　□较低　　□从不

10. 您是否考虑过转专业？□是　　□否

11. 您是否辅修其他专业或攻读双学位？□是　　　□否

12. 您认为英语类专业学习最重要的目标是：

□掌握英语类专业知识　　□学习与英语类专业相关的职业技能

□培养跨文化交际能力　□接受全面系统的通识教育和语言基础教育

□其他（请注明）_____

13. 您认为提升英语类专业知识的延展性与实用性是否有必要：

□是　　　□否　　　□无所谓

14. 您认为在英语类专业教学中要求增加与行业相关的英语专业知识与技能是否有必要：

□是　　　□否　　　□无所谓

15. 您对英语类专业教学从通用英语向通用英语＋专门用途英语教学转型的态度是：

□（非常）欢迎　　　□无所谓　　　□反对

二、本专业培养对以下知识和能力的强调程度及对您个人的提升程度

总体描述	本专业培养对如下方面的强调程度				本专业培养对您自身在如下方面的提升程度			
	毫不强调	不太强调	一般强调	十分强调	完全没提升	没提升	有提升	提升非常大
1. 语言学、文学及相关英语类专业基础知识	①	②	③	④	①	②	③	④
2. 中国国情和英语国家社会文化常识	①	②	③	④	①	②	③	④
3. 外事、外贸、文化、教育、科技、旅游等与行业相关的方针政策、法规和国际惯例	①	②	③	④	①	②	③	④
4. 与产业相关的科技英语知识	①	②	③	④	①	②	③	④
5. 涉外业务专业理论知识	①	②	③	④	①	②	③	④
6. 跨学科的复合专业知识	①	②	③	④	①	②	③	④
7. 第二外国语基础知识	①	②	③	④	①	②	③	④
8. 英语语言基本技能（听、说、读、写、译）	①	②	③	④	①	②	③	④
9. 语言沟通交流能力	①	②	③	④	①	②	③	④
10. 与职业相关的语言实务操作及拓展能力	①	②	③	④	①	②	③	④
11. 多元文化间组织协作、灵活应变能力	①	②	③	④	①	②	③	④
12. 第二外国语实际应用能力	①	②	③	④	①	②	③	④
13. 外语自主学习能力	①	②	③	④	①	②	③	④
14. 现代信息技术能力	①	②	③	④	①	②	③	④
15. 团队协作能力	①	②	③	④	①	②	③	④
16. 批判反思能力	①	②	③	④	①	②	③	④
17. 创新创业能力	①	②	③	④	①	②	③	④

三、您对贵院英语类专业课程体系整体情况的评价

题目	非常不符合	不符合	中立	符合	非常符合
1. 有助于复合应用型英语人才培养目标的实现	①	②	③	④	⑤
2. 有助于语言知识技能的掌握	①	②	③	④	⑤
3. 有助于专业情感旨趣的塑造	①	②	③	④	⑤
4. 有助于英语应用能力的培养	①	②	③	④	⑤
5. 有助于跨文化交际能力的提升	①	②	③	④	⑤
6. 能够凸显该校应用型人才培养的特色与价值	①	②	③	④	⑤
7. 能够与该校学科特色发展的定位以及区域经济发展的优势相契合	①	②	③	④	⑤
8. 能根据应用型理念构建应用型教学体系	①	②	③	④	⑤
9. 能组织社会资源共同开发应用型课程体系	①	②	③	④	⑤
10. 能定期调整、充实和更新应用型课程体系	①	②	③	④	⑤
11. 能促进学生实践能力及终身可持续发展能力的提升	①	②	③	④	⑤
12. 能够提高学生对社会需求的满足和社会发展的适应	①	②	③	④	⑤
13. 能够满足学生选课的多样化和个性化需要	①	②	③	④	⑤
14. 能够反映与学术研究型院校英语人才培养类型的差异性要求	①	②	③	④	⑤
15. 能够体现与学术性课程体系的合理区分度	①	②	③	④	⑤

四、您英语类专业学习的体验

专业学习体验	极不符合	不符合	中立	符合	非常符合
1. 校院两级为学生提供良好的实践平台〔如实验（训）室、实践基地等〕	①	②	③	④	⑤
2. 通过利用校内外各种实践资源，有序推进实践教学展开	①	②	③	④	⑤
3. 院系定期安排学生去企业参观实习，让学生熟悉语言专业知识在实践中的操作运用情况	①	②	③	④	⑤

续表

专业学习体验	极不符合	不符合	中立	符合	非常符合
4. 院系能定期邀请企业专家开展学术讲座，方便师生追踪行业发展动态	①	②	③	④	⑤
5. 结合区域优势，为企业开设订单班，吸引企业参与到英语类专业人才培养的全过程中，对专业教学进行现场指导	①	②	③	④	⑤
6. 教师重视学生英语综合应用能力的培养，摒弃对记忆性或复述性语言文化知识的单纯传授	①	②	③	④	⑤
7. 教师能从英语类专业相关岗位的实际要求出发，与企业联合设计具有应用型特色的课程教学内容、教学模式和评价体系等	①	②	③	④	⑤
8. 教师能为学生提供实用可行的教材及教学资料	①	②	③	④	⑤
9. 教师重视理论教学与实践教学的有机融合	①	②	③	④	⑤
10. 教师采取多样化的课程考核方式，全方位评测学生的语言应用能力	①	②	③	④	⑤
11. 学生英语实践活动主要被局限在基础英语技能巩固、英美文化解读等方面，与未来职业岗位直接相关的实践性教学环节极其缺乏	①	②	③	④	⑤
12. 学生自身的学习需求及学业进展情况在教学中得不到应有的满足与关注	①	②	③	④	⑤
13. 学生渴望有更多机会使用英语，扩大专业实践领域	①	②	③	④	⑤
14. 课程考核的最终分数难以如实反映学生的专业能力水平	①	②	③	④	⑤
15. 专门用途英语教学应适时融入英语类专业教学体系当中	①	②	③	④	⑤

五、本专业主要实践性教学环节及教学模式

模块	主要实践性教学环节	从未	偶尔	有时	经常	总是
实验、实训模块	1. 军事训练	①	②	③	④	⑤
	2. 综合英语课程实训	①	②	③	④	⑤
	3. 课堂教学技能实训（英语教育工作坊）	①	②	③	④	⑤
	4. 翻译技能实训（翻译工作坊）	①	②	③	④	⑤
	5. 外贸流程实训（商务英语工作坊）	①	②	③	④	⑤
	6. 计算机及网络辅助英语学习	①	②	③	④	⑤
	7. 办公自动化	①	②	③	④	⑤
见习、实习模块	1. 英语专业认知实习	①	②	③	④	⑤
	2. 专业考察	①	②	③	④	⑤
	3. 专业见习	①	②	③	④	⑤
	4. 专业研习	①	②	③	④	⑤
	5. 毕业实习	①	②	③	④	⑤
	6. 模拟实训	①	②	③	④	⑤
毕业或课程设计（论文）模块	1. 学术论文写作	①	②	③	④	⑤
	2. 毕业论文	①	②	③	④	⑤
第二课堂实践模块	1. 教育调研	①	②	③	④	⑤
	2. 创新创业实践	①	②	③	④	⑤
	3. 素质拓展	①	②	③	④	⑤
	4. 英语技能竞赛	①	②	③	④	⑤
实践性教学模块	1. 实战专家讲座	①	②	③	④	⑤
	2. 模拟实训	①	②	③	④	⑤
	3. 社会调研	①	②	③	④	⑤
	4. 寒暑期实践	①	②	③	④	⑤
	5. 公司企业实习	①	②	③	④	⑤
	6. 兼职	①	②	③	④	⑤

六、本专业教学方式方法及考核方式

教学方式	从未	偶尔	有时	经常	总是
1. 课堂讲授	①	②	③	④	⑤
2. 专题研讨	①	②	③	④	⑤
3. 师生交际式互动研讨教学	①	②	③	④	⑤
4. 案例教学	①	②	③	④	⑤
5. 现场教学	①	②	③	④	⑤
6. 组织小组合作学习	①	②	③	④	⑤
7. 网络教学	①	②	③	④	⑤
8. 翻转课堂	①	②	③	④	⑤
9. 主讲教师与其他专业教师或企业教师共同授课	①	②	③	④	⑤
10. 学生在教师指导下进行研究性学习	①	②	③	④	⑤
考核方式	从未	偶尔	有时	经常	总是
1. 闭卷考试	①	②	③	④	⑤
2. 开卷考试	①	②	③	④	⑤
3. 课程论文	①	②	③	④	⑤
4. 调研报告	①	②	③	④	⑤
5. 毕业论文	①	②	③	④	⑤
6. 其他，如					

七、针对应用型本科英语类专业教学，您认为最需要提高和改善的是什么？

_____

问卷到此结束，再次感谢您的支持与合作！祝您学业进步！

参考文献

一　中文文献

（一）学术著作

蔡基刚：《应用语言学视角下的中国大学英语教学研究》，复旦大学出版社 2012 年版。

常俊跃：《英语专业基础阶段内容依托教学改革研究》，北京大学出版社 2015 年版。

陈海贝，魏晓斌，辛瑞青：《专门用途英语教学理论与实践研究》，中国书籍出版社 2015 年版。

陈先哲：《学术锦标赛下大学青年教师的制度认同与行动选择》，广州人民出版社 2017 年版。

陈向明：《质的研究方法与社会科学研究》，教育科学出版社 2000 年版。

陈心想：《第三只眼睛看教育——5 位海外华人学者的教育省察》，华东师范大学出版社 2014 年版。

党志峰：《激励与规约——大学诚信制度何以建立》，人民教育出版社 2016 年版。

窦坤、桑元峰：《大学英语教学的实践哲学》，光明日报出版社 2013 年版。

高等学校外语专业教学指导委员会英语组：《高等学校英语专业教学大纲》，外语教学与研究出版社 2000 年版。

郭旭新：《经济转型中的秩序》，社会科学文献出版社 2007 年版。

郭毅、可星、朱熹等：《管理学的批判力》，中国人民大学出版社 2006 年版。

国务院学位委员会第六届学科评议组：《学位授予和人才培养一级学科简介》，高等教育出版社 2013 年版。

韩高军：《划转院校组织转型：知识、政府、市场的作用》，中国社会科学出版社 2014 年版。

何俊志等：《新制度主义政治学译文精选》，天津人民出版社 2007 年版。

黄达人：《大学的根本》，商务印书馆 2005 年版。

梅绍祖、〔美〕詹姆斯·T. C. Teng：《流程再造：理论、方法和技术》，清华大学出版社 2004 年版。

雷斌、胡新颖、王涛：《现代英语教学的理论、实践与发展研究》，中国水利水电出版社 2015 年版。

李赋宁：《英语史》，商务印书馆 2005 年版。

李山：《英语语言教学改革与创新：互联网＋教育探讨》，光明日报出版社 2016 年版。

李宜江：《"青椒"的历史印痕：大学青年教师学术与生活的社会考察》，教育科学出版社 2016 年版。

李友梅、肖瑛、黄晓春：《社会认同：一种结构视野的分析》，上海人民出版社 2007 年版。

李泽彧：《高等学校转型：我国新建本科院校视角》，陕西师范大学出版社 2008 年版。

李政涛：《交互生成：教育理论与实践的转化之力》，华东师范大学出版社 2015 年版。

刘汉成：《地方本科院校转型发展的实践探索》，中国经济出版社 2015 年版。

刘焕阳：《地方高校应用型人才培养改革的探索与实践》，山东大学出版社 2012 年版。

鲁洁、冯建军、王建华等：《教育转型：理论、机制与建构》，教育科学出版社 2013 年版。

马克思、恩格斯：《马克思恩格斯全集》第一卷，人民出版社 1956 年版。

马克思、恩格斯：《马克思恩格斯全集》第二卷，人民出版社 1957 年版。

莫再树：《基于语言经济学的商务英语教育研究》，湖南大学出版社 2014 年版。

潘懋元：《应用型人才培养的理论与实践》，厦门大学出版社 2011 年版。

潘懋元：《做强地方本科院校的理论与实践研究》，高等教育出版社 2016 年版。

山鸣峰：《高校内涵建设研究：集约、协同与动力机制创新》，上海大学出版社 2017 年版。

石中英：《知识转型与教育改革》，教育科学出版社 2001 年版。

时蓉华：《社会心理学》，上海人民出版社 2002 年版。

束定芳：《外语教学改革：问题与对策》，上海外语教育出版社 2004 年版。

孙惠敏：《新建本科院校应用型人才培养的探索》，现代教育出版社 2012 年版。

孙耀君：《西方管理学名著提要》，江西人民出版社 2003 年版。

王弼注、楼宇烈校释，《老子道德经注校释》，中华书局 2008 年版。

汪丁丁：《跨学科教育文集》，东北财经大学出版社 2009 年版。

王建华：《我们时代的大学转型》，教育科学出版社 2012 年版。

王瑾：《ESP 视角下商务英语课程设计》，武汉大学出版社 2014 年版。

王秀珍、徐江：《外语教学理念与模式创新研究》，武汉大学出版社 2011 年版。

王旭东、许春燕：《本科应用型人才培养模式研究：理论与实践》，科学出版社 2014 年版。

王玉丰：《中国新建本科院校转型发展研究——基于自组织理论的分析范式》，教育科学出版社 2011 年版。

温景文：《新建本科高校应用型教育的研究与实践》，东北财经大学出版社 2014 年版。

吴明隆：《问卷统计分析实务——SPSS 操作与应用》，重庆出版社 2012 年版。

肖甦：《转型与提升：教师教育的改革与发展》，山东教育出版社 2015 年版。

许尔忠、吕朝、闫淳冰：《走向应用型：应用型大学建设理论探析》，武汉大学出版社 2015 年版。

许文胜：《大数据时代云端翻转课堂模式下的口译教学探索》，同济大学出版社 2016 年版。

阎凤桥：《大学组织与治理》，同心出版社 2006 年版。

杨小微：《转型与变革：中小学改革与发展的方法论》，湖北教育出版社
2004 年版。

姚旭、柳欣、刘俊贤：《新建本科院校转型发展中学科专业建设研究》，
中国金融出版社 2016 年版。

中国高等教育学会《中国高教研究》编辑部组：《中国高等教育启思录：
百所地方本科院校办学理念与特色研究》，北京理工大学出版社 2009
年版。

钟志贤：《大学教学模式革新：教学设计视域》，教育科学出版社 2008
年版。

周文娟：《大数据时代外语教育理念与方法的探索与发现》，上海交通大
学出版社 2014 年版。

周雪光：《组织社会学十讲》，社会科学文献出版社 2003 年版。

朱方来：《中德应用型人才培养模式的比较研究与实践》，清华大学出版
社 2014 年版。

卓越、张珉：《新制度经济学与政治学新制度主义的三个流派》，中国人
民大学出版社 2010 年版。

（二）译著

［英］阿尔文·古尔德纳：《新阶级与知识分子的未来》，杜维真、罗永
生、黄蕙瑜译，人民文学出版社 2001 年版。

［美］阿夫纳·格雷夫：《大裂变：中世纪贸易制度比较与西方兴起》，郑
江淮等译，中信出版社 2008 年版。

［美］阿兰·G. 格鲁奇：《比较经济制度》，徐节文、王连生、刘泽曾译，
中国社会科学出版社 1985 年版。

［印］艾扬格：《帕坦伽利瑜伽经之光》，王东旭、朱彩虹译，海南出版社
2016 年版。

［法］埃米尔·涂尔干：《教育思想的演进》，李康译，上海人民出版社
2003 年版。

［美］奥利弗·伊顿·威廉姆森、斯科特·马斯滕：《交易成本经济
学——经典名篇选读》，李自杰、蔡铭等译，上海人民出版社 2008

年版。

[美] 伯顿·克拉克：《大学的持续变革——创业型大学案例和新概念》，王承绪译，人民教育出版社 2008 年版。

[美] 丹尼尔·W. 布罗姆利：《经济利益与经济制度———公共政策的理论基础》，陈郁译，上海人民出版社 1996 年版。

[美] 丹尼尔·贝尔：《资本主义文化矛盾》，赵一凡译，生活·读书·新知·三联书店 1989 年版。

[美] 道格拉斯·C. 诺斯：《制度、制度变迁与经济绩效》，刘守英译，上海人民出版社 1994 年版。

[美] 道格拉斯·C. 诺斯：《经济史中的结构与变迁》，陈郁等译，上海人民出版社 1994 年版。

[美] 道格拉斯·C. 诺斯：《经济史上的结构和变革》，厉以平译，商务印书馆 2009 年版。

[美] F·J. 古德诺：《政治与行政》，王元译，华夏出版社 1987 年版。

[德] 弗里德里希·尼采：《查拉斯图拉如是说》，尹溟译，中国文化艺术出版社 2003 年版。

[法] 古斯塔夫·勒庞：《乌合之众——大众心理研究》，冯克利译，中央编译出版社 2005 年版。

[美] 杰弗里·菲佛、杰勒尔德·R. 萨兰基克：《组织的外部控制：对组织资源依赖的分析》，闫蕊译，上海东方出版社 2006 年版。

[美] 卡尔·罗杰斯、杰罗姆·弗雷伯格：《自由学习》，伍新春译，北京师范大学出版社 2006 年版。

[捷] 夸美纽斯：《大教学论》，傅敢任译，教育科学出版社 2014 年版。

[美] 拉塞尔·L. 阿克夫、丹尼尔·格林伯格：《翻转式学习——21 世纪学习的革命》，杨彩霞译，中国人民大学出版社 2015 年版。

[美] 路易士·宾斯托克：《信仰的力量》，曼狄诺、白雯婷译，吉林大学出版社 2011 年版。

[美] 罗伯特·麦克拉姆、罗伯特·麦克尼尔、威廉·克兰：《英语的故事》，欧阳昱译，百花文艺出版社 2005 年版。

[美] 罗素·富者著：《脱胎换骨——企业再造的经营之道》，君强译，当代世界出版社 2005 年版。

［英］马尔科姆·卢瑟福：《经济学中的制度》，陈建波、郭仲莉译，中国社会科学出版社 1999 年版。

［德］马克斯·韦伯：《新教伦理与资本主义精神》，阎克文译，上海人民出版社 2012 年版。

［美］迈克尔·哈默、詹姆斯·钱皮：《改革公司——企业革命的宣言书》，胡毓源、徐荻洲、周敦仁译，上海译文出版社 1998 年版。

［美］迈克尔·哈默、詹姆斯·钱皮：《企业再造》，王珊珊等译，上海译文出版社 2007 年版。

［美］迈克尔·哈默：《超越再造——世界快变下的企业竞争策略》，沈志彦译，上海译文出版社 2007 年版。

［法］米歇尔·福柯：《规训与惩罚》，刘北成、杨远婴译，生活·读书·新知三联书店 1999 年版。

［美］倪志伟：《经济学与社会学中的新制度主义》，斯梅尔瑟、斯维德伯格：《经济社会学手册》，罗教讲、张永宏译，华夏出版社 2008 年版。

［美］欧文·柯匹、卡尔·科恩：《逻辑学导论》，张建军、潘天群译，中国人民大学出版社 2007 年版。

［法］P. 布尔迪厄：《国家精英——名牌大学与群体精神》，杨亚平译，商务印书馆 2004 年版。

［比］热若尔·罗兰：《转型与经济学》，张帆、潘左红译，北京大学出版社 2006 年版。

［美］特伦斯·K. 霍普金斯、伊曼纽尔·沃勒斯坦：《转型时代：世界体系的发展轨迹：1945—2025》，吴英译，高等教育出版社 2002 年版。

［美］温德尔 L. 弗伦齐、小塞西尔·H. 贝尔、罗伯特·A. 扎瓦茨基：《组织发展与转型：有效的组织变革》，阎海峰、秦一琼等译，机械工业出版社 2006 年版。

［美］沃尔夫冈·查普夫：《现代化与社会转型》，陆宏成、陈黎译，社会科学文献出版社 1998 年版。

［美］沃尔特·W. 鲍威尔、保罗·J. 迪马吉奥：《组织分析的新制度主义》，姚伟译，上海人民出版社 2008 年版。

［美］西蒙·马金森、马克·康西丹：《澳大利亚企业型大学的权力结构、管理模式与再创造方式》，周心红译，浙江大学出版社 2007 年版。

［德］希尔伯特·迈尔：《课堂教学方法（理论篇）》，尤岚岚，余茜译，华东师范大学出版社 2011 年版。

［德］尤尔根·哈贝马斯：《合法性的危机》，刘北成、曹卫东译，上海人民出版社 2009 年版。

［美］W. 理查德·斯科特：《制度与组织——思想观念与物质利益》，姚伟、王芳译，中国人民大学出版社 2010 年版。

［美］约翰·L. 坎贝尔：《制度变迁与全球化》，姚伟译，上海人民出版社 2010 年版。

［美］约翰·W. 迈耶、布利安·罗恩：《制度化的组织：作为神话和仪式的正式结构》，沃尔特·W. 鲍威尔、保罗·J. 迪马吉奥主编《组织分析的新制度主义》，姚伟译，上海人民出版社 2008 年版。

（三）期刊与译刊

安静、崔民日：《新建本科院校转型发展的内涵与战略路径》，《教育评论》2015 年第 5 期。

蔡敬民、余国江：《从"新建本科"向"新型大学"转变》，《中国高等教育》2016 年第 12 期。

蔡袁强、戴海东、翁之秋：《地方本科院校办学面临的困惑与对策——以温州大学为研究对象》，《高等工程教育》2010 年第 1 期。

曹德春：《学科交融与商务英语专业内涵建设》，《郑州大学学报》2011 年第 3 期。

曹如军：《高等教育"以生为本"之辨》，《教育探索》2015 年第 9 期。

曹献玲、赵丹丹：《ESP 理论与应用型本科大学英语教学》，《科技创新导报》2011 年第 17 期。

曾健坤：《地方院校英语专业的危机症候反思及其转型发展》，《大学教育科学》2015 年第 7 期。

曾宪权：《地方本科院校计算机专业转型发展路径探索》，《教育理论与实践》2015 年第 9 期。

陈斌：《建设应用技术大学的逻辑与困境》，《中国高教研究》2014 年第 8 期。

陈昌芸、侯长林：《地方高校发展转型的涵义及出路——基于政策文本的分析》，《职教论坛》2016 年第 1 期。

陈锋：《关于部分普通本科高校转型发展的若干问题思考》，《中国高等教育》2014 年第 12 期。

陈家刚：《全球化时代的新制度主义》，《马克思主义与现实》2003 年第 6 期。

陈建国：《威斯康星思想与我国地方高校转型发展》，《高等教育研究》2014 年第 12 期。

陈杰、徐吉洪：《地方高水平大学：概念沿演与内涵指谓》，《中国高等教育》2016 年第 8 期。

陈厥祥：《民办国有：开辟中国大学年第三态——兼谈万里学院的改革探索》，《中国高等教育》2009 年第 2 期。

陈厥祥：《万里模式：高等学校"国有""民办"的全新组合》，《黑龙江高教研究》2004 年第 5 期。

陈文杰、周克元、杨劲松：《以后现代理念解读大学英语课程模式的转型》，《华南农业大学学报》2009 年第 5 期。

陈文申：《试论国家在制度创新过程中的基本功能——"诺斯悖论"的理论逻辑解析》，《北京大学学报》2000 年第 1 期。

陈新民、王一涛：《新建本科院校的重要发展趋向》，《教育发展研究》2011 年第 17 期。

陈新民：《地方本科高校转型：分歧与共识》，《教育发展研究》2015 年第 7 期。

陈新民：《新建本科院校转型研究》，《教育发展研究》2009 年第 1 期。

陈拥贤：《地方本科高校转型发展的制约因素与对策分析》，《职教论坛》2015 年第 1 期。

陈永斌：《地方本科院校转型发展之困境与策略》，《中国高教研究》2014 年第 11 期。

楚旋：《基于行动理论的地方本科高校转型行为分析》，《当代教育科学》2016 年第 21 期。

崔勇：《打造特色专业集群助力新建地方本科院校转型发展》，《中国高等教育》2015 年第 6 期。

代礼胜：《转型时期地方师范院校英语专业改革的途径》，《教育与职业》2016 年第 5 期。

董立平：《地方高校转型发展与建设应用技术大学》，《教育研究》2014年第8期。

董云川，邓凡：《转与不转——地方本科院校的新抉择》，《高教发展与评估》2015年第12期。

方征：《西方学校组织再造理论研究述评》，《浙江教育学院学报》2007年第3期。

冯振强：《地方普通本科高校思想政治教育专业实践教学体制的设计思路》，《学校党建与思想教育》2014年第12期。

付大安：《地方本科院校EGP教师向ESP教师转型的研究》，《外语与外语教学》2016年第3期。

高晓杰、潘懋元：《人文万里，以生为本——试析浙江万里学院的办学理念》，《教育研究》2003年第11期。

高治东：《转型时期大学英语教学研究模式的转变与建构》，《宁夏大学学报》2009年第5期。

龚震伟：《应用型本科应重视创新型培养》，《江南论坛》1998年第3期。

古言：《以学术转型推动教学转型——中国古代文学"转型"问题座谈会纪要》，《河北师范大学学报》1994年第2期。

谷正气：《深度转型：地方本科高校发展的现实选择》，《教育与职业》2015年第2期。

郭莉、骆郁廷：《中国特色社会主义制度认同的本质》，《马克思主义研究》2015年第11期。

何光耀、黄家庆：《论地方新建本科院校的转型发展》，《广西社会科学》2014年第10期。

侯爱荣：《应用型本科专业设置的内在逻辑与机制建构》，《当代教育科学》2016年第6期。

侯长林、罗静、叶丹：《应用型大学视域下新建本科院校办学定位选择》，《教育研究》2015年第4期。

胡天佑：《技术本科教育理念的逻辑与拓新》，《职教论坛》2014年第19期。

胡天佑：《建设"应用型大学"的逻辑与问题》，《中国高教研究》2013年第5期。

《教育与职业》课题组：《地方本科院校转型的建设框架与实施保障》，《教育与职业》2016 年第 1 期。

江小明、张妙年：《应用型大学有关概念和内涵问题的研究》，《北京教育》2007 年第 3 期。

姜志军、李睿思：《论地方经济产业结构与高校专业群建设现状》，《继续教育研究》2015 年第 2 期。

解德渤：《科研观转变：应用技术大学发展的关键》，《高校教育管理》2014 年第 11 期。

孔德永：《和谐社会构建中的制度认同分析》，《求实》2008 年第 5 期。

蓝仁哲：《高校外语专业的学科属性与培养目标——关于外语专业改革与建设的思考》，《中国外语》2009 年第 11 期。

李安萍、陈若愚、胡秀英：《表象与本质——新建本科院校转型发展的另一种思考》，《教育探索》2016 年第 11 期。

李红卫：《我国新建本科高校转型发展研究综述》，《教育与职业》2016 年第 8 期。

李克军、陈君：《新建本科院校转型发展论略》，《国家教育行政学院学报》2015 年第 1 期。

李胜利：《学术研究的三重境界——评〈学术锦标赛制下大学青年教师的制度认同与行动选择〉》，《大学教育科学》2018 年第 4 期。

李文辉：《应用型本科院校金融英语教学 ESP 实证研究》，《山东社会科学》2014 年第 1 期。

李秀萍：《课堂教学文化》，《天津师范大学学报》2004 年第 4 期。

李咏梅：《中国还需要什么类型的大学？——对地方本科院校转型发展的再思考》，《国家行政学院学报》2015 年第 6 期。

李振涛：《高校法学案例教学法的理论和实践探索》，《黑龙江教育》2008 年第 1 期。

廖巧云、王鲁男、陈汝平：《英语专业"一体两翼"建设路径探索——以四川外国语大学为例》，《中国外语》2014 年第 10 期。

刘法公：《论商务英语专业培养目标核心任务的实现》，《中国外语》2015 年第 1 期。

刘凤义：《新制度主义经济学、老制度经济学与马克思经济学之比较》，

《社会科学家》2010 年第 1 期。

刘刚、李佳、梁晗：《"互联网 +"时代高校教学创新的思考与对策》，《中国高教研究》2017 年第 2 期。

刘焕阳、韩延伦：《地方本科高校应用型人才培养定位及其体系建设》，《教育研究》2012 年第 12 期。

刘明初、彭香萍：《新升格本科院校学科专业建设的问题及对策》，《职教论坛》2015 年第 26 期。

刘润清：《介绍约翰·基夫斯主编的 Educational Handbook〈教育研究、方法与测量：国际手册〉》，《外语教学研究》1989 年第 4 期。

刘献君：《建设教学服务型大学——兼论高等学校分类》，《教育研究》2007 年第 7 期。

刘彦军：《应用技术类型高校的类属关系分析》，《职教论坛》2015 年第 20 期。

刘宇陆、袁翔、张金福：《地方本科院校主动融入现代职业教育体系的实践与创新——以上海应用技术学院为例》，《中国高教研究》2015 年第 5 期。

刘振天：《地方本科院校转型发展与高等教育认识论及方法论诉求》，《中国高等教育》2014 年第 6 期。

柳友荣：《中国"新大学"：概念、延承与发展》，《教育研究》2012 年第 1 期。

鲁武霞、张炳生：《地方应用型本科人才培养应向高职本科转型》，《江苏高教》2012 年第 3 期。

吕秋君、郭树东、路晓鸽：《应用型本科学科专业与地方企业契合探析》，《黑龙江高教研究》2015 年第 2 期。

马君、刘婷：《重赏之下必有勇夫？研发人员的工作价值需求与激励错位对创造力的抑制》，《管理评论》2015 年第 7 期。

马庆栋：《应用技术型人才的内涵与地方高校转型发展》，《职教论坛》2015 年第 4 期。

牟延林：《思考应用技术大学的中国价值》，《中国高教研究》2015 年第 6 期。

潘懋元、邬大光、高新发：《浙江万里学院——一种第三部门高等学校的范例》,《高等教育研究》2002 年第 4 期。

潘懋元:《什么是应用型本科?》,《高教探索》2010 年第 1 期。

潘懋元:《我看应用型本科定位问题》,《教育发展研究》2007 年第 7 期。

潘昱州、彭荔、雍敦全:《新建本科院校"转型"的误读与矫正》,《教育与职业》2015 年第 20 期。

彭青龙:《论〈英语类专业本科教学质量国家标准〉的特点及其学校标准的关系》,《外语教学与研究》2016 年第 1 期。

齐绍、平薛丹:《大学身份论》,《现代大学教育》2015 年第 2 期。

潜睿睿、徐定华:《结合行业发展实际 积极构建交叉学科群》,《中国高等教育》2014 年第 12 期。

曲殿彬、赵玉石:《地方本科高校转型发展的问题与应对》,《中国高等教育》2014 年第 12 期。

曲卫国:《国家标准能让英语学科走出困境吗? ——谈谈英语专业改革与英语学科建设的关系》,《外国语》2016 年第 5 期。

阙明坤、张韦韦:《应用技术大学:地方高校"升级版"?》《教育与职业》2014 年第 3 期。

冉隆锋:《论应用型大学的内涵及特征》,《职业技术教育》2015 年第 23 期。

任良耀:《关于应用型本科英语专业改革发展路径的思考》,《中国大学教学》2016 年第 6 期。

沈忠华:《地方高校应用型人才培养的探索与实践——以电子商务专业为例》,《中国大学教学》2015 年第 11 期。

石火学、林素川、钟春玲:《福建省本科专业结构优化和调整机制研究》,《教育评论》2016 年第 4 期。

束定芳:《英语专业改革与发展的再思考》,《东北师大学报》2016 年第 3 期。

苏曦凌:《政治认同的生成机制分析——基于政治心理学的研究路径》,《学术论坛》2012 年第 2 期。

苏志刚、周军、尹辉:《应用型高校转型与发展:本质、动力与路径》,《高等工程教育研究》2016 年第 6 期。

苏志霞、张广兴、苗萌:《基于需求的高校人力资源管理专业教学生命流程再造》,《河北师范大学学报》2008 年第 4 期。

孙善学:《高校转型的语境整合与路径选择》,《中国职业技术教育》2016 年第 18 期。

孙泽文、刘文帆:《地方本科院校向应用技术大学转型研究》,《教育发展研究》2009 年第 1 期。

唐卫民、彭万英:《大众化背景下我国地方高等院校的专业转型》,《辽宁教育研究》2008 年第 4 期。

田慧、陈杰、王卓君:《我国体育院校英语专业课程设置及其 ESP 课程特征研究》,《北京体育大学学报》2016 年第 10 期。

汪大喹:《关于地方高校转型发展的思考——基于中外应用技术型大学比较研究的视角》,《教育探索》2015 年第 7 期。

汪明义:《对地方本科院校转型发展的思考》,《中国高等教育》2014 年第 8 期。

王爱菊:《教学冲突:促成教学转型的契机》,《河北师范大学学报》2010 年第 12 期。

王富伟:《个案研究的意义与限度——基于知识的增长》,《社会学研究》2012 年第 5 期。

王洪才、刘隽颖、解德渤:《大学创新教学:理念、特征与误区》,《中国大学教学》2016 年第 2 期。

王洪才:《"双一流"建设与传统路径依赖超越》,《高校教育管理》2017 年第 6 期。

王洪才:《大学创新教学:缘起·现状·趋向》,《四川师范大学学报》2017 年第 6 期。

王洪才:《新建本科院校:转型发展还是跨越发展——兼评顾永安等著〈新建本科院校转型发展论〉》,《黑龙江高教研究》2013 年第 3 期。

王敬媛:《对现阶段英语专业教学法改革的几点思考》,《中国成人教育》2015 年第 9 期。

王立非、叶兴国、严明、彭青龙、许德金:《商务英语专业本科教学质量国家标准要点解读》,《外语教学与研究》2015 年第 2 期。

王立平、彭霓:《地方本科高校转型发展的动力源泉及实现路径》,《黑龙江高教研究》2016 年第 3 期。

王星、李放：《制度中的历史——制度变迁再思》，《经济社会体制比较》2011 年第 2 期。

王者鹤：《新建地方本科院校转型发展的困境与对策研究——基于高等教育治理现代化的视角》，《中国高教研究》2015 年第 4 期。

王正胜：《从英语专业到英语类专业——2013 年全国高校英语专业教学改革与发展学术研讨会综述高校社科动态》，《高校社科动态》2014 年第 1 期。

王志蔚：《论地方本科高校专业转型的实质》，《当代教育科学》2016 年第 17 期。

邬大光：《中国民办高等教育发展状况分析（下）——兼论民办高等教育政策》，《教育发展研究》2001 年第 6 期。

吴仁华：《论应用技术大学专业建设的基本特征》，《高等工程教育研究》2016 年第 4 期。

夏建国、易丽：《打造现代化工程应用型特色大学》，《中国高等教育》2016 年第 13 期。

夏建国、周太军：《中国制造 2025 和应用型大学发展》，《中国高等教育》2015 年第 9 期。

夏建国：《技术应用型本科办学定位思考》，《高等工程教育》2006 年第 6 期。

肖行：《"中国制造 2025" 背景下应用型本科 "二次转型" 探析》，《河北师范大学学报》2016 年第 1 期。

徐立清、钱国英、马建荣：《地方本科院校转型发展中的专业综合改革探索与实践》，《中国高教研究》2014 年第 12 期。

徐维爽、张庭发：《多维视角下的地方本科高校转型发展探析》，《常州工学院学报》2015 年第 10 期。

闫广芬、张磊：《高校专业结构地区治理需跨越 "低水平发展陷阱" ——基于专业设置与经济结构的耦合分析》，《教育发展研究》2016 年第 12 期。

闫引堂：《新制度主义的发展：领域拓展还是理论深化？——评迈尔和罗万主编的〈教育中的新制度主义〉》，《北京大学教育评论》2010 年第 2 期。

阎凤桥：《教育私有化改进的演进逻辑》，《中国人民大学教育学刊》2011 年第 2 期。

颜炳乾：《高校转型发展：职教与高教的共同战略切入点》，《职业技术教育》2014 年第 31 期。

颜红菲：《论应用型本科商务英语专业职业化教学模式之建构》，《教育与职业》2014 年第 10 期。

杨东铭：《壁垒突破与协同创新：应用型高等教育转型升级之路》，《职业技术教育》2013 年第 6 期。

杨瑞龙、杨其静：《阶梯式的渐进制度变迁模型——再论地方政府在我国制度变迁中的作用》，《经济研究》2000 年第 3 期。

杨瑞龙：《我国制度变迁方式转换的三阶段论——兼论地方政府的制度创新行为》，《经济研究》1998 年第 1 期。

杨永飞、赵晓珂：《推进应用技术大学建设 服务地方经济社会发展——关于地方高校转型发展的若干思考》，《中国成人教育》2015 年第 3 期。

姚荣：《中国本科高校转型如何走向制度化——基于组织分析的新制度主义视角》，《教育发展研究》2015 年第 3 期。

叶丹、罗静、侯长林：《利用区域资源推进专业建设转型》，《中国高等教育》2014 年第 18 期。

原一川、原源、徐红梅：《世界英语视阈下高校英语专业改革新途径——以西部地方高校为例》，《学术探索》2015 年第 9 期。

张弛：《转型时期高师院校学科建设策略研究》，《清华大学教育研究》2006 年第 2 期。

张大良：《把握"学校主体、地方主责"工作定位 积极引导部分地方本科高校转型发展》，《中国高等教育》2015 年第 10 期。

张大良：《对焦需求 聚焦服务 变焦应用 把新建本科院校办成新型本科院校》，《中国大学教育》2016 年第 11 期。

张堂云、朱良华：《广西新建本科院校专业结构现状考察及优化》，《教育评论》2016 年第 7 期。

张晓飞：《从组织再造看组织模式的变迁》，《管理前沿》2003 年第 1 期。

张兄武、许庆豫：《关于地方本科院校转型发展的思考》，《中国高教研究》2014 年第 10 期。

张应强、蒋华林：《关于地方本科高校转型发展若干问题的思考》，《现代大学教育》2014 年第 10 期。

张应强：《从政府与大学的关系看地方本科高校转型发展》，《江苏高教》2014 年第 5 期。

张志杰：《地方本科高校转型期英语教师职业发展的制约因素探析——以通化师范学院为例》，《中国成人教育》2015 年第 8 期。

赵娜：《应用型大学英语教师转型发展》，《教育与职业》2015 年第 8 期。

赵新亮、张彦通：《地方本科高校向应用技术大学转型的动力机制与战略》，《高校教育管理》2015 年第 2 期。

赵哲、董新伟、李漫红：《地方本科高校转型发展的三种倾向及其规避》，《教育发展研究》2015 年第 7 期。

郑洁：《21 世纪课堂教学文化的转型：从模仿范式走向变革范式》，《教育探索》2003 年第 6 期。

郑文换：《制度、行动与行动流——新制度主义与结构化理论》，《中央民族大学学报》2015 年第 2 期。

钟秉林、王新凤：《我国地方普通本科院校转型发展实践路径探析》，《高等教育研究》2016 年第 10 期。

仲伟合、赵军峰：《翻译本科专业教学质量国家标准要点解读》，《外语教学与研究》2015 年第 2 期。

周光礼、武建鑫：《什么是学术评价的全球标准——基于四个全球大学排行榜的实证分析》，《中国高教研究》2016 年第 4 期。

周伟、王秀芳：《安徽高等教育学科专业结构与产业结构变迁的适应性研究》，《科技管理研究》2016 年第 16 期。

周雪光、艾云：《多重逻辑下的制度变迁：一个分析框架》，《中国社会科学》2010 年第 4 期。

朱富强：《制度研究范式的逻辑基础：对象界分和分析思维》，《公共行政评论》2011 年第 4 期。

朱科蓉：《从学术型向应用型转变的专业改革策略》，《现代教育管理》2010 年第 9 期。

朱生营、王恒：《合法与合理：应用型大学校企合作的分析模型与行动逻辑——基于组织社会学的构建》，《现代教育管理》2016 年第 12 期。

詹姆斯·马奇、约翰·奥尔森:《新制度主义详述》,允和译,《国外理论动态》2010 年第 7 期。

（四）硕博学位论文

卞常红:《地方本科院校转型动力机制研究》,博士学位论文,山东财经大学,2016 年。

陈先哲:《学术锦标赛下大学青年教师的制度认同与行动选择》,博士学位论文,华南师范大学,2013 年。

刘怀德:《公共事业下高中信息化教学的课堂文化研究》,硕士学位论文,广西师范大学,2011 年。

邵波:《我国高等教育大众化进程中的应用型本科教育研究》,博士学位论文,南京师范大学,2009 年。

王玉丰:《常规突破与转型跃迁——新建本科院校转型发展的自组织分析》,博士学位论文,华中科技大学,2008 年。

杨爽:《中国经济增长中的人力资本适配研究》,博士学位论文,西北农林科技大学,2009 年。

张彦清:《华视再造关键成功因素之研究》,博士学位论文,台湾国立中山大学,2004 年。

二 外文文献

（一）学术著作

Abraham H. Maslow. *The Oceanic Feeling*: *The Farther Reaches of Human Nature*, UK: Penguin Books Limited, 1993.

Allen Rubin. *Research Methods for Social Work*, New York: Broadman & Holman Publishers, 2010.

Avner Grief. *Institutions and the Path to the Modern Economy*: *Lessons from Medieval Trade*, Cambridge: Cambridge University Press, 2006.

B. F. Skinner. *Walden Two*, New York: Macmillan, 1948.

Bellanca, J., & Fogarty, R. *Blueprints for Thinking in the Cooperative Classroom*, Arlington Heights, IL: Pearson/Skylight, 2003.

Berger, Peter L., Brigitte Berger & Hansfried Kellner. *The Social Construction of Reality*, New York: Doubleday, 1967.

Burton R. Clark. *Sustaining Change in Universities*: *Continuities in Case Studies and Concepts*, Berkshire: Open University Press, 2004.

Carl R. Rogers & H. Jerome Freiberg. *A View of What Education Might Become*, Columbus: Charles E. Merrill Publishing Company, 1981.

Carr D. K, Johansson H J. *Best Practice Reengineering*, New York: McGraw − Hill, 1995.

Christopher Day. *Developing Teachers*: *The Challenges of Lifelong Learning*, London: Falmer Press, 1999.

Crystal D. *The Language Revolution*, Cambridge: Polity Press, 2004.

Daniel Goleman. *Emotional Intelligence*: *Why It Can Matter More Than IQ*, UK: Bloomsbury Publishing Group, 1996.

Dewey, J. *Democracy and Education*, New York: Free Press, 1966.

Douglass C. North. *Structure and Change in Economic History*, UK: W. W. Norton & Company, 1981.

Douglass C. North. *Institutions*, *Institutional Change*, *and Economic Performance*, Cambridge: Cambridge University Press, 1990.

Duby, Georges. *The Early Growth of the European Economy*, New York: Cornell University Press, 1974.

Edward, John. *Language and Identity*: *An Introduction*, Cambridge: Cambridge University Press, 2009.

Ernst Bloch. *Naturrecht und Menschliche Würde*, German: Nabu Press, 1961.

Friedrich Nietzsche. Translated by Adrian Del Caro. *Thus Spoke Zarathustra*, Cambridge: Cambridge University Press, 2006.

Fullan, Michael; Hargreaves, Andy. *What's Worth Fighting for in Your School? Working together for Improvement*, New York: Teachers College Press, 1996.

Gass, S. M. & Selinker, L. *Second Language Acquisition*: *An Introductory Course* (2nd Ed.), Mahwah, NJ: Lawrence Erlbaum Associates, 2001.

Hans Georg Gadamer. Trans. by Joel Weinsheimer and Donald G. Marshall. *Truth and Method*, New York: Continuum, 1994.

Jacques E llul. *The Technological Society*, Translated by Wilkinson J. . New

York: Alfred A. Knopf, 1964.

James R. Davis, Bridge D. Arend. *Facilitating Seven Ways of Learning: A Resource for More Purposeful, Effective, and Enjoyable College Teaching*, Virginia: Stylus Publishing, 1988.

John W. Creswell & Vicki L. Plano Clark. *Designing and Conducting Mixed Methods Research*, California: Sage Publications, 2011.

Jose, Jone E. *Language and Identity: National, Ethnic, and Religious*, New York: Palgrave MacMillan, 2004.

Krashen S. *Principles and Practice in Second Language Acquisition*, Oxford: Pergamon, 1982.

Lecours, Andre. *New Institutionalism: Theory and Analysis*, Toronto: University of Toronto Press, 2005.

M. Friedman. *The Problematic Rebel*, New York: Random House, 1963.

Marshall, C. and G. B. Rossman. *Designing Qualitative Research*, London, Thousand Oaks, New Delhi: Sage Publications, 2006.

Murphy J. *Restructuring Schools: Capturing and Assessing the Phenomena*, New York: Teachers College Press, 1991.

Niccolo Machiavelli. *The Prince*, New York: Random House, 1984.

Oliver E. Williamson. *The Economic Institutions of Capitalism by Oliver Williamson*, New York: Free Press, 1985.

Peters, Guy B. *Institutional Theory in Political Science: The New Institutionalism*, Hampshire: Ashford Colour Press Ltd, 2005.

R. K. Robert King Merton. *On Theoretical Sociology*, New York: The Free Press, 1967.

Rene Descartes. *Discourse on Method and Meditations on First Philosophy*, Indiana: Hackett Publishing Company, 1999.

Rhodes, R. A. W. etc. *The Oxford Handbook of Political Institutions*, Oxford: Oxford University Press, 2008.

Robert A. Zawacki. *Transformating the Mature Information Technology Organization*, Colorado Springs, CO: Eaglestar Publishing, 1995.

Robinson P E. *ESP Today: A Practitioner's Guide*, New York & London: Prentice Hall International (UK) Ltd. , 1991.

Scott, W. Richard, Soren Christensen (Ed.) . *The Institutional Construction of Organizations*: *International and Longitudinal Studies*, Thousand Oaks, CA: Sage, 1995.

Selznick, Philip. *TVA and the Grass Roots*, Berkeley: University of California Press, 1949.

Steinmo, S. , etc. *Structuring Politics*: *Historical Institutionalism in Comparative Analysis*, Cambridge: Cambridge University Press, 1995.

Sura Hart & Victoria Hodson. *The Compassionate Classroom*, New York: Independent Publishing Group, 2004.

Sylvia Ashton – Warner. *Teacher*, New York: Simon and Schuster, 1963.

Terence K Hopkins & Immanuel Wallestein. *The Age of Transition*: *Trajectory of the World – System* 1945 – 2025, London: Zed Books, 1996.

Ternce K. Hopkins & Immanuel Wallerstein. *The Age of Transition Trajectory of the World – System*, 1945 – 2025, Stanford: Stanford University Press, 1996.

Whitaker Kathryn S. , Monte C. Moses. *The Restructuring Handbook*: *A Guide to School Revitalization*, Boston: Allyn and Bacon, 1994.

William Shakespeare. *Macbeth*, Cambridge: Cambridge University Press, 1997.

Williamson, Oliver E. *Markets and Hierarchies*: *Analysis and Antitrust Implications*, New York: The Free Press, 1975.

Yin, R. K. . *Case Study Research*: *Design and Methods*, London: Sage Publications, 2007.

（二）外文期刊论文

Andrew W. Conrad. *The International Role of English*: *The State of the Discussion*, In Fishman (Ed.) . Post – Imperial English. Status Change in Former British and American Colonies 1940 – 1990. Berlin: De Gruyter, 1996.

Avner Grief. Historical and Comparative Institutional Analysis, *American Economic Review*, 1998, 88 (2)

Brian Rowan and Cecil G. Miskel. Institutional Theory and the Study of Educational Organization, *Academy of Management Review*, 1984, 29 (5).

Burkhardt G, Petri M. The Kite: An Organizational Framework for Educational Development in Schools, *Theory into Practice*, 1995, 34 (4).

Coase, Ronald H. The Nature of the Firm. , *Economica*, 1937, 4 (16).

Cortell, Andrew, Susan Peterson. Altered States: Explaining Domestic Institutional Change, *British Journal of Political Science*, 1999, 29 (1).

Crystal, D. Emerging Englishes, *English Teaching Professional*, 2000, (14).

DiMaggio, Paul J. & Power Walter E. The Iron Cage Revisited: Institutional Isomorphism and Collective Rationality in Organizational Fields, *American Sociological Review*, 1983, 48 (2).

Douglass C. North. Institutional Change and Economic History, *Journal of Institutional and Theoretical Economics*, 1989, 145 (1).

Eisenhardt, K. M. Better Stories and Better Constructs: The Case for Rigor and Comparative Logic, *Academy of Management Review*, 1999, 16 (3).

Elmore R. F. . Why Restructuring alone Won't Improve Teaching, *Educational Leadership*, 1992, 49 (7).

England, K. V. L. Getting Personal: Reflectivity, Positionality, and Feminist Research, *The Professional Geographer*, 1994, 46 (1).

Etta R. Hollins, Kathleen Spencer. Restructuring Schools for Cultural Inclusion: Changing the Schooling Process for African American Youngsters, *Journal of Education*, 1990, 172 (2).

Fullan M. The School as Learning Organization: Distant Dreams. *Theory into Practice*, 1995, 34 (4).

Hall, P. A. & R. C. R. Taylor. Political Science and the Three New Institutionalisms. *Political Studies*, 1996, 44 (5).

John W. Meyer and Brian Rowen. Institutionalized Organizations: Format Structure as Myth and Ceremony, *American Journal of Sociology*, 1977, 83 (2).

March James. Footnotes to Organizational Change, *Administrative Science*, 1981, 26 (4).

Margaret Smith Crocco & Stephen J. Thornton. Social Studies in the New York City Public Schools. A Descriptive Study, *Journal of Curriculum and Supervision*, 2002, 17 (3).

Meyer, W. and Rowan, B., Institutional Organizations: Formal Structure as Myth and Ceremony, *American Journal of Sociology*, 1977, 83 (2).

Paul Pierson & Theda Skocpol. Historical Institution in Contemporary Politics, The Journal of Modern History, 2000, 119 (3).

Peter A. Hall & Rosemary C. R. Taylor. Political Science and Three New Institutionalisms, *Political Studies*, 1996 (44).

Peter Holm. The Dynamic of Institutionalization: Transformation Processes in Norwegian Fisheries, *Administrative Science Quarterly*, 1995, 40 (3).

Phillipson, R. *Political Science*, In Fishman, J. A. (Ed.). Handbook of Language and Ethnic Identity. New York: Oxford University Press, 1999.

Reich, Simon. The Four Faces of Institutionalism: Public Policy and a Pluralistic Perspective in Governance, *An International Journal of Policy and Administration*, 2000, 13 (4).

Richardson, W. Students First, Not Stuff, *Educational Leadership*, 2013, 70 (6).

Wasley P, Hampel R. The Puzzle of Whole – school Change, *Phi Delta Kappan*, 1997, 78 (9).

William Roberts Clark. Agents and Structures: Two Views of Preferences, Two Views of Institutions, *International Quarterly*, 1998, 42 (2).

Zucker, Lynne G. The Role of Institutionalization in Cultural Persistence, *American Sociological Review*, 1977, 42 (5).

（三）外文析出文献

Brannen, Julia. The Practice of a Mixed Methods Research Strategy: Personal, Professional and Project Considerations [A] //In Manfred Max Bergman (Ed.). *Advances in Mixed Methods Research: Theories and Applications* [C]. Los Angeles, London, New Delhi, Singapore: Sage Publications, 2008.

Bryman, Alan. "Why Do Researchers Integrate Combine Mesh Blend Mix

Merge Fuse Quantitative and Qualitative Research?" ［A］//In Manfred Max Bergman （Ed. ）. *Advances in Mixed Methods Research：Theories and Applications* ［C］. Los Angeles, London, New Delhi, Singapore：Sage Publications, 2008.

Francis Bacon. The Males' Birth of Time ［A］// （Ed. ）. *The Advancement and Proficience of Learning Divine and Human* ［C］. Oxford：Oxford University Press, 1605.

Levi Margaret. Logic of Institutional Change ［A］//In Cooks, Levim （Ed. ）. *The Limits of Rationality* ［C］. Chicago and London：The University of Chicago Press, 1990.

Kachru, B. Standards, Codification and Sociolingguistics Realm：the English Language in the Outer Circle ［A］//In Quirk R. & H. Widdowson （Ed. ）. *English in the World* ［C］. Cambridge：Cambridge University Press, 1985.

Onwuegbuzie, A. J. & C. Teddlie. A Framework for Analyzing Data in Mixed MethodsResearch ［A］//In A. Tashakkori and Ch. Teddlie （Ed. ）. *Handbook of Mixed Methods in Social and Behavioral Research* ［C］. Thousands Oaks, CA：Sage Publications, 2003.

Rene Descartes. Discourse on the Method of Rightly Conducting the Reason and Seeking for Truth in the Sciences ［A］//In S. Haldane and G. R. T. Ross （Ed. ）. *Discourse on Method* ［C］ （1637）. Cambridge：Cambridge University Press, 1911.

Schwandt, T. A. Constructivist, Interpretivist Approaches to Human Inquiry ［A］//In Dezen, N. K. and Y. S. Lincoln （Ed. ）. *Handbook of Qualitative Research* ［C］. Thousand Oaks, Calif：Sage Publications, 2000.

后　记

　　拙著付梓，感慨良多。五载备考的辗转梦回，四春攻博的夙夜匪懈，见证了我生命中殷殷守候的学术情缘。拙著选题与撰写过程，有幸亲得导师潘懋元教授全程悉心指点。导师博大精深的学术造诣、严谨求实的治学态度，使我既敬而生畏，又心向往之。课堂上下，沙龙内外，他那深邃理性的思想，谆谆教诲的话语，饱含着教育情怀，蕴藏着深刻哲理，又显得那么朴实无华，无数次在我的脑海中激起层层智慧的涟漪！每每写作"山重水复疑无路"时，潘先生不畏近百岁高龄，耐心给予引导点拨，菁文荐读，使我领略到文丛经典的价值与真谛，捕捉智慧心灵的光亮与滋养，收获醍醐灌顶的启思与顿悟。

　　拙著《应用型本科英语类专业教学转型研究》起笔行文之时，笔者既诚惶诚恐又踌躇满志，撰写过程既是一次实现多学科观点整合的勇敢尝试，更是转型时代教师责任使命的一次省思叩问。感恩邬大光教授、刘海峰教授、别敦荣教授、史秋衡教授、王洪才教授、郑若玲教授、武毅英教授、张亚群教授、林金辉教授，是他们以身为范，使笔者狭窄的学术视野在课堂精彩学术交锋中豁然开阔；感恩临沂大学韩延明教授、麦可思集团周凌波董事长以及华南师范大学陈先哲教授，是他们以行育人，使本书脱离琐细叙事、片面数据和观点静止的驱动，得以通过"以小见大"，剖析三类大学转型发展的心路历程，深描教师教学转型的情感挣扎。

　　书稿落定，风雨一程，历经学术磨砺，方悟笃行致知。徜徉其中，能否攻坚克难，与学术的三重境界——阅、品、悟——分不开，启智慧之心窗，裨益无穷。正是撰书阶段的叩问、审思与探寻，锻造我形成了这种方法，凭借它逐步积累我的知识，并逐渐达到以我平庸之资与有限之生可以触及的顶点。①在凝神著书时，晨曦，暮晚，每每以茶思为引，撰沉博之文，怀风发之气，探幽深之境。学术苦乐，得失寸心，一笔调静。

付梓在即，疏谬尚多，师友博雅，补增阙略，析疑匡谬。师友间自由地交流思想，并彼此怀有敬意地展开辩论，学术才能日臻成熟，文思才能深邃隽永。这也正体现了郑也夫在其《师·友·塞米纳》一文中所重点强调的学友价值："这批人聚集在一起，相互的切磋、砥砺、交流、刺激，铸成了他们思想与学问的成长。师友们成长于同一时代，感受到同一种刺激、诱惑和压抑，因此他们的切磋争论带有师生间的讨论难以具有的现实感、针对性和切肤感。"② 这些暖心的记忆如今一幕幕地回放扩散，如同芳醇的美酒，越品越馨香。温暖的故事切片，又如一杯待饮的热茶，经过季节的典藏，无论何时推杯饮盏仍倍暖如初。回味中，依稀记起冰心在赠葛洛的《爱在左，情在右》③ 中所写的寄语："爱在左，情在右，在生命的两旁，随时撒种，随时开花，将这一径长途点缀得花香弥漫，使得穿花拂叶的行人，踏着荆棘，不觉痛苦，有泪可挥，不觉悲凉。"

在书稿封墨之际，笔者诚挚感激赣南师范大学教育科学学院"教育博士点专著出版特别资助项目"的资助，感谢赣南师范大学外国语学院各位领导的鼎力支持和同事们的鼓励关心，使我能在赣南师范大学这个砥砺奋进的学术环境中沉潜学术，静心教研。

敝稿成书，诚挚感谢中国社会科学出版社张林主任和各位编辑老师，是她们认真负责的工作态度、尽职尽责的职业素养、精湛突出的业务能力，俾使拙著添彩增色。

---

① Rene Descartes, Discourse on the Method of Rightly Conducting the Reason and Seeking for Truth in the Sciences [A]. Discourse on Method [C] (1637). Cambridge University Press, 1911, Translated and Edited by S. Haldane and G. R. T. Ross, first five parts.

② 陈心想：《第三只眼睛看教育——5 位海外华人学者的教育省察》，华东师范大学出版社 2014 年版，第 156 页。

③ 冰心：《爱在左，情在右》，https://www.toutiao.com/a6518962697441116685/. 2018 – 02 – 05/2018 – 02 – 18。

　　回眸过往，师长学友润物细无声的心灵呵护成为笔者人生修行里的重要一课，虔诚感恩定格成岁月里的一抹永恒风景！

李胜利

2020 年 7 月 30 日于赣州市蓉江新区教师公寓